Grammatik, Konversation, Interaktion

Beiträge zum Romanistentag 1983

Herausgegeben von Elisabeth Gülich
und Thomas Kotschi

Max Niemeyer Verlag
Tübingen 1985

CIP-Kurztitelaufnahme der Deutschen Bibliothek

Grammatik, Konversation, Interaktion : Beitr. zum Romanistentag 1983 /
hrsg. von Elisabeth Gülich u. Thomas Kotschi. - Tübingen : Niemeyer, 1985.
  (Linguistische Arbeiten ; 153)
NE: Gülich, Elisabeth [Hrsg.]; Romanistentag <1983, Berlin, West>; GT

ISBN 3-484-30153-8   ISSN 0344-6727

© Max Niemeyer Verlag Tübingen 1985
  Alle Rechte vorbehalten. Ohne Genehmigung des Verlages ist es nicht
gestattet, dieses Buch oder Teile daraus photomechanisch zu vervielfältigen.
Printed in Germany. Druck: Weihert-Druck GmbH, Darmstadt.

INHALTSVERZEICHNIS

Thomas KOTSCHI
   Einleitung   1

Dorothea FRANCK
   Das Gespräch im Zeitalter seiner technischen
   Reproduzierbarkeit   19

Reinhard MEYER-HERMANN
   Grammatik und Interaktion. Überlegungen zum
   Begriff der "interaktiven Funktion" (am Bei-
   spiel des *imperfecto* spanischer Modalverben)   43

Klaus ZIMMERMANN
   Bemerkungen zur Beschreibung der interaktiven
   Funktion höflichkeitsmarkierender grammatika-
   lischer Elemente.
   Koreferat zum Beitrag von Reinhard Meyer-Hermann   67

Werner KALLMEYER
   Handlungskonstitution im Gespräch. Dupont und
   sein Experte führen ein Beratungsgespräch   81

Elisabeth GÜLICH
   Konversationsanalyse und Textlinguistik.
   Koreferat zum Beitrag von Werner Kallmeyer   123

Christine BIERBACH
   "Nun erzähl' mal was!" Textstruktur und
   referentielle Organisation in elizitierten
   Erzählungen italienischer Kinder   141

Norbert DITTMAR
   Zur Soziolinguistik von Erzählungen.
   Koreferat zum Beitrag von Christine Bierbach   179

Wolfgang SETTEKORN
   Konversationelle Bestätigungen im Französischen.
   Vorüberlegungen zu ihrer Untersuchung   191

Jacques MOESCHLER
   "Confirmation" et CONFIRMATION.
   Remarques méthodologiques sur l'usage du terme
   confirmation dans l'article de Wolfgang Settekorn   233

Wolf-Dieter STEMPEL/Renate FISCHER
 Die französische Intonationsfrage in alltagsrhetorischer Perspektive   239

Brigitte SCHLIEBEN-LANGE
 Fragen über Fragen.
 Koreferat zum Beitrag von Wolf-Dieter Stempel
 und Renate Fischer   269

Dieter SEELBACH
 Fokussierung mit der *est-ce que*-Frage   277

Harald WEYDT
 Zu den Fragetypen im Französischen.
 Koreferat zum Beitrag von Dieter Seelbach   313

Klaus HÖLKER
 *Enfin, j'ai évalué ça, vous savez, à quelque
 chose près, quoi*   323

Thomas KOTSCHI
 Quoi als pragmatischer Indikator.
 Koreferat zum Beitrag von Klaus Hölker   347

Jacques MOESCHLER
 Structure de la conversation et connecteurs
 pragmatiques.
 Rapport sur le groupe de recherche de l'Unité
 de linguistique française de l'Université de
 Genève   367

Francine del COSO-CALAME/François de PIETRO/
Cecilia OESCH-SERRA
 La compétence de communication bilingue.
 Étude fonctionnelle des code-switchings dans
 le discours de migrants expagnols et italiens
 à Neuchâtel (Suisse)   377

Vorwort

Die Anordnung der Beiträge in diesem Band spiegelt die Organisation der von uns auf dem Romanistentag im Oktober 1983 geleiteten Sektion "Grammatik, Konversation, Interaktion" wieder. Das Grundlagenreferat, um das wir D. Franck gebeten hatten, bildete seinerzeit den Auftakt zur Sektionsarbeit. Die Beiträge von R. Meyer-Hermann, W. Kallmeyer, Ch. Bierbach, W. Settekorn, W.-D. Stempel/R. Fischer, D. Seelbach und K. Hölker waren in einer ersten Version vor Tagungsbeginn verschickt worden und wurden vor der Diskussion in den Sektionssitzungen dort von jeweils einem Teilnehmer kritisch präsentiert. Die auf diese Weise entstandenen Koreferate, bei deren Überarbeitung auf die endgültigen Fassungen der Hauptreferate Bezug genommen werden konnte, werden hier ebenfalls dokumentiert. Den Abschluß der Sektionsarbeit bildeten die Berichte von J. Moeschler und F. del Coso-Calame/F. de Pietro/C. Oesch-Serra, die einen Einblick in zwei größere, das Rahmenthema betreffende Forschungsprojekte vermitteln. (Die Beiträge von M.-M. de Gaulmyn und H. Thun, die ebenfalls Gegenstand der Sektionsdiskussion waren, erscheinen an anderer Stelle.)

Unser Dank gilt allen, die uns die Herausgebertätigkeit erleichtert haben. Ganz besonders dankbar sind wir Erika Vogt-Muganga für die sorgfältige Herstellung der Druckvorlage und Martina Drescher für die Selbstverständlichkeit, mit der sie vielfältige praktische Hilfe geleistet hat. Auch dem Max Niemeyer Verlag sind wir verpflichtet. Für die Umstände, die zu Verzögerungen beim Erscheinen des Bandes geführt haben, hat er viel Verständnis gezeigt.

E. G.
T. K.

EINLEITUNG

Thomas Kotschi

1. - Die Beiträge des vorliegenden Bandes haben einen gemeinsamen Untersuchungsgegenstand: Texte aus mündlicher Kommunikation. Ihre Fragestellungen und die zu deren Bearbeitung beschrittenen methodischen Wege sind demgegenüber so vielfältig, wie der Titel des Bandes (zugleich Rahmenthema der Tagungssektion, für die die Beiträge verfaßt wurden) es zuläßt: Mit der Wahl der drei Stichworte "Grammatik, Konversation, Interaktion" sollte einerseits zum Einreichen von Beiträgen durchaus unterschiedlichen Ansatzes ermuntert werden, andererseits kommt darin die Intention zum Ausdruck, die mit diesen Stichworten benannten Aspekte in ihrem wechselseitigen Bezug zueinander erkennbar werden zu lassen - wenn nicht in jedem einzelnen der Beiträge, so doch bei der zusammenfassenden Betrachtung aller. Jeden der drei Aspekte mit den beiden anderen in Beziehung zu bringen, bedeutet dabei unter anderem:

Aus der Sicht des an der *Grammatik* - im weiten Sinn - interessierten Linguisten stellt sich vor allem die Frage, welche pragmatischen Funktionen für bestimmte prosodische Faktoren, syntaktische Strukturen oder lexikalische Elemente einer Sprache ermittelt werden können - Funktionen, die hinsichtlich der Verwendung erklärt werden müßten, die ein an den Prozessen mündlicher Kommunikation Beteiligter zur Bewältigung der ihm in ihr entstehenden Aufgaben von solchen sprachlichen Mitteln macht. Untersucht werden kann in dieser Hinsicht zum Beispiel, zu welchem Zweck ein Sprecher bestimmte Intonationsverläufe, Betonungen, Verzögerungen oder Pausen "einsetzt", in welcher Funktion etwa bestimmte Formen der Parataxe oder Hypotaxe, ein bestimmter Fragesatztyp anstelle eines anderen, eine bestimmte Tempus- bzw. Modusform oder besondere Reformulierungsverfahren (z.B. Paraphrasen) verwendet werden, und zur Bewältigung welcher Aufgaben bestimmte pragmatische Indikatoren (z.B. aus dem Bereich der Adverbien, Konjunktionen, Interjektionen, Partikeln, performativen und kommentierenden Formeln und Einschübe) gebraucht werden. Zwar ist die Forderung, eine Grammatik zu erarbeiten, "die genügend differenziert ist, um an eine pragmatische Ebene 'angeschlossen' werden zu können" (Franck 1980: 125) mittlerweile schon in vielfältigen Zusammenhängen erhoben worden, jedoch läßt sich für keine der romanischen Sprachen sagen, daß eine auf breiterer Basis durchgeführte Beschreibung derjenigen ihrer prosodischen, syntaktischen und lexikalischen Mittel in Angriff genommen worden wäre, die zur Realisierung der an die Formen der mündlichen Kommunikation gebundenen Funktionen eingesetzt werden können.

Aus einer zweiten Perspektive kann die Gesamtproblematik ausgehend vom Konzept der *Konversation* bearbeitet werden. Einer der dabei möglichen Wege besteht in dem Versuch, eine eng am jeweiligen Text orientierte, den Text im Hinblick auf die von seinen (beiden) Produzenten in bestimmter Reihenfolge realisierten und in ihm manifestierten Schritte analysierende Interpretation vorzunehmen und dabei auch auf die sprachlichen Mittel einzugehen, derer sich die Textproduzenten zur Bewältigung ihrer (interaktiven) Aufgaben bedienen. So verfahren Ansätze, die sich in der einen oder anderen Weise auf die (ethnomethodologische) Konversationsanalyse berufen und beanspruchen (mindestens bis zu einem gewissen Grade), "die Kategorien der Analyse aus der Analyse selbst herzuleiten" (Streeck 1983: 73). Andere Ansätze zeigen, daß auch der umgekehrte (in gewisser Weise stärker an Traditionen der Linguistik orientierte) Weg begehbar ist. Die Konstruktion eines allgemeinen Modells der Konversation liefert dann die Kategorien für die Textanalyse (z.B. die Kategorien *échange*, *intervention*, *acte directeur*, *acte subordonné* des hierarchischen und "funktionalen" Modells in Roulet (1981) und Moeschler, in diesem Band), wobei diese Kategorien unter Berücksichtigung der Analyseergebnisse gegebenenfalls zu korrigieren und zu verfeinern sind. In jedem Fall impliziert der Begriff der Konversation eine strikte Orientierung an *mündlicher* Kommunikation und gesprochener Sprache mit der ihr eigenen Spezifik. Ohne daß eine weitere Spezifizierung vorgenommen wird, verweist der Terminus "Konversation" - häufig in systematischer Mehrdeutigkeit verwendet - einerseits auf die Grundform des alltäglichen, "informellen", dialogischen Miteinander-Sprechens, das "Gespräch", zum anderen auf eine Vielfalt weiterer, ebenfalls "authentischer", dabei aber (in ganz unterschiedlicher Weise) an institutionelle Kontexte gebundener Formen der dialogischen, sprachlich vermittelten Kommunikation. Unter Abstraktion der dabei in den Blick tretenden Textsorten und der sie jeweils unterscheidenden sprachlichen Merkmale meint Konversation darüber hinaus die jeweilige "soziale Interaktionseinheit, die aus einer gegliederten Reihe von (sprachlichen) Handlungen besteht und in bezug auf einen sozialen Kontext definiert ist" (van Dijk 1980: 241), womit bereits der enge Bezug zum dritten der genannten Aspekte angesprochen ist.

Unter der mit dem Stichwort *Interaktion* apostrophierten Perspektive wird vor allem dem Umstand Rechnung getragen, daß Individuen auch in der Weise Beteiligte an einem Prozeß sprachlicher Kommunikation sind, daß sie auf der Grundlage eines komplexen Spiels wechselseitiger Annahmen und Erwartungen und unter Berücksichtigung der Interpretationsleistungen des jeweiligen Partners sich wechselseitig bedingende, ihre soziale Realität konstituierende, (sprach-)symbolisch vermittelte Aktivitäten ausführen. Das besondere Augenmerk liegt dabei also auf denjenigen Phänomenen sprachlicher Kommunikation, die in Begriffen der Interaktion *zwischen* zwei (oder mehreren) *Beteiligten* zu rekonstruieren sind. Obwohl dies ein besonderes Anliegen der Konversationsanalyse ist, müssen forschungsleitende Überlegungen zum Konzept der Interaktion deshalb nicht eine Eingrenzung auf den theoretischen oder methodischen Rahmen der Konversationsanalyse zur Folge haben. Denn zum einen kann der Begriff der Interaktion - unabhängig von den Ergebnissen der streng empirisch verfahrenden Konversationsanalyse - in einem abstrakten philosophischen, an die (sprachliche) Handlungstheorie anschließenden Verfahren expliziert werden (vgl. van Dijk 1980: 223 ff.). Danach wird Interaktion als komplexe Sequenz von als konnex und sinnvoll interpretierbaren sprachlichen Handlungen bestimmt, die durch abwechselnde und zeitlich aufeinander folgende Äußerungen verschiedener Sprecher realisiert werden und die dann als Interaktion akzeptabel sind, "wenn die üblichen kognitiven Bedingungen erfüllt sind: die Sprecher müssen sich einander bewußt sein [...] und ihre Sprechakte intentional aufeinander 'ausrichten' in der Weise, daß auf beiden Seiten die Absicht vorhanden ist, sich gegenseitig durch die jeweiligen Sprechakte mental und eventuell sozial zu 'verändern'" (van Dijk 1980: 234). Die Beschäftigung mit interaktiven Phänomenen der sprachlichen Kommunikation erscheint von daher grundsätzlich auch in Weiterentwicklung sprechakttheoretischer Ansätze zur Textanalyse denkbar. Zum anderen sind gerade in diese sprechakttheoretisch fundierten Ansätze zur Textanalyse in neuerer Zeit Anregungen der Konversationsanalyse aufgenommen worden, deren Konsequenzen weitreichend sind: insbesondere wird vorgeschlagen, den komplexen Handlungscharakter von Texten hinsichtlich verschiedener Aspekte zu differenzieren (so spaltet beispielsweise Franck (1980: 108 ff.) den gelegentlich sehr weit gefaßten Illokutionsbegriff auf und stellt dem Bereich der "'klassischen' Sprechaktbedingungen" den der "konversationellen Kategorien" und den der "interaktionsstrategischen Kategorien" gegenüber). In dieser Situation kann es also durchaus angebracht erscheinen, gezielt nach Möglichkeiten zu suchen, verschiedene Forschungsansätze miteinander zu verbinden. (Die Frage, inwiefern neuere Entwicklungen in der Sprechakttheorie und konversationsanalytische Ansätze sich so aufeinander beziehen lassen, daß bestimmte "textlinguistische" Phänomene deutlicher in den Blick geraten, wird zum Beispiel in Gülich/Kotschi 1985 am Beispiel der Reformulierungshandlungen erörtert.)

Werden die Aspekte Grammatik, Konversation und Interaktion in dieser Weise aufeinander bezogen, so wird der Rahmen für eine Forschungsrichtung erkennbar, die besonders innerhalb der Romanistik noch ein starkes Desiderat darstellt. Diese Forschungsrichtung ist u.a. dadurch charakterisiert, daß sie sich von benachbarten und verwandten Ansätzen (denen sie nichtsdestoweniger grundlegende Konzepte und Anregungen entnimmt) insofern unterscheidet, als sie

a) nicht primär an der Beschreibung bestimmter dialogbedingter, kohärenzstiftender, ablaufkonstitutiver und anderer struktureller Merkmale von Texten (im Sinne einer darauf konzentrierten "Analyse von Gesprächen") interessiert ist - weil die darin implizierte Akzentuierung an einer Verbindung zwischen Grammatik und Konversation unter Ausschluß des Konzepts der Interaktion orientiert ist;

b) eine gewisse Distanz zum Ansatz etwa der ethnomethodologischen Konversationsanalyse in ihrer "orthodoxen" Version sucht, für die bei der Explikation des Begriffes der Konversation die Rekonstruktion der Interaktion zwischen den Beteiligten im Mittelpunkt des Interesses steht. Die Rolle von Elementen der Grammatik wird demgegenüber weitgehend vernachlässigt, zumindest wird die Sprache der Interaktionsstruktur gegenüber eindeutig als nachgeordnet angesehen;

c) ihr besonderes Augenmerk auf die im vorliegenden Zusammenhang relevante Spezifik der "gesprochenen Sprache" und von daher auf die für mündliche Kommunikation konstitutiven Merkmale richtet, im Gegensatz zu Arbeiten, die Aspekte der Grammatik und der Interaktion (unter Vernachlässigung der Konversation) in der Weise miteinander verbinden, daß beispielsweise nach allgemeinen Funktionen sprachlicher Elemente (etwa von pragmatischen Indikatoren) gefragt wird, ohne daß die Unterscheidung zwischen Texten aus mündlicher und solchen aus schriftlicher Kommunikation dabei ausdrücklich ein Kriterium bildete (einen solchen Ansatz verfolgt zum Beispiel Ducrot mit seinen Arbeiten zu einer pragmatischen Erweiterung der Semantik, vgl. u.a. Ducrot et al. 1980).

Wie sich die hier ins Auge gefaßte Forschungsrichtung in einzelnen, genauer umschriebenen Fragestellungen konkretisiert, können die Beiträge dieses Bandes trotz der nicht zu übersehenden Heterogenität in hinreichender Weise illustrieren.

2. - Im Vergleich zu manchen der bisherigen Arbeiten zur Problematik der gesprochenen Sprache, in denen die Fragestellung sich eher auf die besonderen Merkmale des gesprochenen Französich, Italienisch, Spanisch etc. in Kontrast zu den jeweiligen "schriftsprachlichen" Varianten richtete, sind die in diesem Band zusammengestellten Beiträge mehrheitlich aus einer Sichtweise entstanden, für die das Konzept der Interaktivität von zentraler Bedeutung ist: es wird prinzipiell unterstellt - auch wenn dies in den einzelnen Beiträgen recht unterschiedliche Auswirkungen hat - daß sprachliche Äußerungen immer schon interak-

tiv, d.h. unter aktiver Beteiligung von mindestens zwei Kommunikationspartnern, produziert werden (vgl. Schegloff 1982). Damit rückt ein Merkmal von Texten aus mündlicher Kommunikation ins Zentrum des Interesses, das für eine adäquate Analyse solcher Texte von entscheidender Bedeutung ist und dessen Vernachlässigung als ein besonderes Defizit bisheriger Erforschung der gesprochenen Sprache im Bereich der Romania erscheint.

Das Prinzip der Interaktivität ergibt sich u.a. aus der wechselseitigen Berücksichtigung der Kommunikationspartner (und ihrer Abhängigkeit voneinander) bezüglich des Verstehens und der Interpretation der Äußerungen des jeweils Anderen. Ein Partner, der auf eine vorangehende Äußerung eines ersten Partners reagiert, geht dabei von seinem Verständnis dieser Äußerung aus. Durch die Reaktion auf die zweite Äußerung (die auf der Interpretation der ersten beruht) gibt der erste Partner seinerseits zu erkennen, ob er die Interpretation seiner ersten Äußerung durch den zweiten Partner für angemessen hält. Diese Drei-Schritt-Prozedur - die gerade auch im Falle von Irrtümern, Fehlinterpretationen und Mißverständnissen den Rahmen für Korrekturen, Klärungen, Reformulierungen etc. abgibt - determiniert die Art und Weise, wie Äußerungen interaktiv hergestellt werden. Sie bewirkt die Einheitlichkeit des Prinzips, das hinter den Verfahren der interaktiven Herstellung sprachlicher Äußerungen auf den verschiedenen Ebenen sichtbar wird:

- Für die Ebene der Handlungskonstitution ist hervorgehoben worden, daß ein von einem Interaktanten vorgeschlagenes Handlungsschema (z.B. Erzählen) vom Partner so ratifiziert werden muß, daß er es auch als eigene Handlungsverpflichtung anerkennt (resultierend etwa in der Annahme der Zuhörerrolle mit den ihr adäquaten Aktivitäten)(vgl. Kallmeyer/Schütze 1976: 16 f.). Dabei besteht Wechselseitigkeit insofern, als diese Ratifizierung der Bestätigung durch den ersten Interaktionspartner bedarf.

- Entsprechendes gilt für die Verfahren, durch die geregelt wird, welche Sachverhalte Gegenstand des Gespräches werden. Das Stichwort heißt hier "Thema-Konstitution als interaktionelle Prozedur" und bedeutet, daß vom Entstehen eines gemeinsamen Themas erst dann gesprochen werden kann, wenn die kognitive Ausrichtung auf bestimmte Sachverhaltskomponenten über mindestens drei Redezüge (d.h. über zwei Sprecherwechsel) hinweg konstant bleibt (vgl. Müller 1984: 103).

- Bezüglich der Semantik von Äußerungseinheiten und ihrer Konstituenten kann man davon ausgehen, daß die Interaktionspartner bei der Wahl einer passenden Formulierung häufig durch wechselseitige Determination einzelner Formulierungsvorschläge auf eine Weise miteinander kooperieren, daß sie beide eine Kontrolle auf die Bedeutungszuschreibung ausüben. Dadurch konstituiert sich eine "soziale" Bedeutung, die von den Partnern als wechselseitig geteilt angesehen wird (vgl. Kallmeyer 1981: 89 f.).

- Schließlich gibt es viele Hinweise darauf, daß auch die Struktur von Äußerungseinheiten nicht immer einem vom Sprecher vorab konzipierten Plan entspricht, sondern von Entscheidungen abhängen kann, die der Sprecher unter Berücksichtigung (oder in Antizipation) von Rezipientenreaktionen an dafür vorgesehenen Stellen immer wieder neu trifft (vgl. besonders Schegloff 1982: 76 f. zur Produktion eines Turn aus mehreren Einheiten).

Wie sich Interaktivität als allgemeines Prinzip in Texten aus mündlicher Kommunikation manifestiert, machen einige der folgenden Beiträge recht deutlich. Sie bieten nicht nur eine Illustration dieses Prinzips, sondern nehmen auch wichtige Aufgaben einer *linguistischen* Interaktionsanalyse konkret in Angriff: in ihnen werden diejenigen *verbalen* Strukturen analysiert, mit denen die einzelnen Schritte des interaktiven Prozesses eingeleitet und durchgeführt werden (oder es werden die Bedingungen einer solchen Analyse diskutiert). So zeigt Kallmeyer anhand einer sehr detaillierten Analyse der Äußerungsstruktur eines Teils des von ihm untersuchten Gespräches, inwiefern beispielsweise das übergeordnete Handlungsschema "Beraten", das keineswegs von vornherein definitiv ratifiziert ist, erst an einer bestimmten Stelle des Gesprächsablaufs als durch die wechselseitigen Aktivitäten der beiden Beteiligten etabliert gelten kann. (Insofern handelt es sich im Grunde also eher um ein Interaktionsschema als um ein Handlungsschema.) Da - dem von Kallmeyer verfolgten Ansatz entsprechend - die das ganze Spektrum lexikalischer, syntaktischer, intonatorischer und prosodischer Strukturen umfassenden sprachlichen Mittel nur jeweils sukzessive bei der Analyse der einzelnen Äußerungseinheiten behandelt werden, bleibt die systematisch angeordnete Präsentation dieser Mittel und ihrer Funktionen allerdings eine noch zu leistende komplementäre Aufgabe. Wie ein dieser Aufgabe entsprechendes Teilziel verfolgt werden kann, führt Settekorn exemplarisch mit dem Versuch vor, die verschiedenen Formen konversationeller Bestätigungen im Französischen zusammenzustellen und sie einer ersten funktionsorientierten Analyse zu unterziehen. Daß er dabei ganz wie Kallmeyer am Prinzip der Interaktivität orientiert ist, zeigen seine Ergebnisse. Bestätigungen können u.a. "als interaktive Beiträge zur Textgliederung und Textorganisation [...] auf Einführung und Beendigung von Themen und Teilthemen sowie Sequenzen und Teilsequenzen bezogen werden und die jeweiligen Einheiten als anerkannt auszeichnen" (S.228). Auch der Beitrag von Bierbach ist in diesem Zusammenhang zu erwähnen. In ihm spielt der Umstand eine Rolle, daß die Elizitierung einer Erzählung in diese hineinwirken kann (vgl. Dittmar); daran wird deutlich, daß die Erzählungen in den von ihr erhobenen "konversationellen Interviews" mit zweisprachigen italienischen Jugendlichen nicht jeweils (komplexe) Sprechakte *eines* Erzählers sind, sondern interaktiv konstituiert werden.

3. - Die Beiträge der Autoren spiegeln eine Vielfalt theoretischer Prämissen und methodischer Vorgehensweisen wieder. Dabei kommt der Konversationsanalyse natürlicherweise eine gewisse Schlüsselrolle zu. Sie ist zunächst durch zwei "aufgeklärte" Varianten vertreten, nämlich zum einen durch den Versuch, die grundsätzliche Problematik der Beziehung des analysierenden Linguisten zu seinem Analysegegenstand einer ungewohnten Betrachtungsweise zu unterziehen (Franck), und zum anderen durch die erwähnte Analyse eines in sich abgeschlossenen Gesprächs (Kallmeyer). Darüber hinaus wird die Konversationsanalyse jedoch auch mit anderen Ansätzen verbunden, so mit der soziolinguistischen Erzählforschung (Bierbach) und der Sprechakttheorie (Settekorn, Meyer-Hermann) und findet letztlich auch in der im Rahmen der Zweisprachigkeitsforschung entstandenen Untersuchung zu den verschiedenen Funktionen des Code-Switching (del Coso-Calame/de Pietro/Oesch-Serra) einen Niederschlag.

Um eine "analyse de conversations authentiques" geht es auch in dem von Moeschler vorgestellten Projekt zur Erforschung der allgemeinen Struktur von Konversationen. Aber obwohl die Genfer Arbeiten (und mit ihnen Hölker, der sich auf sie beruft) auch von der Interaktionssoziologie inspiriert sind (in der prinzipiellen Gliederung eines *échange* in drei Redezüge (*interventions*), und zwar in einen mit initiativer, einen mit reaktiv-initiativer und einen mit reaktiver Funktion, erkennt man unschwer die in Abschnitt 2 erwähnte interaktionelle Drei-Schritt-Prozedur wieder), stehen sie stärker in der Tradition der Sprechakttheorie und bestimmter argumentationstheoretischer Ansätze. Das zeigt sich deutlich an dem vorrangigen Interesse, das in diesen Arbeiten der funktionalen Verknüpfung von Sprechakten, der illokutiven Struktur von Texten und der Problematik der pragmatischen und argumentativen Indikatoren entgegengebracht wird (vgl. Roulet 1984).

Eine Sonderstellung nehmen die Beiträge zu textkonstitutiven und interaktiven Funktionen der verschiedenen französischen Fragesatztypen ein (Seelbach, Stempel/Fischer). Während Seelbach - von syntaktischen Gegebenheiten ausgehend - eine textstrukturelle Fragestellung verfolgt (die Weydt wieder auf eine pragmatisch gewendete satzsyntaktische Dimension zurückbringen möchte), behandeln Stempel/Fischer die Problematik unter "alltagsrhetorischer Perspektive". Über das für sie zentrale Konzept der "Identitätsprojektion" (vgl. auch Stempel 1984) ist diese Perspektive aber ebenfalls an interaktionssoziologische Fragestellungen angebunden.

Konkreter Untersuchungsgegenstand der meisten Beiträge sind Texte aus mündlicher Kommunikation. Der Stellenwert, den solche Texte je nach Fragestellung und Vorgehensweise des Autors erhalten, ist jedoch unterschiedlich.

Im einen Fall wird ein unter vorgegebenen Gesichtspunkten ausgewählter Einzeltext oder eine bezüglich dieser Gesichtspunkte homogene Gruppe von Texten untersucht. Erkenntnisleitend ist dabei die Spezifik des untersuchten Textes bzw. der untersuchten Textgruppe, im Sinne seiner (ihrer) Zugehörigkeit zu einer bestimmten Textsorte. Fragestellung, Ziel und Vorgehensweise der Untersuchung sind weitgehend von der Tatsache bestimmt, daß es sich bei dem (den) untersuchten Text(en) zum Beispiel um ein Beratungsgespräch (Kallmeyer), um elizitierte Erzählungen zweisprachiger italienischer Jugendlicher (Bierbach) oder um Interviews mit Familien spanischer und italienischer Arbeitsimmigranten (del Coso-Calame/de Pietro/Oesch-Serra) handelt. Ergebnisse können bei diesen Verfahren zunächst so formuliert werden, daß sie nur für die untersuchten Texte Gültigkeit beanspruchen; erhebliche Korpusprobleme ergeben sich dabei nicht, und Generalisierungen können sich im Rahmen der jeweiligen Textsorte bewegen (vgl. Gülich).

Im anderen Fall steht weniger die Untersuchung eines gegebenen Textes (als Repräsentant einer bestimmten Textsorte) als vielmehr die Beschreibung und funktionale, interaktionsbedingte Erklärung bestimmter lexikalischer, grammatischer, textstruktureller Eigenschaften von in Situationen mündlicher Kommunikation entstandenen Texten schlechthin im Vordergrund: beschrieben werden in diesem Band pragmatische Indikatoren (Hölker), verschiedene Fragesatztypen (Stempel/Fischer, Seelbach), Formen der "konversationellen Bestätigung" (Settekorn) - die Behandlung anderer Phänomene, wie zum Beispiel die der "redebewertenden und redekommentierenden Ausdrücke", der "Modalverben und Tempora", der "Thema-Rhema-Abfolge", der "Verteilung von Koordination und Subordination", der "Reformulierungsverfahren" wird gelegentlich angesprochen oder erscheint als Desiderat. Die Texte haben bei dieser Vorgehensweise eine andere Funktion. Sie werden (gelegentlich nach Kriterien, die von den Zufällen der Verfügbarkeit abhängen) mit dem Ziel "herangezogen", in ihnen die interessierenden Phänomene aufzusuchen. Der Stellenwert der für die Untersuchung ausgewerteten Texte wird somit unter Gesichtspunkten der Frage beurteilt, in welchem Umfang die zu beschreibende Einheit in diesen Texten enthalten ist und inwiefern sie unter Umständen für bestimmte Texte typischer ist als für andere. Es besteht ein im Prinzip nicht zu umgehendes Korpusproblem: es muß jeweils gefragt werden, welche Konsequenzen sich aus dem speziellen Untersuchungsgegenstand und der Fragestellung für die Auswahl der "zugrunde zu legenden" Texte ergeben. Daß diese Frage in den vorliegenden Beiträgen allerdings kaum explizit behandelt wird (vgl. aber Weydt), mag als ein gewisses Defizit erscheinen, läßt sich andererseits jedoch auch mit dem eher explorativen Charakter rechtfertigen, den Untersuchungen dieser Art beim gegenwärtig erst wenig entwickelten Stand der hier zur Debatte stehenden Forschungsrichtung in der Regel noch aufweisen müssen.

Eines der akuten, zur Zeit noch nicht hinreichend gelösten Probleme besteht also in folgendem: einerseits ist es möglich, Texte nur einer einzigen Textsorte heranzuziehen; die Aussagen über Vorkommen und Funktion der untersuchten sprachlichen Erscheinung sind dann zunächst nur im Hinblick auf diese Textsorte generalisierbar, was insbesondere dann unbefriedigend sein kann, wenn eine möglichst allgemeine Beschreibung (beispielsweise eines pragmatischen Indikators) wünschenswert erscheint. Um diese Beschränkungen zu überwinden, kann man andererseits nach Beispielen in möglichst unterschiedlichen Texten suchen und textsortenspezifische Aspekte dabei zunächst ausklammern. Die beabsichtigten Generalisierungen sind dann zwar grundsätzlich eher möglich, jedoch müssen die allgemeinen Annahmen über Vorkommen und Funktion der untersuchten Erscheinungen immer so getroffen werden, daß die Charakteristika des einzelnen Textes als Realisierung einer Textsorte nicht ungerechtfertigten Schlüssen zum Opfer fallen.

4. - Eine zentrale Rolle spielt in den meisten Beiträgen das Konzept "interaktive Funktion" - auch wenn der Terminus nicht in allen Fällen verwendet wird. Es ist allerdings bemerkenswert, daß man diesem Konzept keinesfalls den Status einer weithin akzeptierten, deutlich konturierten Bezugsgröße zuerkennen kann - im Gegensatz etwa zum Konzept der illokutiven Funktion. Zwei Aspekte scheinen für eine genauere Bestimmung des Begriffs "interaktive Funktion" von besonderer Relevanz: der Status der sprachlichen Einheit, für die eine interaktive Funktion angenommen werden kann, und die Frage nach der Möglichkeit einer Typologie von interaktiven Funktionen.

a) Zu den sprachlichen Einheiten, denen die Autoren interaktive Funktion zusprechen, gehören:
- Tempusformen (Meyer-Hermann),

- Partikeln/pragmatische Indikatoren (Hölker, Moeschler),
- syntaktische Konstruktionen, wie z.B. bestimmte Formen des Fragesatzes (Seelbach, Stempel/Fischer, Bierbach),
- Sprechakte (Moeschler),
- Äußerungen von Turn-Format (Meyer-Hermann) und Konstituenten von Turns (Meyer-Hermann, Kallmeyer).

Was die Tempusformen betrifft, so versucht Meyer-Hermann, am Beispiel des spanischen *imperfecto* zu zeigen, daß Formen dieses Tempus unter bestimmten Bedingungen (nämlich in Verbindung mit einem Modalverb, das Konstituente einer Äußerung mit bestimmter propositionaler Struktur innerhalb eines nicht-narrativen Kontextes ist) eine interaktive Funktion ("Abschwächung") zum Ausdruck bringen, die als "subsidiäre", eine zentrale interaktive Funktion ("Basisfunktion") modifizierende Funktion erkannt wird. Dabei wird auch die Frage nach der Ableitbarkeit dieser Funktion aus zugrundeliegenden grammatischen Funktionen diskutiert: so könnte etwa die auf der Ebene der Grammatik durch das *imperfecto* zum Ausdruck gebrachte Distanz zwischen zwei Punkten auf einer als Orientierungsrahmen dienenden Zeitachse auf einer "hierarchiehöheren" Ebene metaphorisch als Distanz des Sprechers zum mit dem vollzogenen Sprechakt anvisierten Ziel interpretiert werden (Zimmermann).

Hinsichtlich der pragmatischen Indikatoren (worunter hier alle als "Partikeln", "marqueurs", "connecteurs" etc. bezeichneten Elemente verstanden werden sollen), erhebt sich die Frage, ob die ihnen zugeschriebenen Funktionen erst durch die Verwendung der jeweiligen Indikatoren selbst zum Ausdruck gebracht werden, oder ob die Indikatoren nur in dem Sinne eine Kennzeichnungsfunktion haben, daß sie etwas explizit machen, was in der Textstruktur, die die Verwendung des Indikators determiniert, bereits implizit enthalten ist. Diese Frage wird im Folgenden zwar vor allem am Beispiel von frz. *quoi* diskutiert (Hölker, Kotschi), erscheint jedoch von paradigmatischer Bedeutung für die Klasse der pragmatischen Indikatoren insgesamt. Darüber hinaus ist der Indikator *quoi* insofern von besonderem Interesse, als die Analyse seiner Funktionen die Annahme nahelegt, daß *quoi* zunächst aufgrund speziellerer diskursorganisierender Funktionen ("Korrigieren", "Terminieren") bestimmte Textbildungsverfahren indiziert, die ihrerseits - je nach Kontext - zum Vollzug unterschiedlicher interaktiver Funktionen genutzt werden können.

Daß auch durch die Wahl unterschiedlicher Fragesatztypen des Französischen je andere interaktive Funktionen realisiert werden können, läßt sich den Beiträgen von Stempel/Fischer und Seelbach entnehmen. Dient die Intonationsfrage dazu, die mit jedem Fragen zum Ausdruck gebrachte Abhängigkeit des Fragenden vom angesprochenen Partner "interaktiv weniger fühlbar" werden zu lassen (Stempel/Fischer; vgl. auch Schlieben-Lange zur Problematisierung der dabei unterstellten Prämisse), so lassen sich die Ergebnisse Seelbachs dahingehend interpretieren, daß die Verwendung der *est-ce que*-Frage Teil eines bestimmten Textbildungsverfahrens ist ("Fokussierung" in größeren, turn-übergreifenden Zusammenhängen), das seinerseits als Orientierungsvorgang zu interpretieren ist; in diesem Fall würde der Einsatz einer grammatischen Struktur ebenfalls nur mittelbar zur Realisierung einer interaktiven Funktion führen.

Die interaktive Funktion von Sprechakten wird unter verschiedenen Gesichtspunkten diskutiert. In den Arbeiten der Genfer Forschungsgruppe (die Moeschler hier zusammengefaßt vorstellt) wird sie als die je spezifische Subordinations-Beziehung aufgefaßt, die durch einen Sprechakt im Hinblick auf einen anderen - dominierenden - Sprechakt etabliert wird. Aufgrund einer bestimmten Sprechaktkonstellation innerhalb einer *intervention* kann danach zum Beispiel ein repräsentativer Sprechakt bezüglich eines anderen Sprechaktes die interaktive Funktion einer "Rechtfertigung" erhalten (vgl. auch Meyer-Hermann). Es ist möglich, daß dieser Vorschlag auf einer letztlich zu starren Konzeption konversationeller Abläufe beruht (vgl. Guespin 1984). Für ihn spricht jedoch, daß er einen adäquaten Ansatz zur Beschreibung des Umstandes darstellt, daß Sprecher im Bemühen, die mit einem Sprechakt verfolgten Ziele zu erreichen, andere Sprechakte vollziehen, mit denen die Bedingungen zum Erreichen des primären Zieles geschaffen oder verbessert werden können. (In dieser Hinsicht erfährt der Ansatz der Genfer Gruppe durch Arbeiten zur Handlungsstruktur von Texten aus *schriftlicher* Kommunikation eine aufschlußreiche Bestätigung, vgl. Motsch/Viehweger 1981). So gesehen, wäre es allerdings konsequent, auch dem dominierenden

Sprechakt einer *intervention* (und damit der *intervention* als ganzer) interaktive Funktion(en) zuzusprechen, insofern, als diese auf die Realisierung übergeordneter Ziele gerichtet sein können, die nicht Bestandteil vollzogener Sprechakte sind. In diesem Sinne kann dann auch die Aussage verstanden werden, daß grundsätzlich jedem "turnfähigen" Element interaktive Funktion zukommen kann (Meyer-Hermann).

b) Wie eine Typologie interaktiver Funktionen aussehen könnte, lassen die vorliegenden Beiträge noch nicht deutlich erkennen. Drei Aspekte dürften sich für die weitere Diskussion herauskristallisieren.

Zum einen wäre zu prüfen, ob der Vorschlag, zwischen interaktiven Basisfunktionen und modifizierenden, subsidiären interaktiven Funktionen zu unterscheiden - wobei erstere mit "turn-fähigen Äußerungen" realisiert würden und letztere "nicht-turnfähigen Konstituenten" zuzuschreiben wären (Meyer-Hermann) - eine tragfähige Basis für Überlegungen abgibt, die mit dem Ziel, eine typologische Differenzierung zu erreichen, angestellt werden. Sollen die Basisfunktionen als in einem hierarchischen Modell aufeinander bezogen betrachtet werden (etwa derart, daß eine "Assertion" auf einer höheren Ebene die Funktion einer "Ankündigung", diese wieder die Funktion einer "Turn-Gewinnungs-Aktivität" usw. haben kann), so entsteht die Frage, wie ermittelt werden kann, auf welche dieser Ebenen sich die modifizierende Leistung einer gegebenen subsidiären Funktion bezieht (Zimmermann). Beachtung verdient dabei insbesondere die Annahme, daß es sich bei den rangniedrigsten Funktionen mindestens im Prinzip um sprechakttheoretische Kategorien handelt, so daß sich zusätzliche Fragen hinsichtlich der Abgrenzung zwischen (im engeren Sinne) illokutiven und interaktiven Funktionen ergeben.

Zweitens - und dies steht in engem Zusammenhang mit dem im Vorangehenden erwähnten Aspekt - ist noch weitgehend offen, auf welche Weise die einzelnen interaktiven Funktionen - als theoretische Kategorien - zu gewinnen sind. Möglich erscheint einmal eine Ableitung aus den illokutiven und grammatischen Funktionen der betreffenden sprachlichen Einheiten: dieses Vorgehen ist für die Annahme einer Funktionshierarchie "Assertion" → "Ankündigung"

→ "Turn-Gewinnungs-Aktivität" wenigstens mitverantwortlich und ist ausschlaggebend für die erwähnte, hinsichtlich der interaktiven Funktion des *imperfecto* postulierte metaphorische Beziehung "Distanz auf der Zeitachse" → "Distanz des Sprechers zum Ziel". Möglich ist andererseits aber auch der Versuch, solche Kategorien aus allgemeinen Annahmen über Ziel und Aufgaben der am Interaktionsprozeß Beteiligten zu gewinnen. Derartige Annahmen können sich aus einer detaillierten und vielseitigen Analyse größerer Mengen von konkreten sprachlichen Interaktionsprozessen ergeben, und so ist es naheliegend, daß insbesondere die von der Konversationsanalyse herausgestellten zentralen Organisationsprinzipien dabei eine Rolle spielen: die das System des Sprecherwechsels konstituierenden Regeln werden ebenso wie die Phänomene des Reparatur-Systems oder der Organisation der Paar-Sequenzen als Lieferanten von Kategorien herangezogen (vgl. Levinson 1983: 365).

Drittens ist noch einmal auf einen Gesichtspunkt zu verweisen, der im vorangehenden Abschnitt (a) schon verschiedentlich berührt wurde. Läßt man die Gegenüberstellung von interaktiver Basisfunktion und subsidiärer interaktiver Funktion einmal außer Betracht, so tritt ein anderer Unterschied in den Blick, der für eine zu erstellende Typologie interaktiver Funktionen von Relevanz sein dürfte. Während interaktive Funktionen einerseits Sprechakten zugeschrieben werden, sind es andererseits sprachliche Einheiten unterschiedlichen Umfangs - von Tempusmorphemen über pragmatische Indikatoren bis hin zu Turn-Konstituenten verschiedener Art -, durch die interaktive Funktionen realisiert werden können. In diesem zweiten Fall verhält es sich nun offensichtlich so, daß die interaktive Funktion aus einer speziellen Textstruktur ableitbar ist: der Sprecher bewerkstelligt ein bestimmtes Textherstellungsverfahren, oder zutreffender: vollzieht eine bestimmte Textherstellungs- oder Formulierungshandlung (etwa im Sinne von Antos 1982), und kann auf diese Weise bestimmte interaktive Funktionen zum Ausdruck bringen (deren Spezifik dann auf der Basis dieser Textherstellungshandlung zu bestimmen ist). Ein bisher etwas eingehender untersuchtes Beispiel einer besonders vielfältig vorkommenden Textherstellungshandlung und ihrer interaktiven Funktionen ist das Paraphrasieren (vgl. Gülich/Kotschi 1983). Es ist wichtig zu sehen, daß unter diesem Blickwinkel jeder Aspekt eines Formulierungsprozesses, also die Wahl eines Tempusmorphems ebenso wie die Herstellung einer Paraphrasen-Struktur, konstitutiv für Textherstellungshandlungen ist. Die funktionenorientierte Untersuchung grammatischer Phänomene ist von daher um eine ebensolche Untersuchung textueller Phänomene zu erweitern.

5. - Im Vorangehenden ist verschiedentlich darauf hingewiesen worden, daß es sich bei dem Gegenstand, der in den Beiträgen dieses Bandes untersucht (oder in den Blick genommen) wird, einheitlich um Texte aus mündlicher Kommunikation handelt. Einheitlichkeit zu postulieren, impliziert hier jedoch weder die Notwendigkeit noch die Möglichkeit, von textsortenspezifischen Unterschieden zwischen einzelnen Texten zu abstrahieren; es ist im Gegenteil gerade ausdrücklich hervorzuheben, daß solche Unterschiede im vorliegenden Forschungszusammenhang eine - je nach Fragestellung - mehr oder weniger große Relevanz haben können. Die Einheitlichkeit ist hier vielmehr durch die Art und Weise gegeben, wie - trotz der beachtlichen Vielfalt, die in den einzelnen Fragestellungen und den verschiedenen methodischen Vorgehensweisen zum Ausdruck kommt - der Untersuchungsgegenstand betrachtet wird.

Im Prinzip stimmen die Autoren dieses Bandes nämlich darin überein, daß sie *nicht*, wie es in vielen Arbeiten der bisherigen romanistischen Forschung zur gesprochenen Sprache der Fall ist, vornehmlich an den Eigenschaften eines "mündlichen Codes" interessiert sind. In solchen Arbeiten erscheint gesprochene Sprache häufig als Variante des Systems der geschriebenen Sprache oder sogar als Abweichung von ihm, und die Frage, ob die gesprochene Sprache demgegenüber ein autonomes System darstellt, hat viel Aufmerksamkeit beansprucht. Selten verzichtet diese Forschungsrichtung auf den Vergleich zwischen gesprochener und geschriebener Sprache. Bei den vorliegenden Beiträgen wird demgegenüber von vornherein ausschließlich die gesprochene Sprache - insofern, als sie sich in Texten aus mündlicher Kommunikation manifestiert - berücksichtigt. Die Autoren unterstellen allgemein, daß es sich um einen Untersuchungsgegenstand sui generis handelt, der nicht in Kontrast zu seiner schriftlichen Entsprechung betrachtet zu werden braucht. Dadurch, daß sie in ihren Beiträgen explizit oder implizit von wesentlichen, bisher häufig vernachlässigten Merkmalen der zu untersuchenden Texte ausgehen, so zum Beispiel vom Prinzip der interaktiven Produktion sprachlicher Äußerungen, erscheint ihr Untersuchungsgegenstand unter einem anderen Blickwinkel, wird er in gewisser Weise neu konstituiert. Insofern kann man die Einheitlichkeit der Beiträge darin sehen, daß sie - in ihrer Gesamtheit betrachtet - einen *anderen* Untersuchungsgegenstand haben als die erwähnten bisherigen, eher kontrastiv orientierten Arbeiten.

Literatur

Antos, G., 1982. *Grundlagen einer Theorie des Formulierens. Textherstellung in geschriebener und gesprochener Sprache*, Tübingen.

van Dijk, T. A., 1980. *Textwissenschaft. Eine interdisziplinäre Einführung*, Tübingen.

Ducrot, O. et al., 1980. *Les mots du discours*, Paris.

Franck, D., 1980. *Grammatik und Konversation*, Königstein/Ts.

Gülich, E., Th. Kotschi, 1983. "Les marqueurs de la reformulation paraphrastique", in: *Cahiers de Linguistique Française* 5, 305 - 351.

Gülich, E., Th. Kotschi, 1985. "Reformulierungshandlungen als Mittel der Textkonstitution. Untersuchungen zu französischen Texten aus mündlicher Kommunikation", in: Motsch, W. (Hg.), *Satz, Text, sprachliche Handlung* [Studia Grammatica XXV], Berlin/DDR (im Druck).

Guespin, L., 1984. "Interaction verbale et catégorisation dans l'entretien: sur une enquête sociologique à Louviers", in: *Langages* 74, 47 - 91.

Kallmeyer, W., 1981. "Aushandlung und Bedeutungskonstitution", in: Schröder, P., H. Steger (Hg.), *Dialogforschung. Jahrbuch 1980 des Instituts für deutsche Sprache* [Sprache der Gegenwart 54], Düsseldorf, 89 - 127.

Kallmeyer, W., F. Schütze, 1976. "Konversationsanalyse", in: *Studium Linguistik* 1, 1 - 28.

Levinson, St. C., 1983. *Pragmatics*, Cambridge.

Motsch, W., D. Viehweger, 1981. "Sprachhandlung, Satz und Text", in: Rosengren, I. (Hg.), *Sprache und Pragmatik. Lunder Symposium 1980* [Lunder Germanistische Forschungen 50], Lund, 125 - 153.

Müller, K., 1984. *Rahmenanalyse des Dialogs. Aspekte des Sprachverstehens in Alltagssituationen*, Tübingen.

Roulet, E., 1981. "Echanges, interventions, et actes de langage dans la structure de la conversation", in: *Etudes de linguistique appliquée* 44, 7 - 39.

Roulet, E., 1984. "Speech Acts, Discourse Structure, and Pragmatic Connectives", in: *Journal of Pragmatics* 8, 31 - 47.

Schegloff, E. A., 1982. "Discourse as an Interactional Achievement: some Uses of *uh huh* and other Things that Come between Sentences", in: Tannen, D. (Hg.), *Analyzing Discourse: Text and Talk, Georgetown University Round Table on Languages and Linguistics 1981*, Washington, 71 - 93.

Stempel, W.-D., 1984. "Bemerkungen zur Kommunikation im Alltagsgespräch", in: Stierle, K., R. Warning (Hg.), *Das Gespräch* [Poetik und Hermeneutik XI], München, 151 - 169.

Streek, J., 1983. "Konversationsanalyse. Ein Reparaturversuch", in: *Zeitschrift für Sprachwissenschaft* 2, 72 - 104.

DAS GESPRÄCH IM ZEITALTER SEINER TECHNISCHEN REPRODUZIERBARKEIT

Dorothea Franck

Im folgenden will ich ein paar Überlegungen zu unserem Untersuchungsgegenstand, dem Gespräch, wiedergeben, die sich im Laufe der letzten Jahre aus der Reflexion unserer eigenen Analysepraxis ergaben.

Der Beitrag hat zwei Teile. Im ersten geht es um die Fragen: Was für ein Gegenstand ist ein Gespräch, bzw. zu was für einem Gegenstand macht die Konversationsanalyse (und die daran anschließende linguistische Gesprächsanalyse) ihr Objekt? Welche Rolle schreiben wir uns selbst als Beobachter im System unserer Beschreibung zu? Wie setzen wir die Einmaligkeit des Gesprächs in Beziehung zur Wiederholbarkeit der (Tonband- und auch Video-) Reproduktion, und wie transformiert die Vertextung (Transkription) den eigentlichen Gegenstand, das in der Zeit ablaufende Gespräch?

Aus diesen Fragen ergeben sich Vorschläge zur Einführung einer Art Relativitätsprinzip, durch das verschiedene Perspektiven voneinander unterschieden werden. Die Vorteile einer derartigen Unterscheidung sollen dann im zweiten Teil weiter konkretisiert werden anhand einer kritischen Diskussion der Sprecherwechselsystematik von Sacks, Schegloff und Jefferson, die ja als einer der wichtigsten und inzwischen schon "klassischen" Beiträge zur Konversationsanalyse gelten darf. Aus dieser Kritik werden - skizzenhaft - Umrisse eines konsequent interpretativen perspektivischen Ansatzes entwickelt, der konversationsanalytische und linguistische Erkenntnisse zu kombinieren versucht, aber in einigen grundsätzlichen Fragen über die methodologischen Grenzen dieser Disziplinen (in ihrem heutigen Stand) hinausgeht.

Für viele der aufgeworfenen Fragen kann ich allerdings nicht viel mehr tun als sie zu stellen. Für die Mehrzahl meiner Betrachtungen gilt, daß sie sattsam Bekanntes oder gar Banalitäten aussprechen. Ich bringe sie nicht mit dem Anspruch, inhaltlich Neues zu vermitteln; ich will vielmehr versuchen, manchen Aussagen über unsere wissenschaftliche Praxis einen anderen Status zu verleihen: sie aus der Kategorie unseres konversationsanalytischen "Alltagswissens", das außerhalb des Bereiches der Reflexion bleibt, in die Kategorie der Aussagen zu verlagern, die wir mit unserer Theorie erfassen wollen.

I. Was für ein Ding ist ein Gespräch?

Genauer formuliert muß die Frage hier lauten: Als was für einen Gegenstand behandeln wir Gesprächsanalytiker das Gespräch, und wie verändern wir den Gegenstand im Laufe unserer Analyse? Gewisse Veränderungen sind geradezu Voraussetzung für jede Analyse im gängigen wissenschaftlichen Sinn: die Reproduzierbarkeit des einmaligen, flüchtigen Ereignisses durch Tonträger und/oder schriftliche Fixierung.

In einem noch spezielleren Sinn ist die heute praktizierte Gesprächsanalyse, insbesondere die von Harvey Sacks initiierte Konversationsanalyse, ohne das Medium Tonband undenkbar: Die Loslösung von der Schrift, der bisher einzigen Art der Fixierung von Sprache, und die durch das Tonband entstandene Zugänglichkeit "natürlicher" Gespräche ermöglichte - um nicht zu sagen: erzwang - einen Paradigmenwechsel oder zumindest einen ersten Schritt dahin, dem, wie ich meine, weitere nicht weniger radikale folgen sollten.

Daß Gespräche zunächst einmal je individuelle, unwiederholbare, in der Zeit ablaufende Ereignisse sind, Produkt der Interaktion intelligenter, d.h. menschlicher (sic!) Wesen miteinander und mit der jeweiligen besonderen Situation, dies sind Eigenschaften, von denen wir noch immer selbstverständlich glauben, abstrahieren zu müssen, zumindest von einem Teil derselben. Individualität und Zeit sind zwei Größen, die sich dem wissenschaftlichen Zugriff notwendigerweise zu entziehen scheinen. Haben wir genug Phantasie, um diese "Notwendigkeit" zu überprüfen?

Eine weitere Selbstverständlichkeit in der Konversationsanalyse wie in den gängigen anderen linguistischen Gesprächsanalysen ist die Annahme vom problemlosen, "objektiven" Vorhandensein eines Gesprächs. Das heißt, man geht nicht über die alltagssprachliche Idealisierung hinaus: Alle Teilnehmer und Beobachter erleben ein und dasselbe Gespräch. "Das" Gespräch wird bzw. ist auf einem Tonträger, meist Tonband, aufgenommen, "es" wird dann vom Wissenschaftler wiederholt abgehört und transkribiert. Hierin (meist wird vor allem am Transkript gearbeitet) werden dann Regelmäßigkeiten aufgespürt und Strukturen zugeordnet, von denen man annimmt, daß sie auch als Konstruktionsprinzipien, d.h. als Beschreibung von Prozeduren gelten dürfen, die die Sprecher im Gespräch anwenden.

Das Tonbandgerät - ein seltsamer Gast

Nehmen wir irgendein Gespräch als Beispiel. Ich hatte vor einiger Zeit ein recht dramatisches Gespräch mit meinen drei Geschwistern und zwei Freunden. Wir wissen sicher alle, was gemeint ist, wenn ich mich darauf beziehe, z.B. mit "das Gespräch damals am Vorabend meines Geburtstags". Ein unwiederholbares Ereignis zu einer bestimmten Zeit an einem bestimmten Ort. Danach existiert es ("es") eine Zeitlang, wahrscheinlich mit schnell verblassender Deutlichkeit, weiter in unserem Gedächtnis. "Es": Unsere Erinnerungen sind natürlich nicht genau gleich - das empfinden wir jedoch als normal. Es können sich natürlich auch hinterher, meistens wiederum gesprächsweise, so große Diskrepanzen in der Erinnerung herausstellen, daß es auch den Teilnehmern zum Problem werden kann, was "wirklich geschah". Eine Tonbandaufnahme des Gesprächs kann da für alle voller Überraschungen stecken. Nur in ganz wenigen Fällen sprechen wir aber auch da von Mißverständnissen, öfters sagen wir: "Das habe ich anders verstanden", oder: "Das habe ich gar nicht mitgekriegt". Letzteres ist natürlich vor allem dann der Fall, wenn sich das Gespräch zeitweilig in mehrere Einzelgespräche aufspaltet, obwohl auch in diesem Fall jeder eine gewisse Monitorkontrolle über das jeweils andere Gespräch hat. Des öfteren kann das Anhören der Aufnahme die Gegensätze in der Auffassung des Gesprächs keineswegs beschwichtigen; vor allem im Falle von Konflikten hört jede(r) zunächst wieder "sein" ("ihr") Gespräch.[1]

---
1   Ich möchte mich für den Sexismus in meinem Sprachgebrauch entschuldigen,

Bei den Gesprächen, die wir später analysieren, sind immer ein Tonbandgerät und eine Person, die das Gerät bedient, anwesend.[1] Wenn die Teilnehmer dies wissen, ist anzunehmen, daß sie diese Kontextfaktoren in gewisser Weise berücksichtigen. Manche Sprecher sind zum Beispiel verärgert, wenn man sie erst nach dem Gespräch über die Aufnahme informiert; sie fühlen sich betrogen und empfinden Scham über ihr - in Unkenntnis der Aufnahme - nicht situationsadäquates Verhalten. Das hat mit dem simplen Umstand zu tun, daß die Aufnahme das Gespräch zu einem anderen Gegenstand macht, indem sie die möglichen Konsequenzen dieses Ereignisses tiefgreifend verändert. Aus einem einmaligen Gespräch, das meist keine anderen greifbaren Spuren hinterläßt als im subjektiven Erinnern, wird eine Art "Wiedergebrauchsrede" (Lausberg) dadurch, daß ein relevanter Teil der akustischen (oder auch visuellen) Ereignisse reproduzierbar gemacht wird und damit aus dem hic-et-nunc der "Original"-Situation herausgenommen werden kann. Da im Prinzip nicht zu kontrollieren ist, wer diese Reproduktion zu Ohren bekommen wird, ändert sich mit dem Aufnehmen u.a. der Öffentlichkeitsgrad des Gesprächs. Dies ist es auch, worauf die Sprecher in ihrer Anpassung an das Aufgenommenwerden eingehen.

Wenn die Sprecher auf das Registrieren des Gesprächs reagieren, heißt das natürlich nicht, daß es sich jetzt nicht mehr um "natürliche" Gespräche handeln würde, sondern nur, daß wir im Prinzip mit einer, wenn auch oft zu vernachlässigenden Anpassung rechnen können, so, wie Sprecher eben immer auf Aspekte der Situation eingehen. Daß sich die Unterschiede zu nicht aufgenomme-

---

wenn ich in diesem Artikel "Sprecher", "Hörer", "Teilnehmer", "Beobachter" usw. gebrauche und mich natürlich auf Personen beiderlei Geschlechts beziehe. Auch die Verdoppelung der Pronomina ist dieser stilistischen Wahl zum Opfer gefallen. Ich fand so viele Klammer-Konstruktionen wie "Teilnehmer(-in)", "Sprecher(-innen)", "Hörer(-innen)" usw. einfach zu häßlich; sie entsprechen auch nicht meinem mündlichen Sprachgebrauch. Ich fühle mich übrigens durchaus mit "Sprecher", "Hörer", "Wissenschaftler", "Beobachter" usw. angesprochen bzw. eingeschlossen. Ich kenne keine befriedigende Lösung für dieses Dilemma.

1 Heimliche Aufnahmen halte ich für moralisch nicht vertretbar. Im Ausnahmefall können einmal Gespräche benutzt werden, zu denen erst nachträglich die Genehmigung der Teilnehmer eingeholt wird. Für die allermeisten Fragestellungen ist aber auch dies überflüssig.

nen Gesprächen (intuitiv beurteilt) in Grenzen halten - wenn sie sich überhaupt bemerkbar machen -, mag nicht nur damit zusammenhängen, daß im spontanen Gespräch die Möglichkeit der Selbstkontrolle beschränkt ist, oder damit, daß nicht unbedingt klar ist, welcherlei extra Anpassung oder Selbstkontrolle denn wünschenswert wäre. Die Unverändertheit des Gesprächs kann auch eine Konstruktion der Teilnehmer sein: Sie können sich ja dafür entscheiden, die Tonbandaufnahme so weit wie möglich zu ignorieren, sei es, weil sie keine Lust haben, sich in der gegebenen Situation darauf einzustellen, oder auch, weil sie darum gebeten wurden oder dem Aufnehmenden von sich aus einen Gefallen zu tun glauben, wenn sie so tun, als wäre das Tonbandgerät nicht da. Sie bemühen sich dann, ihre ("öffentlichkeitsbedingte") Befangenheit zu überwinden oder zu verbergen. So kann eine bestimmte Natürlichkeit - zum Teil - ein Konstrukt der Teilnehmer sein, ein quasi-fiktionales Element, das die Gültigkeit unserer Befunde nicht oder (bei ganz speziellen Fragestellungen) nur geringfügig einzuschränken braucht, das aber als Phänomen zu interessant ist, um es theoretisch gänzlich zu vernachlässigen.

Die Rolle des Beobachters

Versuchen wir einmal, von einer unserer eigenen, wissenschaftsinternen Fiktionen abzurücken: von der, daß wir selbst und unsere Tätigkeit des Beobachtens und Analysierens kein Teil der von uns beschriebenen Welt seien. Wir brauchen nicht die attraktive, aber als Motivation oberflächliche Parallele zur neueren Physik zu beschwören: In unserem eigenen Gebiet lassen sich genügend Argumente finden für die Einführung einer Art Relativitätsprinzip, das ich jedoch lieber das Prinzip der Perspektive nennen möchte. Wie in der Physik gilt natürlich auch hier, daß sich seine Anwendung für den Großteil "klassischer" Fragestellungen erübrigt - für den Bau eines Fahrrads genügt die klassische Physik allemal; ich will lediglich annehmlich machen, daß es Fragestellungen gibt, bei denen sich das Eintauschen einer "starren" Objektivität, sprich: einer absoluten Intersubjektivität, gegen eine Aufsplitterung der Perspektiven lohnt.

Fragen wir also: Wie verändert die Beobachtung das Beobachtete, oder besser: In welcher Weise konstituiert die Beobachtung den Gegenstand mit?

Zunächst einmal können wir zwischen dem "Original-Gespräch" und seinen Reproduktionen unterscheiden.

Das Aufnehmen selbst ist - siehe oben - Teil des ursprünglichen Geschehnisses. Das Gespräch findet sozusagen sowohl für die eigentlichen Teilnehmer an Ort und Stelle als auch für das Tonband statt. Die Teilnehmer zeichnen es, d.h. die jeweilige subjektive Version, im Gedächtnis auf; das Bandgerät zeichnet einen bestimmten Teil der Schallwellen in Mustern magnetisierten Metallstaubs auf ein laufendes Band.

Noch abgesehen von jeder späteren Interpretation, gibt es natürlich auch technisch gesehen keine neutrale oder "totale" Aufnahme des Gesprächs. Auch das Tonbandgerät bzw. das Mikrofon hat eine gewisse Perspektive. Es steht an einer bestimmten Stelle (an der sich dann nicht gleichzeitig das Ohr eines Teilnehmers befinden kann), und es trifft auch aufgrund seiner technischen Eigenschaften eine bestimmte Auswahl an Geräuschen. Das kann weniger, aber auch mehr sein, als die Teilnehmer hören. Außerdem fehlen bei der heute üblichen Aufnahmetechnik ein Großteil der räumlichen Information und die dem menschlichen Hören eigentümliche Vorsortierung der Geräusche in Vordergrund und Hintergrund, in relevant und irrelevant, noch vor jeder bewußten Verarbeitung. Abgesehen von all den visuellen und sonstigen Informationen, die uns bei Tonaufnahmen entgehen, lassen sich auch diese Vorsortierung und die räumliche Zuordnung von Geräuschen anhand der Aufnahme kaum durchführen. Dies ist mit ein Grund, warum sich Gespräche mit größerer Teilnehmerzahl oft nur schwer rekonstruieren lassen und entsprechend seltener untersucht werden.[1]

Die Aufnahme produziert einen vom Originalgespräch verschie-

---

[1] Technische Neuerungen, insbesondere im Bereich der Mikrofone, werden hier Änderungen bringen, was die technische Qualität der Aufnahmen betrifft. Es gibt bereits Aufnahmetechniken mit viel mehr unserem Ohr entsprechender Qualität; es wäre möglich, von der akustischen Perspektive jedes Teilnehmers eine gesonderte Aufnahme zu machen, die dessen Erfahrungen sehr nahe kommt. Die Argumentation in diesem Artikel wird dadurch jedoch nicht berührt, im Gegenteil: Der Beobachter hat ja dann, wenn alle diese Einzelaufnahmen vorliegen würden, erst recht andere Daten als die Teilnehmer, nämlich die aller einzelnen akustischen Perspektiven zusammen, mit deren Differenz er dann umgehen muß.

denen Gegenstand, eine Art materieller "Spur" des Gesprächsereignisses, die genügend Ähnlichkeiten mit dem Original aufweist, um als "das gleiche Gespräch" bzw. als Reproduktion "des" Gesprächs gelten zu können.

Verfremdung als Methode

Nachdem wir also Unterschiede zwischen registrierten und nicht registrierten Gesprächen sowie dem Original und der Reproduktion festgestellt haben, nun zu unserer Analyse selbst. Mich interessiert vor allem die Frage nach dem Unterschied zwischen der Perspektive der Teilnehmer und der des Analysierenden.
Wenn wir ein Gespräch anhand einer Aufnahme anhören (evtl. auch sehen) und untersuchen, ist unser Wahrnehmungsgegenstand ein anderer als der der Gesprächsteilnehmer. Wir erleben das Gespräch in einem anderen - sekundären - Kontext und mit einer aufgrund unserer spezifischen Fragestellung anders ausgerichteten Aufmerksamkeit. Bei Gegenständen vom Komplexitätsgrad eines Gesprächs muß sich ein unterschiedliches Erkenntnisinteresse der Wahrnehmenden stärkstens auswirken.

Am wichtigsten ist jedoch der banalste Unterschied: der, daß wir die Aufnahme *mehrmals* hören. Auch wenn wir alle oben genannten Unterschiede vernachlässigen wollen, so bleibt doch die gravierende Tatsache, daß unser Untersuchungsgegenstand zwar das Verhalten der Sprecher (und damit das Gespräch als deren Erfahrungsgegenstand) ist, unser Erfahrungsgegenstand ist jedoch ganz anders geartet als der der Teilnehmer. Durch die Wiederholbarkeit kann die Zeit, während der wir uns dem Gespräch aussetzen, ein Vielfaches der Dauer des Originalgesprächs betragen. Außerdem können wir einzelne Fragmente besonders häufig hören, andere ganz überschlagen, manche verlangsamt, andere schneller abspielen oder sonstige akustische Manipulationen vornehmen, soweit die Technik das zuläßt. Wir können sogar "fälschen", d.h. durch Collage ein neues Gespräch aus dem ursprünglichen Gesprächsmaterial zusammenbasteln.

Die Wiederholbarkeit und die gezielte Verfremdung, die diese produziert, sind unsere wichtigsten Analyseinstrumente. Sie bringen eine ungeheure Befreiung der Aufmerksamkeit mit sich: Wir können jetzt beim Hören Dinge vernachlässigen, die für die Gesprächsteilnehmer äußerst dringlich im Vordergrund standen, wir können Reaktionen aufschieben, gezielt auf ein Detail achten und die Aufmerksamkeit immer wieder anderen Phänomenen zuwenden. Ohne diese Manipulierbarkeit unseres Gegenstandes wäre Konversationsanalyse im heute gängigen Sinn undenkbar, die Wiederholung ist gleichsam unser Mikroskop.

Wir setzen zwischen Wiederholung und Analyse auch eine qualitative Beziehung: Je öfter wir das Gespräch bzw. ein Fragment angehört haben, desto zuverlässiger ist unsere Analyse. Nichts erscheint selbstverständlicher als das, und dennoch gilt es auch hier zu bedenken, daß sich unsere Erfahrung und - wer weiß - vielleicht auch manchmal unsere Interpretation, immer mehr von der der Teilnehmer, die ja alles nur einmal hören, und das vielleicht stellenweise "nur mit einem Ohr", entfernt. Natürlich kontrollieren wir unsere Interpretation dadurch, daß wir aus den Reaktionen der Gesprächspartner zu erschließen suchen, wie sie einander verstehen. Aber auch das entläßt uns nicht aus dem hermeneutischen Zirkel, der sich hier abzuzeichnen beginnt, dessen Tücken bisher nur den Literaturwissenschaftlern Kopfzerbrechen bereiteten. Unsere "Zirkel-Problematik" ist jedoch der der Literaturwissenschaft insofern unähnlich, als es in unserem Fall um den Vergleich von Interpretationen von Subjekten innerhalb und außerhalb des zu interpretierenden "Textes" geht. Die Teilnehmer sind nicht nur die Produzenten des Gesprächs, sondern immer auch seine ersten und maßgeblichen Interpreten. Doch hierauf will ich später noch einmal zurückkommen.

Zurück zur Wiederholung. Ein jedes wiederholte Hören unterscheidet sich von allen vorangegangenen. Es handelt sich dabei nicht nur um willkürliche subjektive Variationen, sondern zum Teil um gewisse Regelmäßigkeiten in der Entwicklung einer Interpretation, die sich im Laufe der mehrfachen Wiederholung ergibt. Eine solche Vermutung hat sich in - informellen - Experimenten bestätigt, die ich mit einer Gruppe von Studenten im Rahmen eines Seminars anstellte.[1] Es ging dabei um den Vergleich von Se-

---

[1] Es handelt sich um ein Seminar zur Konversationsanalyse mit dem Titel "Interpretatie en herinterpretatie" (Interpretation und Neuinterpretation) am

rien von Selbstbeobachtungen: Alle Teilnehmer protokollierten die verschiedenen Stadien ihres Verständnisses von Gesprächsaufnahmen nach dem ersten, zweiten usw. siebten Anhören. Dabei variierten die Länge der Fragmente bzw. Gesamtaufnahmen, die Art der Gespräche (sowie einiger anderer Diskursarten) und auch Art und Menge der Informationen, die zusätzlich zur Aufnahme gegeben wurden, sowie der Zeitpunkt, an dem sie gegeben wurden (meist gar keine bzw. erst nach Abschluß oder gegen Ende der Hörserie). Ich möchte hier die Ergebnisse nur stichwortartig und nur, soweit sie für unseren Zusammenhang relevant sind, wiedergeben.

Es ergaben sich nicht nur übereinstimmende Muster und Strategien der Entwicklung der Interpretation, sondern auch überraschend große Unterschiede in der Entwicklung und den Ergebnissen der Interpretation zwischen den einzelnen Teilnehmern des Seminars.

Wenn zur Tonaufnahme keinerlei zusätzliche Informationen über das Thema des Gesprächs oder die Art der Situation gegeben wurden, fiel die oft mäßige oder schlechte akustische Qualität der Aufnahme beim ersten Hören am meisten ins Gewicht. Oft hatten fast alle den Eindruck, "gar nichts" zu verstehen. Dennoch fand dann beim zweiten und dritten Hören eine überraschend schnelle Zunahme des Verstehens statt. Also muß auch schon beim ersten Hören, wenn die Hörer keine formulierbaren Interpretationsresultate angeben können, eine Art unbewußtes Vorständnis erwirkt worden sein, ein Netz vielfältiger Hypothesen, das dann beim nächsten Hören die Basis zu vielen Verdeutlichungen legt. Mehrfaches Hören war in den meisten Fällen nötig, um das Informationsdefizit gegenüber den Gesprächsteilnehmern so weit auszugleichen, daß man das Gefühl hatte zu verstehen, "worum es geht", bzw. rein sprachlich zu einem dem der Teilnehmer vergleichbaren Verständnisniveau zu kommen.

Am krassesten sind die Veränderungen im Verstehen zwischen dem ersten und dem zweiten Anhören. Auch später kann es gelegentlich sprunghafte Änderungen (Fortschritte) geben, kann eine

---

Seminar für Allgemeine Literatur- und Textwissenschaft der Universität Amsterdam, im Wintersemester 1983/84. Allen Teilnehmern möchte ich herzlich für ihre eifrige Mitarbeit und ihre inspirierenden Diskussionsbeiträge danken.

plötzliche "Aha-Schwelle" überwunden werden, wenn sich zum Beispiel durch das Verstehen eines weiteren Elements eine Art Kettenreaktion ergibt, so daß viele bisherige Hypothesen umgeworfen oder zusammenhängende Lücken aufgefüllt werden. Insgesamt können, grob gesprochen, zweierlei Prozesse des Fortschreitens im Verstehen unterschieden werden: einerseits eine allmähliche, stetige Verdichtung des Netzes der Interpretationshypothesen, andererseits plötzliche Sprünge, radikale Umschwünge, häufig mit der erwähnten Kettenreaktion.

Insgesamt erstaunten uns alle die oft radikalen subjektiven Unterschiede der Wahrnehmung: Was und wieviel vor allem beim ersten Hören von den einzelnen Seminarteilnehmern gehört wurde, erschien manchmal kaum als Wiedergabe ein und desselben Gespräches. Nach mehreren Durchgängen (auch wenn die Interpretationen zwischendurch nicht verglichen wurden) glichen sich die meisten Unterschiede zunehmend aus. Manchmal konnte aber auch eine entscheidende Differenz im Verständnis einer Stelle oder bezüglich einer globalen Hypothese über Gespräch oder Sprecher die Interpretationen in einer bestimmten Hinsicht immer weiter auseinandertreiben.

Auch wenn wir solche Fälle als Ausnahme betrachten wollen und auf den Gewinn an Intersubjektivität durch das wiederholte Hören pochen, so kann dies unser methodologisches Gewissen dennoch nicht völlig beruhigen, da die Frage, in welchem Verhältnis sich die - noch so perfekte - Rekonstruktion des Gesprächs zu dem Gespräch befindet, das die Gesprächsteilnehmer jeweils erfahren, unbeantwortet bleibt: Wieviel nehmen sie (als "Einmal-Hörer") bewußt, wieviel vielleicht unbewußt wahr, was hören sie anders und was überhaupt nicht? Wie können Gespräche überhaupt gelingen, wenn so große Unterschiede der subjektiven Wahrnehmung, die ja nicht bewußt, aber dennoch wirksam sind, auftreten? Wieviel Verständigung ist überhaupt nötig, damit die Teilnehmer das Gefühl ausreichenden Verstehens haben?

Gespräche als Text: Was transkribiert ein Transkript?

Wenden wir uns wieder unserer üblichen Analysepraxis zu. Noch vor jeder Detailanalyse wird im allgemeinen ein Transkript angefertigt; die weitere Analyse findet dann weitgehend auf der Basis des Transkripts statt. Aus einem akustischen Ereignis wird so ein schriftliches Dokument. Die Verschriftung setzt natürlich eine bestimmte Art der Interpretation der Schallwellen voraus, die durch gezieltes und wiederholtes Hören zustande kommt. Natürlich gibt das Transkript nur einen Teil der Phänomene wieder: Wir verlieren also einerseits Information, fügen aber auch Informationen hinzu durch die Disambiguierungen, zu denen uns die Übersetzung ins Schriftliche zwingt.

Welche Erfahrung, insbesondere: wessen Erfahrung repräsentiert nun ein Transkript? Daß diese Frage nicht ganz überflüssig ist, belegen schon die eben genannten Experimente; ich will sie noch mit zwei weiteren Beispielen illustrieren. Eines kommt aus unserer täglichen Erfahrung beim Transkribieren, wenn wir uns mit Überlappungen herumschlagen. Wenn wir ein Gespräch oder eine Stelle transkribieren wollen, in dem bzw. an der mehrere Sprecher zugleich reden, so können wir oft nur mit größter Mühe, manchmal überhaupt nicht, die einzelnen Beiträge verstehen und den verschiedenen Sprechern zuordnen. Nun ist jedoch auch nicht gesagt, daß die Teilnehmer selbst in der Lage waren, alles in der Überlappungsphase Gesagte zu verstehen; bei parallel geführten Gesprächen wird dies ja auch nicht erwartet, obwohl man da ja auch mehr "mitbekommt", als man sich anmerken läßt. Hier arbeiten die Sprecher oft mit der umgekehrten Fiktion: Sie tun, als hörten sie nicht, was neben ihnen gesprochen wird. An vielerlei Details läßt sich der zum Teil sicher unbewußte Einfluß des Parallelgesprächs ja nachweisen. Jedenfalls gilt auch hier wie für die Überlappungen innerhalb des gleichen Gesprächs, daß wir nicht annehmen können, daß alle das Gleiche hören. Vielleicht hört in manchen besonders turbulenten Phasen jeder Sprecher nur sich selbst.

Der Wissenschaftler als Schiedsrichter

Noch deutlicher als bei diesen eher technischen Problemen wird die Divergenz bei der mehr inhaltlichen Interpretation. Die Annahme, es gebe *ein* objektiv vorhandenes Gespräch, erweist sich rasch als - wenn auch meist zweckdienliche - Fiktion. Diese Fiktion kommt natürlich nicht von ungefähr. Sie entspricht einer "praktischen Idealisierung" seitens der Teilnehmer (Garfinkel 1967), die der Wissenschaftler nicht nur übernimmt, sondern auch noch weitertreibt, indem die Version des Wissenschaftlers aufgrund der "objektivierenden" Rekonstruktionsprozeduren zur *Wirklichkeit* des Gesprächs erhoben wird. Wessen Wirklichkeit aber analysieren wir?

Das nächste Beispiel, ein Beispiel einer "nicht-idealen", aber dennoch recht häufigen Gesprächssituation soll die Divergenz der Perspektiven und unsere Schiedsrichter-Rolle als Beobachter verdeutlichen.

Ich untersuchte, anfangs mit einer ganz anderen Fragestellung, ein auf englisch geführtes Gespräch zwischen einem Engländer und einem Österreicher, der die englische Sprache für die gegebenen Zwecke zwar ausreichend, aber eben nicht perfekt beherrscht.[1] Ab und zu konsultiert der Österreicher eine Frau auf deutsch, wenn er ein Wort nicht weiß. Ihre Englischkenntnisse sind jedoch nicht viel besser als die seinen. (Ansonsten bleibt die Frau ganz im Hintergrund.) Das Gespräch verläuft im großen und ganzen flüssig, die Teilnehmer haben bestimmt das Gefühl, daß sie einander verstehen.

Nun komme ich als Hörer der Aufnahme hinzu und glaube, beim Anhören des Gesprächs zu erkennen, daß der Österreicher manchmal etwas sagt - vom Engländer aus gesehen -, das er wahrscheinlich - von sich aus - nicht sagen wollte; er "meinte" etwas anderes, hat sich jedoch im Ausdruck geirrt. Ich schließe das aus meiner Kenntnis typisch deutsch-englischer Interferenzen oder aus der Interpretation der Zwischensequenzen auf deutsch (mit der Frau). Es existieren also mindestens drei Versionen des Gesprächs, wenn genau wiedergegeben werden sollte, was gesagt wurde: die des Engländers, die der Österreicher und die meine (wobei das natürlich schon wieder eine Idealisierung bzw. Vereinfachung ist, pro "Partei" nur eine Version anzunehmen; zumindest meine Beobachterversion durchlief viele Stadien).

---

[1] Es handelt sich hier um ein Interview-Gespräch zwischen dem österreichischen Künstler H. Nitsch und R. Hamilton, das publiziert wurde als Tonkassette in: *Audio Arts Magazine* Vol. 2, no. 4, London 1981.

Ich betrachte hier nur die Unterschiede, die in irgendeiner Weise praktisch zum Tragen kommen. Jede Gesprächsversion, d.h. jede Interpretation, enthält Annahmen über die Interpretation der anderen Teilnehmer; ein Teil davon schlägt sich ja ständig im weiteren Verlauf des Gesprächs nieder. Jeder Teilnehmer versucht zu erschließen, wie die anderen das bisher Gesagte verstanden haben, und gibt mit der eigenen Reaktion immer Hinweise auf sein eigenes Verständnis. Es wird jedoch immer nur ein Teil der vielschichtigen Interpretationen im Gespräch selbst nachprüfbar oder gar thematisiert.

Meine Beobachter-Interpretation gleicht einerseits, beim ersten Hören zumindest, der eines stummen weiteren Teilnehmers. Andererseits unterscheidet sie sich davon in vielerlei Hinsicht, weil sie auf der Basis der Bandaufnahme und im Rahmen einer bestimmten wissenschaftlichen Fragestellung zustande kommt, ganz abgesehen von den mehr individuell bedingten Besonderheiten des Verstehens. Meine Interpretation enthält ebenfalls, als wesentlichen Bestandteil, Annahmen über die Annahmen der Teilnehmer über die Interpretation des anderen; allerdings schlagen sich meine Interpretationen nicht wieder im Gespräch selbst nieder, sondern nur in einer Analyse, mit der die Teilnehmer wahrscheinlich nie in Berührung kommen werden. So konstatiere ich zum Beispiel Mißverständnisse, deren sich kein Teilnehmer bewußt ist, auch wenn sie im weiteren Gespräch - für mich! - nachweisbare Folgen und Verwicklungen nach sich ziehen können. Ich bin also eine Art nachträglicher Schiedsrichter, der entscheidet, "was wirklich geschah". Diese subjektive Komponente braucht uns jedoch nicht zu bedrücken. Ein Gespräch existiert ja (wenn man von der materialisierten Form auf dem Band absieht) immer nur in den jeweiligen subjektiven Interpretationen, ganz gleich, wie sehr sich diese gleichen mögen. Nur kann dann meine Version nicht einen höheren, sondern lediglich einen anderen Wirklichkeitsstatus beanspruchen. Die Willkürlichkeit subjektiver Interpretation findet eine natürliche und strenge Begrenzung dadurch, daß alle Interpreten, Teilnehmer wie Beobachter, bestrebt sind, ein möglichst genaues Bild der Interpretationen der anderen zu erschließen.

II. Eine zu simple Systematik des Sprecherwechsels

Die Beschreibung der Organisation des Sprecherwechsels in Gesprächen möchte ich als nächstes Beispiel dafür anführen, daß eine Reflexion unserer Beziehung zu unserem Untersuchungsgegenstand und insbesondere eine kritische Überprüfung unserer wissenschaftlichen Metaphorik nicht nur grundlagentheoretischer Luxus sind, sondern konkrete Veränderungen in der Begrifflichkeit, der Reichweite und dem Anwendungsbereich unserer Theorie nach sich ziehen.

Zwei Metaphern für die Organisation des Sprecherwechsels

Im Rahmen dieses Grundlagenreferats will ich nur wenig auf die technischen Aspekte der Sprecherwechselsystematik eingehen (vgl. hierzu Franck 1984 und Franck/Franck 1985). Zum Ausgangspunkt meiner Besprechung mache ich das inzwischen schon klassische Modell von Sacks, Schegloff und Jefferson (1974), und auch hiervon nur ein paar allgemeine Eigenschaften.[1]

Zunächst zum Thema der wissenschaftlichen Metaphorik. Wissenschaftliche Modelle kann man ja als eine besondere Art ausgebauter und systematisierter Metaphern betrachten. Welcherlei Modelle uns wissenschaftlich befriedigen und welche Modelle uns unsere Phantasie überhaupt anbietet, ist natürlich sehr zeitgebunden und nicht immer in der glücklichsten Übereinstimmung mit der jeweiligen Fragestellung. Nehmen wir einmal unsere eigenen unter die Lupe.

In ihrem Artikel "A Simplest Systematics for the Organization of Turn-taking for Conversation", den man noch immer als programmatisches Kernstück der Konversationsanalyse betrachten darf, gebrauchen die Autoren zwei meiner Ansicht nach inkompatible Metaphern. Einmal, nach meiner Überzeugung sehr zu Recht, nennen sie die Sprecherwechselorganisation eine Ökonomie: "The

---

[1] Um Mißverständnissen meiner Kritik vorzubeugen, möchte ich betonen, daß ich diesen Artikel noch immer für eine der faszinierendsten und intelligentesten Arbeiten im Bereich der Sprachanalyse im weitesten Sinn innerhalb der letzten Jahrzehnte halte. Gerade weil er ein Meilenstein ist, verdient er ausführliche Beachtung, Kritik und Weiterführung.

social organization of turn-taking distributes turns among parties. It must, at least partially, be shaped as an economy" (Sacks et al., 1974: 701).

Dann, bei der konkreten Beschreibung der Systematik, wird jedoch ein ganz anderes Modell-Format gebraucht, bei dem nicht die Ökonomie, sondern die (damals aktuelle) Linguistik Pate gestanden haben muß, und zwar in zweifacher Hinsicht: Nicht nur werden die grundlegenden Konstruktionseinheiten syntaktisch definiert (oder genauer: ihre syntaktische Definierbarkeit wird vorausgesetzt), auch die Systematik wird im Format einer Grammatik formuliert: "The turn-taking system for conversation can be described in terms of two components and a set of rules" (ebd.: 702), wobei unter letzteren natürlich eine rekursive Regel nicht fehlen kann.

Problematisch sind an der Systematik nicht die Regeln selbst - die halte ich, wenn man Ausnahmen zuläßt, im Prinzip für gültig -, sondern die Tatsache, daß die "turn-constructional units" - die Einheiten, auf denen das ganze System aufbaut - ungenügend definiert sind. Diese Einheiten sind insofern konstitutiv für das System, als sie die Stellen bestimmen, an denen Sprecherwechsel möglich ist.

> As for the unit-types which a speaker employs in starting a turn's talk, the speaker is initially entitled in having a turn, to one such unit. The first possible completion of a first such unit constitutes an initial transition-relevance place (Sacks et al. 1974: 703).

Und etwas weiter oben heißt es: "Unit-types for English include sentential, clausal, phrasal, and lexical constructions" (ebd.: 702).

Diese Erklärungen beziehen sich auf die erste Komponente, die Konstruktionskomponente (turn-constructional component), die zweite ist die Zuweisungskomponente (turn-allocation component).[1] Die Regeln beziehen sich dann auf die Handlungsalternativen, die den Teilnehmern zur Verfügung stehen an den Stellen, an denen Sprecherwechsel möglich ist (transition relevance places). Sie lassen sich wie folgt zusammenfassen: Entweder der Sprecher hat

---

1 Wie forciert hier die Parallele zur Linguistik ist, wird deutlich, wenn man die ungenaue Verwendung des Begriffs "Komponente" näher betrachtet, insbesondere in bezug auf den Zusammenhang zwischen Komponenten und Regeln.

bereits in seinem laufenden Beitrag einen Nachfolger angewiesen (z.B. eine Frage ausdrücklich an einen bestimmten Teilnehmer gestellt), dann ergeht an diesen das Wort. Ist dies nicht der Fall, so gibt es an dieser Stelle die Möglichkeit, jedoch nicht die Pflicht, zur Eigeninitiative (self-selection), um das Wort zu ergreifen. Tun das mehrere gleichzeitig, so gilt: Wer zuerst anfängt, gewinnt. Wenn kein anderer Teilnehmer etwas sagt, so kann der aktuelle Sprecher fortfahren (muß es aber nicht), und an der nächsten Übergangsstelle treten dann wieder dieselben Regeln in Kraft.

Über die Richtigkeit dieser Regeln bzw. die Bedingungen für Abweichungen und Ausnahmen läßt sich eigentlich erst reden, wenn die Kriterien für die Stellen, an denen Sprecherwechsel möglich ist, genauer definiert werden. Dies geschieht jedoch nicht, auch wenn das Modell mit vielen interessanten Konkretisierungen und theoretischen Details versehen wird, die ich zum Teil für wertvoller halte als die eigentliche (oben skizzierte) Systematik. Es ist zweifellos richtig, die Möglichkeit des Sprecherwechsels an möglichen Abschlußstellen (possible completion points) einer Einheit anzusiedeln - aber welcher Einheit? Sacks et al. zählen lediglich etliche syntaktisch definierte Einheiten auf, Wörter, Teilsätze, Sätze. Die Autoren sind sich der Unvollständigkeit ihrer Kriterien anscheinend bewußt, da sie auch die Richtung angeben, in der weiter gesucht werden soll: in der linguistischen Syntax. Außerdem ist ein wichtiger Zusatz zu beachten im Zusammenhang mit der These, daß das System interaktiver Natur ist - eine These, die wieder in Einklang steht mit der Vorstellung einer Ökonomie. Ich zitiere wieder, weil sich - wie so oft in diesem Artikel - die Sache nicht kürzer zusammenfassen läßt:

> "[...] it is misconceived to treat turns as units characterized by a division of labor in which the speaker determines the unit and its boundaries, with other parties having as their task the recognition of them. Rather, the turn is a unit whose constitution and boundaries involve such a distribution of tasks as we have noted: that a speaker can talk in such a way as to permit projection of possible completion to be made from his talk, from its start, allowing others to use its transition places to start talk, to pass up talk, to affect directions of talk etc.; and that their starting to talk, if properly placed, can determine where he ought to stop talk. That is, the turn as a unit is interactively determined" (Sacks et al. 1974: 726 f.).

In der jetzigen Form kann das Regelsystem (wenn man es so nennen kann) jedenfalls den Anspruch nicht erfüllen, die Organisation des Sprecherwechsels in Konversationen vollständig und ausschließlich zu beschreiben, weil es einerseits die Kriterien für die fraglichen Einheiten bzw. completion points nicht liefert, und andererseits die Mechanismen des interaktiven gemeinsamen Aushandelns (siehe obiges Zitat) nicht von der Systematik erfaßt werden und von einem Modell im Format einer generativen Syntax wohl auch nicht erfaßt werden können.

Das System liefert keine Kriterien zur Unterscheidung akzeptabler und nicht-akzeptabler Sprecherwechseloperationen (irgendein Abschlußpunkt ist schließlich immer in der Nähe, wenn nicht von einem Satz, dann eben von einem Wort); und es erlaubt in seiner Allgemeinheit auch nicht die Differenzierung verschiedener Typen und Stilarten verbaler Interaktion (vgl. hierzu auch Schasfoort 1984).

Vorschläge für eine weniger simple Systematik

Wenn wir nun versuchen, das "simplest systematics"-Modell in der angegebenen Richtung zu ergänzen, so stoßen wir auf Punkte, an denen wir die dort gezogenen Grenzen überschreiten und von etlichen dort gemachten Annahmen abweichen müssen - und damit komme ich zum Thema Perspektive zurück, das uns im ersten Teil beschäftigte. Das heißt: Die Ergänzung gerät zur Veränderung des Modells.

Ein Teil der Änderungen, auf den ich hier nicht eingehen will, bezieht sich auf die Ergänzung und die Kombination syntaktischer Kriterien mit semantischen und pragmatischen Satz- und satzübergreifenden Diskursstrukturen und deren gegenseitigen Abhängigkeiten für die Bestimmung der Stellen, an denen Sprecherwechsel möglich ist. Diese Ergänzungen bedeuten zunächst einmal die überfällige Anpassung des Modells an den heutigen Stand der Linguistik und Interaktionsforschung.[1]

---

[1] Einen solchen Versuch nahm ich vor, der dann als sog. "Gong-Modell" bekannt wurde. In schriftlich publizierter Form wird dieses Modell jedoch erst in Franck/Franck (1985) vorgelegt.

Aber auch solche Erweiterungen, die uns eine Skala verschiedener Arten und Grade von Abgeschlossenheit (completion) zu unterscheiden erlauben, führen nicht wesentlich über die Einwände gegen das "simplest-systematics"-Modell hinaus. Um befriedigend beschreiben zu können, welche Mittel den Gesprächsteilnehmern zur Verfügung stehen, und wie und wo der Sprecherwechsel unter den Teilnehmern ausgehandelt wird, müssen wir eine radikalere Änderung einführen.

Wir müssen zwischen der Perspektive des aktuellen Sprechers und der der anderen Teilnehmer, insbesondere insofern, als sie für den nächstmöglichen Sprecherwechsel kandidieren, unterscheiden. Sprecher und Hörer haben nicht nur unterschiedliche Interessen in bezug auf den weiteren Gesprächsverlauf, sie haben auch Zugang zu unterschiedlichen Informationen. Nicht alle Informationen, die in der Gesprächsorganisation benutzt werden, werden auch vermittelt.

Der aktuelle Sprecher hat Pläne in bezug auf das, was er an Aufgaben erledigen will, bevor ein anderer das Wort zu einem eigenen Beitrag ergreift; der Hörer und Sprecher-in-spe weiß ungefähr, was er sagen will, d.h. er weiß, wozu er das Wort ergreifen will. Falls ein längerer Beitrag daraus wird, so gilt - wie wir alle wissen -: "L'idée vient en parlant" (vgl. hierzu Kleist 1808; 1978).

In einem dem heutigen Stand der Linguistik entsprechenden Modell muß es eine große Zahl sehr verschiedener "completion points" geben, da sich die natürliche Sprache bzw. das natürliche Sprechen ja in eine Vielzahl sich überlagernder Schichten oder Ordnungsstrukturen gliedern läßt, vom Phonem bis zu satzübergreifenden, großen Diskursstrukturen, wobei jede Ebene ihre eigenen Einheiten und "completion points" liefert, die wiederum in manchen Fällen zusammenfallen können (z.B. Wort- und Satzgrenze), sich aber in manchen Fällen auch widersprechen können. Um aus dieser Vielzahl möglicher Gliederungen eine nicht willkürliche Wahl für die Plazierung des nächsten Beitrags zu treffen, wird der Sprecher-in-spe nach einer Stelle suchen, die für sein Projekt geeignet ist, d.h., deren konditionelle Relevanzen dafür günstig und hinsichtlich der vom laufenden Sprecher in Gang gesetzten Projektionen seiner Pläne vertretbar sind. So werden für eine Bestätigung oder Zwischenfrage zum Thema des laufenden Beitrags andere, in diesem Fall schwächere, Vollständigkeitskriterien gelten als für einen Beitrag, in dem das Thema weitergeführt oder gar geändert werden soll. (Allerdings muß man hier mit einer Menge von Tricks und Etikettenschwindel rechnen, wie es sich für eine Ökonomie ja auch gehört.)

Der Sprecher-in-spe trifft seine Wahl des Sprecherwechselorts also in Abhängigkeit vom eigenen Vorhaben. Dieses kennen zum fraglichen Zeitpunkt natürlich weder die anderen Sprecher noch wir als Beobachter. Wir können diese Information jedoch insofern einholen, als wir ja im weiteren Verlauf hören, was der Teilnehmer, der eben noch Sprecher-in-spe war und jetzt Sprecher ist, sagt. Wir können also feststellen, für welche Art von Beitrag er zu Wort kommen wollte. Diese Operation des Beobachters widerspricht jedoch der erklärten Methodologie der Konversationsanalyse, die sich, in - meiner Meinung nach - berechtigter Opposition zur Praxis der Textanalyse, einer strikt lokalen Analyse verschrieb. Hier sind wir nun wieder beim Thema "Perspektive".

Drei Perspektiven, aus denen man Gespräche betrachten kann

Ich möchte drei verschiedene Beschreibungsperspektiven für die Gesprächsanalyse unterscheiden:
    1. Die Textperspektive.
Darunter verstehe ich die statische "Lieber-Gott-Perspektive", wie sie in der Textanalyse (Textlinguistik) üblich ist. Der Analysierende überblickt den ganzen Text, weiß immer, "wie es weiter geht". Die zeitliche Dimension des Nacheinander im Lesen bleibt weitgehend unberücksichtigt, auch wenn nicht alle so weit gehen wie einige Textlinguisten, die auf semantischer Ebene die lineare Anordnung der Propositionen überhaupt nicht in Betracht ziehen, sondern diese nur als kontingente Eigenschaft der "Oberflächenstruktur" sehen wollten. Überflüssig zu sagen, daß eine solche Analyse natürlich weit hinter dem Differenzierungsgrad der traditionellen literarischen Analyse zurückbleibt.

Auch Gespräche können aus dieser Perspektive heraus, als Gesamtstruktur, betrachtet werden - für manche Fragestellungen vielleicht zu Recht. Da die Wahl der Perspektive meist gar nicht bewußt geschieht und fast nie explizit diskutiert wird, existiert diese Perspektive selten in Reinform. Sobald der Aufbau des Textes (Gesprächs) dynamisch im Sinne einer Schritt-für-Schritt-Entwicklung angegangen wird, bewegt man sich auf die zweite Position zu.

2. Die konversationsanalytische Perspektive

Aus dem Anspruch, daß die Konversationsanalyse die Methoden der Gesprächsorganisation, die die Teilnehmer selbst gebrauchen, rekonstruiert, folgt, daß sie eine Teilnehmerperspektive einnehmen muß. Sie folgt den Teilnehmern praktisch Schritt für Schritt durch das Gespräch und erlaubt sich nur, von solchen Informationen Gebrauch zu machen, die an dem jeweiligen Punkt den Teilnehmern auch zur Verfügung stehen. Nun läßt sich diese Auflage nicht streng einhalten, weil sie uns schlicht und einfach überfordert. Wir haben das Gespräch, das wir untersuchen, ja immer schon mehrfach gehört und können nicht genau kontrollieren, welches Wissen wann in unsere Strukturanalysen miteinfließt. Außerdem ist ein strikt dynamisches Vorgehen praktisch nicht durchführbar, zumindest nicht in den heutigen Paradigmen. Wir müssen ja den fortlaufenden Strom des Gesprächs digitalisieren, "festfrieren", in einzelne Stücke teilen. Sobald wir Strukturen im üblichen Sinn zuordnen, halten wir ja in gewisser Weise die Zeit an, zumindest inerhalb der Einheiten, mit denen wir operieren. Zumindest innerhalb dieser Einheiten herrscht eine Art fiktiver Gleichzeitigkeit. Aber dies ist nicht nur eine "praktische Idealisierung" in der Wissenschaft, sondern gewiß auch ein Aspekt (neben anderen, diesem entgegengesetzten) der kognitiven Verarbeitung auf Seiten der Sprecher bzw. Hörer selbst. Wobei allerdings zu beachten ist, daß es sich bei diesen Interpretationsprozessen um ein komplexes Hin und Her, ein Definieren und bald danach wieder Umdefinieren desselben Geschehens handeln kann, über das nicht nur die Vertreter der ersten Perspektive oft simplifizierend hinweggehen.

Die bewegliche Perspektive der Konversationsanalyse erlaubt jedenfalls im Prinzip eine dynamische und revidierbare Strukturzuschreibung. Dennoch ist auch dieser Ansatz noch zu einem gewissen Grad den relativ starren Denkmustern des Strukturalismus verpflichtet, indem er auf einer Rekonstruktion beharrt, die nur nachgewiesen intersubjektive Elemente duldet und alle, Teilnehmer wie Beobachter, auf eine einzige Version des Geschehens verpflichtet. Ein Infragestellen der Möglichkeit und Notwendigkeit dieser Gemeinsamkeit führt uns zum dritten Ansatz.

3. Die relativierende Perspektive, die Perspektive, für die ich mit den vorangegangenen Beispielen und Überlegungen plädieren wollte. Sie baut einerseits auf der konversationsanalytischen auf, indem sie deren Mobilität, d.h. den dynamischen Interpretationsansatz teilt; sie gibt jedoch die Gleichschaltung der verschiedenen Positionen von Teilnehmern und Beobachtern auf, zugunsten einer systematischen Relativierung. Und zwar wird in doppelter Hinsicht differenziert: Einmal werden die Perspektiven verschiedener Teilnehmer nicht automatisch miteinander gleichgesetzt (in den obigen Beispielen die von Sprecher und Hörer oder die des muttersprachlichen und des fremdsprachlichen Teilnehmers); zweitens wird die Annahme aufgegeben, wir könnten die Perspektive der Teilnehmer übernehmen. Wir können die Perspektive der Teilnehmer ja nur beschränkt teilen. Sie verfügen über Vorwissen und aktuell erfahrene Informationen, die uns nicht zugänglich sind. Die Annahme, daß für alle relevanten Informationen und Überzeugungen Hinweise im Verhalten - sprich: Gespräch - zu finden sind, mag zutreffen, aber das heißt nicht, daß wir all die Hinweise auffinden und korrekt interpretieren können. Wie auch die im ersten Teil des Artikels beschriebenen Experimente bestätigten, können wir unser Informationsdefizit gegenüber den Gesprächsteilnehmern teilweise dadurch ausgleichen, daß wir gerade gezielt von der Teilnehmerperspektive abweichen und (mittels wiederholten Hörens) bestimmte Interpretationshypothesen zu einer bestimmten Stelle aus verschiedenen Stellen des Gesprächs zusammensuchen.

In der Konversationsanalyse geht man von dem Prinzip aus, nur diejenigen Informationen zu benutzen, die im Gespräch intersubjektiv vermittelt werden. Wenn wir dem Anspruch genügen wollen, Methoden der Teilnehmer zu rekonstruieren, folgt daraus ja nicht, daß die Teilnehmer nur solche Informationen benutzen, über die alle gleichermaßen verfügen.

Gerade wenn wir das Gespräch so genau wie möglich rekonstruieren und die verschiedenen Bedeutungsschichten freilegen wollen, müssen wir ja gezielt von unserem technischen Vorteil, eine wiederholbare Reproduktion des Gesprächs zu besitzen, Gebrauch machen, und zwar einen bewußten Gebrauch, der die Reflexion der Unterschiede der verschiedenen Perspektiven an die Stelle einer vermeintlichen Objektivität stellt, die im Grunde auf einem naiven Verstehensbegriff beruht. Dies bedeutet vor allem auch, die Grenzen des Verstehenkönnens zu sehen: Grenzen, die real sind, die wir oft schmerzlich erfahren in unserer eigenen "Alltagswelt", und die wir (das zeigten die oben erwähnten Interpretationsexperimente allzu deutlich) auch aus unserer wissenschaftlichen Praxis nicht wegzaubern können.

Ich will die drei geschilderten text- und gesprächsanalytischen Perspektiven noch einmal kurz zusammenfassen.

Die erste ist eine statische und objektive "Zentralperspektive", die auf zwei speziellen Abstraktionsverfahren beruht, die uns wahrscheinlich von der Schriftlichkeit des Untersuchungsgegenstandes nahegelegt, wenn nicht aufgezwungen werden. Es wird einerseits von der Zeitlichkeit des Text- bzw. Gesprächsverlaufs abstrahiert, andererseits wird von der Tatsache, daß mehrere sinn-schaffende Personen mit je eigenen Versionen des Geschehens beteiligt sind, abgesehen. Die zweite Perspektive, die der (bisherigen) Konversationsanalyse, ist eine bewegliche, aber immer noch objektive, wenn auch jetzt im Sinne einer Intersubjektivität aus einem im Prinzip verstehenden Ansatz heraus. Erst die dritte Perspektive versucht, beide genannten Abstraktionen zumindest partiell zu unterlaufen oder, wenn das nicht möglich ist, wenigstens ihre Selbstverständlichkeit zu hinterfragen. Die heutige Technologie stellt uns mehr und mehr Mittel zu einer solchen Analyse zur Verfügung. Ob und vor allem wie wir sie nutzen, liegt natürlich an uns.

Ich möchte meiner Mutter, Frau Rita Franck, und meiner Tante, Frau Agnes Brümmer, für ihre liebevolle Fürsorge danken, die sie mir in der Zeit, als ich diesen Artikel schrieb, wieder einmal angedeihen ließen.

Literatur

Franck, D., 1980. *Grammatik und Konversation*, Königstein/Ts.

Franck, D., 1984. "Sentences and Conversational Turns, a Case of Syntactic Double-bind", in: Dascal, M. (Hg.), *Dialogue*, Amsterdam.

Franck, D., G. Franck, 1985. *Reden ist Silber, Schweigen ist Gold. Überlegungen zu einem ökonomischen Modell der Konversation* (in Vorbereitung).

Garfinkel, H., 1967. *Studies in Ethnomethodology*, Englewood Cliffs, New Jersey.

Kleist, H. v., 1808. *Werke und Briefe*, Berlin/Weimar 1978, 453 - 459.

Sacks, H., E. A. Schegloff, G. Jefferson, 1974. "A Simplest Systematics for the Organization of Turn-taking for Conversation", in: *Language* 50, 696 - 735.

Schasfoort, M., 1984. "De konversatieanalytische beschrijving van gesprekken als sociale interactie", in: *TTT* 4, 41 - 67.

GRAMMATIK UND INTERAKTION. ÜBERLEGUNGEN ZUM BEGRIFF DER "INTER-
AKTIVEN FUNKTION" (AM BEISPIEL DES *IMPERFECTO* SPANISCHER MODAL-
VERBEN) [1]

Reinhard Meyer-Hermann

1. Einleitung

Ausgangspunkt und Anlaß für die folgenden Überlegungen bildet
die Auseinandersetzung mit Blumenthals (1976) Versuch, die Tatsache zu erklären, daß die französischen Modalverben *pouvoir,
devoir, vouloir* etc., wenn sie in einem Vergangenheitstempus
verwendet werden, relativ häufiger im *imparfait* vorkommen als
in den anderen Vergangenheitstempora (*passé simple, passé composé, plusqueparfait*). Das Phänomen, welches Blumenthal für das
Französische zu erklären versucht, kann in entsprechender Weise
auch im Spanischen und Portugiesischen beobachtet werden, wie
meine statistischen Erhebungen in diesen beiden iberoromani-
schen Sprachen ergeben haben (vgl. dazu im einzelnen Meyer-Hermann 1985).

Blumenthal, dessen Ansatz ich an anderer Stelle im Detail
diskutiere (vgl. Meyer-Hermann 1985), versucht, das statistische
Faktum der Kookkurrenz von Imperfekt und Modalverben damit zu
erklären, daß zwischen syntaktisch-semantischen Merkmalen (Funktionen?) des Imperfekts und semantischen Merkmalen der Modalverben Gemeinsamkeiten und/oder Kompatibilitäten bestünden, welche
etwa zwischen denen des *passé simple* und denen der Modalverben
nicht existierten. Vereinfacht dargestellt resultiert für Blumenthal eine angenommene Nicht-Implikativität der Verbindung
"Imperfekt + Modalverb" (im Französischen) aus dem invariablen
Merkmal "Nicht-Implikativität" des *imparfait* und dem invaria-

---

[1] Mit der Vorlage für den Romanistentag in Berlin 1983, auf welche dieser
Aufsatz zurückgeht, hat er nur noch teilweise Ähnlichkeit. Mitveranlaßt
ist die Neufassung durch die Diskussionsbeiträge der Sektionsteilnehmer.
Vor allem aber danke ich Birgit Apfelbaum (Bielefeld), die trotz der
termingebundenen Inanspruchnahme durch ihre Staatsexamensarbeit Zeit gefunden hat, sich mit der Diskussionsvorlage zu befassen.

blen Merkmal "Nicht-Implikativität" der französischen Modalverben.

In der Auseinandersetzung mit Blumenthals Erklärungshypothese mußte es - von der Diskussion der Nicht-Implikativitäts-These als solcher einmal abgesehen - u.a. um die Frage gehen, welches denn die (interaktive(n)) Funktion(en) des *imparfait* sein könne(n). Das aber impliziert eine Erörterung des Begriffes "interaktive Funktion" als solchem und damit verbunden Überlegungen dazu, ob es angemessen ist, traditionell der "Grammatik" zugeordnete Elemente, wie eben das *imparfait*, hinsichtlich einer "interaktiven Funktion" zu untersuchen. Die Beziehung, welche in der Überschrift dieses Aufsatzes durch "und" zwischen den Begriffen "Grammatik" und "Interaktion" hergestellt wird, kann mindestens unter den beiden folgenden Perspektiven untersucht werden, die sich im übrigen als miteinander verbunden erweisen. Zunächst kann die Frage erörtert werden, ob eine Grammatik(-theorie) - als das letztliche Ziel linguistischer Tätigkeit - so konzipiert werden soll, daß sie, verkürzt formuliert, "Interaktion" inkludiert: Gehören Aussagen über die "interaktive(n) Funktion(en)" sprachlicher Formen in eine "Grammatik"? Der zweite Aspekt, unter dem die Koordination "Grammatik und Interaktion" befragt werden könnte, wäre - einmal vorausgesetzt, daß der Begriff "interaktive Funktion" geklärt sei -, ob sprachliche Formen, über die in traditionellen Grammatiken unter dem Gesichtspunkt ihrer "grammatischen" Funktion Aussagen gemacht werden, auch interaktive Funktion(en) haben (können). Diese zweite Frage kann u.a. in der Weise spezifiziert werden, daß geklärt werden muß, ob nur einige bestimmte oder alle Formen mit "grammatikalischer Funktion" auch interaktive Funktionen haben. Auf letztere Fragen werde ich in Abschnitt 3 ausführlicher eingehen.

2. Grammatik und Interaktion: Interaktion in der Grammatik?

Da die Referate dieser Sektion durch ein einschlägiges Grundsatzreferat von Dorothea Franck eingeleitet werden, greife ich zu der Frage nach der Integration von Interaktion in die Grammatik

auf eine Position von Dorothea Franck in (1980) zurück. Franck
plädiert gegen eine "totale Integration der Pragmatik in die
Grammatik" (125). Es gehöre zum "Aufgabenbereich der Pragmatik,
nicht der Grammatik *im engeren Sinn* [meine Hervorhebung]" (125),
zu klären,

> welche Kontextfaktoren in welcher Weise verarbeitet werden und was für
> Interpretationsstrategien und allgemeine Prinzipien der Kommunikation
> und Interaktion dabei eine Rolle spielen (125).

In diesem "engeren" Sinn versteht beispielsweise auch Owen
(1981) den Begriff "Grammatik". Owen warnt im übrigen vor dem
weitverbreiteten Glauben, man könne Konversationsanalyse mit
den Methoden der traditionellen Grammatik betreiben. Owen sagt,
wenn man zum Beispiel den Satz *Were you brought up in a barn?*
analysiere, sei es nicht Aufgabe des Grammatikers zu beschreiben, daß dieser Satz in einem entsprechenden Kontext als Aufforderung an den Adressaten dienen könne:

> All the grammarian has to say about [this sentence - RMH] is that it
> has an interrogative form, and that it is an enquiry about the address-
> ee's upbringing (114).

Man könnte nun versucht sein, in eine Diskussion von Francks und
Owens Position in der Weise einzusteigen, daß man danach fragt,
was denn unter "Grammatik im engeren Sinn" zu verstehen sei, und
was denn dafür spreche, die Grenze für das, was durch die Grammatik zu beschreiben sei, gerade bei der Analyse-Ebene zu ziehen,
zu der die "interrogative form" gehört. Eine solche Erörterung
ist jedoch nutzlos. Denn es ist eine legitimierte und legiti-
mierbare Konzeption, bestimmte Typen von Funktionen sprachlicher
Formen als grammatikalisch auszuzeichnen und die Aufgabe des Linguisten darin zu sehen, genau diese und nur diese grammatikalischen Funktionen zu beschreiben. Eine solche Auffassung braucht
nicht einmal die Position zu implizieren, daß durch "Grammatik"
das Funktionieren verbal-kommunikativer Interaktion erfaßt werde. Mit anderen Worten: Selbst ein Linguist, der seine begrenzte
Aufgabe darin sieht, die grammatikalischen Funktionen sprachlicher Elemente zu beschreiben, kann darüber hinausgehend die Auffassung vertreten, daß es ein Ziel analytischer Tätigkeit ist,
eine möglichst vollständige, möglichst adäquate und möglichst

einfache Modellierung der Regeln zu liefern, welche die Interaktionspartner bei der Interaktion leiten. Daß ein solcher umfassender Modellierungsversuch auch Aussagen über Funktionen sprachlicher Elemente enthalten muß, welche nicht auf der grammatikalischen Analyse-Ebene angesiedelt sind, wird von den oben zitierten Vertreterinnen einer Grammatik "im engeren Sinn" (Franck und Owen) ja offensichtlich nicht in Zweifel gezogen. Es wäre deshalb unergiebig, sich darauf versteifen zu wollen, den erwähnten umfassenden Modellierungsversuch coûte que coûte "Grammatik" nennen zu wollen. Denn einerseits unterstelle ich Konsens darüber, daß "Grammatik im engeren Sinn" nur eine Teiltheorie des umfassenden Modellierungsversuchs ist, in welchem es um die Gesamtheit der die Interaktion bestimmenden Regeln geht. Andererseits würde durch die Verwendung des Begriffs "Grammatik" für den umfassenden Modellierungsversuch die Notwendigkeit nicht beseitigt, daß beschrieben werden muß, daß ein sprachliches Element x in der Interaktion (simultan) Funktionen auf hierarchisch aufeinander bezogenen Analyse-Ebenen erfüllt: Man mag die eine davon als "interaktiv", eine andere als "illokutionär", wieder eine andere schließlich als "grammatikalisch" bezeichnen. Wie auch immer. Wenn also die Abgrenzung der traditionell als "grammatikalisch" angesehenen Analyse-Ebene operationalisierbar ist, dann ist sie auch essentieller Bestandteil der internen Gliederung eines umfassenden Modellierungsversuchs im oben skizzierten Sinne. Owen stellt sich daher also nicht die Frage, ob Aussagen über interaktive Funktionen in eine "Grammatik" gehören oder nicht. Daß Aussagen über interaktive Funktionen sprachlicher Elemente keinen Platz in einer "Grammatik im engeren Sinn" haben, bedeutet lediglich, daß es vielleicht nicht Aufgabe des "Grammatikers" ist, interaktive Funktionen zu untersuchen (vgl. das obige Zitat aus Owen 1981). Aufgabe des *Linguisten*, der die Komplexität natürlicher face-to-face-Interaktion analysieren bzw. beschreiben will, ist dies jedoch allemal. Die Stoßrichtung dieses Plädoyers wird nur denjenigen unter den Lesern erkennbar sein, die es nicht sowieso für trivial halten.

3. Zum Begriff der "interaktiven Funktion" in der gegenwärtigen linguistischen Diskussion

In der Unzahl konversationsanalytischer Untersuchungen wird relativ selten explizit über "interaktive" oder auch "interaktionale" Funktionen sprachlicher Elemente gehandelt. Aber manche Formulierung des Typs "x hat die Funktion a 'für/in' die/der Interaktion" dürfte dasselbe Referenzobjekt haben wie eine Aussage "x hat die interaktive Funktion a". Unbeschadet und auch gerade wegen einer solchen Annahme kann ich mich hier auf diejenigen Untersuchungen beschränken, in denen explizit von "interaktiver Funktion" die Rede ist. Dabei geht es, wie bereits oben erwähnt, auch um die Frage, in bezug auf Entitäten welchen kategorialen Status' von "interaktiver Funktion" gesprochen wird bzw. sinnvoll gesprochen werden soll/kann.

Bei Quasthoff (1980) ist die sprachliche Einheit, deren interaktive Funktionen untersucht werden, die "Erzählung". Entsprechend den zwei Grundfunktionen von Sprache als Repräsentationsmedium von Inhalten sowie als Mittel zur Gestaltung sozialer Beziehungen unterscheidet Quasthoff kommunikative und interaktive Funktionen von Erzählungen in Gesprächen. Quasthoff sagt:

> *Kommunikative Funktionen* sind *semantisch* begründet, ihre Wirksamkeit beruht in der Hauptsache auf dem Inhalt der erzählten Geschichte. Die kommunikative Funktion der Selbstdarstellung etwa ist nur über bestimmte *Inhalte* der Erzählung realisierbar, ebenso wie die der Belustigung und andere. *Interaktive* Funktionen liegen demgegenüber in der interaktiven Wirksamkeit der gewählten Repräsentations*form* [...]. Das Erzählen als eine bestimmte Art der kommunikativen Vermittlung von Ereignissen hat eine ganz andere interaktive Wirksamkeit als etwa das Berichten desselben Ereignisses (146).

Zu diesen interaktiven Funktionen, die das Erzählen qua bestimmter Kommunikationsmodus haben kann, gehören nach Quasthoff (1980: 170 f.) eine "phatische Funktion", verkürzt als Aufrechterhaltung des Kontaktes zu beschreiben, sodann eine "interaktionssteuernde Funktion", schließlich, beim gemeinsamen Erzählen, "Beziehungsdefinition". Quasthoff (1979) hat einen naheliegenden Einwand gegen diese Dichotomie "Inhalt: kommunikativ vs. Manifestationsform: interaktiv" antizipiert, wenn sie einräumt, daß "eine kommunikative Funktion einer Diskurseinheit [z.B. der Erzählung][...] auch in einem gewissen Sinne eine interaktive

Funktion" sei (105). Womit nichts anderes gesagt wird, als daß
die Gestaltung sozialer Beziehungen natürlich nicht nur über die
Wahl der Manifestationsform - oder sollte man sagen, das Handlungs- oder Interaktionsschema - erfolgt, sondern auch über die
Wahl der Inhalte. Damit wird aber im Grunde die starre Zuordnung
der unterschiedlichen Funktionen einer bestimmten Diskurseinheit
zu bestimmten analytisch abgrenzbaren (Teil-)Aspekten der Diskurseinheit relativiert und eine Konzeption vertreten, nach der
eine kommunikative Einheit auf verschiedenen analytisch erschließbaren Ebenen mehrere Funktionen erfüllt. So, wie die Inhalte (semantische Ebene) kommunikative und interaktive Funktionen erfüllen, so dürfte die Manifestationsform "Erzählung" nicht nur interaktive Wirksamkeit haben, sondern auch kommunikative Funktionen (im Sinne Quasthoffs) erfüllen. Daß Quasthoff dabei eine
nicht nur zwei Ebenen umfassende hierarchische Analyse der Funktionen vor Augen hat, kann aus einer Anmerkung geschlossen werden:

> Es ist [...] nicht ersichtlich, warum gerade zwei Ebenen, die des Handlungsschemas und die des Sachverhaltsschemas, begrifflich abgegrenzt werden müssen. Man erzählt eine Geschichte, um die Richtigkeit einer These zu belegen, um die Richtigkeit einer anderen Behauptung zu vermitteln, um einen damit abzuqualifizieren, um sich als einen überlegenen Diskussionspartner zu empfehlen, um [...]" (122; Anm. 2).

Roulet (1981) verwendet den Begriff "interaktive Funktion (fonction interactive)" in drei Argumentationszusammenhängen und in bezug auf Entitäten von unterschiedlichem kategorialem und formalem Status.

Zuerst spricht Roulet sowohl von "actes illocutoires exerçant une fonction interactive" (10) als auch von "actes de fonctions interactives" (10). Dies steht im Rahmen seiner Konzeption, daß in jedem Gespräch ("toute conversation") hierarchisch aufeinander bezogene Strukturen auszumachen sind, wobei der *échange* (etwa dem Begriff "Interaktionsschema" entsprechend) eine Makro-Basis-Struktur darstellt, die sich in *interventions* (dem Goffmanschen "move", dt.: "Zug" entsprechend) gliedert, die ihrerseits jeweils aus *actes de langage* bestehen. Die interne Struktur jeder *intervention* ist nach Roulet sozusagen in der "Normalform" dreigliedrig, eine Trias, deren empirische Basis ich für geringer erachte als die Unterteilung des *échange* in drei *interventions*. Die drei Glieder einer *intervention* sind in der Reihenfolge ihrer Realisierung: 1. acte subordonné, 2. acte directeur, 3. acte subordonné. Angenommen, wir haben einen *échange*, der aus den drei *interventions* 1. "requête", 2. "acceptation", 3. "remerciement" besteht, dann könnten die drei Bestandteile der ersten *intervention* "requête" etwa durch folgende Äußerungen realisiert werden (dieses Beispiel stammt aus Roulet 1981: 9):

(1) *Je ne connais pas bien Genève,*
    (acte subordonné de "préparation")
(2) *est-ce que vous pouvez m'indiquer une bonne librairie,*
    (acte directeur d'intervention, la "requête")
(3) *(car) je cherche un livre sur Calvin?*
    (acte subordonné de "justification").

Roulet sagt, daß die Äußerungen unter (1) und (3) von einem illokutionären Standpunkt aus betrachtet "actes d'information" seien. Dies sei aber eine unzureichende Kennzeichnung ihrer Funktion innerhalb der *intervention*. In bezug auf (2), den "acte directeur de l'intervention", seien (1) und (3) *interaktive Akte* ("actes interactifs", 10) der "préparation" bzw. "justification". Die interaktive Funktion der Äußerungen (1) und (3) besteht darin, dem Sprechakt (2) in der spezifischen Weise der "préparation" bzw. der "justification" untergeordnet zu sein. Bei Roulet ist nun, anders als man aufgrund dieser Erläuterungen vermuten könnte, interaktive Funktion nicht ausschließlich eine Qualität von Sprechakten, sondern beispielsweise auch eines gesamten *échange*. Vgl. dazu das Schema auf der folgenden Seite, mit dem ich eine partielle Abstraktion eines bei Roulet (1981) im Detail analysierten Beispiels vornehme (vgl. Roulet 1981: 10 f.).

Darin materialisiert sich der erste *acte subordonné*$_1$ als *échange*$_2$, der seinerseits aus drei Interventionen besteht, welche allerdings nicht in expandierter Form realisiert werden, sondern jeweils nur als *actes directeurs*, in der ersten Intervention *Tu vas où?*, in der zweiten Intervention als *à C.*, in der dritten Intervention als eine Folge von Sprechakten der Information.

Roulet beschreibt die interaktive Funktion des *échange*$_2$ relativ zur ersten Intervention des *échange*$_1$ als "préalable" (vgl.

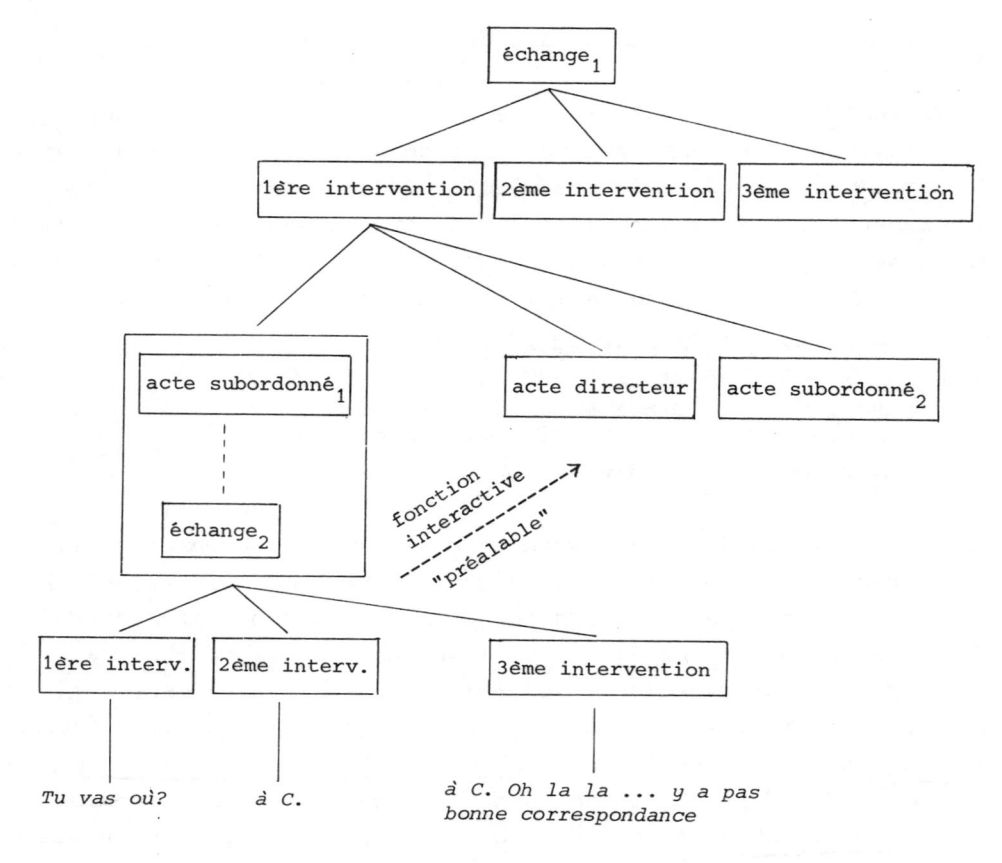

```
                              ┌──────────┐
                              │ échange₁ │
                              └──────────┘
                ┌──────────────────┼──────────────────┐
         ┌──────────────┐  ┌──────────────┐  ┌──────────────┐
         │1ère intervention│ │2ème intervention│ │3ème intervention│
         └──────────────┘  └──────────────┘  └──────────────┘
```

```
    ┌─────────────────────┐    ┌───────────────┐   ┌────────────────┐
    │ acte subordonné₁    │    │ acte directeur│   │ acte subordonné₂│
    │         ┊           │    └───────────────┘   └────────────────┘
    │    ┌─────────┐      │            fonction
    │    │échange₂ │      │       - - interactive - - →
    │    └─────────┘      │          "préalable"
    └─────────────────────┘
```

```
  ┌─────────────┐ ┌─────────────┐   ┌──────────────────┐
  │1ère interv. │ │2ème interv. │   │3ème intervention │
  └─────────────┘ └─────────────┘   └──────────────────┘
        │               │                   │
    Tu vas où?        à C.           à C. Oh la la ... y a pas
                                     bonne correspondance
```

1981: 11). An dieser Stelle von Roulets Konzeption ist also entscheidend, daß die <u>interaktive Funktion</u> nicht einer Entität eines bestimmten Formats zugewiesen wird, sondern <u>eine spezifische strukturelle Relation, nämlich die zwischen Elementen einer Intervention</u> (eines "Zugs") kennzeichnet. Auffällig ist dabei, daß Roulet die Funktion der hierarchisch übergeordneten Einheiten des Formats "Intervention" als *fonctions illocutoires* charakterisiert. Dabei liefert etwa in dem obigen Beispiel die Äußerung (3) mit der illokutionären Funktion "requête" den Terminus zur Kennzeichnung der illokutionären Funktion der Intervention als ganzer. Festzuhalten ist auch, daß Roulet weder nach einer interaktiven Funktion der Interventionen untereinander oder relativ zum hierarchiehöheren *échange* fragt, noch die Frage nach einer interaktiven Funktion des *échange* selbst stellt, die sich in

anderer Weise als im oben behandelten Beispiel ergäbe, wenn der
échange nicht als eingebetteter *acte subordonné* einer Intervention auftritt.

Der zweite Argumentationszusammenhang, in welchem bei Roulet
(1981) von interaktiver Funktion die Rede ist, ist die Behandlung der verschiedenen Illokutions-Indikatoren (*marqueur de fonction illocutoire, marqueur dénominatif de fonction illocutoire*
etc.). Außerdem gibt es nach Roulet Indikatoren der interaktiven
Funktion (*marqueur de fonction interactive* (17)):

> Il semble néanmoins que les marqueurs de fonction interactive appartiennent tous à la catégorie des marqueurs indicatifs [de fonction illocutoire - RMH] (*puisque, mais, d'ailleurs, bien que, en fait, or* etc.)(18).

Aufschlußreich für Roulets Gesamtkonzeption von "interaktiver
Funktion" ist, wie er begründet, daß Indikatoren der interaktiven Funktion zur Klasse der *marqueurs indicatifs de fonction illocutoire* gehören:

> [...] les actes interactifs [markiert durch *puisque, mais, d'ailleurs*
> etc. - RMH], de par leur caractère intrinsèquement subordonné à d'autres
> actes, ne présentent guère de menace potentielle pour la face de l'interlocuteur (18).

Für Roulet scheinen also gerade jene Sprechakte eine interaktive Funktion zu haben, welche *keine* Modifikationen bei den Interaktanten bewirken, die etwas mit psycho-physischen Dispositionen, mit Wissensbeständen usw., kurz: mit den Faktoren zu tun
haben, welche die Interaktion der Interaktanten determinieren.
Den Sprechakten, von denen - etwa als *acte directeur d'intervention* mit der illokutionären Funktion einer "requête" (vgl. oben,
Beispiel (2)) - eine Bedrohung des negative face des Interaktanten ausgeht, schreibt Roulet *keine* interaktive Funktion zu. Um
die, wie mir scheint, sehr spezifische Verwendung des Begriffs
"interaktive Funktion" ganz deutlich zu machen: Die von einem
Sprechakt mit der Funktion "requête" ausgehende face-Bedrohung
ist für Roulet *keine* interaktive Funktion dieses Sprechakts!
Dennoch scheint es voreilig, diese Feststellung als endgültigen
Befund der Würdigung von Roulets Konzeption hinsichtlich des Begriffs der interaktiven Funktion zu betrachten. Immerhin ist
festzustellen, daß Roulet - wenn auch nicht explizit - auch für
die *interventions* neben der illokutionären Funktion eine andere

Funktion ansetzt. Er sagt: "Les interventions *remplissent* [meine Hervorhebung] manifestement les fonctions illocutoires" (9). Im Fall der oben zitierten *intervention*, die durch die Sprechakte (1) bis (3) konstituiert wird, die Funktion der "requête". Als Probe gibt Roulet die Möglichkeit einer Paraphrasierung mit Hilfe eines performativen Verbs an. Aber darin, eine illokutionäre Funktion zu haben, erschöpft sich das "Warum" der Realisierung dieser *intervention* nicht. Roulet sagt:

> Une intervention illocutoire initiative [z.B. eine "requête", im Unterschied zur *intervention illocutoire réactive* wie z.B. der "évaluation"] *impose* [meine Hervorhebung] deux grands types d'obligations aux interlocuteurs (22).

Die ersteren nennt Roulet "obligations discursives"; zu diesen gehört die Verpflichtung, überhaupt verbal zu reagieren. Die anderen nennt Roulet "obligations générales", z.B. etwas zu glauben, zu handeln etc. Erstere Obligationen gehören in Termini der Konversationsanalyse wohl zur Ebene der Gesprächsorganisation, letztere eher zur Ebene der Handlungskonstitution. Mit diesen generellen Obligationen, zu denen dann auch die face-Bedrohung gehörte, will sich Roulet in der hier diskutierten Arbeit nicht befassen.

Ein drittes Mal verwendet Roulet den Begriff der interaktiven Funktion im Zusammenhang mit der Beschreibung von sogenannten "connecteurs pragmatiques" (*certes, car, puisque, alors*), eine Sammelbezeichnung für die bereits oben erwähnten "marqueurs de fonction illocutoire réactive et de fonction interactive" (35). Ganz im oben bereits dargelegten Sinn, den Begriff interaktive Funktion auf die Beschreibung solcher Sprechakte zu beschränken, welche innerhalb einer Intervention dem *acte directeur* untergeordnet sind, spricht Roulet nur dann von "connecteur interactif" (35), wenn es sich um die Makrostruktur der Intervention handelt. Am Beispiel von *en effet* (vgl. 1981: 36) macht Roulet deutlich, daß es sich um eine illokutionäre Funktion handelt, wenn zwei Interventionen auf diese Weise miteinander verbunden werden; um eine interaktive, wenn die besagte Relation der Subordination etwa als "justification" vorliegt.

Zum Schluß seiner Untersuchung geht Roulet auf die Mittel ein, die dazu dienen, eine illokutionäre Funktion abzuschwächen ("à rendre plus flou le contenu ou la fonction illocutoire" (37)). Hier geht es zum Beispiel um die von einem Sprechakt der Klasse der Direktiva (z.B. "requête) ausgehende face-Bedrohung, bzw. die Mittel zur Reduktion der face-Bedrohung. Wie nach dem Diskutierten nicht anders zu erwarten, ist in diesem Zusammenhang von Interaktion oder interaktiver Funktion (etwa der Abschwächungsmittel, vgl. demgegenüber Meyer-Hermann/Weingarten 1982) nicht die Rede. Alles in allem können wir feststellen, daß es sich um eine zwar an keiner Stelle explizit definitorisch eingeführte, aber konsistente, sehr enge und im übrigen wohl etwas idiosynkratische bzw. schulenspezifische Verwendung des Begriffs "interaktive Funktion" handelt.

Ein exemplarischer Blick auf weitere Arbeiten der Genfer Schule, etwa von Moeschler, mag insofern als interessanter Beleg dienen, als dieser Argumente für diesen spezifischen Begriff von interaktiver Funktion bringt (im übrigen verweise ich auf den in diesem Band enthaltenen Bericht über die Arbeiten der Genfer Schule durch Moeschler). Sprechakte wie "question" gehören nach Moeschler in die Domäne der Illokution, solche wie "réponse", "refus" etc. in die der Interaktivität. Den Einwand, daß durch eine "question" ebenfalls eine Beziehung zu einem anderen Sprechakt etabliert werde, weist Moeschler zurück. Denn die Funktion der "question" besteht darin, den Interaktionspartner zu einer Antwort zu verpflichten, d.h., ihm eine spezifische Obligation zu oktroyieren. Deshalb (sic) spricht Moeschler von illokutionärer Funktion, um einen Sprechakt wie die "question" zu charakterisieren. Im übrigen werde die Tatsache, daß bestimmte Sprechakttypen illokutionäre und andere Sprechakttypen interaktive Funktion haben, deutlich, wenn man die Sprechakte außerhalb eines Kotextes betrachtet. Eine Äußerung wie *Il est midi* könne dann, isoliert betrachtet, nicht als "réponse" analysiert werden; jede mit sprachlichen Mitteln als "question" markierte Äußerung ("marquée linguistiquement") behalte demgegenüber ihre Funktion als "question" unabhängig von einer "réponse".

Doch was heißt "marquée linguistiquement"? Eine Äußerung wie *Tu viens*↑, realisiert mit finaler steigender Intonation, ist eine mit sprachlichen Mitteln als "question" markierte Äußerung! Und ebenso, wie *Il est midi* in einem bestimmten Kotext eine "réponse" sein kann – im übrigen völlig unzulänglich als "réponse" beschrieben, wenn dadurch doch nichts über die Funktion dieser "réponse" für die Interaktion gesagt ist –, so kann auch die Äußerung *Tu viens↑* eine "réponse" sein, zum Beispiel mit der Funktion einer "Aufforderung". Zumindest im Hinblick auf die Untersuchung von interaktiver Funktion scheint mir daher der allemal methodologisch problematische Rekurs auf isolierte Sätze kaum als Mittel zur Unterscheidung von Äußerungen mit illokutionärer und Äußerungen mit interaktiver Funktion geeignet. Wenn die Genfer Schule die Unterscheidung zwischen einer Assertion und einer Frage darauf gründet, daß die erste (Assertion), z.B. *Il est midi*, erst durch den Kotext als "réponse" determiniert werde, während letztere, z.B. *Tu viens↑*, ihre Funktion als "question" auch im Kotext bewahre, so wird Inkomparables miteinander verglichen. Denn für *beide* Typen gilt, daß sie im Kotext verschiedene (interaktive) Funktionen übernehmen können. Die Assertion *Il est midi* behält, wenn man überhaupt auf dieser Ebene, welche an die Unterscheidung von direkten und indirekten Sprechakten, bzw. primärer und sekundärer Illokution (vgl. Searle 1975) erinnert, argumentieren will, im Kotext ihre Funktion als Assertion. Und genausowenig, wie es eine Aussage über die interaktive Funktion von *Il est midi* ist zu sagen, es handele sich um eine "Assertion", ist es keine Aussage über die *interaktive* Funktion von *Tu viens↑* zu sagen, diese Äußerung sei eine "question". Komparabel sind in dieser Hinsicht allenfalls die Aussagen, daß *Il est midi* in einem Kotext *x* als "Aufforderung" und *Tu viens↑* in einem Kotext *y* als "Aufforderung" fungieren kann.

Zusammenfassend formuliert hat die Interaktivitätskonzeption der Genfer Schule lediglich etwas mit der Verzahnung von Sprechakten zu tun, mit der internen *Organisation* von Interaktionsschemata. Als Interaktion wird die Tatsache der Relation eines Sprechaktes als solchem zu einem anderen verstanden. Dieser Begriff von Interaktion bzw. interaktiver Funktion von Äußerungen ist wesentlich restriktiver als beispielsweise der von Quasthoff (1979; 1980) vertretene, wo die interaktive Funktion eines Sprechakts oder einer Diskurseinheit eine Funktion auf der Ebene der Modifikation der sozialen Relationen zwischen Interaktanten ist.

Zum Abschluß dieser Erörterung einiger ausgewählter Verwendungen des Begriffs "interaktive Funktion" beziehe ich mich auf eine Randbemerkung in Streeck (1983), der auf Jeffersons (1981) Untersuchung des "unerträglichen *ne?*" im Deutschen eingeht. "Wir würden", sagt Streeck, "wie ich vermute", die Benutzung dieser Partikel als "Versuch, Zustimmung oder Verständnis zu erheischen, deuten" (94).

> Jefferson führt jedoch vor Augen, daß die *interaktiven Funktionen* [meine Hervorhebung] zu der Partikel [*ne?*] ganz verschieden sind, je nachdem, wo genau sie in Relation zu 'ihrem' turn und zu dem turn des Gesprächspartners plaziert ist (94).

Hier geht es nicht um eine ausführliche Rezeption von Jeffersons Analyse, sondern um die simple Feststellung, daß von interaktiver Funktion weder in bezug auf eine diskursive Makroeinheit, noch in bezug auf einen Sprechakt, sondern in bezug auf ein Segment eines anderen kategorialen Status die Rede ist, nämlich eine Partikel. Die Kategorien, welche zur Beschreibung der interaktiven Funktion der Partikel *ne?* gebraucht werden, sind Kategorien, die etwa auch zur Beschreibung der interaktiven Funktion eines Sprechakts verwendet werden: "Versuch, Zustimmung oder Verständnis zu erheischen (Streeck 1983: 94, Anm. 9) oder "post-response initiation response *solicitation*" [meine Hervorhebung] (94, Anm. 9); "solicitation" gilt als die nachgerade klassische Funktion von Sprechakten des Typs Direktiva, also auch einer "requête" im Sinne von Roulet, der aber gerade diesem Sprechakttyp keine interaktive, sondern "nur" illokutionäre Funktion zuweist. Schegloff (1982) gehört zu den eingangs erwähnten Arbeiten, in denen es nach meiner Ansicht um interaktive Funktionen geht, ohne daß dieser Terminus verwendet wird. Schegloff untersucht Äußerungen, deren kategoriale Einordnung in traditionelle Grammatikterminologie er nicht umsonst durch die Verwendung des Begriffs "vocalization" umgeht, nämlich die englischen Formen *uh huh, mm hmm, yeah* etc. Auch hier erfolgt die funktionale Beschreibung in Begriffen der Interaktivität: "a usage as continuer and a usage to pass an opportunity to initiate repair" (88).

4. Zur interaktiven Funktion eines "grammatikalischen" Elements (allgemeine Überlegungen u.a. am Beispiel des spanischen *imperfecto*)[1]

Die vorangegangene Darstellung der Interaktionskonzepte Quasthoffs, Roulets sowie Streecks und Jeffersons lassen, denke ich, die Frage nach der interaktiven Funktion eines traditionellerweise in der Syntax behandelten grammatikalischen Elements, zum Beispiel des spanischen *imperfecto*, grundsätzlich als sinnvoll erscheinen. Heißt das aber, daß in letzter Konsequenz die Frage nach der interaktiven Funktion in keiner Weise an den kategorialen Status der daraufhin befragten Elemente gebunden ist? Hieße das, daß eine kommunikative Interaktionseinheit (z.B. ein Interview) als Ganze ausschließlich oder auch teilweise die gleiche interaktive Funktion haben kann wie ein turn, wie ein Sprechakt, wie eine Partikel, wie ein Tempusmorphem?

Unterstellt, "Abschwächung von Obligationen" und damit "Manifestation von Kooperationsbereitschaft" seien geeignete Kategorien zur Beschreibung interaktiver Funktionen; dann bedarf es keiner übermäßigen Anstrengung, sich ins Gedächtnis zu rufen oder vorzustellen, daß zum Beispiel Politikerinterviews diese interaktive Funktion haben können, aber eben auch ein turn oder ein Sprechakt, und möglicherweise innerhalb der Äußerung *Quería hacer un comentario a esto* und eines bestimmten Kontextes auch das *imperfecto* des Verbums *querer*, *quería*. Ablesbar an Interaktanten-Reaktionen, in denen zum Ausdruck gebracht wird, daß "nichts so heiß gegessen wie gekocht wird", oder daß der Interaktant,

---

[1] Warum ich hier ausgerechnet das spanische *imperfecto* als Bezugspunkt wähle, hängt mit der Entstehungsgeschichte des vorliegenden Aufsatzes zusammen. Ursprünglich lediglich als eine Replik auf Blumenthals (1976) Aufsatz konzipiert (vgl. Einleitung), stellte sich bei der Untersuchung der Funktion(en) des *imparfait* bzw. *imperfecto* und *imperfeito* heraus, daß die Untersuchung bestimmter, womöglich "interaktiv" charakterisierbarer Dimensionen der Funktionen dieser grammatikalischen Formen zu einer bisher noch nicht geleisteten Erklärung der Kookkurrenz von "*imparfait/imperfecto/imperfeito* plus Modalverb" beitragen könnte. Es stellte sich dann weiter heraus, daß nicht so ohne weiteres auf etablierte Vorstellungen von "interaktiver Funktion" zurückgegriffen werden konnte. Die daraus entstandenen theoretischen Grundsatzüberlegungen konstituieren diesen Aufsatz. Die "eigentlichen" Untersuchungen zum *imperfecto/imperfeito* der Modalverben basieren auf vorliegenden Überlegungen und sind in Meyer-Hermann (1985) enthalten.

bevor er seinen Partner den Kommentar abgeben läßt, sich die
"Freiheit nimmt", noch eine Bemerkung davorzuschieben. Denn:

> Der natürliche Ort, an dem auszumachen ist, was mit einer Äußerung in
> einem turn getan wurde - und das heißt: als welche soziale Aktivität
> die Äußerung analysiert und behandelt wurde -, ist der jeweils folgen-
> de turn (Streeck 1983: 95).

Anders ausgedrückt lautet dieses konversationsanalytische Methodologiepostulat: Welches die interaktive Funktion eines turn ist,
kann an dem darauffolgenden turn abgelesen werden. Dieses Zitat
enthält zugleich das Empirizitäts-Credo der Konversationsanalyse. Empirisch fundiert ist eine Analyse eines turns nicht etwa
deshalb, weil es sich um die Transkription einer natürlichen face-to-face-Interaktion handelt. Empirizität orientiert sich am
Weg der Gewinnung der Beschreibungskategorien. Die Aufgabe des
Linguisten besteht nicht darin, den turn zu analysieren, sondern
zu rekonstruieren, wie der Interaktant des nachfolgenden turns
den Vorgänger-turn verstanden/analysiert hat, um seinen turn zu
produzieren. Die Analyse des jeweils nachfolgenden turns ist die
Basis für die Bestimmung der interaktiven Funktion des vorangegangenen turns. Aber eben "nur" des turns als ganzem. Wenn der
"nachfolgende" turn aus den Äußerungen *Das ist ja eine tolle Geschichte. Da kriegt man ja direkt eine Gänsehaut. Hast du ein
Glück gehabt!* besteht, und dies als Antwort auf die Erzählung
(in Gestalt *eines* turns) des Bergsteigers Renaldo, welcher beim
Aufstieg zum Jegi-Horn beinahe von einem mannsgroßen Stein er-
schlagen worden wäre, dann könnte man die interaktive Funktion
der Erzählung eben aufgrund der angeführten Antwort grosso modo
mit den Begriffen "Delektieren, Nützen und Erschüttern" zu beschreiben versuchen. Es bedarf wiederum keiner allzu großen
Phantasie, um sich vorzustellen, daß die Äußerung *Quería hacer
un comentario a esto* integraler Bestandteil der Erzählung des
Bergsteigers Renaldo sein könnte. Großer Phantasie bedürfte es
allerdings, wollte man die Äußerungen des nachfolgenden turns
Das ist ja eine tolle Geschichte ... als Ausdruck der Analyse
der Äußerung *Quería hacer un comentario a esto* interpretieren.
Mit anderen Worten: Die interaktiven Funktionen des turns, nämlich "Delektieren, Nützen und Erschüttern", lassen sich schwer-
lich unmittelbar auf einen Bestandteil des turns, zum Beispiel

die Äußerung *Quería hacer un comentario a esto* abbilden. Wieder anders formuliert: Die Äußerung *Quería hacer un comentario a esto* kann Bestandteil eines turns sein, dessen interaktive Funktion aufgrund des nachfolgenden turns beispielsweise als "Informationsübermittlung" erkennbar ist: *Wir danken Ihnen für diese umfassende Darstellung der Sachlage.* Nun kann die Äußerung *Quería hacer un comentario a esto* selbst einen turn konstituieren und aufgrund eines nachfolgenden turns wie zum Beispiel *Pues bueno solamente un momentito* als turn mit der interaktiven Funktion "Turn-Gewinnungs-Aktivität" analysiert werden. Schließlich wird es, um diese Argumentation hier abzuschließen, schwer halten, die interaktive Funktion "Turn-Gewinnungs-Aktivität" auf das *imperfecto* des Verbs *querer* abzubilden.

Allgemeiner formuliert: Es ist offensichtlich, daß es spezifische interaktive Funktionen von turns gibt. Es ist auch offensichtlich, daß etwa das *imperfecto* nicht selbst einen turn konstituieren kann, und daß damit das *imperfecto* nicht die gleichen interaktiven Funktionen haben kann wie ein beliebiger turn. Unter der Prämisse, daß die interaktiven Funktionen eines turns aufgrund des nachfolgenden turns bestimmt werden können, ist ein Kriterium dafür, ob ein sprachliches Element, sei es ein grammatikalisches Morphem, sei es ein Satz etc., einen bestimmten Typ von interaktiven Funktionen erfüllen kann - man könnte in Anlehnung an den Begriff Illokutionspotential vom Interaktivitätspotential sprechen -, seine "Turn-Fähigkeit", mit anderen Worten: die Frage, ob die Äußerung dieses jeweiligen Elements einen eigenen turn konstituieren oder nur als konstitutives Element eines turn realisiert werden kann. Daneben und darüber hinaus ist natürlich auch offensichtlich, daß nicht jedes turn-fähige Element jede mögliche interaktive Funktion haben kann. Man vergleiche nur - um zwei Sätze als turn-fähige Elemente heranzuziehen -, die beiden Äußerungen *Te quiero* des Jorge zur Sara, mit nonverbaler Antwort der Sara, und *Quería hacer un comentario a esto* des Interviewers in einem Fernsehinterview, um zu erkennen, daß es sich um Äußerungen handelt, die fundamental unterschiedliche Interaktivitäts-Potentiale haben. Wie auch immer man diesen Unterschied beschreiben mag - ob man etwa das Interaktivitäts-Potential von *Te quiero* eher zur Ebene der Handlungskonstitution rechnet und von *Quería hacer un comentario a esto* eher zur Ebene der Gesprächsorganisation -, unstrittig dürfte sein, daß *Quería hacer un comentario a esto* von Interaktanten weniger als ein Appell auf der Beziehungsebene interpretiert werden wird, während *Te quiero* des Jorge zur Sara von Sara eher selten als "Turn-Gewinnungs-Aktivität" interpretiert werden dürfte.

Die bisherigen, allgemeinen Überlegungen zusammenfassend, können wir festhalten, daß grammatikalische Elemente, soweit sie nicht turn-fähig sind - weil Uneinigkeit darüber herrscht, was grammatikalische Elemente sind, will ich mich nicht auf Spekulationen darüber einlassen, ob alle grammatikalischen Elemente nicht-turn-fähig sind, oder ob die Turn-Fähigkeit als Kriterium für die Grammatikalität eines Elements dienen kann -, nur als konstitutive Elemente von turn-fähigen Äußerungen Funktionen haben. Die Frage ist, ob man diese Funktionen grammatikalischer Elemente als interaktive Funktionen sui generis beschreibt, oder ob man *eine* interaktive Funktion der Äußerung beschreibt, als deren Konstituente das grammatikalische Element realisiert ist.[1] Dies würde auf eine Konzeption hinauslaufen, nach der die Äußerung/Produktion des grammatikalischen Elements zur Realisierung der einen interaktiven Funktion der Äußerung *beiträgt* - wie immer dieses "Beitragen" zu modellieren wäre -, deren Konstituente das grammatikalische Element ist. Die Frage ist also, um bei dem Beispiel des turn *Quería hacer un comentario a esto* zu bleiben, ob die interaktive Funktion dieses turn als "Turn-Gewinnungs-Aktivität" und *außerdem* die interaktive Funktion des *imperfecto* der Form *quería* als "Abschwächung" beschrieben werden soll. Oder soll ein Beschreibungsinstrumentarium zugrunde gelegt werden, das u.a. die Kategorien "Abgeschwächte Turn-Gewinnungs-Aktivität" und "Nicht abgeschwächte Turn-Gewinnungs-Aktivität" enthält, letzteres um zum Beispiel die interaktive Funktion eines

---

1 Als zumindest partiell einschlägig sei hierzu Schegloffs (1982) programmatischer Schlußsatz angeführt:
"The description of forms of behavior, forms of discourse (such as stories) included, has to include interaction among their constitutive domains, and not just as the stage on which scripts written in the mind are played out" (89).

turn wie *Quiero hacer un comentario a esto* zu beschreiben? Selbst wenn man die Abschwächungskomponente in die Beschreibungsbegriffe sozusagen amalgamierte, etwa durch Kunst-Begriffe wie "Turn-Gewinnungs-Wunsch" vs. "Turn-Gewinnungs-Wille", bleibt der wesentliche Unterschied zwischen den beiden turns, der aufgrund des Unterschieds zwischen *quería* und *quiero* entsteht, und durch den Intensitätsgrade markiert werden, auch auf diese Weise erhalten. Jede Beschreibung der interaktiven Funktion dieser beiden turns, welche diesen Unterschied nicht auch begrifflich deutlich werden ließe, müßte als empirisch inadäquat angesehen werden. Dieses Beispiel scheint geeignet zu sein zu verdeutlichen, daß wir es mit einer zentralen, einer interaktiven Basisfunktion zu tun haben, welche auf Illokution und Semantik (Proposition) der Äußerung beruht, etwa darauf, daß die Äußerung das Nomen *comentario* enthält und z.B. nicht lautet *Quería hacer mi trabajo*. Außerdem enthält die Äußerung in Gestalt des *imperfecto* ein Element, das man als "interaktionsfunktionsmodifizierend" charakterisieren kann. Es tangiert die genannte Basisfunktion nicht, wie sich ja auch in den beiden oben versuchten Beschreibungen des Unterschieds zwischen *Quería* und *Quiero hacer un comentario a esto* zeigte. Damit gehört das *imperfecto* als nicht-turn-fähiges Element in eine Klasse etwa mit den vielbehandelten Abtönungspartikeln wie *ja*, *doch*, *wohl* etc., für deren Syntax ja ebenfalls gilt, daß sie nicht in Isolation, also z.B. nicht als alleinige Antwort auf eine Frage, vorkommen können. Dorothea Franck (1980) hat am Beispiel von Modalpartikeln gezeigt, daß die Untersuchung der interaktiven Funktion nicht-turn-fähiger Elemente - Franck spricht in der Regel von "konversationeller" Funktion, was jedoch lediglich ein terminologischer Unterschied ist - vorgenommen werden kann, ohne daß die zentrale interaktive Funktion des turn, in welchem die untersuchte Partikel vorkommt, im Vordergrund der Analyse zu stehen braucht. Der paradigmatische Charakter der interaktiven Funktion einer Modalpartikel wie etwa *doch* wird deutlich, wenn Franck schreibt: "Die Art des *Bezuges zum Vorgänger* ist eine inhaltliche Qualifikation der Relation" (178). Franck hatte zuvor deutlich gemacht, daß die *semantische Funktion* des *doch* in der Herstellung der Relation als solcher besteht. Die "inhaltliche Qualifikation der Relation" durch die Modalpartikel *doch* kann in den unterschiedlichsten Kontexten erfolgen, d.h. auch im Kontext von Äußerungen mit den unterschiedlichsten interaktiven Basis-Funktionen.

Ich habe soeben die interaktive Funktion des *imperfecto* mit dem Wortmonstrum interaktionsfunktionsmodifizierend zu charakterisieren versucht. Vielleicht kann man dies einmal als gemeinsames Merkmal der interaktiven Funktion aller nicht-turn-fähigen Elemente unterstellen. In Analogie zu einer entsprechenden Unterscheidung auf der illokutionären Ebene könnte man dominierende und subsidiäre interaktive Funktionen unterscheiden. Ein Blick auf Werlens (1983) Untersuchung der interaktiven Funktion von Partikeln wie *jetzt, gerade, denn/dann* mag hier als *ein* Beleg für die "Subsidiarität" der Funktion nicht-turn-fähiger Elemente dienen. Werlen spricht in bezug auf einige Verwendungen des *jetzt* von "abschwächender" und "verstärkender" Funktion (vgl. 1983: 134 ff.), in bezug auf *gat* (*gerade*) z.B. von "Milderung" der Aufforderung (137), und in bezug auf ein bestimmtes *denn* von "Betonung des Interesses des Fragenden" (vgl. 1983: 14). Die Subsidiarität ist darin zu sehen, daß es sich um Funktionen handelt, die in nicht-metakommunikativen turns nicht als interaktive Basis-Funktionen vorkommen können. Subsidiarität einer interaktiven Funktion impliziert keineswegs, das sei allerdings sofort betont, daß diese interaktive Funktion keinen "unmittelbaren" Einfluß auf den "Gang der Interaktion" hätte. Es ist also evidenterweise nicht die Tatsache allein, daß es sich in der Äußerung *Quería hacer un comentario a esto* um eine Turn-Gewinnungs-Aktivität handelt, welche den nachfolgenden turn bestimmt. Die Tatsache, daß ich *Quería hacer un comentario a esto* als eine abgeschwächte Turn-Gewinnungs-Aktivität erkenne, ist ja, konversationsanalytisch strikt argumentiert, nur aufgrund des nachfolgenden turns möglich, der damit der Beleg dafür ist, daß die Abschwächung via *imperfecto* den nachfolgenden turn (mit-)determiniert hat.

Ich will an dieser Stelle versuchen, die Ergebnisse der Überlegungen dieses Kapitels sowie die Resultate aus dem vorangegangenen Kapitel zu resümieren.

1. Eine "Erzählung" kann eine interaktive Funktion haben (vgl. Quasthoff 1979).
2. Ausgehend von der "Normal-Form-Untergliederung" einer *intervention*, etwa einer "requête" in drei Sprechakte, haben die beiden *actes subordonnés* als "préparation" und "justification" interaktive Funktion (Roulet 1981).
3. Bei Jefferson (1981) finden wir die Verwendung des Begriffs interaktive Funktion in bezug auf das vielfach als "Reziprozitätssignal" bezeichnete *ne?*.

Ich habe darüber hinaus vorgeschlagen:

4. Es scheint möglich, zwischen interaktiven Funktionen von turns und interaktiven Funktionen von Elementen bzw. Formen, die als Konstituenten von turns vorkommen, also selbst nicht turn-fähig sind, zu unterscheiden.
5. Es scheint möglich, für eine turn-fähige Äußerung eine zentrale interaktive Funktion anzunehmen, welche auf Semantik (Proposition) und Illokution (im jeweiligen Kontext) beruht. Man könnte hier in bezug auf den turn von dominierender interaktiver Funktion sprechen.
6. Die interaktive Funktion von nicht-turn-fähigen Konstituenten, dazu gehören das *imperfecto*, die sogenannten Abtönungspartikeln etc., kann als subsidiäre interaktive Funktion im Rahmen des turns bzw. in bezug auf den turn bezeichnet werden. Subsidiäre interaktive Funktionen operieren über die interaktive Basisfunktion.

Wenn wir diese Überlegungen auf ein Interview des Kanal 11 des mexikanischen Fernsehens übertragen, aus welchem der turn *Quería hacer un comentario a esto* genommen ist, dann habe ich folgende Gesamtkonstellation: Für das Interview unterstelle *ich* als globale Funktion etwas, das ich mit dem klassischen Ausdruck "delectare et prodesse" umschreiben könnte. Zwischen dem Interviewer Fortson und der Interviewten Lupe Marín ergibt sich eine Intervention (im Sinne Roulets 1981) des Interviewers Fortson, die aufgrund der Reaktion Lupe Maríns als Turn-Gewinnungs-Aktivität analysiert werden kann, wobei hier der "Normal-Form" nach Roulet entsprechend eine Dreigliederung dieser Intervention unterstellt wird (vgl. dazu das Beispiel (4)):

(4) Fortson: *Lupe durante la pausa me comentabas que en realidad si se han hecho gestiones eh con organismos internacionales*
    Lupe: *mhm*
    Fortson: ⌈*& y quería hacer un comentario a esto*
    Lupe: ⌊ *si (..?)*
    Fortson: *una vez que hubo algunas preguntas del público, . no'*
    Lupe: *claro .*

Erstes Glied ist ein *acte subordonné* mit der interaktiven Funktion der "Vorbereitung", der lautet: *Durante la pausa me comentabas que en realidad sí se han hecho gestiones con organismos internacionales*. *Acte directeur* dieser Trias, dessen interaktive Funktion auch die interaktive Funktion der Intervention als Ganzer ist, ist die Äußerung *Quería hacer un comentario a esto*; über die Turn-Gewinnungs-Aktivität als interaktiver Basis-Funktion operiert die interaktive Funktion "Abschwächung" des *imperfecto*. Abgeschlossen wird die Interventions-Trias durch einen weiteren *acte subordonné* mit der interaktiven Funktion der "Rechtfertigung": *una vez que hubo preguntas del público*. Dieser endet mit dem spanischen Äquivalent des deutschen "unerträglichen *ne?*", *no'*, dessen interaktive Funktion u.a. auch mit dem Begriff der "Aufforderung zur Bestätigung/Ratifizierung" umschrieben werden kann. Mit Hilfe dieses nur in seinen wesentlichen Bestandteilen diskutierten Textstücks ging es mir darum, deutlich zu machen, daß der Begriff interaktive Funktion, offenbar ohne daß dies kontra-intuitiv wäre, auf sprachliche Entitäten des unterschiedlichsten kategorialen Status angewendet wird und angewendet werden kann. Zwar ist der turn als zentrale Einheit der Interaktionslogik auch die ausgezeichnete Referenz-Entität für die Frage nach der interaktiven Funktion. Aber die aufgrund des jeweils "nachfolgenden" turn auszumachende interaktive Funktion ist, wie am Beispiel des *imperfecto* und der Abtönungspartikeln deutlich wurde, eine Funktion der interaktiven Funktion von Teilen des turn. Es lassen sich - aufgrund metakommunikativer Äußerungen empirisch belegbar - bestimmte Teile von turns als diejenigen Elemente festmachen, welche bewirken, daß der nachfolgende turn - als Interpretations- und Analyse-Ergebnis des vorangegangenen turn - so ist, wie er ist. Zu diesen Elementen gehören, wie etwa das *imperfecto*, auch solche, die traditionell lediglich hinsichtlich ihrer syntaktischen Funktion befragt wurden. Die Frage nach der interaktiven Funktion des *imperfecto* ist kein Ersatz für dessen syntaktische Analyse. Sie stellt den Versuch dar, eine bisher nicht oder nur ungenügend berücksichtigte Dimension des Spektrums der Funktionen des *imperfecto*, bzw., allgemeiner formuliert, "grammatikalischer" Elemente, zu erfassen. Formaler ausgedrückt scheint es mir adäquat, für das *imperfecto* - inwieweit dies auch für andere grammatikalische Elemente gilt, kann ich nicht so ohne weiteres feststellen, tendiere aber dazu, hier eine grundsätzliche Eigenschaft zu unterstellen - von einer Polyfunktionalität auszugehen, ähnlich der hierarchisch darzustellenden Polyfunktionalität von Sprechakten. Und analog der hierarchischen Analyse der Funktionen des Sprechakts *Quería hacer un comentario a esto* in "Assertion", "Ankündigung", "Turn-Gewinnungs-Aktivität" und/oder "Weckung der Rezeptionsbereitschaft" und/oder "Lenkung der Interpretations-Aktivitäten" etc., ist das *imperfecto* auf einer bestimmten Analyse-Ebene als Manifestationsform zu beschreiben, die dazu dient, die als *imperfecto* markierte Handlung auf einer bestimmten Stelle einer als Orientierungsrahmen dienenden Zeitachse zu situieren. Auf einer hierarchisch "darüber" anzusiedelnden Dimension der Analyse stellt sich die Frage nach der Funktion dieser Situierung auf der Zeitachse. Es ist eine kotext-sensitive Frage. Denn sie stellt sich anders im Kotext von Modalverben als im Kotext anderer Verben. Aber Kotext-Sensitivität ist kein Spezifikum des *imperfecto*, sondern natürlich auch der Äußerung *Quería hacer un comentario a esto* als Ganzer. Die Frage nach dem Warum der Verwendung des *imperfecto* im Kotext des Modalverbs im Kotext einer Äußerung wie *Quería hacer un comentario a esto* in einem nicht-narrativen Kotext ist die Frage nach der interaktiven Funktion des *imperfecto*. Und ebenso wie bei der Erklärung der interaktiven Funktion von Äußerungen des Formats Sprechakt auf die Semantik dieses Sprechakts rekurriert wird, wird interessanterweise bei der Erklärung der interaktiven Funktion des *imperfecto* bzw. des Imperfekts im Deutschen auf Merkmale/Eigenschaften auf einer hierarchieniederen Analyse-Ebene zurückgegriffen (vgl. dazu etwa Redder 1980). Auf die damit zusammenhängenden Detailfragen kann ich im Rahmen dieses Aufsatzes allerdings nicht mehr eingehen. In Meyer-Hermann (1985) beschäftige ich mich etwas ausführlicher damit.

Hier ging es mir darum, mit einem häufigen Seitenblick auf das spanische *imperfecto* zu verdeutlichen, daß als interaktive Funktion - auch von sogenannten grammatikalischen Elementen -

sprachlicher Formen diejenige Interpretation eines turn oder von Elementen eines turn zu beschreiben ist, welche der Interaktant des nachfolgenden turn zum Anlaß seines turn nimmt.

Literatur

Blumenthal, P., 1976. "Imperfekt und Perfekt der französischen Modalverben", in: *Zeitschrift für französische Sprache und Literatur* 86, 26 - 39.

Franck, D., 1980. *Grammatik und Konversation*, Königstein/Ts.

Jefferson, G., 1981. "The Abominable *ne?* An Exploration of Postresponse Pursuit of Response", in: Schröder, P., H. Steger (Hg.), *Dialogforschung. Jahrbuch 1980 des Instituts für Deutsche Sprache*, Düsseldorf, 53 - 88.

Meyer-Hermann, R., 1985. "Zur interaktiven Funktion des imperfecto/imperfeito der spanischen/portugiesischen Modalverben", in: *Romanistisches Jahrbuch* (im Druck).

Meyer-Hermann, R., R. Weingarten, 1982. "Zur Interpretation und interaktiven Funktion von Abschwächungen in Therapiegesprächen", in: Detering, K., J. Schmidt-Radefeldt, W. Sucharowski (Hg.), *Sprache erkennen und verstehen. Akten des 16. Linguistischen Kolloquiums Kiel 1981*, Tübingen, 242 - 252.

Moeschler, J., 1980. "La réfutation parmi les fonctions interactives marquant l'accord et le désaccord", in: *Cahiers de Linguistique Française* 1, 54 - 78.

Owen, M., 1981. "Conversational Units and the Use of 'well'...", in: Werth, P. (Hg.), *Conversation and Discourse. Structure and Interpretation*, London, 99 - 116.

Quasthoff, U. M., 1979. "Eine interaktive Funktion von Erzählungen", in: Soeffner, H.-G. (Hg.), *Interpretative Verfahren in den Sozial- und Textwissenschaften*, Stuttgart, 104 - 126.

Quasthoff, U. M., 1980. *Erzählen in Gesprächen*, Tübingen.

Redder, A., 1980. "'Ich wollte sagen'", in: Tschander, G., E. Weigand (Hg.), *Perspektive: textextern. Akten des 14. Linguistischen Kolloquiums Bochum 1979*, Tübingen, 117 - 126.

Roulet, E., 1981. "Echanges, interventions et actes de langage dans la structure de la conversation", in: *Etudes de Linguistique Appliquée* 44, 7 - 39.

Schegloff, E. A., 1982. "Discourse as an Interactional Achievement: some Uses of 'uh huh' and other Things that Come between Sentences", in: Tannen, D. (Hg.), *Analyzing Discourse: Text and Talk*, Washington D.C., 71 - 93.

Searle, J. R., 1975. "Indirect Speech Acts", in: Cole, P., J. L. Morgan (Hg.), *Syntax and Semantics*, Vol. 3: *Speech Acts*, New York, 59 - 82.

Streeck, J., 1983. "Konversationsanalyse. Ein Reparaturversuch", in: *Zeitschrift für Sprachwissenschaft*, Bd. 2, Heft 1, 72 - 104.

Werlen, I., 1983. "Eine interaktive Funktion der Schweizerdeutschen Partikeln *jetzt, gerade, denn/dann*", in: Weydt, H. (Hg.), *Partikeln und Interaktion*, Tübingen, 132 - 147.

BEMERKUNGEN ZUR BESCHREIBUNG DER INTERAKTIVEN FUNKTION HÖFLICH-
KEITSMARKIERENDER GRAMMATIKALISCHER ELEMENTE
Koreferat zum Beitrag von R. Meyer-Hermann

Klaus Zimmermann

1. - Der Beitrag von R. Meyer-Hermann erörtert die Frage, ob man, und wenn ja, wie, auch in bezug auf grammatikalische Elemente davon sprechen kann, daß sie eine interaktive Funktion haben. Er thematisiert damit - "am Beispiel des *imperfecto* spanischer Modalverben" bzw. "mit einem häufigen Seitenblick auf das spanische *imperfecto*" - eines der zentralen Anliegen der Sektion "Grammatik, Konversation, Interaktion". Meyer-Hermann diskutiert zuerst (Kapitel 2), inwieweit Aussagen über interaktive Funktionen in eine Grammatik gehören oder nicht, dann (Kap. 3) die verschiedenen Verwendungsweisen des Begriffs "interaktive Funktion" in der gegenwärtigen linguistischen Diskussion, um schließlich (Kap. 4) am Beispiel des *imperfecto* spanischer Modalverben das Problem der Anwendbarkeit des Begriffs "interaktive Funktion" auf grammatikalische Elemente zu klären.

Ich möchte in meiner Auseinandersetzung mit der Vorlage Meyer-Hermanns dieser Reihenfolge nicht folgen, da ich meine, daß die Entscheidung über die Integration von Aussagen über interaktive Funktionen in eine Grammatik von der Klärung der Anwendbarkeit dieses Begriffes auf grammatikalische Elemente abhängt. Ich lasse mich dabei besonders auf das gewählte Beispiel des *imperfecto* ein, da ich unterstelle, daß es für Meyer-Hermann ein günstiges Beispiel zur Diskussion dieser Frage darstellt, und da er ja auch anmerkt, daß er nicht davon ausgeht, daß *alle* grammatikalischen Elemente interaktive Funktionen haben.

2. - Die Klärung des Begriffs interaktive Funktion unternimmt Meyer-Hermann über eine Diskussion von Ansätzen, die explizit von "interaktiver Funktion" sprechen. Er schließt damit Ansätze aus, die 'interaktive Funktion' meinen, sie aber anders benennen.

Er stellt fest, daß Quasthoff (1979, 1980) von interaktiver Funktion im Hinblick auf Erzählungen, die in Gespräche eingebettet sind, spricht. "Interaktive Funktion" in bezug auf eine Entität wie Erzählung bedeutet hier, daß mit dieser Entität eine Funktion auf der Ebene der Modifikation der sozialen Relationen zwischen Interaktanten realisiert werden kann; gemeint sind damit Phänomene der Identitätskonstitution, hier z. B. der Selbstdarstellung u.ä.

Bei Jefferson (1981) wird der Begriff "interaktive Funktion" zwar nicht gebraucht, aber Streeck (1983) interpretiert dessen Ausführungen in diesem Sinn. Er wird dort also implizit auch auf Segmente von Sprechakten angewandt (die Partikel *ne?* im Deutschen). Die Kategorieebene, bezüglich der hier von interaktiver Funktion gesprochen werden könne, sieht Meyer-Hermann identisch mit denen, die auch zur Beschreibung der interaktiven Funktion von Sprechakten selbst verwendet werden (er nennt als Beispiel die Direktiva). Diese Lesart scheint mir aber nicht den Intentionen Jeffersons gerecht zu werden. Wenn Jefferson die interaktive Funktion von *ne?* als "post-response initiation response *solicitation*" angibt, dann ist der Aufforderungscharakter hier doch ein anderer als bei einer Aufforderung des Typs *Gib mir doch bitte das Geld zurück*. Letztere Aufforderung ist eine auf der Ebene der Illokution, die in *ne?* enthaltene Aufforderung eine der Gesprächsorganisation. Streeck (1983: 79) - auf den sich Meyer-Hermann beruft - kennzeichnet demgemäß auch Phänomene wie ... *ne?*, ... *wa?*, ... *oder?* als "Techniken zum Verlassen des Turns", und *äh ...*, *nun ...*, *ja aber ...*, *na ...?* als "Techniken zur Übernahme eines Turns". Von einer Kategorie "Versuch, Zustimmung oder Verständnis zu erheischen", distanziert er sich gerade.

Der unterschiedliche Status des Aufforderungscharakters kommt auch darin zum Ausdruck, daß in *Gib mir bitte das Geld zurück* ein Geltungsanspruch enthalten ist, der zurückgewiesen bzw. thematisiert werden kann, während *ne?* nur einen im dazugehörigen Turn etablierten Geltungsanspruch *unterstreicht* oder, wie im Fall des überlappenden "post-response-initiation-*ne?*" die Turn-Übernahme *ratifiziert*.

In diesem gesprächsorganisatorischen Sinne von "interaktiver

Funktion" zu sprechen, kommt auch der Konzeption der Genfer
Schule (Roulet 1981) nahe, die Meyer-Hermann ebenfalls thematisiert, aber beiseite schiebt:

> [...] hat die Interaktivitätskonzeption der Genfer Schule lediglich etwas mit der Verzahnung von Sprechakten zu tun, mit der internen Organisation von Interaktionsschemata. Als Interaktion wird die Tatsache der Relation eines Sprechaktes als solchem zu einem anderen verstanden (S. 54).

Daneben haben Sprechakte für die Genfer Schule aber auch illokutive Funktionen im Sinne der Sprechakttheorie. Diese illokutiven Funktionen entsprechen zumindest teilweise dem, was Meyer-Hermann dann später als interaktive Basisfunktionen bezeichnet, z.B. "Ankündigung". Vom Bezugsbereich des Begriffs der interaktiven Basisfunktionen aus gesehen, sind m. E. viel mehr Berührungspunkte zur illokutiven Funktion der Genfer Schule gegeben als zu dem, was dort als interaktiver Bereich benannt wird.

3. - Meyer-Hermann unterscheidet im folgenden dann zwischen interaktiven Basisfunktionen und subsidiären interaktiven Funktionen. Basisfunktionen sind zum Beispiel Turn-Gewinnungs-Aktivitäten (d.h. Aktivitäten auf der Ebene der Gesprächsorganisation); sie sind nur auf turn-fähige Äußerungen zu beziehen. Subsidiäre interaktive Funktionen sind interaktionsfunktionsmodifizierend (z.B. "Abschwächung"); sie operieren auf den Basisfunktionen und erscheinen z.B. als konstitutive Elemente turn-fähiger Äußerungen, das heißt, sie sind nicht selbst turn-fähig.

Drei Problemebenen sind damit ersichtlich:

1. die Unterscheidung von basaler und subsidiärer interaktiver Funktion,
2. die Kategorie der Interaktionsfunktionsmodifikation (Abschwächung),
3. die Gewinnung der Kategorie der Abschwächung.

3.1 - Meyer-Hermann nimmt für interaktive Basisfunktionen Kategorien des Typs "Assertion", "Ankündigung", "Turngewinnungsaktivität" usw. an. Es sind dies Kategorien, die einerseits aus der Sprechakttheorie stammen, also vom Format der Illokution, andererseits aus der Konversationsanalyse und von daher Kategorien der Gesprächsorganisation. Er verbindet diese in einem hierarchischen Modell, so daß eine Assertion auf einer höheren

Ebene die Funktion einer Ankündigung, diese wieder die Funktion einer Turn-Gewinnungs-Aktivität usw. haben kann.

Die subsidiäre Funktion modifiziert diese interaktiven Basisfunktionen. Hierbei wird aber nicht gesagt, auf welcher Ebene des hierarchischen Modells dies geschieht. Wenn wir hier vorläufig den Begriff der Abschwächung von Meyer-Hermann übernehmen, dann wären folgende Möglichkeiten gegeben: "abgeschwächte Assertion", "abgeschwächte Ankündigung", "abgeschwächte Turn-Gewinnungs-Aktivität", "abgeschwächte Weckung der Rezeptionsbereitschaft", "abgeschwächte Lenkung der Interpretations-Aktivitäten". Zumindest bei einigen hätte ich Schwierigkeiten, mir vorzustellen, was daran abgeschwächt werden könnte. Es erscheint möglich, *Ich vermute, daß p* in bestimmten Kontexten als abgeschwächte Assertion zu bezeichnen, aber in *Quería hacer un comentario* wird keine Assertion abgeschwächt. Kann man eine Ankündigung abschwächen? *Ich werde am Montag x tun* ist eine Ankündigung; *Ich würde gern am Montag x tun* ist keine Ankündigung, sondern die Bitte um Erlaubnis; *Ich wollte Sie fragen, ob ...* ist eine Ankündigung der Frage/Bitte, aber die Ankündigung ist damit nicht abgeschwächt, sondern hat voll und ganz stattgefunden. Dasselbe kann für die anderen Kategorien gesagt werden. Dort sind Kategorien wie "*Versuch*, einen turn zu gewinnen", "*Versuch* der Weckung der Rezeptionsbereitschaft", "*Versuch* der Lenkung der Interpretations-Aktivitäten" sicher angebracht, aber der Unterschied zwischen Versuch und Eintritt hat wohl nichts mit grammatikalischen Kategorien wie dem Imperfekt zu tun. Unter abgeschwächten Turn-Gewinnungs-Aktivitäten oder abgeschwächten Lenkungen der Interpretations-Aktivitäten kann ich mir nichts Sinnvolles vorstellen.

Unstreitig ist nun aber trotzdem Meyer-Hermanns These, nach der der Unterschied von *Quiero ...* und *Quería ...* interaktionstheoretisch zu erklären ist:

> Jede Beschreibung der interaktiven Funktion dieser beiden turns, welche diesen Unterschied nicht auch begrifflich deutlich werden ließe, müßte als empirisch inadäquat angesehen werden (S. 60).

Das heißt, daß zu erklären ist, 1. daß *Quería ...* von den Interaktanten als höflicher wahrgenommen wird als *Quiero ...*, und 2.

wie es dazu kommt (auch: wie es historisch dazu gekommen ist, wenn dies auch nicht die theoretische Erklärung ersetzen kann). Ich halte es für sinnvoll, zuerst nach einer Erklärung zu suchen, wie es Meyer-Hermann tut, und nicht etwa vorschnell die Kategorie der Konventionalität anzuwenden.

Die Konstruktion, interaktive Basisfunktionen und subsidiäre interaktive Funktionen auf zwei verschiedenen, aber miteinander verzahnten Ebenen zu analysieren, ist hierfür ein interessanter Vorschlag, der einige Klarheit schafft. Er konstituiert mehrere analytisch eigenständige Bereiche von interaktiver Funktion und koppelt den Bereich der subsidiären interaktiven Funktion an die Verwendungsweise bestimmter grammatikalischer Elemente.

3.2 - Meyer-Hermann schlägt auch den Begriff der Modifikation der interaktiven Basisfunktion vor (vgl. schon Lakoff 1972: 213). Ich habe oben darauf hingewiesen, daß die konkrete Kategorie, die dafür gebraucht wird, nämlich Abschwächung, nicht angebracht ist, da nicht alle Basisfunktionen abgeschwächt, d.h. modifiziert werden. Ich negiere jedoch nicht die Intuition der Höflichkeit, die auch in den Grammatiken durch die Funktionsbeschreibung *imperfecto de cortesía* zum Ausdruck kommt. Ich meine aber, daß das Phänomen der Höflichkeit, wenn es nun wie hier als Paradigma für das Problem der interaktiven Funktion grammatikalischer Elemente gewählt wurde, erst geklärt werden muß. Ich glaube nicht, daß das Phänomen der Höflichkeit durch das Verfahren der Abschwächung direkt näher erklärt werden kann.

Höflichkeit bedeutet *nicht* Abschwächung oder Modifizierung der interaktiven Basisfunktion. Höflichkeit bedeutet vielmehr eine Arbeit auf einer parallelen Ebene, der der interpersonalen Beziehung, mit der versucht wird, die interaktiven Basisfunktionen (wie diese auch immer konkret benannt werden) bestmöglich zu erreichen. Diese Arbeit besteht darin, daß die Interaktanten beim Vollzug ihrer wechselseitigen kommunikativen Produktionen den Anderen als Person einbeziehen und sich gegenseitig u.a. Signale des Respekts und der Achtung geben, es vermeiden, das Image (face) des Anderen anzugreifen, Fehler des Anderen minimalisieren, eigene Leistungen minimalisieren, dem Anderen den Vortritt lassen usw. (Brown/Levinson 1978; Leech 1983). Es handelt sich bei dieser Arbeit um eine Reihe sehr vielfältiger Aktivitäten, die Turn-Format haben können oder eben, wie im Falle des *imperfecto de cortesía*, nur Signalwert. Die Erklärung der Beachtung des Höflichkeitsprinzips ist zumindest teilweise möglich mit dem Begriff der *Antizipation möglicher Rezipientenreaktionen* (Zimmermann 1984), d.h., Höflichkeit arbeitet auch daran, negative Reaktionen in bezug auf die interpersonale Beziehung, die in der Verfolgung von kommunikativen Zielen auftreten können, zu vermeiden, indem die sprachlichen Äußerungen so eingerichtet werden, daß diese Gefahr abgebaut wird. Offensichtlich dient neben vielen anderen Mechanismen auch das *imperfecto* in bestimmten Verwendungsweisen diesem Zweck.[1]

Eine Äußerung wie *Quería hacer un comentario a esto* besetzt dann innerhalb eines Paradigmas, das u.a. die weiteren Stellen *Quiero hacer un comentario a esto; Quisiera hacer un comentario a esto; Permítame hacer un comentario a esto; Me permites hacer*

---

[1] Es ist nun eine weitere und - wie ich meine - die zentrale Frage, wie gerade das *imperfecto* dazu kommt, diese Funktion (im Verein mit anderen Verfahren) zu erfüllen. Diese Frage hat Meyer-Hermann jedoch aus dem vorliegenden Beitrag ausgelagert, weshalb hier nur kurz einige Überlegungen angemerkt werden sollen.
Quería hacer un comentario a esto ist einerseits der Ausdruck eines Wunsches, den Turn zu einem bestimmten Thema zu bekommen und gleichzeitig - in der Interview-Situation - die Aufforderung an den Interviewten, das Recht, zu *diesem Thema* zu sprechen, zu gewähren. Es handelt sich weniger um eine Turn-Gewinnungs-Aktivität als um eine Thema-Bestimmungs-Aktivität, gekoppelt mit einer Rollen-Definitions-Aktivität, bei der der Interviewer anerkennt, daß der Interviewte ein Recht auf *Thema-Mitbestimmung* hat. Die Mitbestimmungsregel setzt einen Aushandlungsprozeß in Gang. Dieser Versuch der Themenbestimmung - läßt man das *imperfecto* erst einmal außer Betracht - läuft in einer ziemlich direkten Art und Weise ab: *Yo querer*. Bezüglich der Regel der gemeinsamen Themenbestimmung (Kooperativität in der Gesprächsorganisation) ist dies eine adäquate Formulierung. Es ist der Äußerungsakt als solcher, der den Wunsch zur Disposition stellt, mit den theoretischen Möglichkeiten der Zustimmung oder der Ablehnung. Das *imperfecto* hat nun die Aufgabe anzuzeigen, daß im Fall einer Ablehnung antizipatorisch schon der damit verbundene Konflikt und die Imagebedrohung heruntergespielt werden, indem das *imperfecto* eine zeitliche Distanz zwischen Wunschzeitpunkt und Äußerungszeitpunkt herstellt (als nicht mehr aktuell, vgl. Coseriu 1976: 92). Der Ausdruck zeitlicher Distanz ist eine *Metapher* (d.h. Denkfigur im Sinne der Metapherntheorie von Lakoff/Johnson 1980) zum Ausdruck der Distanz des Sprechers zum anvisierten Ziel *hacer un comentario*. Dieses metaphorische Abrücken bewirkt das, was man üblicherweise als "höflich" kategorisiert.

un comentario a esto?; *Si me permites hacer un comentario a esto, te agradecería mucho* usw. hat[1] , eine besondere Stelle. Meyer-Hermann diskutiert allerdings die Äußerung, die das *imperfecto* enthält, nicht in Kontrast zu den anderen Formen. So scheint es, daß *Quiero* ... als Normalform aufgefaßt wird und *Quería* ... als dazu interaktionsfunktionsmodifizierend. Aber *Quiero* ... ist keine neutrale Form. Die Präsensform ist selbst auch mit einer Bedeutungskomponente aus dem Höflichkeitsparadigma behaftet. Das diesem zugrunde liegende Höflichkeitsprinzip (Leech 1983) erlaubt es uns nicht, neutral zu sein. Wir sind entweder höflich oder unhöflich. Wie wir auch mit anderen interagieren, welche Ausweichstrategien wir in Konfliktfällen wählen, unsere Äußerungen werden wegen des Wirkens des Höflichkeitsprinzips vom Interaktanten auf Höflichkeit hin wahrgenommen und kategorisiert. Die subsidiären interaktiven Funktionen, zumindest was Höflichkeit angeht, können also als *obligatorisch* gekennzeichnet werden. Nicht in dem Sinne, daß man immer höflich ist, sondern immer höflich oder unhöflich ist. Die Unhöflichkeit gehört ja kontrafaktisch zum Paradigma der Höflichkeit.

Meyer-Hermann impliziert mit seiner Kategorie der Abschwächung eine Dimension, die man als Intensität des Willens zum Vollzug von Basisfunktionen bezeichnen könnte. So hätte die Kategorie der Abschwächung einen entgegengesetzten Pol der Verstärkung. Aber die Intensität des Willens zum Vollzug von Basisfunktionen scheint mir mit der Kategorie der Höflichkeit keineswegs kongruent zu sein. Man kann zum Beispiel durchaus Bitten kategorisch ablehnen und dabei sehr höflich sein, wobei "kategorisch" ein Gegensatz zu "abgeschwächt" ist. Vermeidungen von Imagebedrohungen usw., die wir als Aktivitäten zur Höflichkeitsmarkierung ansehen, haben jedoch nichts oder nur kontingent etwas mit Formen zu tun, die abgeschwächte Intensitäten des Willens zum Vollzug von Basisfunktionen ausdrücken.

Im übrigen ist das, was ich hier als die Ebene der Höflichkeit charakterisiert habe, in sich weiter zu differenzieren, wobei Charakterisierungen von verbalem Verhalten wie "freundlich",

---

1 Vgl. das ausführliche Paradigma zu frz.: *venez!* bei Bourdieu (1982: 79 f.).

"liebenswürdig", "taktvoll" etc. auf der einen Seite und "aggressiv", "distanziert", "schroff", "hemdsärmelig" etc. auf der anderen Seite ebenfalls interaktionstheoretisch zu fassen wären.

3.3 - Meyer-Hermann stützt sich auf das "Methodologiepostulat der Konversationsanalyse", das er wie folgt kennzeichnet:

> Welches die interaktive Funktion eines turn ist, kann an dem darauffolgenden turn abgelesen werden. [...] Die Aufgabe des Linguisten besteht nicht darin, den turn zu analysieren, sondern zu rekonstruieren, wie der Interaktant des nachfolgenden turns den Vorgänger-turn verstanden/analysiert hat, um seinen turn zu produzieren. Die Analyse des jeweils nachfolgenden turns ist die Basis für die Bestimmung der interaktiven Funktion des vorangegangenen turns (S. 57).

Diese methodologische Vorgabe wird aber in bezug auf das Problem der interaktiven Funktion des *imperfecto* nicht eingehalten. Der nächste Turn in dem Beispiel, das Meyer-Hermann diskutiert, *Quería hacer un comentario a esto*, ist gar nicht so leicht auszumachen: *Quería hacer ...* wird einerseits von einem *sí (...?)* überlappt bzw. kommentiert und weitergeführt mit *una vez que hubo algunas preguntas del público,. no'*. Der eigentlich *nächste* Turn des Interviewten ist nur ein *claro*.[1] Es ist nicht ersichtlich, wo und wie Meyer-Hermann die Interpretation des *imperfecto* durch die Interpretation des Beteiligten (hier: des Interviewten), die entweder in *sí (...?)* und/oder in *claro* zum Ausdruck kommen müßte, gewinnt oder auch nur argumentativ stützt. Mir scheint, daß dies auch nicht gemacht werden kann, denn diese Turns geben keinen Aufschluß über die Interpretation der subsidiären interaktiven Funktion; die aber sollte hier gerade thematisiert werden. Und so macht Meyer-Hermann genau das, was er vorher methodologisch ablehnt: die vorgängige Setzung der Kategorie "Abschwächung" durch den Analysator.

---

1 Es sei hier angemerkt, daß Meyer-Hermanns Analyse, derzufolge das *no?* in diesem Fall ein Äquivalent zu dem von Jefferson (1981) untersuchten "unerträglichen *ne?*" ist, nicht zutrifft, denn für das "unerträgliche *ne?*" war der sequentielle Ort konstitutiv, vom vorhergehenden Turn getrennt zu sein und mit dem nächsten Turn zu überlappen; von daher allein ist ja die Bezeichnung "post response initiation response solicitation" zu verstehen. Das *no?* in Meyer-Hermanns Beispiel erfüllt diese Bedingungen jedoch nicht: Es ist nicht vom vorangehenden Turn getrennt, und es überlappt auch nicht. Dieses *no?* ist wohl eine normale *tag-question*.

Aber auch in bezug auf die Interpretation der interaktiven Basisfunktion sind Zweifel angebracht. Meyer-Hermann sagt, daß - bezogen auf sein Beispiel - die interaktive Basisfunktion von *Quería hacer un comentario a esto* aufgrund der Reaktion Lupe Marins als "Turn-Gewinnungs-Aktivität" bestimmt werden kann. Auch dies wird leider nicht näher begründet. Ich glaube, daß auch hier - entgegen dem ausgeführten Methodologiepostulat - diese Interpretation von außen gesetzt ist. Denn - zumindest so, wie das Beispiel dokumentiert ist - hat Fortson den Turn schon, die Vorbereitung wird kommentiert durch ein nicht-überlappendes *mhm* (Zustimmung zur korrekten Zitierung?); der *Quería ...*-Satz wird kommentiert durch ein überlappendes *sí (...?)*(Neugierde?); der *Una vez que hubo ...*-Satz (Rechtfertigung? Turn-Übergabe ans Publikum? Vertagung?) wird ratifiziert durch ein nicht-überlappendes *claro* (Zustimmung zum *Una vez ...*-Satz, zum 'acte directeur' oder zu beiden?). *Claro* bedeutet Zustimmung, aber welche Hinweise gibt es uns, daß der vorangegangene Turn als Turn-Gewinnungs-Aktivität interpretiert wurde? Ich sehe keine. Da ich glaube, daß die Interpretation zutrifft, aber die Hinweise darauf nicht in Lupes Turn sehen kann, scheint es mir angebracht, dieses Methodologiepostulat näher zu beleuchten.

Sacks/Schegloff/Jefferson (1974) sprechen erstens nicht von einem Methodologie*postulat*, sondern von einer "central methodological resource" (S. 726). Zweitens führen sie näher aus:

> It is a systematic consequence of the turn-taking organization of conversation that it obliges its participants to display to each other, in a turn's talk, their understanding of other turn's talk. More generally, a turn's talk will be heard as directed to a prior turn's talk, unless special techniques are used to locate some other talk to which it is directed. Regularly, then, a turn's talk will display its speaker's understanding of a prior turn's talk, and whatever other talk it marks itself as directed to.
> In the first place, of course, such understandings are displayed to co-participants, and are an important basis for the local self-correction mechanism of conversation. Clearly, they also supply another important basis for the 'last as next' turn-order bias, a prior speaker being motivated to self-select as next speaker if he finds the understanding of his prior utterance, displayed by current speaker in current turn, unacceptable.
> But while understandings of other turn's talk are displayed to co-participants, they are available as well to professional analysts, who are thereby afforded a proof criterion (and a search procedure) for the analysis of what a turn's talk is occupied with. Since it is the parties' under-

standings of prior turn's talk that is relevant to their construction of
next turns, it is *their* understandings that are wanted for analysis. The
display of those understandings in the talk of subsequent turns affords
both a resource for the analysis of prior turns and a proof procedure
for professional analyses of prior turns-resources intrinsic to the data
themselves (S. 726/727).

Hier erscheint die Interpretation des Turns von A durch den Turn von B als "proof criterion". Es wird hier nicht behauptet, daß die Interpretation des Analysators sich *allein* aus der Interpretation der Beteiligten zu ergeben habe, sondern, daß die Interpretation der Beteiligten zu beachten ist (im Gegensatz etwa zur Sprechakttheorie, in der oft über die Bedeutung kontextfreier Sprechakte gestritten wird). In der Tat würde eine Auslegung dieses Analyseverfahrens, wie wir sie bei Meyer-Hermann finden, auch zu einem unendlichen Regreß führen, denn jeder Turn hat einen nächsten Turn, bis die Konversation zu Ende ist. Spätestens an dieser Stelle hätten wir keinen nächsten Turn mehr, der uns Aufschluß über den vorangegangenen Turn gibt. So kann der methodologische Ansatz nicht gemeint gewesen sein. Bergmann sagt zum Beispiel ganz klar, daß das intuitive Verständnis des Analysators zumindest heuristisch an erster Stelle steht.[1]

Aber auch bei den oben zitierten Ausführungen von Sacks/Schegloff/Jefferson bleibt ein wichtiger Punkt unklar: Auf welche Eigenschaften eines Turns bezieht sich der diffuse Begriff "understanding"? Auf so etwas wie illokutive Rolle, auf den propositionalen Gehalt, auf etwas wie die subsidiäre interaktive Funktion (z.B. konkret: höflichkeitsmarkierender Elemente)?

Zumindest in bezug auf das vorliegende Beispiel *Quería hacer* ... kann man sagen, daß uns der nachfolgende Turn keinen Aufschluß darüber gibt, daß der vorangehende Turn als "Turn-Gewinnungs-Aktivität" interpretiert worden ist. Dies würde bedeuten, daß der jeweils folgende Turn nicht in jedem Fall eine ergiebige Quelle ist. Für solche Fälle sollte man also ein methodologi-

---

[1] "Der Konversationsanalytiker greift in seiner Arbeit zwangsläufig immer wieder auf das intuitive Verständnis zurück, das er als kompetentes Mitglied in einer Sprachgemeinschaft von dem als Untersuchungsmaterial vorliegenden Interaktionsgeschehen hat. Seine Aufgabe besteht dann aber darin, gleichsam einen Schritt von seinem intuitiven Verständnis zurückzutreten und zu explizieren, welche (ethno-)analytischen Mittel und Techniken ihm zu seinem Verständnis verholfen haben" (Bergmann 1981: 23).

sches Verfahren akzeptieren, das im wesentlichen auf einer Analysator-Interpretation basiert und die Rolle des Kontroll-Turns so bestimmt, daß dieser keine Eigenschaften haben darf, die gegen diese Analysator-Interpretation sprechen. Dies gilt sowohl für die Interpretation der interaktiven Basisfunktion als auch, und noch stärker, für die der subsidiären interaktiven Funktionen vom Format der höflichkeitsmarkierenden Elemente.

Dies bedeutet aber, daß wir es hier mit nichts anderem als einem *kontrollierten hermeneutischen Vorgehen* zu tun haben. Der Unterschied der Konversationsanalyse zu den "interpretativen" und "introspektiven" Ansätzen der "Diskurslinguistik" ist somit nicht so fundamental, wie Streeck (1983: 72, 75) meint, ihn veranschlagen zu müssen.

Das Problem, Fälle wie die interaktive Funktion des *imperfecto* methodologisch so zu bestimmen, daß wir unser intuitives Vorverständnis kontrollieren, ist damit jedoch nicht befriedigend gelöst. Zwei mögliche Antworten gibt es hierzu:

a) Das Beispiel ist als alleiniger Ausgangspunkt für eine solche Analyse nicht ausreichend; es müßte eine Vielzahl weiterer Fälle des *imperfecto* und konkurrierender Formen in ähnlichen Verwendungsweisen analysiert werden, damit eine ausreichende Zahl von unmittelbaren Folgeturns gefunden werden kann, die tatsächlich so geartet sind, daß sie die Interpretation der höflichkeitsmarkierenden Elemente durch die Beteiligten rekonstruierbar werden lassen, etwa, indem man auch Fälle findet, in denen aufgrund der Nichtbeachtung des Höflichkeitsprinzips und damit des Fehlens höflichkeitsmarkierender Elemente deren Beachtung reklamiert oder gar diskursiv erörtert wird.

b) Die interaktiven Funktionen der Höflichkeit (durch *imperfecto*) sind überhaupt nicht explizit aus Reaktionen im darauffolgenden Turn zu erschließen, weil auf sie so lange kein Bezug genommen wird, solange sie nicht selbst Turn-Format haben, sondern nur Signalwert, oder solange das Höflichkeitsprinzip überhaupt beachtet wird. Erst bei Verstößen dagegen sind Reklamationen erwartbar (wenn auch durch soziale Zwänge oft nicht zu realisieren, was eine erneute Komplikation für diese Art von Analyse mit sich bringt). In diesen Fällen bekommen wir vielleicht

Aufschluß über die Interpretation bestimmter unhöflicher Formen; nicht aber über die prinzipiengerechten höflichen Formen (aufgrund des Wirkens der Antizipation möglicher Rezipientenreaktionen).

Gerade auch das Wirken der sozialen Zwänge aber macht auch die Rekonstruktion der Interpretation unhöflicher Formen allein aufgrund des nachfolgenden Turns schwierig. Ich meine, daß das, was Goffman (1974) "Nachverbrennung" genannt hat, d.h. die nachträgliche kommunikative Verarbeitung von beispielsweise Beziehungsproblemen, die in einem Gespräch nicht thematisiert wurden oder werden konnten, nicht eine aus der Methodologie auszuschließende Instanz sein darf.

Forschungsstrategisch sollte zuerst der erste Weg beschritten werden, auch, um zu zeigen, wieweit das erwähnte methodologische Verfahren haltbar ist, und in welchen Fällen es uns im Stich läßt. Wenn uns dann auch die Analyse von Nachverbrennungen nicht weit genug voranbringt, sind wir vielleicht doch wieder auf die hermeneutischen Verfahren, kombiniert mit Verfahren der Befragung und des Experiments, die ebenfalls ihre Schwächen haben, zurückgeworfen.

4. - Ich möchte nun zurückkommen auf die eingangs zurückgestellte Frage nach dem Einbezug von Aussagen über interaktive Funktionen in die Grammatik.

Daß es grammatikalische Elemente gibt, die - allgemein gesagt - interaktive Funktionen haben, ist durch die Ausführungen Meyer-Hermanns hinreichend gezeigt. Daß es Aufgabe sowohl sprachtheoretischer wie auch einzelsprachlich-grammatischer Analysen ist, diese Form-Funktion-Bestimmung aufzuhellen, ist evident. Sind also zum Beispiel bei dem Paradigma der Höflichkeit die grammatikalischen Elemente, die in den Einzelsprachen zum Ausdruck der Höflichkeit dienen, verschieden, und alles deutet darauf hin, dann ist dem in den Grammatiken durch die Angabe der Funktionsbestimmung des grammatikalischen Elementes, oder bei einer anders gearteten Orientierung der Grammatik, die ein Kapitel mit etwa der Überschrift "Höflichkeit" enthielte, durch die Angabe der dazu vorhandenen Formen und ihrer Verwendungskontexte,

Rechnung zu tragen. Gerade bei dem hier diskutierten Beispiel des *imperfecto de cortesía* haben traditionelle Grammatiken das ja auch getan. Man sollte nun aber zwei Sachverhalte klarer benennen und unterscheiden: Grammatik als eine Ebene der Sprachtheorie im Gegensatz etwa zu Pragmatik, Phonologie usw. und Grammatik im Sinne einer Verbraucher-Grammatik, zum Beispiel für Zwecke des Fremdsprachenunterrichts. Im ersten Fall ist das Kriterium über die Aufnahme von Aussagen über interaktive Funktionen u.a. eines der sauberen Grenzziehung von Analyseebenen, im zweiten Fall scheint es mir allerdings nicht so sehr eine Frage des Ob, sondern des Wie zu sein. Hier sind neben theoretischen Erwägungen auch solche der problemlosen Auffindbarkeit von Antworten zu sprachlichen Problemen durch den Benutzer (zum Beispiel den Fremdsprachenlerner) vonnöten.

Literatur

Bergmann, J., 1981. "Ethnomethodologische Konversationsanalyse", in: Schröder, P., H. Steger (Hg.), *Dialogforschung. Jahrbuch 1980 des Instituts für deutsche Sprache*, Düsseldorf, 9 - 51.

Bourdieu, P., 1982. *Ce que parler veut dire*, Paris.

Brown, P., S. Levinson, 1978. "Universals in Language Usage: Politeness Phenomena", in: Goody, E. N. (Hg.), *Questions and Politeness Strategies in Social Interaction*, Cambridge, 56 - 289.

Coseriu, E., 1976. *Das romanische Verbalsystem*, Tübingen.

Goffman, E., 1974. *Das Individuum im öffentlichen Austausch*, Frankfurt/Main.

Jefferson, G., 1981. "The Abominable *ne?* An Exploration of Post-response Pursuit of Response", in: Schröder, P., H. Steger (Hg.), *Dialogforschung. Jahrbuch 1980 des Instituts für deutsche Sprache*, Düsseldorf, 53 - 88.

Lakoff, G., 1972. "Hedges: a Study in Meaning Criteria and the Logic of Fuzzy Concepts", in: *Papers from the Eighth Regional Meeting of the Chicago Linguistic Society*, Chicago, 183 - 228.

Lakoff, G., M. Johnson, 1980. *Metaphors we Live by*, Chicago.

Leech, G., 1983. *Principles of Pragmatics*, London.

Quasthoff, U., 1979. "Eine interaktive Funktion von Erzählungen", in: Soeffner, H.-G. (Hg.), *Interpretative Verfahren in den Sozial- und Textwissenschaften*, Stuttgart, 104 - 126.

Quasthoff, U., 1980. *Erzählen in Gesprächen*, Tübingen.

Roulet, E., 1981. "Echanges, interventions et actes de langage dans la structure de la conversation", in: *Etudes de linguistique appliquée* 44, 7 - 39.

Sacks, H., E. A. Schegloff, G. Jefferson, 1974. "A Simplest Systematics for the Organization of Turn-taking for Conversation", in: *Language* 50, 696 - 735.

Streeck, J., 1983. "Konversationsanalyse. Ein Reparaturversuch", in: *Zeitschrift für Sprachwissenschaft* 2, 72 - 104.

Zimmermann, K., 1984. "Die Antizipation möglicher Rezipientenreaktionen als Prinzip der Kommunikation", in: Rosengren, I. (Hg.), *Sprache und Pragmatik. Lunder Symposium 1984*, Stockholm, 131 - 158.

HANDLUNGSKONSTITUTION IM GESPRÄCH.
DUPONT UND SEIN EXPERTE FÜHREN EIN BERATUNGSGESPRÄCH

Werner Kallmeyer

1.   Die Problemstellung

Die linguistische Pragmatik beschäftigt sich schon seit ungefähr 15 Jahren mit dem Vollzug von Handlungen im Gespräch. Theoretische Grundlage sind dabei vor allem die Sprechakttheorie, die Verhaltens- und Handlungstheorie sowie die Interaktionstheorie. In der Auseinandersetzung mit konkreten Gesprächsmaterialien hat sich - unabhängig von den ganz unterschiedlichen theoretischen Voraussetzungen - eine Konvergenz hinsichtlich bestimmter Fragestellungen entwickelt. Zu den wichtigsten Problemstellungen bei der Untersuchung der Konstitution von Handlungen im Gespräch gehören offensichtlich die folgenden:

   a) Der Zusammenhang von Mikro- und Makrostruktur (im linguistischen Sinne), d.h. zwischen Äußerungsstrukturen bzw. kleinräumigen Sequenzstrukturen und übergreifenden Gesprächsstrukturen. Im Verlauf des Gesprächs vollziehen die Beteiligten jeweils lokal begrenzte und den Bedingungen des unmittelbaren Kontextes unterworfene Äußerungen, diese sind aber Teil von übergreifenden Aktivitätskomplexen, sie sind in deren Rahmen zu interpretieren und werden zur Realisierung von übergreifenden, komplexbildenden Aktivitätsprogrammen eingesetzt. Es besteht inzwischen Konsens über die Tatsache der Komplexhaftigkeit auch der Handlungsstrukturen im Gespräch. Aber über die Natur von solchen Handlungskomplexen, ihre Bildungsgesetze und den Zusammenhang von übergreifenden Komplexen und jeweils einzelnen begrenzten Aktivitäten, d.h. die Verfahren der lokalen Produktion von übergreifenden Zusammenhängen besteht noch keine ausreichende Klarheit.[1]

---

[1] Zum Verhältnis von schrittweiser Verknüpfung und Globalstrukturierung in den verschiedenen Ansätzen der Textlinguistik vgl. Kallmeyer/Meyer-Hermann (1980). Im sprechakttheoretischen Forschungsstrang ist in der Bundesrepu-

b) Die Typik von Sprechhandlungen bzw. von Handlungskomplexen. Äußerungen wie Handlungskomplexe haben mit Sicherheit typische Merkmale und werden in der Interaktion als typische produziert und interpretiert. Es stellt sich jedoch die Frage, ob Einzelaktivitäten und Komplexe festen Typen entsprechen und wie stabil derartige Typen gegebenenfalls sind. Lehrreich scheint mir in diesem Zusammenhang die Entwicklung von sprechakttheoretischen Ansätzen zu sein, die gerade in der Auseinandersetzung mit empirischen Materialien zunehmend die bis dahin entwickelte Sprechaktklassifikation in Frage stellen und statt dessen von einer Menge von sprechaktbestimmenden Merkmalen ausgehen. Die Funktion oder Handlungsbedeutung von Äußerungen ist dann nicht mehr einfach klassifikatorisch zu bestimmen, sondern aus bestimmten funktionalen Merkmalen über Definitionsmechanismen aufzubauen. Dabei sind dann offensichtlich Funktionsaspekte unterschiedlicher Art zu berücksichtigen wie illokutive und interaktive Funktionen. Die Frage der Handlungsfunktion von Äußerungen und ihres Status (gibt es grammatisch fixierte, nicht über interaktive Kontextbezüge definierte Illokutionstypen?) ist meines Erachtens wieder weitgehend offen, nachdem eine Zeitlang alles relativ einfach und klar schien. Die Frage der Typologie gilt für die übergreifenden komplexen Strukturen in vergleichbarer Weise: Inwieweit handelt es sich um feste Schemata, inwieweit werden sie situativ

---

blik Deutschland schon früh das Sequenzierungsproblem behandelt worden (vgl. z.B. Wunderlich 1972), und das Interesse daran hat wesentlich auch die Rezeption der amerikanischen Konversationsanalyse bestimmt. Zu den Versuchen einer Zusammenführung des sprechakttheoretischen und des gesprächsanalytischen Forschungsstranges vgl. u.a. Wunderlich (1976 b) und Franck (1980). Auch bei Versuchen, Sprechakttheorie und Gesprächsanalyse in den Rahmen einer allgemeinen Handlungstheorie einzubetten, steht das Interesse an komplexen Handlungen im Vordergrund (vgl. Rehbein 1977). Schließlich stehen auch in der interaktionstheoretisch ausgerichteten Gesprächsanalyse in der Bundesrepublik globale Strukturierungen des Gespräches viel stärker im Vordergrund als in der amerikanischen Konversationsanalyse (vgl. z.B. Kallmeyer/Schütze 1976; Kallmeyer 1978), was u.a. von der Position der "reinen" Konversationsanalyse amerikanischer Prägung kritisiert worden ist (vgl. Bergmann 1981). Ein Kernproblem für die Untersuchung globaler Strukturierungen ist offensichtlich das allmähliche Verfertigen von komplexen Handlungen, die so nicht vorgeplant sein müssen und doch im Vollzug eine übergreifende Einheit bilden. Dieses Problem ist u.a. Gegenstand des vorliegenden Aufsatzes. Vgl. dazu auch Kallmeyer (1981) und insbesondere Nothdurft/Schröder/Spranz-Fógasy (1984).

spontan aus Teilkomplexen aufgebaut, wie strikt sind sie definiert? usw.[1]

c) <u>Äußerungsstrukturen und interpretative Prozesse.</u>
Die Kernfragen sind hier, welche Bedeutungen relativ direkt von bestimmten sprachlichen Strukturen indiziert werden, welche Bedeutungen über interpretative Prozesse unter Bezug auf Kontextwissen erschlossen werden, und wie die Struktur dieser interpretativen Prozesse aussieht. Die Sprechakttheorie hatte für Linguisten ursprünglich den großen Vorteil, daß ihre Aussagen über Handlungsfunktionen unmittelbar auf sprachliche Strukturen bezogen waren. Das erwies sich allerdings als trügerisch; schon früh wurde der Vorwurf erhoben, daß da nicht Handlungen beschrieben würden, sondern die Semantik von Ausdrücken, mit denen wir über Handlungen reden. Außerdem gab und gibt es eine Tendenz, relativ komplexe Interpretationen fest mit bestimmten Äußerungsformen zu verbinden. Diese im Kern typologische Tendenz ist unter Hinweis auf die Bedeutung interpretativer Prozesse verschiedentlich kritisiert worden, u.a. von Cicourel. Bezüglich der Konstitution von Handlungskomplexen, die einen äußerungsübergreifenden Orientierungswert haben, aber doch jeweils lokal, von einzelnen Äußerungen produziert werden, kann die Frage zum Beispiel auch so spezifiziert werden: Wieviel von solchen übergreifenden Strukturen muß lokal aufgezeigt werden - und an welchen Stellen -, damit die übergreifenden Strukturen erkennbar werden? Das heißt: Wie schaffen und verdeutlichen Äußerungen ihre Kontexte, in deren Rahmen sie zu interpretieren sind?[2]

Im folgenden möchte ich einige Ergebnisse und Hypothesen dar-

---

[1] Ausgehend von Searles Klassifikation (vgl. u.a. 1976) sind die beiden Grundmerkmale "Direction of fit" und "Imperative modus" intensiv diskutiert worden (vgl. z.B. Wunderlich 1976a und 1979; Ballmer 1979; Anscombre 1981; Ducrot 1981). Ein Kernthema ist dabei die Frage des Dominanzverhältnisses unter den verschiedenen Sprechakteigenschaften; vgl. dazu auch Gülich/Meyer-Hermann 1983. Ein weiterer zentraler Gesichtspunkt der Weiterentwicklung sprechakttheoretischer Konzepte ist die Einbeziehung des Kontextbezuges, insbesondere der interaktiven Bezüge von Sprechakten. Das hat zu einer Ausdifferenzierung von Funktionsaspekten illokutiver, interaktiver und gegebenenfalls noch strategischer Art geführt (vgl. Franck 1980; Roulet 1980 und 1981; Gülich/Kotschi 1985).

[2] Zur Kritik der interpretativen Soziologie und der Ethnomethodologie an der sprechakttheoretischen Bedeutungskonzeption vgl. u.a. Cicourel (1980) und Streeck (1980).

stellen, die insbesondere die erste Frage betreffen, aber zwangsläufig die anderen Fragenkomplexe ebenfalls berühren. Ich stütze mich dabei auf Arbeiten in einem gesprächsanalytischen Projekt über "Beratungsgespräche".[1] Dementsprechend beziehe ich mich in exemplarischer Weise auf Handlungsstrukturen in Beratungsgesprächen.

Der theoretische Rahmen der Untersuchung ist eine von den Grundannahmen und den methodischen Prinzipien des symbolischen Interaktionismus, der Ethnomethodologie und der darauf aufbauenden Konversationsanalyse geprägten Theorie der verbalen Interaktion.[2] Zu den Grundannahmen dieses Ansatzes gehören:

a) Der Vollzugscharakter der Interaktion. Ordnung im Gespräch ebenso wie die Bedeutung des ablaufenden Interaktionsereignisses sind nicht vorab etabliert, sondern werden lokal, d.h. im Gespräch selbst, mit jedem Redebeitrag und mit den Mitteln des Gesprächs hergestellt. Dazu gehört wesentlich, daß die Beteiligten ihre Interpretationen und Relevanzsetzungen sich wechselseitig aufzeigen und in der Handlungsabwicklung zugleich die Handlungen beschreiben und erklären.

b) Die Wechselseitigkeit der Interaktionskonstitution. Die Beteiligten haben aufeinander bezogene Rollen, in deren Rahmen sie aktiv werden müssen. Sie definieren die Bedeutung des Vorgangs gemeinsam, sie bestätigen sich die Bewältigung der Konstitutionsaufgaben wechselseitig usw. Zentrales Mittel für die Herstellung der Wechselseitigkeit ist der partnerspezifische Zuschnitt der Äußerungen, d.h. die Orientierung der Äußerungsproduktion an den Verstehens- und Beteiligungsvoraussetzungen des Partners.

c) Die prospektiv-retrospektive Definitionsweise. Einzelaktivitäten bekommen ihren Sinn in Aktivitätszusammenhängen. Bei der Produktion und Rezeption der Einzelaktivitäten wird mit vorläufigen Interpretationen gearbeitet, die Projektionen von über-

---

[1] Das Projekt wurde von 1980 bis 1983 im Institut für deutsche Sprache, Mannheim, durchgeführt. Mitarbeiter am Projekt waren Franz-Josef Berens, Werner Kallmeyer, Werner Nothdurft, Ulrich Reitemeier und Peter Schröder. Die Ergebnisse werden sukzessive veröffentlicht. Bislang erschienen: Nothdurft 1984.

[2] Zur Grundlegung des Ansatzes vgl. Kallmeyer/Schütze 1976.

greifenden Zusammenhängen beinhalten und die sich erst nachträglich als angemessen oder nicht herausstellen.

d) Ordnungsstrukturen. Die Beteiligten ordnen ihre Aktivitäten zu komplexeren Zusammenhängen. Derartige Zusammenhänge werden als Rahmen bzw. Interaktionsschemata verdeutlicht. Auf diese Weise werden Ordnungsstrukturen als Grundlage für die Segmentierung des Ereignisstroms und für die Kohärenzbildung eingeführt.

e) Die "Realitätssensitivität" von Interaktion. Interaktionen sind "realitätssensitiv" in dem Sinne, daß die relevanten Aspekte der sozialen Realität in verbaler Interaktion manifest bearbeitet werden bzw. zumindest als Interpretationsfolie gegenwärtig sind. In der Interaktionskonstitution werden dementsprechend eine Reihe ganz unterschiedlicher Aspekte bearbeitet:

- Gesprächsorganisation (Austausch von Sprechbeiträgen)
- gemeinsames Handeln (z.B. "eine Auskunft einholen", "eine Verabredung treffen")
- Sachverhaltsdarstellung (z.T. in Form komplexer, in sich geschlossener Darstellungen wie Erzählungen, Beschreibungen und Argumentationen)
- soziale Identitäten und Beziehungen (wie Arzt - Patient, Bekanntschaft, Kollegialität usw.)
- Interaktionsmodalitäten (wie Ernst, Scherz, Spiel, institutionelle Verfahrensinteraktion usw.)
- Reziprozitätsherstellung (Formen der Kooperation).

Diese Aspekte werden bei ihrer Bearbeitung in komplexer Weise miteinander kombiniert, wobei die einzelnen Konstitutionsaspekte zum Teil als manifeste makrostrukturelle Rahmen realisiert werden.

2. Der Beispielfall

Zur Demonstration benutze ich ein transkribiertes Telefongespräch zwischen dem Besitzer einer Eigentumswohnung (D = Dupont) und dem Mitarbeiter (E = Experte) einer Versicherung (MAIF = Mutuelle d'Assurance des Instituteurs de France). E hat früher als Interessenvertreter von D in die Schadensregulierung nach einem Wasserschaden eingegriffen, der an der Wohnung von D entstanden war. Inzwischen ist ein Folgeproblem aufgetaucht: D hat die Wohnung vor Auszahlung der Entschädigung verkauft; jetzt hat er die Entschädigung bekommen, aber bislang keine Schönheitsreparaturen durchgeführt. Wer hat Anrecht auf die Entschädigungssumme?

Gemessen an einem allgemeinen, relativ offenen Vorverständnis handelt es sich um ein Beratungsgespräch: Der Ratsucher manifestiert ein Problem, das seine Handlungsorientierung betrifft; der Ratgeber beschäftigt sich auf Veranlassung des Ratsuchers damit und unternimmt Lösungsanstrengungen; der Ratsucher behält die Entscheidungskompetenz für seine Handlungsplanung und die Verantwortung für die weitere Problembearbeitung.

Markante Aktivitäten im Hinblick auf die Durchführung von "Beratung" sind:

a) die Problemdarstellungen von D:

- die erste große Äußerung (1/2 - 1/24) stellt die oben bereits skizzierte Handlungssituation dar, in der D nicht weiß, was er zu tun hat, und spitzt die Sachlage auf eine Problemstellung zu (*le problème est le suivant*, 1/19 - 21);
- spätere Schübe, insbesondere in der zweiten großen Äußerung (2/7 - 26) vervollständigt D seine Problemdarstellung: Der Hausverwalter vertritt dem Käufer gegenüber eine Lösungsvorstellung (*qu'ils reprennent la totalité de cette somme*, 2/18 - 19), die der Lösungsvorstellung von D widerspricht (*avoir un arrangement à l'amiable et partager*, 2/25).

b) die Formulierung von Anliegen, mit denen D seinem Partner Lösungsanstrengungen zumutet:

- die erste Problemdarstellung endet mit der Formulierung einer direkten Frage (*faut-il donner la somme de dédommagement de l'assurance de l'immeuble à nos racheteurs*, 1/23 - 24);
- D steuert durch Nachfragen bzw. durch Zusatzfragen die Lösungsanstrengungen von E (*quel est l'usage*, 3/2; *est-ce qu'il y a un recours par exemple est-ce qu'on peut exiger de nous de faire remettre en état les lieux*, 3/19 - 21);
- D definiert rückwirkend noch einmal explizit sein Anliegen (*je voulais savoir si on pouvait faire un arrangement à l'amiable*, 5/21 - 23).

c) Die Lösungsanstrengungen von E:

- der Hinweis auf den Typ der Lösung (*ça peut être qu'un accord entre vous*, 1/27 und öfter) und die Angabe eines Lösungsprogramms (1/27 ff.), das E an späteren Stellen wieder aufnimmt (3/10 ff.; 3/28 ff.);

- die Versicherung, daß die MAIF, welche die Schadensregu-
betrieben hat, sich nicht einmischt (*nous n'avons absolument pas
à intervenir là-dessus*, 2/27 - 3/1);
- die Hinweise darauf, daß es angemessen wäre, die Wohnung
instandzusetzen (*il conviendrait que vous fassiez remettre les
lieux en état avant de quitter l'appartement*, 3/6 - 7), daß es
aber keine Verpflichtung dazu gibt (3/22 - 23 und 26 - 27), und
daß der Verwalter in der ganzen Angelegenheit keine wichtige
Rolle spielt (*c'est quand même pas le dieu tout puissant*, 3/25 -
26; *le syndic est tout à fait hors de la course dans cette affaire*, 4/10 - 11), sondern daß nur die Einigung mit dem Käufer
zählt (*le seul point d'accrochage [...] ça peut être qu'avec le
nouvel acheteur*, 3/24 ff.);
- der Hinweis darauf, den Käufer besser nicht im Unklaren
über die Schadensregulierung zu lassen (4/11 ff.);
- die Formulierung von Lösungsalternativen (*soit vous vous
arrangez avec le nouveau co-propriétaire soit vous faites réparer avant de partir*, 4/18 - 20);
- die Konkretisierung einer dieser Lösungsmöglichkeiten
durch den Vorschlag, im Fall der Reparatur anstelle der früheren Textiltapete eine billigere Ausführung zu nehmen (4/20 - 5/2).

d) Die Aktivitäten der Lösungsverarbeitung von D, mit denen
er sich mit den Lösungsvorstellungen von E im Hinblick auf den
Aufbau einer verläßlichen Handlungsorientierung auseinander-
setzt:
- die problematisierenden Fragen (3/17; 3/19 - 21);
- die Auskünfte über Einzelheiten des Falles in Reaktion auf
die programmatischen Fragen von E (2/7 ff.; 4/5 ff.);
- das Akzeptieren der Lösungsvorstellung von E (4/21; 5/27);
- das Ausprobieren bzw. Durchspielen der Lösung als Entwicklung eines konkreten Handlungsplans (5/27 - 6/3);
- die Bestätigung, daß E wesentlich zum Aufbau einer verläßlichen Handlungsorientierung beigetragen hat (*vous me donnez un
argument très très clair et qui peut tout à fait se plaider*,
6/8 - 10).

Schon diese überblickartige Analyse macht deutlich, daß offensichtlich "Beraten" die entscheidende, den makrostrukturellen Zu-

sammenhang prägende Orientierung der Beteiligten darstellt. Abgesehen von den Gesprächsrändern (Gesprächseröffnung, 1/1 - 2; Gesprächsbeendigung, 6/18 - 20) und einer kleinen Sequenz unmittelbar vor der Gesprächsbeendigung, die eine nachträgliche Honorierung für die frühere Fallbearbeitung durch E beinhaltet (*votre intervention avait été vraiment très fructueuse*, 6/12 - 14), stehen alle Aktivitäten im Rahmen von "Beraten". In diesem Gespräch fehlt eine explizite vorgreifende Verdeutlichung des anvisierten Handlungszusammenhanges, wie sie für viele Handlungseröffnungen charakteristisch ist[1], trotzdem ist die in der ersten großen Äußerung von D inkorporierte Definition des Handlungskomplexes für E offensichtlich deutlich genug, so daß er in der Reaktion eindeutig manifestiert, daß er genau weiß, worum es geht. Offensichtlich verdeutlichen sich die Beteiligten am Gesprächsbeginn wie auch das ganze Gespräch über gegenseitig hinreichend die Bedeutung ihrer Aktivitäten und die Orientierung an einem gemeinsamen Handlungskomplex. Ausdruck dieser Orientierung ist die Tatsache, daß die Beteiligten jeder für sich über die Folge von Aktivitäten eine konsistente Handlungslinie entwickeln, und daß sie ihre Redebeiträge gegenseitig in hinreichend deutlicher Weise berücksichtigen und so auch im Austausch von Äußerungen Kohärenz herstellen.

Es gibt eigentlich nur eine kurze Phase, in der nicht ganz klar ist, ob und in welchem Sinne eine gemeinsame Problembearbeitung zustande kommt. Diese Phase beginnt mit der Reaktion von E auf das Anliegen. Diese Reaktion gibt zwar wichtige Lösungshinweise, verbindet aber die eindeutige Identifikation der Aufgaben eines Ratgebers mit Manifestationen der Distanz zu dieser Rolle. Die entscheidenden Distanzmarkierungen sind die Thematisierung der Antwortschwierigkeit (*ça m'est bien difficile de vous répondre*, 1/26), verstärkt durch die exklamative und durch das kurze Lachen zusätzlich markierte evaluative Eröffnung (*ah ben msieur ((rire))*, 1/25 - 26), die intensive Betonung des Umstandes, daß D sein Problem selbst lösen müsse (*ça peut être*

---

1 Zur Struktur manifester vorgreifender Verdeutlichungen von Handlungszusammenhängen vgl. Kallmeyer 1978. Einen guten Forschungsüberblick über derartige Rahmenbildungen in der Interaktion bietet Auer (1984).

qu'un accord entre vous, 1/27; 2/2 - 3; 2/5 - 6), und die mehrfach markierte Opposition zwischen *moi* und *vous*. Beendet wird diese Phase möglicher Orientierungsprobleme, als E in Reaktion auf die Zusatzfrage von D nach dem Usus (*quel est l'usage*, 3/2) seine Beteiligungsweise deutlich ändert und dies sowohl verbal (*point de vue très personnel*, 3/5) als auch durch die Sprechweise ("confidentiel") anzeigt. E zeigt hier, daß er die ursprüngliche Rollendistanz aufgegeben hat und davon ausgeht, daß er sinnvoll Lösungsanstrengungen unternehmen kann.

Daß zwischen den beiden genannten Äußerungen die gemeinsame Orientierung für die Beteiligten unter Umständen nicht selbstverständlich ist, ist an den beiden Sprecherwechseln in 2/6 - 7 und 2/26 - 27, genauer: an der Art der Berücksichtigung der Vorgängeräußerung des Partners abzulesen. Mit seiner Fortsetzung der Problemdarstellung unterläuft D in gewissem Sinne die Distanzierung von E. Signifikant erscheinen in diesem Zusammenhang zwei Eigenschaften: D berücksichtigt die zentrale Aussage über die Lösungsrichtung nur in formaler Weise, indem er das Schlußsegment der Vorgängeräußerung als Eröffnung der eigenen Äußerung wiederholt, zudem schnell und ohne Markierungen der Bewertung gesprochen (*ça peut être qu'un accord*, 2/7); außerdem führt D seine Falldarstellung als Antwort auf eine der programmatischen Fragen von E durch, die dieser aber zur Verdeutlichung des weiteren Lösungsverfahrens von D aufgelistet und nicht diesem aktuell gestellt hat (*non nous ne lui avons pas fait de promesse de notre côté*, 2/7 - 8). Die Reaktion von E auf die Fortsetzung der Problemdarstellung durch D wirkt wie die Antwort auf eine Frage, die D gar nicht gestellt hat (*ah non mais ça j'vous dis alors vraiment nous n'avons absolument pas à intervenir là-dessus hein*, 2/27 - 3/1). Die Äußerung wird sehr dezidiert gesprochen und hat den Charakter einer definitiven Auskunft. Mit dieser Klarstellung der institutionellen Nichtzuständigkeit präzisiert E die in der ersten Anliegensverarbeitung ausgedrückte Distanz.

Trotz dieser kleinen Turbulenzen bleibt jedoch die Orientierung am übergreifenden Zusammenhang "Beraten" offensichtlich präsent. Die Identifikation der Aufgabenbestände für die an einem solchen Handlungskomplex Beteiligten stehen überhaupt nicht in

Frage. Problematisch ist, ob und in welchem Sinne E sich sinnvoll beteiligen kann. Dafür werden in dieser Sequenz die Voraussetzungen geklärt. Das geschieht so, daß die Aktivitäten der Voraussetzungsklärung zugleich als Aktivitäten im Rahmen von "Beraten" zu interpretieren sind, zumindest aus der Retrospektive. Klärung und Aushandlung der Voraussetzungen für die Durchführung des Handlungskomplexes geschehen innerhalb dieses Komplexes selbst, der Rahmen wird nicht gesprengt oder auch nur vorübergehend verlassen. Dieses Verfahren ist eine relativ komplexe Anwendung des weiter oben (S.84,a) erwähnten Prinzips der Indexikalität, nach dem die Äußerungen die Voraussetzungen, unter denen sie sinnvoll durchzuführen und zu interpretieren sind, selbst mit einführen. Im vorliegenden Fall geschieht das über den Aufbau von mindestens zwei Kohärenzlinien. Die Fortsetzung der Problemdarstellung von D beinhaltet eine Nichtbehandlung der Distanzierung von E, zugleich aber auch eine Präzisierung seiner Problemstellung: Es gibt jemand (Verwalter), der sich einmischt und eine für D inakzeptable Lösungsvorstellung vertritt. Die Folgeäußerung von E betont die Nicht-Zuständigkeit von E in bezug auf die Entscheidung des Problems, sie ist zugleich aber auch eine Zusicherung der Nicht-Einmischung. An diese zweite Interpretation knüpft D als an eine in seinem Sinne positive Beraungsleistung von E an - E hat einen wesentlichen externen Einflußfaktor, der die Handlungsfreiheit von D entscheidend beeinträchtigen könnte, definitiv ausgeschlossen. Mit seiner Fortsetzung durch eine Frage nach dem Usus als einem weiteren möglichen Einflußfaktor der Problemlösung verdeutlicht D einen übergeordneten thematischen Gesichtspunkt: Wie sind die Randbedingungen für eine gütliche Einigung? Unter diesem Gesichtspunkt sind die vorangehenden Aktivitäten kohärent, und diese Linie wird fortgeführt: Nach der Prüfung der Frage, ob es um eine formelle, juristisch geregelte Entscheidung geht (vgl. auch die spätere Formulierung von E: *j'vois pas quelle législation vous en empêcherait*, 5/25 - 26), werden die Fragen nach dem Usus und nach den Anforderungen der "bonne forme" (3/4) geprüft.

3. Das Handlungsschema "Beraten"

Auf der Grundlage von Beispielfällen wie dem hier besprochenen kann man durch die Abstraktion von den Spezifika des jeweiligen Gesprächsverlaufs, der Expansionen und Reduktionen einzelner Handlungsschritte sowie spezifischen Besonderheiten der thematischen Struktur den Bestand an Aufgaben ermitteln, welche die Beteiligten als Ratsucher (RS) und Ratgeber (RG) bearbeiten müssen, wenn sie gemeinsam einen Handlungskomplex vom Typ "Beraten" durchführen wollen. Die als logische Folge geordnete Aufgabenstruktur der Problembearbeitung im Beratungsgespräch sieht folgendermaßen aus:[1]

Problempräsentation	(RS)
Entwicklung einer Problemsicht	(RG)
Festlegung des Bearbeitungsgegenstandes	(RG + RS)
Lösungsentwicklung	(RG)
Lösungsverarbeitung	(RS)
Vorbereitung der Realisierung	(RS + RG)

Dieses Kernschema wird eingerahmt durch die Herstellung eines beratungsspezifischen Rollenverhältnisses und seine Auflösung. Das geschieht durch eine Instanzeinsetzung einerseits und durch Honorierung und Entlastung andererseits. Beide Vorgänge haben eine gewisse Affinität zur formalen Rahmenstruktur von Eröffnung und Beendigung des Handlungskomplexes: Aktivitäten der Instanzeinsetzung werden im Zusammenhang mit der wechselseitigen Identifizierung am Gesprächsbeginn und mit der Ankündigung eines Beratungsanliegens vollzogen; Honorierung und Entlastung leiten in der Regel die Handlungsbeendigung ein. Es handelt sich jedoch auch hierbei um Aufgaben, die mit dem Kernschema verbunden sind. Die Begründung dieser beiden Komponenten liegt in den spezifischen Beteiligungsrollen von RS und RG: Mit der Rolle des Ratgebers sind gewisse Rechte (z.B. Einblick nehmen in die Welt des anderen in der Art einer legitimen "Übertretung") und Pflichten

---

[1] Auf eine Auseinandersetzung mit den vorliegenden Arbeiten zu Ratgeben bzw. Beraten muß hier verzichtet werden. Zur sprechakttheoretischen Rekonstruktion des Ratgebens vgl. Searle (1971); Maas/Wunderlich (1972); Wunderlich (1976 a: 280 ff. sowie 1979); Rehbein (1977: 322 ff.); Hindelang (1977 und 1978). Zur Analyse von Beratungsgesprächen vgl. Berens (1979); Schank (1979 und 1981); Wunderlich (1981); Schwitalla (1983); Schecker (1983, Teil IV); Rieser (1983); Nothdurft (1984).

(die eigene Kompetenz in den Dienst des anderen zu stellen und Verantwortung für die Lösungsentwicklung zu übernehmen) verbunden, die eine besondere Behandlung der Beteiligungsrolle erforderlich machen.

Die einzelnen Komponenten entsprechen relativ komplexen Aufgaben, die nicht in allen Fällen in all ihren Aspekten bzw. Teilkomponenten relevant werden und dementsprechend manifest zu bearbeiten sind, die aber doch als logisch notwendige Teilschritte nachzuweisen sind. Für die Komponenten des Kernschemas sieht die interne Differenzierung folgendermaßen aus:

Problempräsentation (RS)

    Anzeigen eines Problems und Zuschreibung des Problems
    Aufdecken der Problemkonstitution (Genese, Bedingungen)
    Zuspitzung auf eine Problemstellung
    Problembewertung
    Verdeutlichen eigener Lösungsprojektionen und Lösungsversuche
    Bewertung der eigenen Lösungskompetenzen
    Angeben des Standes der Situationsentwicklung
    Vorbringen eines Anliegens (Aufgabenstellung für RG)

Entwicklung einer Problemsicht (RG)

    Feststellung des Problemsachverhalts (Verarbeiten der Falldarstellung von RS, Ergänzungen veranlassen, Exploration)
    Problemanalyse
    Redefinition der Problemstellung
    Problembewertung

Festlegung des Beratungsgegenstandes (RG + RS)

    Aushandlung der Problemdefinition und der Lösungsrichtung
    Präzisierung des Rollenverhältnisses

Lösungsentwicklung (RG)

    Klären von Bedingungen
    Suchen von Lösungsmöglichkeiten
    Prüfen der Lösungsmöglichkeiten
    Lösungsvorschlag
    Plausibilisierung des Lösungsvorschlags (Praktikabilität, Tauglichkeit als verläßliche Handlungsorientierung)

Lösungsverarbeitung (RS)

    Lösungsprüfung (Problematisierung, Klären von Akzeptabilitätskriterien)
    Ergänzende/alternative Lösungsentwicklung
    Übernahme einer Lösungsprojektion als gültige Handlungsorientierung
    Reanalyse der Orientierungsprobleme
    Lösungsbewertung

Vorbereitung der Realisierung (RS + RG)
- Mentales Enaktieren (Durchspielen, Ausprobieren, Einüben von Lösungsverfahren)
- Stabilisierung der Handlungsorientierung
- Projektieren und Einleiten von Realisierungsschritten

Im Beispielfall sind die großen Handlungskomponenten im Prinzip alle nachweisbar, sie werden allerdings unterschiedlich manifest bearbeitet und nicht mit gleicher Deutlichkeit in allen Teilaspekten. Für die Problempräsentation, die Lösungsentwicklung und die Lösungsverarbeitung ist auf einschlägige Aktivitäten schon bei der groben Charakterisierung des Gesprächs hingewiesen worden. Auch für die Vorbereitung der Realisierung ist ein eigener Bearbeitungsschub nachzuweisen. Die beispielhafte Konkretisierung der Lösung durch D unter Anwendung des von E skizzierten Lösungsverfahrens und der von ihm geklärten Lösungsmöglichkeiten (5/27 - 6/3) nach der expliziten Ergebnisfeststellung (5/21 - 26) hat den Charakter des Durchspielens und Anwendens der entwickelten Lösungsvorstellungen. So wird diese Aktivität auch von E behandelt: Er beteiligt sich nicht weiter an der Ausarbeitung konkreter Lösungsschritte, sondern bekräftigt noch einmal die Lösungsrichtung und trägt damit zur abschließenden Stabilisierung der Handlungsorientierung von D bei.

Die Entwicklung einer Problemsicht und die Festlegung des Beratungsgegenstandes als eine Zuspitzung der Situationsdefinition werden nicht in jeweils gesonderten Aktivitätsschüben bearbeitet, sondern überlagern sich mit Aktivitäten der Lösungsentwicklung, Problempräsentation und Lösungsverarbeitung. Die Entwicklung einer Problemsicht bleibt zunächst in der ersten Aktivität der Lösungsentwicklung von E implizit, aber ist natürlich eine erkennbare Voraussetzung. An späteren Stellen werden dann Teilaktivitäten nachgeholt bzw. Ergebnisse der Problemanalyse manifest gemacht: Im Zusammenhang mit der Konkretisierung der Lösung ist eine Aktivität der Sachverhaltsfeststellung zu beobachten (*m'enfin c'est pas du tissu qu'y a sur les murs*, 4/22) und die Hinweise auf kritische Punkte bzw. zu vermeidende Gefahren manifestieren Ausschnitte der Problemanalyse (*le seul point d'accrochage*, 3/24; *c'qu'i faudra pas de toute façon*, 4/11-12). Die Zuspitzung der Situationsdefinition durch die Festlegung des Beratungsgegenstandes und die Präzisierung des Rollenverhältnisses sind Ergebnisse der oben schon etwas genauer analysierten Gesprächsphase von der ersten Reaktion auf das Anliegen bis zur markanten zweiten Aktivität der Lösungsentwicklung von E.

Die Herstellung und Auflösung des spezifischen Rollenverhältnisses ist ebenfalls zu beobachten. Im Zusammenhang mit der Darstellung der orientierenden Vorgeschichte der problematischen Komplikation führt D nach der normalen, noch unspezifischen Identifikation bei der Gesprächseröffnung eine zweite, spezifische Identifikation seines Partners durch: Er definiert E als Experten und Fallbearbeiter (*je vous téléphonais à la suite d'une affaire qui est réglée [...] vous vous étiez occupé de cette affaire*, 1/2 ff.) und verdeutlicht seine positive Bewertung der Fallbearbeitung durch E (*grâce à votre activité*, 1/10). Durch diese Identifikation von E gibt D an, was in seinen Augen E als Adressaten bei der Ratsuche geeignet macht; damit schreibt er ihm für die anvisierte Beratung Instanzqualitäten zu. Die Entlastung von der Instanzrolle betreibt D durch die positive Bewertung der Beratungsleistung und die Danksagung am Schluß des Beratungsvorgangs (*là vous m'donnez un argument très très clair [...] j'vous remercie beaucoup de ces éclaircissements*, 6/8 - 12).

4. Die sequentielle Abwicklung

Das vorliegende Beispielgespräch weist eine Reihe von Eigenschaften der sequentiellen Abwicklung auf, die man in sehr vielen Gesprächen beobachten kann, und die in diesem Sinne als normal anzusehen sind. Das gilt für die relativ unauffällige, nicht unmittelbar fokussierte Instanzeinsetzung am Beginn, für die Überlagerung von der Entwicklung einer Problemsicht und der Zuspitzung der Situationsdefinition mit den ersten Lösungsaktivitäten und der Fortsetzung der Problempräsentation, und das gilt auch für die schubweise Bearbeitung der komplexen Aufgabenbestände der Problempräsentation, der Lösungsentwicklung und der Lösungsverarbeitung. Diese großen Blöcke werden normalerweise nicht in einem Zug bearbeitet. Zum Beispiel wird regelmäßig die Problemdarstellung nicht im ersten Durchgang der Problempräsenta-

tion vollständig bearbeitet, sondern so gut wie immer werden
Aspekte der Problemkonstitution, die Bewertungen und die eigenen
Lösungsprojektionen später noch nachgeholt. Im vorliegenden Fall
werden im ersten Schub der Problempräsentation das Anzeigen eines Problems und seine Zuschreibung zusammen mit dem Aufdecken
der Problemkonstitution in der Falldarstellung geleistet, und
die Problemstellung wird mit der Formulierung eines Anliegens
zusammengezogen. Die Bewertung des Problems ebenso wie die Bewertung der eigenen Lösungskompetenz bleiben implizit, bilden
aber natürlich eine Präsupposition für die Anliegensformulierung. Der Stand der Situationsentwicklung wird nicht eigens
festgehalten, sondern ist in der narrativen Darstellung der Pro-
blemkonstellation mit enthalten (durch die Angabe der Frist bis
zum Auszug ist zumindest grob abschätzbar, unter welchem Hand-
lungszwang D steht). Im zweiten Schub kommt dann als neue Teil-
komponente die Darstellung der eigenen Lösungsprojektion hinzu,
und mit der Darstellung der Betroffenheit durch das Problem
in der Begründung der eigenen Lösungsprojektion wird zugleich
die Problembewertung stärker verdeutlicht; viel später, in der
legitimierenden Reanalyse des Problems als Teil der Lösungsverarbeitung wird die Bewertung des Problems noch expliziter herausgearbeitet (*on est blousé*, 5/14; *on est perdant sur toute la ligne*, 5/18 - 19). In vergleichbarer Weise kann man auch verschiedene Schübe der Lösungsentwicklung feststellen: Die erste Aktivität der Lösungsentwicklung setzt die Schaffung der Voraussetzungen für die weitere Lösungsarbeit in Gang; in einem zweiten
Schub (3/4 ff.) werden die zentralen Bestandteile der Lösung
herausgearbeitet, problematisierend von D verarbeitet, und diese
Problematisierungen werden wiederum berücksichtigt; in einem
dritten Schub (4/9 ff.) wird die Lösung endgültig formuliert und
konkretisiert. Mit diesen Schüben der Lösungsentwicklung sind
die Aktivitäten der Lösungsverarbeitung von D verzahnt: In der
ersten Phase der Schaffung der Lösungsvoraussetzungen reagiert D
mit der Fortsetzung seiner Problemdarstellung auf die Angabe der
Lösungsrichtung und handelt mit E eine gemeinsame Linie für die
Problembearbeitung aus; die Problematisierungen in der Phase der
Herausarbeitung der Kernpunkte der Lösung manifestieren seine

Lösungsprüfung, in der Phase der endgültigen Formulierung der Lösung erfolgt das zunächst noch wenig manifest formulierte Akzeptieren (*bon*, 4/21), das die Übernahme der Lösungsprojektion als gültige Handlungsorientierung einleitet; die auf die Konkretisierung der Lösung durch E folgende zusammenfassende Reanalyse des Problems bearbeitet zum einen einen wesentlichen Aspekt des Aufbaus einer gültigen Handlungsorientierung, und zwar die Legitimation (die Lösungsvorstellung von D ist moralisch gerechtfertigt und findet auch das Verständnis von E: *oui j'comprends bien*, 5/11), zum anderen liefert dieser Durchgang die Basis für die Lösungsbewertung, die an dieser Stelle noch nicht explizit ausgedrückt wird, aber unschwer zu erschließen ist; explizit ausgedrückt wird die Lösungsbewertung dann im Zusammenhang mit der Entlastung des Ratgebers (6/8 - 12).

Derartige Verzahnungen der Aktivitäten und die schubweise Bearbeitung der zentralen Aufgaben sind weder auffällig noch krisenhaft, sondern als normal erwartbar. Sie kommen offensichtlich durch die Anwendung bestimmter Prinzipien der Interaktionskonstitution zustande. Welche Prinzipien das im einzelnen sind, ist bislang nur in Ausschnitten erkennbar. Auf drei Aspekte möchte ich in diesem Zusammenhang hinweisen.

Allgemein gilt ein Prinzip der logischen Abfolge. Danach können Folgeschritte erfolgreich nur vollzogen werden, wenn die vorangehenden Schritte die notwendigen Voraussetzungen erbracht haben. Fehlende Voraussetzungen müssen nachgeholt werden. Für die Realisierung eines Handlungskomplexes "Beraten" bedeutet dies, daß die logisch geordneten Aufgabenkomponenten in der festgelegten Reihenfolge zu bearbeiten sind. Unzureichende Bearbeitungen von Handlungsschritten führen regelmäßig später zu Blockaden, notwendigen Rückgriffen und Korrekturen. So sind viele Turbulenzen in Beratungsgesprächen dadurch zu erklären, daß die Problemdefinition und der Lösungsgegenstand nicht klar genug herausgearbeitet und ausgehandelt worden sind.

Ebenso allgemein gilt vermutlich ein Prinzip der Zerlegung komplexer Aufgaben und der Anpassung der Teilfokussierung an die jeweiligen lokal wirksamen Kontextbedingungen. So gehört zu den positionsbedingten Anforderungen an eine erste Problempräsentation, daß sie Material liefern muß, das RG als Grundlage für die Entwicklung seines Problemverständnisses dienen kann, daß zugleich aber ein erstes Problemverständnis Voraussetzung für die Interpretation komplexerer Problemsachverhalte ist. Die Chancen für RS, seine Problempräsentation so zu strukturieren, daß sie genau dem Aufbau der Problemsicht von RG entspricht (deren Voraussetzungen an Wissen und Relevanzsetzungen RS in der Regel nicht kennen kann), sind denkbar gering. Zudem liegt das Problemlösungspotential von Beratungen gerade in dem Umstand, daß die Divergenz der Perspektiven zwischen RS und RG fruchtbar gemacht wird: Entscheidend für die Problembearbeitung ist, daß RG anderes weiß, andere Zusammenhänge sieht, oder auch von einem anderen Standpunkt aus vergleichbare Zusammenhänge betrachtet. Zurückhaltung bei der Problemdarstellung und insbesondere der eigenen Problemanalyse auf Seiten von RS sichert RG die Möglichkeit, seine eigene Perspektive auf den Fall zu entwickeln. Dem entspricht zum Beispiel die immer wieder zu beobachtende Tendenz der Ratsucher, die eigenen Lösungsprojektionen zunächst zurückzuhalten. Und schließlich ist zum Zeitpunkt der ersten Problempräsentation ja noch gar nicht klar, ob und in welchem Sinne sich der Ratgeber sinnvoll an der Problembearbeitung beteiligen kann. Alle diese Gesichtspunkte sprechen für eine Reduzierung der Problempräsentation im ersten Durchgang.

Mit den Koordinierungsprinzipien der Interaktion, letztlich wohl mit der prospektiv-retrospektiven Definitionsweise, hängen bestimmte Verfahren der Bedeutungskonstitution und des Handlungsvollzuges zusammen, die darauf hinauslaufen, daß manifeste Definitionen von Aktivitäten erst im Vollzug dieser Aktivitäten allmählich herausgearbeitet und häufig auch erst nachgeliefert werden. Eine der schon sehr früh in der Konversationsanalyse gemachten Beobachtungen in diesem Zusammenhang ist, daß Ereignisse meistens früher anfangen, als man auf den ersten Blick meint. Es gibt also Vorbereitungen und Vorklärungen und Vorphasen, die schon wesentliche Tendenzen der weiteren Interaktion festlegen, so daß die folgende Entwicklung für die Beteiligten keine Überraschung mehr beinhaltet. Vergleichbare Beobachtungen kann man auch bei der Untersuchung der Handlungsprogression machen: Die

Handlungsfortschritte werden häufig schon sehr früh eingeleitet, lange bevor sie manifest herausgearbeitet und explizit festgestellt werden. Ein markantes Beispiel im vorliegenden Fall ist die Aushandlung der zugespitzten Situationsdefinition. Im Zusammenhang mit der expliziten Ergebnisfeststellung liefert D eine Formulierung des Anliegens (*justement je voulais savoir si on pouvait faire un arrangement à l'amiable*, 5/21 - 23), die nachträglich explizit macht, was offensichtlich als Aushandlungsergebnis der eigentlichen Lösungsarbeit zugrundegelegen hat, ohne jedoch in der entscheidenden Phase der Herstellung dieser Anliegensdefinition als gemeinsamer Basis explizit gemacht worden zu sein. Diese nachgelieferten Manifestationen haben in der Regel schon wieder andere Bedeutungen als nur den Vollzug der von ihnen beschriebenen Handlungen anzuzeigen.

5. Äußerungsstrukturen und Handlungskonstitution

Im folgenden soll mit einer verfeinerten Analyse wenigstens exemplarisch für einen kleinen Gesprächsausschnitt etwas genauer betrachtet werden, wie die bislang besprochenen Strukturen lokal auf der Grundlage von jeweils einzelnen, begrenzten Äußerungen konstituiert werden. Untersucht werden die erste Problempräsentation von D und die Reaktion von E darauf. Damit soll zum einen gezeigt werden, welche Art von Analyse die bisherigen Aussagen stützt, und zum anderen sollen Formen und Verfahren der Produktion von Äußerungen und der Interpretation von Gesprächsaktivitäten als Handlungen angedeutet werden.

Die beiden genannten ersten Beratungsaktivitäten sollen zum einen daraufhin untersucht werden, wie sie als Einheiten konstituiert und zu einer Sequenz verzahnt werden. Diese gesprächsorganisatorische Betrachtung konzentriert sich darauf, wie Äußerungen in den fortlaufenden Austausch der Redebeiträge eingebettet, wie sie intern strukturiert und als Einheit konturiert werden (d.h. die Markierung von Anfang und Ende und das Herstellen interner Kohärenz). Mit der Einordnung von Äußerungen in einen Austausch von Redebeiträgen wird eine Gesprächssituation geschaffen und aufrechterhalten. Damit sind grundlegende Eigenschaften der verbalen Interaktion und mit ihnen ein Ordnungssystem gegeben. Es gibt Gesprächsrollen wie Träger und Adressaten von Aktivitäten, Positionen für Aktivitäten und sequentielle Ordnung. Mit der Gesprächssituation ist auch das System der deiktischen Orientierung etabliert, das für alle höherstufigen Interpretationen (vom Typ *Hiermit tue ich X*) grundlegend ist. Für die Herstellung der inneren Gliederung einer Äußerung bei gleichzeitiger Konturierung als Einheit ist die Formulierungsdynamik von zentraler Bedeutung, d.h. der sukzessive Aufbau einer Äußerung und die damit verbundenen Fokussierungsvorgänge.

Die beiden infrage stehenden Äußerungen sollen weiter daraufhin untersucht werden, wie in ihnen die Gesprächssituation als Handlungssituation definiert und ihre eigene Rolle in bezug auf diese Handlungssituation funktional bestimmt wird. Daß eine solche Interpretation als Handlungssituation relevant ist und welche handlungsrelevanten Kategorien dabei verwendet werden sollen, wird in den meisten Fällen zu einem guten Teil verbal angezeigt (durch Beschreibungen der Situation), aber dabei spielen natürlich auch non-verbale Äußerungen, Situationseigenschaften und der demonstrierende - nicht beschreibende - Vollzug von Aktivitäten eine Rolle, aus denen relevante Bedingungen einer Handlungssituation wie Einstellungen, Zielsetzungen usw. erkennbar werden. Zentral für die Verdeutlichung einer Handlungssituation und die funktionale Bestimmung der einzelnen Äußerungen in diesem Rahmen ist der Umgang mit Aktivitätspotentialen. Im Gespräch vollziehen die Beteiligten mit ihren Äußerungen nicht nur Aktivitäten, die damit als "getan" gelten, sondern sie verdeutlichen auch mögliche Aktivitäten, die hinsichtlich ihrer Relevanz für die aktuelle Situation und hinsichtlich der Einschätzung, inwieweit sie als "getan" und erledigt anzusehen sind (d.h. hinsichtlich ihrer Vollzugsmodalität) bestimmt werden.[1] Die beiden zentralen Aspekte dieses interaktionsnotwendigen Umgangs mit Aktivitätspotentialen sind, daß Äußerungen Kontexte aufbauen, die wesentlich Projektionen von möglichen bzw. erwartbaren Aktivitäten beinhalten (in diesem Sinne definiert ja auch das Handlungs-

---

1 Vgl. hierzu auch Kallmeyer (1978).

schema Aktivitätspotentiale), und daß sich die einzelnen Äußerungen zu den lokal gegebenen Aktivitätsmöglichkeiten oder -erwartungen hinsichtlich der Vollzugsmodalität unterschiedlich verhalten können.

5.1   Die Problempräsentation von D
5.1.1 Die Äußerungsstruktur

Das Rederecht wird geregelt übernommen und auch wieder abgegeben. Die Redeübernahme erfolgt ohne auffällige Verzögerung und ohne Überlappung und an einer deutlich markierten Stelle der Redeübergabe (*oui* mit markant ansteigender Intonation). Das Äußerungsende ist aufgrund der internen Strukturierung deutlich und rechtzeitig erkennbar und zudem mit einer Technik der Redeübergabe verbunden: Die Äußerung endet mit einer Frage, und Fragen sind eine der wirksamsten Techniken, dem Partner eine Aktivitätsverpflichtung unmittelbar im Anschluß an die Vollendung der laufenden Äußerung zuzuschreiben.

Das Rederecht wird während des relativ langen Beitrags von D auch eindeutig respektiert. Das Rezeptionssignal von E während des langen Redebeitrags von D macht das Rederecht nicht streitig, sondern stützt die Produktion der Äußerung. Das geschieht zum einen durch die Wahl eines typischen Formats eines Rezeptionssignals, mit dem der Verzicht auf ein weitergehendes Rederecht signalisiert wird. Und zum anderen geschieht das durch die Plazierung dieses Rezeptionssignals unter Berücksichtigung der internen Segmentierung der Partneräußerung: Das Rezeptionssignal steht an einer wesentlichen Schnittstelle. Bei dieser Manifestation der Verarbeitung einer Partneräußerung handelt es sich um ein relativ deutliches Phänomen der interaktiven Produktion von Redebeiträgen. Die Konversationsanalyse hat gezeigt, daß nicht nur die Sprecherwechsel interaktiv geregelt sind, sondern daß auch die Produktion von Äußerungen in ihrem Verlauf interaktiv erfolgt, d.h., daß der Hörer durch die Gestaltung seiner Verarbeitungsaktivitäten die Produktion der Äußerung steuert.[1] Dabei

---

[1] Vgl. hierzu Sacks/Schegloff/Jefferson (1974: 726 ff.) und insbesondere Goodwin (1977 und 1979). "Die interaktive Konstruktion des einzelnen Re-

spielen normalerweise nicht-verbale Phänomene wie Blickkontakt
eine wesentliche Rolle, während bei Telefongesprächen das durch
den Wegfall der nicht-verbalen Signale entstandene Regulierungs-
defizit durch eine verstärkte Aufmerksamkeit auf die akustischen
Signale und vermutlich eine Anpassung der Markierung durch die
Sprechweise ausgeglichen wird.

Die Äußerung erfolgt unmittelbar auf die Gesprächseröffnung,
d.h. auf die Manifestation der Gesprächsbereitschaft und der
wechselseitigen Identifizierung. An dieser Stelle besteht ge-
sprächsstrukturell die Aufgabe, ein Thema und damit einen Inter-
aktionsgegenstand einzuführen.[1] Das erste Thema muß nicht der
Gesprächsanlaß sein, wird dann aber in der Regel entsprechend
markiert. Wenn keine spezifische Vorstrukturierung besteht (etwa
derart, daß das Gespräch verabredet ist), hat der Gesprächsini-
tiator die Aufgabe, das Thema zu liefern. Im Beispielfall markiert das *oui* (1/1) den Abschluß der Gesprächseröffnung. D erhält nach der Identifikation das Rederecht zurück und damit die
Aufgabe, ein Thema zu liefern. Der geordnete Charakter des Sprecherwechsels und der von Beginn an offensichtlich themenorien-
tierte Charakter der Äußerung von D, die auch keine Merkmale
enthält, daß etwas anderes als der Gesprächsanlaß verdeutlicht
werden soll, zeigen, daß D die strukturelle Vorgabe am Gesprächsbeginn einlöst.

Die Äußerung besteht aus vier großen Segmenten, die man folgendermaßen charakterisieren kann:

Das erste Segment (1/2 - 5) besteht aus einem narrativen Satz,
d.h. einem Satz, der ein singuläres Ereignis explizit indexikal
aus der Retrospektive darstellt, und einer explizierenden Expansion, die ebenfalls die Form eines narrativen Satzes hat. Dieses
zweite Teilstück ist mit einem für die Einleitung von explizierenden Expansionen charakteristischen Konnektor eingeleitet
(*c'est-à-dire*). Dieses Segment leistet zum einen eine spezifischere Identifikation unter Berufung auf eine gemeinsame Interaktionsgeschichte von D und E; und es führt ein Referenzobjekt

---

    dezugs" als Gegenstand der Konversationsanalyse wird in Bergmann (1981:
    26 f.) referiert.
1   Vgl. Schegloff/Sacks 1973.

ein (*une affaire qui est réglée*), das durch den unbestimmten Artikel als nicht unmittelbar identifizierbar markiert wird, aber in der explizierenden Expansion auch nicht identifizierend behandelt wird. Durch diese Verfahrensweise wird ein thematisches Potential angezeigt, es erfolgt aber keine manifeste Themenankündigung.

Das zweite Segment (1/5 - 14) enthält eine linear konstruierte Folge narrativer Sätze mit einem begründenden bzw. plausibilisierenden Einschub, markiert durch den Konnektor *parce que* (1/6), und einem präzisierenden Nachschub am Schluß, eingeleitet durch *bon* (1/13). Diese narrative Darstellung stellt eine Detaillierung des potentiellen Themas im ersten Segment dar und hält sich genau an diesen thematischen Rahmen: Die Darstellung endet mit der Regulierung des Schadens - der Fall ist damit erledigt.

Das dritte Segment (1/14 - 19) wird mit dem Diskontinuitätssignal *mais* eingeleitet. Als Konstruktionsrahmen werden ein komplexer narrativer Satz und zwei explizierende Expansionen verwendet, die wiederum mit *c'est-à-dire* eingeleitet werden. Diese Komplikation ist in der Themenangabe im ersten Segment nicht enthalten, ist damit nicht erwartbar und sprengt insofern das ursprünglich verdeutlichte thematische Potential.

Es handelt sich in 1/14 (*mille neufcent francs. euh mais*) um eine interessante interne Segmentierungsstelle, weil nach der thematischen Vorstrukturierung hier ein Abschluß erwartbar ist, der aber im Gesamtrahmen der Äußerung nicht als Abschluß fungieren soll. Daß diese Stelle nicht als Äußerungsende zu interpretieren ist, wird mit suprasegmentalen Mitteln verdeutlicht. An dieser Stelle erfolgt zwar zum ersten Mal ein Absinken der Tonhöhe auf die tiefe Lage, die auch am Ende des ganzen Redebeitrages erreicht wird. Es erfolgt aber keine Dehnung der Artikulation, wie dies an definitiven Endpunkten häufig der Fall ist. Aber es folgt immerhin eine Pause. Insofern wird die Zäsurstelle auch nicht übergangen. Vielmehr wird schon erkennbar gemacht, daß hier ein Formulierungsbogen zu Ende geht.

Deutlich wird das auch im Vergleich mit voraufgehenden anderen Segmentierungsstellen bzw. mit Stellen, an denen Stimmsenkung erfolgt. So findet an der syntaktisch-semantisch markierten

Segmentierungsstelle in 1/5 (*dde cette affaire*) keine Absenkung
der Stimme auf das tiefe Niveau (Niveau O) statt, die Artikulation wird geringfügig gerafft, auf keinen Fall jedenfalls gedehnt, und es findet ein sofortiges hörbares Einatmen statt. Das
ist eine typische Kombination von Mitteln für die Manifestation
der Fortsetzungsintention an Segmentierungsstellen.

In 1/7 findet eine zweimalige Stimmsenkung an möglichen Zäsurstellen statt, aber ohne deutliche Pause und gefolgt von *hein*
mit steigender Intonation und im Artikulationsfluß an die Fortsetzung angebunden[1] (*l'année passée pendant les vacances hein = il
y a un an*). Das ist eine sehr häufig zu beobachtende Technik,
mit der von einem Segment mit fallender Intonation durch einen
kleinen Nachschub in ein Segment mit steigender Intonation übergeleitet wird. Das ist ein Verfahren der Rückleitung in den Formulierungsprozeß.

Im Vergleich zu den genannten Verfahren an den vorangehenden
möglichen Segmentierungsstellen wird also an der hier analysierten Übergangsstelle in 1/14 der Abschluß eines Formulierungsbogens durch die Kombination von Stimmsenkung und folgender Pause
erkennbar gemacht. Für die Relativierung der Schnittstelle sorgt
wesentlich die Sprechweise: Das Ende der Äußerung wird relativ
leise und in einer Art "Parlando" ohne Akzentuierung und Reliefgebung gesprochen. In dieser Art wird der größte Teil des Segments von 1/5 - 14 realisiert: mit allenfalls mittlerer Lautstärke, ohne deutliche Akzentuierungen, streckenweise relativ plan,
d.h. ohne große Tonhöhenschwankungen, zum Teil mit deutlich parallelen Intonationsbögen von aufeinanderfolgenden Segmenten.
Dieses "Parlando" wird erstmalig in 1/11 durch die Anlage einer
markanten zweiteiligen Intonationskontur durchbrochen, bei der
die erste Hälfte eine steigende Intonationskurve aufbaut und die
zweite Hälfte eine dazu korrespondierende, und zwar komplementäre fallende Kontur liefert; zwischen den beiden Teilen der Intonationskontur steht normalerweise eine Zäsur. Im vorliegenden
Fall wird der erste Teil dieser Doppelstruktur mit dem Segment
finalement le dossier était ressorti (1/11) aufgebaut, die Zäsur
wird durch die Pausen vor und nach *et* und durch eine Verkürzung
der Artikulation dieses Elements markiert, der korrespondieren-

---

1 Wo diese Art von liaison für die Analyse relevant ist, wird sie in den
  Transkript-Ausschnitten durch "=" wiedergegeben.

de zweite Teil wird aber nicht ausgeführt, sondern es wird in die wenig konturierte Sprechweise des "Parlando" zurückgeleitet. Dieses Verfahren steht in deutlichem Kontrast zur Verwendung desselben zweiteiligen Intonationsschemas am Ende der gesamten Äußerung von D als ein entscheidendes Mittel der Abschlußmarkierung.

Nachdem der Sprecher durch die genannten Mittel den Abschluß eines größeren Segments unauffällig gemacht hat, wird die Sprechweise wesentlich prägnanter. Das neue Segment beginnt mit einem kräftigen Akzent auf *mais*, und verteilt über dieses Segment werden eine ganze Reihe von Akzentsetzungen verwendet. Allerdings ist die Sprechweise weder laut noch besonders expressiv.

Das vierte Segment besteht aus einer thematischen Ankündigung durch eine Fokussierungsformel (*le problème est le suivant'*, 1/ 19 - 21), einem Einschub in Form einer explizierenden Expansion (*c'est-à-dire*), die eine notwendige Verstehensvoraussetzung nachliefert, und einem Fragesatz. Dieses Segment ist suprasegmental von allen Segmenten am stärksten konturiert. Die Sprechweise ist relativ laut, die Artikulationsprägnanz hoch, die Tonhöhenschwankungen groß, und bei der Formulierung der Frage wird sehr deutlich die oben dargestellte zweiteilige Intonationskontur realisiert, wobei der erste Bogen durch die Formulierungsprobleme etwas überdehnt wird, aber doch mit der Stimmhebung bei *l'immeuble* erkennbar beendet wird. Die Zäsurstelle wird durch große Pausen vor und nach *à* markiert. Dieses Segment wird durch den Kontinuität markierenden Konnektor *et* an das Vorgängersegment angebunden (1/19). Es wird insofern konstruiert als Fortsetzung und Schlußpunkt einer über mehrere Segmente laufenden Entwicklung, d.h. es liefert so etwas wie ein Schlußstück oder die Pointe.

Die Äußerung von D ist ein Beispiel für die Dynamik von Formulierungsprozessen und die dabei verwendeten Strukturierungsverfahren. Die Einheit der Gesamtäußerung wird hier hergestellt durch die Überlagerung und Redefinition von Strukturierungen: Der erste Teil der Äußerung mit der Struktur "thematische Ankündigung + Realisierung des thematischen Potentials" wird so fortgesetzt, daß rückwirkend die ersten beiden Segmente zusammen als

erster Teil einer insgesamt dreischrittigen Struktur vom Typ
"Orientierung + Komplikation + Problemstellung" erscheinen. Die
Themeneinführung im ersten Segment ist damit nicht mehr als Ankündigung, welche die gesamte Äußerung vorstrukturiert, zu interpretieren, wie das am Beginn der Äußerung möglich und naheliegend war. Für diese Überführung einer Strukturierung in eine
andere sind die besprochenen suprasegmentalen Mittel von entscheidender Bedeutung.[1]

5.1.2 Die Interpretation als Handlung

Für den gesamten Handlungszusammenhang gibt es im Beispielfall
keine vorgreifende Verdeutlichung und Relevanzsetzung in der Art
einer Ankündigung, sondern die Äußerung von D definiert im Vollzug den Handlungsrahmen, in den sich die Äußerung zugleich als
ein Teil der Realisierung einordnet. D benutzt dabei ein drei-
stufiges Verfahren:

- D stellt einen Sachverhalt dar, den man in allgemeinster
Form als "Problemfall" charakterisieren kann. Die beiden semantischen Teile dieser Definition werden ja auch lexikalisch-be-
grifflich realisiert (*affaire*, *problème*), und die Strukturierung
der Äußerung nach Orientierung, Komplikation und Problemstellung
folgt genau einem entsprechenden Darstellungsschema.

- Den Sachverhalt "Problemfall" ordnet D seiner aktuellen Lebenssituation zu. Durch personale Deixis identifiziert er sich
als Problemträger (*actuellement*, 1/18 - 19; Präsens in der Problemstellung), zeigt er die Relevanz des dargestellten Sachverhaltes für seine gegenwärtige Situation an: Seine aktuelle Lebenssituation wird durch ein Handlungsproblem charakterisiert.

- Die Gesprächssituation wird unter Bezug auf die Lebenssituation als Handlungssituation definiert, und zwar über die Zuschreibung von aktuellen Gesprächsaufgaben. Der entscheidende

---

[1] Strukturierungsprozesse wie die hier besprochenen haben Ähnlichkeit mit
Korrekturen und Konstruktionsmischungen (vgl. Rath 1979). Zu den zentralen
Eigenschaften der Formulierungsdynamik des mündlichen Sprechens gehört neben den Verzögerungen und Korrekturen das Ausnutzen der Elastizität von
Konstruktionsrahmen und thematischen Strukturen, und zwar als unauffälli-
ges und "normales" Verfahren, nicht als manifeste Behandlung eines Formu-
lierungsproblems (wie im Fall der Korrektur).

Schritt ist dabei die an E adressierte Frage, die nicht nur erwähnt wird zur Kennzeichnung des Problems, sondern die tatsächlich "gestellt" wird. Dadurch, daß eine lokal eingeführte und lokal wirksame Gesprächsverpflichtung (Beantwortung einer Frage) als in unmittelbarem Zusammenhang mit einer verdeutlichten Handlungssituation stehend markiert wird, verdeutlicht D, in welchem Sinne die Handlungssituation für die gegenwärtige Gesprächssituation relevant ist: Es geht hier und jetzt um Problembearbeitung, und E soll sich daran beteiligen.

Dieses dreistufige Verfahren von D (Problemfall, Aktualität einer Problemstellung für die Lebenssituation, Gesprächsaufgabe) entspricht einer der Standardfiguren von ersten Problempräsentationen. Charakteristisch dafür ist die Abstufung der zeitlichen Deixis in zwei Aktualisierungsschritten: Gegenüber der historischen Dimension des Problemfalls in seiner Gesamtheit werden das "Jetzt" der gegenwärtigen Lebenssituation und das "Jetzt" der gegenwärtigen Gesprächssituation hervorgehoben. Der letzte Schritt wird im vorliegenden Fall nicht explizit deiktisch, sondern durch Vollzug markiert.

Anliegensfragen in Beratungen sind keine "einfachen" Fragen, die mit einer kurzen Äußerung im Sinne einer Ja/Nein-Antwort oder mit einem Ergänzungselement zu beantworten sind. Die Komplexität der an dieser Stelle zugeschriebenen Aktivitätsverpflichtungen wird normalerweise vor allem durch zwei Verfahren verdeutlicht: Zum einen werden Fragenbündel formuliert, indem mehrere Fragen hintereinandergeschaltet werden oder indem die Anliegensfrage als erste Frage in einer möglichen Reihe von Fragen charakterisiert wird. Zum anderen wird durch die Einstufung als Problem, die durch die Darstellung des Falles und seiner Komplexität untermauert wird, verdeutlicht, daß mehr als ein minimaler Bearbeitungsschritt erforderlich sein wird. Im vorliegenden Fall wird diese zweite Technik angewendet, und zwar relativ markant durch die Hervorhebung der Problemstellung als Pointe der Darstellungsfigur der gesamten Äußerung.

Die Komplexität des Gesamtschemas ist zusätzlich dadurch präsent, daß die Äußerung von D als eine erste Problempräsentation erkennbar ist (vgl. die Analyse, S.94f.). Entscheidend dafür ist, daß ein komplexes thematisches Potential "Problemfall" angedeutet, aber nicht insgesamt, sondern nur in Ausschnitten dargestellt wird, wobei eine bestimmte Fokussierung auf den Sachverhalt leitend ist und zu einer entsprechenden Darstellungsfigur führt. Die Auswahl aus dem thematischen Potential wird im vorliegenden Fall nicht durch Andeutungen des Weglassens in Form von Abkürzungsmarkierungen, offenen Listen, Abbrüchen usw. manifestiert, sondern sie wird gerade durch die Konsistenz der Problemdarstellung im Sinne einer ganz bestimmten Fokussierung erschließbar. Die Konsistenz der Problemstellung ist deutlich erkennbar und wird auch immer wieder markiert. Signifikant ist zum Beispiel das Bemühen um schrittweises Vorgehen, wobei der Linearisierung der Sachverhaltsdarstellung eine kombinierte Strukturierung nach zeitlichen und logischen Folgebeziehungen zugrunde liegt. Fokussiert wird bei der Sachverhaltsdarstellung die Problemexplikation. Diese ist allerdings frei von allen Komponenten, die mit der Erlebnisperspektive von D zu tun haben, mit seinen Einstellungen, seiner Betroffenheit durch das Problem, und von Darstellungen der bisherigen Lösungsanstrengungen und seinen Lösungsprojektionen. Auf diese Weise wird zielstrebig eine "objektive" Fassung der Problemstellung herausgearbeitet. Die Konsequenz, mit der das geschicht, macht zugleich die Auswahl aus einem im Prinzip größeren Potential erkennbar.

Zu den Spezifika des Vorgehens von D gehört, daß der Handlungsrahmen im Vollzug der Äußerung (und nicht ankündigend vorab) verdeutlicht wird. D liefert erst mit der Pointe den entscheidenden Interpretationsschlüssel. Rückwirkend ist damit die Äußerung insgesamt als erste Problempräsentation im Rahmen einer anvisierten gemeinsamen Problembehandlung interpretierbar. Erwartbar im strengen Sinne ist diese Definition für den Partner E vorher nicht. Allerdings sind doch Antizipationen möglich, die eine schrittweise Vorstrukturierung der Interpretation gestatten:

- Durch die Gesprächsinitiative von D, den Rekurs auf die gemeinsame Interaktionsgeschichte und damit die Definition des gegenwärtigen Rollenverhältnisses als das von Experte und Klient ist unschwer zu schließen, daß D ein Arbeitsanliegen hat (vgl. erstes Segment).

- Dieses Arbeitsanliegen steht vermutlich im Zusammenhang mit dem geschilderten alten Fall, weil die Schilderung offensichtlich auf den Gesprächsanlaß zu beziehen ist (vgl. zweites Segment).

- Es gibt ein Problem, auf das sich das Anliegen beziehen wird, also geht es um irgendeine Form von Problembearbeitung (vgl. drittes Segment). Es ist bezeichnend in diesem Zusammenhang, daß E das einzige Rezeptionssignal im Anschluß an die Komplikation produziert, d.h., als zum ersten Mal ein deutlicherer Hinweis auf den noch zu definierenden Gesprächsgegenstand gegeben wird.

- Es geht um Hilfe bei der Problemlösung, d.h. um eine Form von Beraten (vgl. viertes Segment).

5.2 Die Reaktion von E
5.2.1 Die Äußerungsstruktur

Auch in diesem Fall erfolgen die Übernahme und die Abgabe des Rederechts ganz geordnet. Die Stelle des Sprecherwechsels ist durch die Frage von D markiert, der Sprecheinsatz von E ist markant, d.h. relativ kräftig und expressiv und deutlich unterschieden von der Sprechweise des Rezeptionssignals (*mhm*, 1/20). Durch die Kombination von syntaktisch-semantisch und suprasegmental deutlich markiertem Abschluß und dem nachgeschobenen Zusatz *hein* mit markant steigender Intonation wird das Äußerungsende klar markiert.

Die Analyse der Formulierungsdynamik ergibt, daß nach den ersten drei Segmenten (d.h. nach der Exklamation, der metakommunikativen Aussage und der Aussage auf der Gegenstandsebene) ein erster Punkt einer möglichen echten und sinnvollen Beendigung erreicht wird. Dieses Formulierungsstück ist intern deutlich segmentiert, aber aufgrund der suprasegmentalen Behandlung der Zäsuren und aufgrund der inhaltlichen Bearbeitung der durch die Frage von D vorgegebenen Antwortverpflichtung sind die Segmentierungsstellen relativ deutlich als Stellen markiert, an denen nicht die Redeübergabe intendiert wird. Die Exklamation ist als

Aktivitätstyp zwar eindeutig als Reaktion zu erkennen, entspricht aber noch nicht einer Antwortaktivität. Die metakommunikative Aussage endet mit einer Fortsetzungsankündigung: Auf *répondre* fällt die Stimme markant ab, aber nicht auf das tiefe Niveau; zwischen *répondre* und *moi* liegt keine Pause, aber ein Hiatus; *moi* und *je* sind zusammengebunden. Diese Markierungsweise zeigt an, daß die Segmentierungsstelle nach *répondre* liegt, aber sofort in den Formulierungsgang zurückgeleitet wird. Die Dehnung von *je* und die folgende kurze Pause machen eine Orientierungsstelle bzw. eine Stelle der Formulierungssuche erkennbar. Auch inhaltlich scheint die Äußerung an dieser Stelle noch nicht gesättigt; die metakommunikative Kennzeichnung einer Nicht-Antwort reicht in der Regel nicht aus als Bearbeitung einer Antwortverpflichtung, außer im Fall eindeutiger Zurückweisungen (*Ich finde es reichlich unverschämt, daß Sie mich so etwas fragen*). Hier wird zudem eine Antwortschwierigkeit signalisiert und keine prinzipielle Unmöglichkeit. Das dritte Segment liefert eine Plausibilisierung bzw. Rechtfertigung der Nicht-Antwort. Dieses Segment wird ähnlich expressiv wie die beiden vorangehenden gesprochen. Es endet mit dem tag-Element *hein*, das unmittelbar angebunden ist, allerdings auch bruchlos in den Pausenfüller *euh* übergeht (*accord entre vous = hein = euh*).

Bis zu diesem Punkt wird ein dreiteiliges Äußerungsschema verwirklicht mit einer Exklamation als Einleitung, der metakommunikativen Kennzeichnung einer Nicht-Antwort als Kernteil und einer Plausibilisierung, die aufgrund der starken Markierung der Opposition zwischen *vous* und *moi* die Funktion der Korrektur einer Präsupposition der Anliegensfrage von D bekommt. Die drei Segmente sind kohärent unter dem Gesichtspunkt der Distanzierung von der Antwortverpflichtung. Durch die Einbindung des Pausenfüllers in den Artikulationsbogen findet jedoch keine Markierung als definitives Ende der Äußerung statt, vielmehr wird die Äußerung als offen für Expansionen markiert, wenn auch noch keine Fortsetzungsankündigung gegeben wird.

Es folgt dann ein zusammenhängender komplexer Expansionsschub, bestehend aus zwei deutlich parallel und in der Art einer Aufzählung intonierten Fragesätzen, einer minimal variierten Wiederholung des Aussagesatzes aus dem dritten Segment mit Fortsetzungsintonation (Ansteigen aus mittlerer Lage auf eine hohe Lage, verbunden mit einem schwachen Abfall), einem konditionalen Aussagesatz, wieder mit einer Art Aufzählungsintonation, und schließlich einem Aussagesatz, der den Aussagesatz aus dem dritten Segment wiederholt. Dieses letzte Segment wird eingeleitet durch *enfin moi je pense*, d.h. einer Markierung der Abkürzung bzw. der Relevanzrückstufung des Vorangehenden (*enfin*) und einem modalen Hypersatz (*moi je pense*). Dieser Hypersatz leistet so etwas wie die Transformation einer spontanen Reaktion (drittes Segment) in ein Urteil. Beide Einleitungsteile zusammen markieren dieses letzte Segment als das Ergebnis. Auch suprasegmental wird dieses Segment als Schlußstück des Formulierungsbogens markiert; das Tonniveau liegt etwas niedriger, steigt aus der Mitte nur schwach an und fällt dann ab (allerdings auch nicht so markant wie beim Redebeitrag von E in 2/27 - 3/1: Diese Äußerung wird durch die Intonation insgesamt als definitiver und abschließender markiert). Der Abschluß der Äußerung wird zudem durch die Klammerbildung (Wiederholung des dritten Segments) und das tag-Element *hein* deutlich markiert.

Mit dieser Art von Äußerungsfortsetzung findet eine Restrukturierung statt: Die ursprüngliche dreiteilige Struktur wird in eine komplexe zweiteilige überführt. Die ersten beiden Segmente erscheinen jetzt als Einleitung zum Rest der Äußerung, der durch Klammerbildung als Einheit markiert ist. Die Aussagesegmente bilden hier das Gerüst des Formulierungsschubs. Sie sind auch in der Intonationsweise deutlich verschieden von den beiden Fragen und dem konditionalen Segment, die alle so markiert sind, daß sie als Aktivität nicht als vollzogen gelten können; die Fragen werden nicht gestellt, sondern nur erwähnt, und das konditionale Segment gibt eine mögliche Überlegung wieder in der Art eines Kandidaten oder eines Beispiels. Die Aussagesegmente dagegen müssen eindeutig als vollzogen gelten.

Mit der Restrukturierung der Äußerung durch die Expansion ist eine Fokusverschiebung verbunden, von der metakommunikativen Kennzeichnung der Nicht-Antwort (zweites Segment) zur Aussage

auf Gegenstandsebene. Diese bekommt den Charakter einer Auskunft
bzw. eines Lösungshinweises.

5.2.2 Die Interpretation als Handlung

Die Äußerung behandelt in manifester Weise die durch die Vorgängeräußerung eingeführte Antwortverpflichtung. Zum einen wird diese Verpflichtung mit *répondre* im ersten Segment der Äußerung thematisiert. Das zweite Segment ist eine Art Antwort. Es handelt sich um einen Aussagesatz, und insofern um eine antwortfähige Konstruktion. Der Satz nimmt anaphorisch Bezug auf die Vorgängeräußerung, ist aber syntaktisch nicht direkt anschließbar, d.h. die Äußerung füllt nicht einfach eine von der Frage markierte Leerstelle. Der Anschluß des Verweiselements *ça* an den Vorgängerkontext verlangt bestimmte Abstraktionsoperationen über dem dargestellten Sachverhalt: *ça* bezieht sich auf eine Sachverhaltskomponente wie "die Lösung des Problems". Der Rückbezug ist insofern mit einer Restrukturierung des Vorgängerkontextes verbunden.

Die Art von Globalverweis ist ein wichtiges (und gängiges) Mittel der Definition der Aktivitätsverpflichtung als ein komplexeres Potential, in dem so eine Distanz im Verhältnis zur Zuspitzung in der Anliegensformulierung manifest wird. Darüber hinaus definiert E auch seinerseits das von ihm als relevant erkannte Handlungspotential, indem er Lösungsaktivitäten angibt, die durch die Relevanzen einer Problembearbeitung im Sinne von *accord entre vous* gesteuert sind (welche persönlichen Absprachen und Vereinbarungen gibt es bereits usw.). Die entsprechenden Fragen werden nicht aktuell gestellt, sondern erwähnt, und es werden lösungsrelevante Gesichtspunkte gezeigt, ebenso die Art und Weise, wie man sie klären kann und wie man auf der Grundlage solcher Bedingungsklärungen Lösungsmöglichkeiten gewinnen kann.

Charakteristisch für die Struktur des Redebeitrags erscheint die Kombination zwischen der Markierung der Nicht-Bearbeitung einer identifizierten Aufgabe (bzw. eine Distanzierung von der Bearbeitung) mit dem Hinweis auf ein Aktivitätspotential, das als Alternative zur ursprünglich zugeschriebenen Verpflichtung zu interpretieren ist. Das metakommunikative Segment und die Potentialsegmente erscheinen gleichsam als Extremwerte in dieser Hinsicht relativ eindeutig. Kompliziert ist jedoch die Beziehung der Aussagesegmente zu den übrigen Segmenten und zur Vorgängeräußerung.

Je nach Perspektive können die Beziehungen zwischen den einzelnen Segmenten der Äußerung von E unterschiedlich interpretiert werden. Zum einen kann die Manifestation der mangelnden Zuständigkeit bzw. der mangelnden Kompetenz (*ça m'est bien difficile de vous répondre*) als dominant angesehen und die Folgeäußerung als Begründung und Beleg zugeordnet werden; zum anderen kann aber auch die Äußerung *ça peut être qu'un accord entre vous* als wesentliche Aktivität im Sinne der von D gestellten Aufgabe angesehen werden, und dann dominiert die Angabe einer Lösungsrichtung, wobei die Manifestation der Kompetenzbeschränkung der folgenden Angabe eines Bearbeitungsprogramms den Charakter verleiht: *was ich unter diesen Umständen nur tun kann*.

6. Festlegungen und Spielräume

Die bisherigen Ausführungen sollten u.a. verdeutlichen, wie eine Einordnung von Äußerungen in einen noch offenen Prozeß der Bearbeitung von anstehenden Handlungsschritten stattfindet, d.h. wie die Äußerungen ihre Position in der sequentiellen Abwicklung eines komplexen Zusammenhanges bestimmen, der von den Äußerungen zugleich erst erkennbar gemacht wird. Eine wesentliche Voraussetzung für das Gelingen eines solchen Vorgangs sind die Flexibilität und die Offenheit der Verfahrensweise. Dazu gehört, daß eine Äußerung im Nachhinein anders interpretiert werden kann als zum Zeitpunkt ihrer Entstehung, und daß schon während der Entstehung einer Äußerung die Perspektive, unter der sie zu betrachten ist, sich verschieben kann. Und dazu gehört wesentlich auch, daß die Äußerungen Aktivitätspotentiale erkennbar machen, die sie selbst nur zum Teil bearbeiten. Derartige Potentiale eröffnen Spielräume, denn sie können in Folgeäußerungen weiter bearbeitet werden. In diesem Sinne sichert die prinzipielle Unvollständigkeit erster Problempräsentationen immer auch die Fortsetzbarkeit, und in gleicher Weise liefern in der Reaktion auf erste Problempräsentationen manifestierte Aktivitätspotentiale der Lösungsarbeit Anknüpfungspunkte für spätere Aktivitäten von RS und RG.

Dadurch, daß E seine insgesamt aus einer Beteiligungsweise der kooperativen Distanz formulierte Äußerung so konstruiert, daß der Fokus sich von der Distanz zur Kooperation verschiebt, d.h. zur Interpretierbarkeit der Äußerung als Bearbeitungsleistung im Rahmen des von D anvisierten Handlungskomplexes (er "steigt nicht aus"), gibt er D die Chance, den Aktivitätszusammenhang so weiterzuführen, daß rückwirkend die erste Problempräsentation und die erste Reaktion darauf als Teile eines konsistenten Handlungszusammenhanges "Beraten" erscheinen, der zu diesem Zeitpunkt noch gar nicht definitiv ratifiziert zu sein braucht. Wie der Folgekontext zeigt, nutzt D seine Chance.

Und so kommt es, daß Dupont und sein Experte ein Beratungsgespräch führen.

7. Beispielgespräch *Accord entre vous*
7.1 Erläuterung der Transkriptionszeichen

.	- Kurzes Absetzen innerhalb einer Äußerung bzw. ganz kurze Pause beim Sprecherwechsel
..	- Kurze Pause
mais	- Auffällige Betonung
mais	- Dehnung
(*bonjour?*)	- Nicht klar zu verstehen
[	- Parallel zu lesende Zeilen (Partiturschreibweise)
→ ↗ ↘	- Intonationsverlauf (Diese Angaben sind sehr grob; sie unterscheiden z.B. nicht zwischen verschiedenen Tonhöhenniveaus. Außerdem werden nur bestimmte Intonationsbewegungen notiert, vor allem am Segmentende.)
((vite))	- Kennzeichnung der Sprechweise sowie von Phänomenen wie Lachen, Husten usw.

7.2 *Accord entre vous*

1, 1 E: *allô   oui bonjour   oui*
    2 D: *allô oui bonjour monsieur   monsieur Dupont à l'appareil   je*
    3   *vous téléphonais euh à la suite d'une affaire qui a qui est réglée*
    4   *c'est-à-dire que je vous étiez venu chez chez nous et vous vous*
    5   *étiez occupé dde cette affaire. on avait eu des infiltrations euh*
    6   *parce qu'on habitait au K [rue] à B [quartier] au dernier étage euh*
    7   *l'année passée pendant les vacances hein il y a un an. euh et. euh*
    8   *après des démarches bon rien n'avait été fait si bien que j'avais*
    9   *demandé à la MAIF de prendre le dossier en main et la MAIF donc*
   10   *vous avait contacté et fait venir et grâce à votre activité. fina-*
   11   *lement le dossier était ressorti. et. nous avons touché euh récem-*
   12   *ment hein oum euh. il y a deux mois de ça euh une indemnité euh*
   13   *pour euh réparer. euh la tapisserie bon une indemnité se montant*
   14   *(à?) deux mille neufcent francs. euh mais entre le moment où on a*
   15   *déclenché euh. cette demande hein de de remboursement. c'est-à-*
   16   *dire l'année passée à au retour de vacances. et le moment où ça été*
   17   *réglé c'est-à-dire un an après. euh. nous avons euh. vendu notre*
   18   *appartement c'est-à-dire qu'nous l'habo nous l'habitons encore ac-*
   19   *tuellement. jusqu'au mois de euh novembre hein.   et euh le problè-*
   20 E: *mhm*
   21 D: *me est le suivant c'est-à-dire. nous n'avons pas fait faire les les*
   22   *travaux pa'ce que nous avons pris cette décision. entre-temps. et euh*
   23   *faut-il euh. donner alors la somme. euh de rembou de enl. de dédom-*
   24   *magement de l'assurance de l'immeuble. à. nos racheteurs*
   25 E: *ah ben*
   26   *msieur ((rire)) ça m'est bien difficile de vous répondre moi je.*
   27   *c'est ça peut être qu'un accord entre vous hein euh. moi est-ce que*
   28   *cette personne a l'intention d'refaire faire toutes les tapisseries*

2, 1 E: est-ce que. quand il a acheté l'appartement euh vous lui avez dit
   2   euh de toutes façons ça s'rait réparé euh. ça ça peut être qu'
   3   une question entre vous si vous lui avez dit qu'ça s'rait réparé
   4   ben évidemment soit vous faites réparer soit vous lui donnez
   5   l'indemnité enfin moi. j'pense que ça peut être qu'un accord entre
   6   vous hein
   7 D: ((vite)) ça peut être qu'un accord pa'ce que euh non nous n'lui avons
   8   pas fait de promesses de notre côté. étant donné que la première
   9   fois qu'il a visité euh l'appartement en fait euh ça f'sait plus.
  10   ça f'sait déjà. un an presque euh que cette affaire était lancée
  11   on savait pas du tout si on allait être remboursé ou pas   avant
  12 E: hum hum
  13 D: euh de partir et même si ç'allait être fait étant donné la lenteur
  14   avec laquelle le le syndic avait traité l'affaire. bon. mais le
  15   syndic euh après coup avait été mis au courant par l'assurance de
  16   l'immeuble bien sûr et a dit aux aux aux nouveaux acheteurs qui y
  17   sont déjà des locataires euh dans l'immeuble que euh en fait i il
  18   fallait leur euh remb de l. qu'ils reprennent la totalité de. de
  19   cette somme hein. alors. bon disons que. on n'est pas contre leur
  20   en donner une partie pour qu'ils fassent des des. des réparations
  21   mais enfin on a eu tous les emmerdements euh de notre côté on a
  22   passé beaucoup de temps à attendre les visites d'experts de contre-
  23   experts et caetera. pa'ce que tout le monde a défilé chez nous ça nous
  24   a fait perdre pas mal de temps et on estimait quand même qu'on pou-
  25   vait euh. s avoir un arrangement à l'amiable et partager par
  26   exemple euh
  27 E: ((décidé)) ah non mais ça j'vous dis alors vraiment nous n'avons

3, 1 E: absolument pas à intervenir là-dessus hein ça
   2 D: et quel est l'usage.
   3   il n'y a pas d'usage.
   4 E: ah y a pas d'usage euh. pour la bonne forme
   5   euh. alors. point de vue très personnel. ((confidentiel)) à mon avis
   6   il conviendrait qu'vous fassiez remettre les les lieux en état avant
   7   d'quitter l'appartement maintenant euh maintenant je sais pas vous
   8   f'rez comme euh ((rire)) comme vous voudrez hein mais. je sais pas
   9 D: oui
  10 E: toute façon est-ce que ces nouveaux copropriétaires ont l'inten-
  11   tion de refaire faire l'appartement alors est-ce que. est-ce que
  12   c'est inutile de faire faire quelque chose qui leur plairait pas
  13   ou.   moi euf je pense euh. de toutes façons
  14 D: exactement. y'a ça aussi
  15 E: vous avez reçu deux mille neuf cent francs bon ben toute façon y a
  16   qu'vous qui savez combien vous avez reçu euh   et l'syndic
  17 D: et l'syndic
  18 E: oui m'enfin l'syndic il est pas
  19 D: mais est-ce qu'il y a un recours par
  20   exemple est-ce qu'on peut exiger de nous. de de faire remettre en
  21   état les lieux
  22 E: ah mais pas du tout vous êtes propriétaire vous fai-
  23   tes bien comme vous voulez la la seule chose qui puisse euh. à à
  24   mon avis la seule chose le le seul point d'a d'accrochage i peut i
  25   peut pas être avec le syndic pa'ce que c'est quand même pas l'dieu
  26   tout puissant euh vous êtes copropriétaire donc jusqu'à preuve du
  27   contraire vous faites c'que vous voulez chez vous mais ça peut être
  28   qu'avec le nouvel acheteur est-ce qu'il va accepter d'prendre l'ap-

4, 1 E: partement avec une ta avec une tapisserie tachée moi je n'sais pas
2   peut-être i ne dira-t-il rien peut-être vous. est-ce qu'il vous
3   dira mais c'était pas prévu comme ça i faut m'faire un rabais. ou
4   moi je sais pas.
5 D: non quand la première fois qu'il est venu euh i i
6   il ne s'était aperçu de rien et nous lui avons dit y avait eu une
7   euh. qu'il y avait eu une infiltration et que. bon euh l'infiltra-
8   tion était en cours d'réparation. c'est tout
9 E: hum hum non écoutez
10   vraiment ça peut d'toute façon l'syndic est tout à fait hors du
11   hors d'la course dans cette affaire c'qui faudra pas de toute fa-
12   çon c'est qu' le copropriétaire demande au syndic de faire une dé-
13   claration à l'assurance de l'immeuble pour ce pour ces vices précé-
14   dents alors qu'il a déjà été réglé voilà c'qu'il ne faut pas qu'i
15   arrive pa'ce que là l'syndic à c'moment-là dira ben monsieur Du-
16 D: oui
17 E: pont a touché son indemnité arrangez-vous avec lui voilà toute fa-
18   çon c'qu'il va lui dire   alors soit vous vous arrangez avec le
19 D: oui oui
20 E: nouveau copropriétaire soit vous faites réparer avant d'partir
21 D: bon   oui c'est ça
22 E: m'enfin c'est pas du tissu qu'y a sur les murs
23 D: voilà
24 E: c'est ça autant qu'j'me souviens j'ai pas l'dossier sous les
25   yeux mais i m'semble bien être Branot qu'était intervenu
26 D: oui oui
27   c'est ça   c'est ça
28 E: Branot-Le-Moine   ma foi si si vous faites réparer

5, 1 E: euh vous f'rez mettre de la tapisserie à la place du tissu par
   2   exemple ça vous coûtera pas deux mille neuf cent francs j'suppose
   3 D: non non   oui pa'ce que y a
   4 E: donc i restera tou tou toujours une partie et   vous
   5 D: ça   pa'ce que y a ça
   6 E: laisserez vous laisserez un local propre de toute façon
   7 D: on avait mis très cher de tapisserie euh. bon ben c'est nous qui
   8   avons payé l'supplément euh puisque l'immeuble était neuf au dé-
   9   part. on avait investi là un pour quelque chose de qui devait du-
  10   rer en principe   donc euh si vous v'lez euh avec
  11 E: oui j'comprends bien
  12 D: cette histoire on on a si il comme le le dit le syndic faut qu'
  13   rembourser purement et simplement la la totalité des frais bon ben
  14   on. on est blousé pa'ce que on a. on a investit beaucoup. ch'pour
  15   quequ' chose qui nous plaisait   et d'autre part en plus cette
  16 E: hum hum
  17 D: histoire on on y a passé un temps. euh et on a eu des emmerdements
  18   à cause de de ça euh finalement euh. on est perdant sur toute la
  19   ligne on a payé d pour euh par exemple euh aussi faire venir le le
  20   le plâtrier qu'i fasse un devis on a payé pour l'devis et caetera
  21   euh   euh vraiment je justement j'voulais savoir si on pouvait
  22 E: hum hum
  23 D: faire un arrangement à l'amiable
  24 E: ah ben moi je pense tout à fait y
  25   a absolument j'vois pas quelle. quelle législation vous en empêche-
  26   rait   hein
  27 D: bon. d'accord   donc on peut par exemple euh tenir compte
  28   euh de du devis de qui qui avait été fait euh pour le pour par le

6, 1 D: l'entreprise qui ne prévoyait euh. euh. qui prévoyait un. bon un
   2   une un. un tarif qui était inférieur à deux mille neuf cent francs
   3   pour. une une tapisserie de qualité inférieure
   4 E: ((vite, décidé)) oui oui mais j'vous
   5   dis c'est c'est vraiment alors   c'est une question d'entente
   6 D: bon   mhm
   7 E: entre vous je pense
   8 D: d'accord non mais euh c'est un a enfin là vous m'donnez
   9   un argument très très clair et. et qui qui peut tout à fait s'plai-
  10   der quoi   bon ben j'vous remercie beaucoup de ces.
  11 E: mhm j'pense
  12 D: éclaircissements   enfin votre euh intervention avait
  13 E: je vous en prie
  14 D: été vraiment euh. très ((rire)) fructueuse
  15 E: ben ma foi c'est c'qu'on
  16   espère à chaque fois ((rire))
  17 D: c'est une histoire qui avait traîné depuis si
  18   longtemps   voilà bon j'vous remercie monsieur bon soir
  19 E: mhm   je vous en prie
  20   bonjour monsieur

Literatur

Anscombre, J.-C., 1981. "Marqueurs et hypermarqueurs de dérivation illocutoire: notions et problèmes", in: *Cahiers de linguistique française* 3, 75 - 124.

Auer, P., 1984. *Kontextualisierung*. Sonderforschungsbereich 99, Universität Konstanz.

Ballmer, T., 1979. "Probleme der Klassifikation von Sprechakten", in: Grewendorf, G. (Hg.), *Sprechakttheorie und Semantik*, Frankfurt, 247 - 274.

Berens, F.-J., 1979. "Aufforderungshandlungen und ihre Versprachlichungen in Beratungsgesprächen", in: Rosengren, I., (Hg.), *Sprache und Pragmatik. Lunder Symposium 1978* [Lunder germanistische Forschungen 48], Malmö, 135 - 148.

Bergmann, J., 1981. "Ethnomethodologische Konversationsanalyse", in: Schröder, P., H. Steger (Hg.), *Dialogforschung. Jahrbuch 1980 des Instituts für deutsche Sprache* [Sprache der Gegenwart 54], Düsseldorf, 9 - 51.

Cicourel, A.V., 1980. "Three Models of Discourse Analysis: The Role of Social Structure", in: *Discourse Processes* 3, 101 - 132

Ducrot, O., 1981. "Langage, métalangage et performatifs", in: *Cahiers de linguistique française* 3, 5 - 34.

Franck, D., 1980. *Grammatik und Konversation*, Königstein/Ts.

Goodwin, C., 1977. *Some Aspects of the Interaction of Speaker and Hearer in the Construction of the Turn at Talk in Natural Conversation*, Diss. University of Pennsylvania (UM 7806587).

Goodwin, C., 1979. "The Interactive Construction of a Sentence in Natural Conversation", in: Psathas, G. (Hg.), *Everyday Language: Studies in Ethnomethodology*, New York, 97 - 121.

Gülich, E., T. Kotschi, 1985. "Reformulierungshandlungen als Mittel der Textkonstitution. Untersuchungen zu französischen Texten aus mündlicher Kommunikation", Manuskript Berlin/Bielefeld, erscheint in: Motsch, W. (Hg.), *Satz, Text, sprachliche Handlung* [Studia Grammatica XXV], Berlin/DDR (im Druck).

Gülich, E., R. Meyer-Hermann, 1983. "Zum Konzept der Illokutionshierarchie", in: Rosengren, I. (Hg.), *Sprache und Pragmatik. Lunder Symposium 1982* [Lunder germanistische Forschungen 52], Stockholm, 245 - 261.

Hindelang, G., 1977. "Jemanden um Rat fragen", in: *Zeitschrift für germanistische Linguistik* 5, 34 - 44.

Hindelang, G., 1978. *Die Untertypen des Aufforderns und ihre sprachlichen Realisierungsformen*, Göppingen.

Kallmeyer, W., 1978. "Fokuswechsel und Fokussierungen als Aktivitäten der Gesprächskonstitution", in: Meyer-Hermann, R. (Hg.), *Sprechen - Handeln - Interaktion*, Tübingen, 191 - 242.

Kallmeyer, W., 1981. "Aushandlung und Bedeutungskonstitution", in: Schröder, P., H. Steger (Hg.), *Dialogforschung. Jahrbuch 1980 des Instituts für deutsche Sprache* [Sprache der Gegenwart 54], Düsseldorf, 89 - 127.

Kallmeyer, W., R. Meyer-Hermann, 1980. "Textlinguistik", in: Althaus, H.-P., H. Henne, H.-E. Wiegand (Hg.), *Lexikon der germanistischen Linguistik*, 2. Auflage, Tübingen, 242 - 258.

Kallmeyer, W., F. Schütze, 1976. "Konversationsanalyse", in: *Studium Linguistik* 1, 1 - 28.

Maas, U., D. Wunderlich, 1972. *Pragmatik und sprachliches Handeln*, Frankfurt/M.

Nothdurft, W., 1984. "... äh folgendes Problem äh ...". *Die interaktive Ausarbeitung "des Problems" in Beratungsgesprächen* [Forschungsberichte des Instituts für deutsche Sprache 57], Tübingen.

Nothdurft, W., P. Schröder, T. Spranz-Fogasy, 1984. 'Verdichtung'. *Das situative Zustandekommen von Schlichtung und Ansätze zur methodischen Erfassung* [Arbeitspapiere aus dem Projekt Schlichtung] 2 , Mannheim, Institut für deutsche Sprache.

Rath, R., 1979. *Kommunikationspraxis. Analysen zur Textbildung und Textgliederung im gesprochenen Deutsch*, Göttingen.

Rehbein, J., 1977. *Komplexes Handeln. Elemente zur Handlungstheorie der Sprache*, Stuttgart.

Rieser, H., 1983. "Dialektik und Rhetorik in der Alltagsrede", Manuskript, Bielefeld, erscheint in: Grosse, S., K.-H. Bausch (Hg.), *Praktische Rhetorik*, Mannheim 1985, Institut für deutsche Sprache.

Roulet, E., 1980. "Stratégies d'interaction, modes d'implicitation et marqueurs illocutoires", in: *Cahiers de linguistique française* 1, 80 - 103.

Roulet, E., 1981. "Echanges, interventions et actes de langage dans la structure de la conversation", in: *Etudes de linguistique appliquée* 44, 7 - 39.

Sacks, H., E. Schegloff, G. Jefferson, 1974. "A Simplest Systematics for the Organisation of Turn-taking for Conversation", in: *Language* 50, 696 - 735. Leicht verändert wieder in: Schenkein, J. (Hg.), *Studies in the Organisation of Conversational Interaction*, New York 1978, 7 - 35.

Schank, G., 1979. "Zum Ablaufmuster von Kurzberatungen", in: Dittmann, J. (Hg.), *Arbeiten zur Konversationsanalyse*, Tübingen, 176 - 197.

Schank, G., 1981. "Untersuchungen zum Ablauf natürlicher Dialoge", in: *Heutiges Deutsch* I/14, München.

Schecker, M., 1983. *Probleme des Konjunktiv*. Freiburg (Manuskr.).

Schegloff, E., H. Sacks, 1973. "Opening up Closings", in: *Semiotica* 8, 289 - 327. Leicht gekürzt wieder in: Turner, R. (Hg.), *Ethnomethodology*, Harmondsworth/GB, 233 - 264.

Schwitalla, J., 1983. "Die Beratungsstrategie 'einliniges Beraten'. Zugleich ein Beitrag zur Typologie von Beratungsgesprächen", in: Rosengren, I. (Hg.), *Sprache und Pragmatik. Lunder Symposium 1982* [Lunder germanistische Forschungen 52], Stockholm, 327 - 352.

Searle, J. R., 1971. "What is a Speech-act?" in: Searle, J. R. (Hg.), *The Philosophy of Language*, Oxford, 39 - 53.

Searle, J. R., 1976. "A Classification of Illocutionary Acts", in: *Language in Society* 5, 1 - 23.

Streeck, J., 1980. "Speech Acts in Interaction: a Critique of Searle", in: *Discourse Processes* 3, 133 - 154.

Wunderlich, D. (Hg.), 1972. *Linguistische Pragmatik*, Frankfurt/M.

Wunderlich, D., 1974. *Grundlagen der Linguistik*, Reinbek.

Wunderlich, D., 1976 a. "Über die Konsequenzen von Sprechhandlungen", in: Apel, K.-O. (Hg.), *Sprachpragmatik und Philosophie*, Frankfurt/M., 441 - 462.

Wunderlich, D., 1976 b. "Sprechakttheorie und Diskursanalyse", in: Apel, K.-O. (Hg.), *Sprachpragmatik und Philosophie*, Frankfurt/M. 463 - 488.

Wunderlich, D., 1979. "Was ist das für ein Sprechakt?" in: Grewendorf, G. (Hg.), *Sprechakttheorie und Semantik*, Frankfurt/M., 275 - 324.

Wunderlich, D., 1981. "Ein Sequenzmuster für Ratschläge - Analyse eines Beispiels", in: Metzing, D. (Hg.), *Dialogmuster und Dialogprozesse* [Papiere zur Textlinguistik 32], Hamburg, 1 - 30.

KONVERSATIONSANALYSE UND TEXTLINGUISTIK
Koreferat zum Beitrag von Werner Kallmeyer

Elisabeth Gülich

Mit der gesprächsanalytischen Bearbeitung eines französischen Beratungsgesprächs stellt Werner Kallmeyer (im folgenden abgekürzt als WK) einen theoretischen Ansatz vor, in dem die Kategorie der Interaktion eine zentrale Rolle spielt. Dieser Ansatz ist vor allem durch den Einfluß der Konversationsanalyse der amerikanischen Ethnomethodologen geprägt. WKs Beitrag beruht zudem auf einer Reihe von Vorarbeiten speziell zur Analyse von Beratungsgesprächen. Daher soll im folgenden zunächst auf die Voraussetzungen und Vorarbeiten eingegangen werden (Abschnitt 1). Auf dieser Grundlage wird dann versucht, das Vorgehen und die Analysemethode WKs zu skizzieren (Abschnitt 2). Schließlich werden einige Analyse-Ergebnisse und sich aus ihnen ergebende Fragen diskutiert (Abschnitt 3); dabei wird besonders auf solche Phänomene eingegangen, die mit zentralen textlinguistischen Problemen - Kohärenz und Textsortendifferenzierung - zusammenhängen, um an diesen Beispielen das Spezifische und die Relevanz einer konversationsanalytischen Betrachtungsweise aufzuzeigen.

1. Theoretische Voraussetzungen und Vorarbeiten
1.1 Die ethnomethodologische Konversationsanalyse als theoretischer Rahmen

WK bezeichnet als maßgebend für seine Untersuchung eine "Theorie der verbalen Interaktion", die "von den Grundannahmen und den methodischen Prinzipien des symbolischen Interaktionismus, der Ethnomethodologie und der darauf aufbauenden Konversationsanalyse" geprägt ist (S. 84). Die Konversationsanalyse der amerikanischen Ethnomethodologen - zu nennen sind in diesem Zusammenhang vor allem die Arbeiten von Harvey Sacks, Emanuel A. Schegloff und Gail Jefferson - ist im deutschen Sprachraum zunächst vor allem gerade durch die Arbeiten von WK und Fritz Schütze bekannt geworden.[1] Charakteristisch für diesen Ansatz ist, daß die Rekonstruktion der Interaktion zwischen den Beteiligten im Mittelpunkt des Interesses steht (Streeck 1983: 73). Die mangelnde Berücksichtigung des interaktiven Aspekts ist aus konversationsanalytischer Sicht einer der gravierenden Mängel der Sprechakttheorie - Streeck spricht in diesem Zusammenhang vom Prinzip der Irreduzierbarkeit der Interaktion (1980: 145). Daß dieses Prinzip auch für die Arbeit WKs zentral ist, wird in den von ihm formulierten "Grundannahmen" (S. 84/85) ebenso deutlich wie in der Beispielanalyse (besonders Abschnitt 5). WK spricht zwar vom "Handlungsschema Beraten" (Abschnitt 3), aber er betont, daß die Beteiligten *gemeinsam* bestimmte Aufgaben bearbeiten, wenn sie ein solches Handlungsschema durchführen (S. 91); das Handlungsschema ist also im Grunde ein Interaktionsschema. Darin liegt ein entscheidender Unterschied zu sprechakttheoretischen Analysen des Sprechakts "Ratgeben".[2]

Die Konzentration auf die Interaktion als zentrale Kategorie führt in der soziologischen Konversationsanalyse dazu, daß die Sprache der Interaktionsstruktur gegenüber als nachgeordnet angesehen wird. Die Ethnomethodologen analysieren Gespräche, weil das Gespräch für sie eine wesentliche interaktive Organisationsform ist[3], aber ihre Analysen werden von soziologischen Interes-

---

[1] Vgl. vor allem Kallmeyer/Schütze (1976) und (1977); Schütze (1975) und (1976); Kallmeyer (1977), (1978), (1979), (1981). Über die grundlegenden Annahmen und methodischen Postulate der Konversationsanalyse orientieren auch die Überblicksdarstellungen zum Beispiel von Schenkein (1978), Bergmann (1981), Streeck (1983), in französischer Sprache die Arbeit von Bange (1983). An französischsprachigem Material wurde bisher nur relativ wenig konversationsanalytisch gearbeitet, vgl. z.B. Kallmeyer (1979a); Gülich (1980); Gülich/Kotschi (1985). Hinzuweisen ist in diesem Zusammenhang auch auf die Arbeiten aus dem Genfer Projekt (vgl. die Darstellung von Moeschler in diesem Band, S. 367-376), z.B. in: *Cahiers de Linguistique Française* (1980), (1981), (1983) und in: *Etudes de Linguistique Appliquée* (1981), in denen allerdings nicht im strengen Sinne ethnomethodologisch gearbeitet wird. Da es in diesem Koreferat nicht allgemein um die Analyse von Gesprächen geht, sondern speziell um den ethnomethodologischen Ansatz, wird hier nicht weiter auf andere gesprächsanalytische Arbeiten eingegangen.
[2] Vgl. z.B. Searle (1971, Kap. 3, bes. S. 104 f.); Wunderlich (1976: 175 ff.) und (1981).
[3] Vgl. z.B. Schenkein (1978: 2).

sen geleitet.[1] Auch wenn sie äußerst detailliert und genau
sprachliche Phänomene beschreiben, so tun sie das "nicht aus irgendeinem
speziellen Interesse an Sprache" (Schegloff/Sacks 1973:
190). Zwar werden die Relevanz konversationsanalytischer Beschreibung
sprachlicher Phänomene und damit auch die Anschlußstellen
für linguistische Analysen in vielen Arbeiten deutlich,
besonders in Schegloffs Konzept einer "Gesprächssyntax" (1979),
aber auch in dieser Arbeit bleibt die Akzentuierung eindeutig:
"I write as one occupied with the study of the social organization
- most centrally, the sequential organization - of talk in
interaction" (262). Demgegenüber legt eine linguistische Konversationsanalyse,
so wie sie von WK vertreten wird, von vornherein
ein stärkeres Gewicht auf sprachliche Phänomene. Eine Analyse
von Handlungs- bzw. Interaktionsstrukturen ist für WK nicht
denkbar, ohne daß in systematischer Weise auch die Äußerungsstrukturen
untersucht werden. Dazu gehören - wie insbesondere
die Beispielanalysen in Abschnitt 5 zeigen - syntaktische und
semantische Phänomene ebenso wie suprasegmentale und paralinguistische.
Die linguistische Konversationsanalyse WKs weist gegenüber
der ethnomethodologischen noch ein weiteres Charakteristikum
auf: Für WK stehen die Kategorie des Handlungsschemas - oder
allgemeiner gesagt: die globalen Strukturierungen (im Unterschied
zu den lokalen) - im Mittelpunkt des Interesses (vgl.
seine Bemerkung auf S. 81/82, Anm. 1). WK nimmt verschiedene
"Ordnungsstrukturen" an (vgl. S. 85, Punkt d), an denen sich die
Interaktionsbeteiligten orientieren, mit deren Hilfe sie ihre
Interaktion organisieren. Dazu gehören neben den Handlungsschemata
u.a. auch Schemata der Gesprächsorganisation, der Sachverhaltsdarstellung
(vgl. dazu besonders Kallmeyer/Schütze 1977)
und der Beziehungskonstitution (am differenziertesten ist die
Darstellung der verschiedenen Ordnungsebenen in Kallmeyer 1977).

---

[1] Vgl. z.B. Sacks/Schegloff/Jefferson (1978: 9): "For the last half dozen
years we have been engaged in research, using tape recordings of natural
conversation, that has been increasingly directed to extracting, characterizing,
and describing the interrelationships of the various
types of sequential organization operative in conversation. The disciplinary
motivation for such work is sociological". - Vgl. dazu auch Bergmann
(1981, bes. S. 14 - 15).

Im vorliegenden Zusammenhang sind vor allem Handlungsschema - hier: "Beraten" - und Sachverhaltsschema - hier insbesondere als Bestandteil der Problempräsentation - zentrale Kategorien für die Analyse.

Ein Handlungsschema wird konstituiert durch einen Kernbestand an Aufgaben, die für die Durchführung des Handlungskomplexes eines bestimmten Typs zu bearbeiten sind (vgl. S. 91). Man kann zur Verdeutlichung die folgende Definition heranziehen: "Unter einem Handlungsschema wird ein kulturell verbreiteter und von den Gesellschaftsmitgliedern gewußter Vorstellungszusammenhang verstanden, der Angaben über konstitutive Bestandteile der komplexen Handlung enthält ('was dazu gehört'), Angaben über die logische Struktur der Handlungsentwicklung ('was dann kommt') und Angaben über unerläßliche Beteiligungsvoraussetzungen der Beteiligten ('was man dazu braucht')" (Nothdurft/Spranz-Fógasy 1984: 2). Ein Schema der Sachverhaltsdarstellung wird konstituiert durch "komplexe, in sich geschlossene Darstellungen von Sachverhalten, wie sie in Erzählungen, Beschreibungen und Argumentationen gegeben werden" (Kallmeyer 1977: 56); es wird also das Wissen von bestimmten Sachverhalten expliziert. Im vorliegenden Beitrag führt WK das Schema der Sachverhaltsdarstellung zwar als einen der Aspekte der "Realitätssensitivität" von Interaktion ein (S. 85, Punkt e), er verwendet es in der späteren Analyse aber nicht mehr explizit. Im Sinne seiner früheren Arbeiten (vgl. besonders Kallmeyer/Schütze 1977) kann man jedoch von einer narrativen Sachverhaltsdarstellung in der Problempräsentation (vgl. besonders Abschnitt 5.1) sprechen, der eine bestimmte Funktion im Rahmen des übergeordneten Handlungsschemas "Beraten" zukommt (1977: 163): ein Sachverhalt wird als "Problemfall" definiert und dem Interaktionspartner präsentiert, und diesem wird damit eine bestimmte Aktivitätsverpflichtung zugeschrieben. Allerdings gibt der Ratsuchende hier keine voll ausgebaute, in sich geschlossene Darstellung des problematischen Sachverhalts, sondern er führt nur einzelne Komponenten an, die - und das ist typisch für Problemdarstellungen in Beratungsgesprächen - im Laufe des Gesprächs dann erweitert und ergänzt werden.

1.2 Vorarbeiten zur Analyse von Beratungsgesprächen

WKs Beitrag knüpft an umfangreiche Untersuchungen im Rahmen eines Projekts des Instituts für deutsche Sprache Mannheim über Beratungsgespräche an, dessen Ergebnisse bisher nur zum Teil veröffentlicht sind (vgl. S. 84). Die Arbeiten dieses Projekts beziehen sich auf ein Korpus in deutscher Sprache. Von besonderem Interesse im vorliegenden Zusammenhang ist die exemplarische Analyse eines Alltags-Beratungsgesprächs ("Dissertationskosten") in Kallmeyer (1982), also eines Gesprächs, in dem nicht wie im hier vorliegenden einer der Beteiligten eine Institution vertritt. Die Kernelemente des Handlungsschemas "Beraten", die in der Arbeit von 1982 eingeführt werden, sind jedoch offensichtlich unabhängig von institutionellen oder nicht-institutionellen Determinanten des Gesprächs. Es ist für das Handlungsschema "Beraten" zwar konstitutiv, daß einer der Beteiligten ein Problem präsentiert und der andere die Rolle eines "Ratgebers" übernimmt. Dem Ratgeber wird die Kompetenz zugeschrieben, das Problem zu lösen oder an seiner Lösung mitzuwirken; er muß aber nicht - wie im Fall des Gesprächspartners von Dupont - von einer Institution diese Expertenrolle übertragen bekommen haben. Ratsuchender und Ratgeber sind demnach nicht unbedingt vorgegebene, vorab definierte Rollen, sondern Rollen, die im Gespräch ausgehandelt werden können. Dies gilt in einem gewissen Maße selbst dann, wenn die Rollen institutionell festgelegt sind. Im vorliegenden Gespräch ist es zum Beispiel nicht von vornherein klar, daß der Experte der Versicherung auch die Rolle des Ratgebers übernimmt; und die Lösungsvorschläge, die er schließlich unterbreitet, macht er gerade nicht als Vertreter der Versicherung, sondern von einem *point de vue très personnel* (3/5, vgl. Kallmeyer S. 89). Das zeigt, daß auch in einem an eine Institution gebundenen Beratungsgespräch durchaus Spielräume vorhanden sind, die die Beteiligten bei der Konstitution des Handlungsschemas nutzen können. Da der vorliegende Beitrag WKs nach Abschluß des genannten Projekts über Beratungsgespräche entstanden ist, gehen die Ergebnisse dieses Projekts in die Analyse ein. Diesen Zusammenhang muß man sich vergegenwärtigen, wenn man Analysemethode und Vorgehensweise WKs in diesem Beitrag richtig einschätzen und die Unterschiede zu bestimmten von den amerikanischen Ethnomethodologen befolgten Analyse-Prinzipien verstehen will.

2. Analysemethode und Vorgehensweise

Die Ethnomethodologen äußern sich im allgemeinen nicht grundsätzlich über methodische Regeln und Prinzipien, sondern allenfalls in Verbindung mit einem konkreten Phänomen, das sie beschreiben wollen. Es ist bezeichnend, daß Schenkein in der Einleitung zu einem Sammelband mit grundlegenden ethnomethodologischen Arbeiten (1978 a) nicht die Methoden der Analyse zu skizzieren unternimmt, sondern die "analytische Mentalität", die bei aller Verschiedenheit die Einheitlichkeit der Beiträge ausmacht (1978: 1).[1] Die wichtigsten Charakteristika dieser Mentalität sollen im folgenden kurz diskutiert werden, soweit sie für den vorliegenden Beitrag von WK relevant sind.

(1) - Für alle konversationsanalytischen Untersuchungen charakteristisch ist die empirische Basis; sie gehen "immer von real abgelaufenen Interaktionsvorgängen [aus], [beziehen] von dort ihre Fragen [...], die sie wiederum am Material zu beantworten suchen. Konversationsanalytische Untersuchungen sind gewissermaßen bedingungslos ans Konkrete gebunden [...]" (Bergmann 1981: 37).

WK legt im vorliegenden Beitrag ein authentisches, in einer natürlichen Interaktionssituation aufgezeichnetes Beratungsgespräch zugrunde. Da es ihm vorwiegend um globale Strukturen, um die Konstitution des Handlungsschemas "Beraten" geht, ist es für ihn erforderlich, von einem vollständigen, abgeschlossenen Gespräch, das von der Begrüßung bis zur Verabschiedung reicht, auszugehen und nicht nur mit einem Ausschnitt zu arbeiten, wie es bei der Untersuchung lokaler Prozeduren wie zum Beispiel Reparaturen durchaus möglich und üblich ist (vgl. z.B. Schegloff/Jefferson/Sacks 1977; Schegloff 1979). In methodischer Hinsicht

---

[1] Eine ähnliche Formulierung wählt auch Bergmann bei der Zusammenstellung der wichtigsten konversationsanalytischen "Maximen und Prinzipien" (1981: 17 ff.). Eine kurze Darstellung wichtiger Grundsätze gibt auch Streeck (1983: 73; vgl. auch Anm. 9 auf S. 93 f.).

scheint es mir für die Arbeiten WKs insgesamt charakteristisch zu sein, daß er in der Regel vollständige Gespräche oder zumindest komplexe, in sich geschlossene Gesprächszusammenhänge präsentiert, auch wenn er nur Ausschnitte detailliert analysiert[1], so daß lokale Phänomene immer auch auf globalere Strukturen bezogen werden können.

(2) - Das Gespräch wird grundsätzlich in seinem zeitlichen Ablauf aus der jeweiligen Perspektive der Gesprächsteilnehmer betrachtet. Das Transkript eines Gesprächs darf also "nicht als 'zeitloser Text' betrachtet werden, in dem der gleichsam allwissende Analytiker von einem Punkt zum anderen springen kann" (Bergmann 1981: 20), sondern der Analysierende rekonstruiert Schritt für Schritt die Aktivitäten der Beteiligten, er weiß im Prinzip nicht mehr als diese zum jeweiligen Zeitpunkt des Gesprächs. Diese Verfahrensweise wird im Beitrag von WK vor allem in der Feinanalyse in Abschnitt 5 deutlich, in der es um die lokale Konstitution von Strukturen "auf der Grundlage von jeweils einzelnen, begrenzten Äußerungen" (S. 98) geht. Charakteristisch für dieses analytische Verfahren ist zum Beispiel die Art und Weise, wie die erste komplexe Äußerung des Ratsuchenden, die Problempräsentation, aus der Perspektive des Gesprächspartners, also des Ratgebers, betrachtet wird (vgl. 5.2.2). Es wird nicht nur gezeigt, daß und mit welchen Mitteln D einen Sachverhalt als Problem präsentiert und eine Anliegensfrage formuliert, sondern es wird auch herausgearbeitet, wie bzw. als was der Partner die Äußerung von D *behandelt* und wie er das D gegenüber verdeutlicht: er behandelt die Äußerung als Frage, indem er seine Verpflichtung zur Antwort thematisiert und zugleich auch versucht, sich davon zu distanzieren (*ah ben msieur* ((rire)) *ça m'est bien difficile de vous répondre*, 1/26). Es geht also nicht darum - wie es von einem sprechakttheoretischen Ansatz denkbar wäre -, die Intention oder die Ziele eines Sprechers zu rekonstruieren und eine bestimmte Äußerung als einen bestimmten Sprechakt, zum Beispiel "Frage", zu identifizieren, sondern relevant ist die Interpretation der betreffenden Äußerung durch den Gesprächspartner.

---

1 Vgl. z.B. Kallmeyer (1979), (1982); Kallmeyer/Schütze (1977).

Für WK ist es jedoch nicht zwingend, sich auf die lokale Interpretation zu beschränken und das Gespräch *nur* Schritt für Schritt seinem Ablauf folgend zu interpretieren. Man kann s.E. auch aus der Retrospektive, d.h. nach der Analyse des gesamten Gesprächs bzw. eines größeren Gesprächsabschnitts, zu einer unter Umständen abweichenden Interpretation bestimmter Äußerungen kommen. So lassen sich die Aktivitäten der Voraussetzungsklärung (E versucht zu klären, ob er überhaupt die Rolle eines Ratgebers einnehmen kann und will) aus der Retrospektive, d.h. nachdem ein Beratungsgespräch zustande gekommen ist, auch als vorbereitende Aktivitäten für das "Beraten" interpretieren (S. 90). Solche Re-interpretationen ergeben sich daraus, daß nicht nur lokale, sondern auch globalere Zusammenhänge interpretiert werden. Es wäre m.E. ein Fehlschluß anzunehmen, dadurch seien bereits konversationsanalytische Prinzipien verletzt. Auch von den Gesprächsteilnehmern werden ja im Rückblick manche Äußerungen anders interpretiert als an der betreffenden Stelle im Gespräch. Insofern wird die Perspektive der Gesprächsteilnehmer durch die Einbeziehung retrospektiver Interpretationen nicht verlassen. Für WK gehört es zu der aus seiner Sicht erforderlichen "Flexibilität und Offenheit der Verfahrensweise", daß "eine Äußerung im Nachhinein anders interpretiert werden kann als zum Zeitpunkt ihrer Entstehung" (S.112).

(3) - Typisch für die konversationsanalytische Bearbeitung eines Gesprächs ist schließlich, daß versucht wird, die Kategorien der Analyse aus der Analyse selbst herzuleiten (Streeck 1983: 73; vgl. Bergmann 1981: 23), d.h. also keine vorgegebenen, vorab definierten Kategorien an das sprachliche Material heranzutragen, so daß dieses unter Umständen nur illustrativen Wert besitzt.

Diesem Verfahrensprinzip folgt Kallmeyer im vorliegenden Beitrag nicht. Das erklärt sich jedoch aus dem Stellenwert dieser Arbeit im Zusammenhang mit dem Mannheimer Projekt Beratungsgespräche und den dort geleisteten Vorarbeiten. Die Entwicklung der Kategorien zur Analyse von Beratungsgesprächen ist in den Arbeiten des Projekts bereits geleistet worden, u.a. in der erwähnten Arbeit WKs zur Handlungsstrukturanalyse von Beratungen

(1982); diese Kategorien werden im vorliegenden Beitrag vorausgesetzt (vgl. die Komponenten des Handlungsschemas "Beraten" in Abschnitt 3).

WK selbst nennt in (1982) die folgenden Schritte für das Verfahren einer Handlungsanalyse von Beratungsgesprächen:

1. die exemplarische Analyse eines Beratungsgesprächs,
2. vergleichende Analysen zur Überprüfung des zugrunde liegenden Handlungsschemas "Beraten",
3. zusammenfassende Darstellung der Erkennbarkeit von Beratungsaktivitäten aufgrund von sprachlichen und interaktiven Merkmalen (1982: 3 - 5).

Der vorliegende Beitrag ist dem zweiten Schritt zuzuordnen. In der Phase der Untersuchung von Beratungsgesprächen, in der sich WK mit diesem Beitrag befindet, wäre ein rein konversationsanalytisches Verfahren, nach dem versucht wird - soweit das überhaupt möglich ist -, die Analysekategorien aus der Analyse selbst zu entwickeln, unzweckmäßig und vor allem auch unökonomisch, da es die Ergebnisse der vorangegangenen Analysen überflüssig machen würde. WK geht hier konsequenterweise von den Aufgaben der Beteiligten in einem Beratungsgespräch aus, wie sie aus der Analyse anderer Gespräche bereits vorliegen, er führt ihre Komponenten im einzelnen auf und weist sie dann in dem hier zur Diskussion stehenden Gespräch nach (Abschnitt 3). Die erste Problempräsentation von Dupont und die Reaktion des Experten werden anschließend noch einmal einer verfeinerten Analyse unterzogen (Abschnitt 5), die u.a. auch dazu dient, exemplarisch zu zeigen, welche Art von Analysen es ermöglicht, eine solche Aufgabenstruktur, wie sie hier vorgegeben wurde, überhaupt erst zu entwickeln.

3. Diskussion einiger Analyse-Ergebnisse

In der Feinanalyse in Abschnitt 5 geht WK am deutlichsten auf einzelne sprachliche Phänomene und ihre Rolle in der Interaktion ein. Dieser Abschnitt soll daher im folgenden als Ausgangspunkt für die Diskussion einiger Analyse-Ergebnisse dienen. Dabei will ich mich auf Aspekte konzentrieren, die mit zwei vieldiskutier-

ten textlinguistischen Problemen, nämlich dem der Kohärenz und
dem der Textsortendifferenzierung, zu tun haben, um an diesen
Beispielen Überlegungen über die Relevanz einer konversationsanalytischen Betrachtung textlinguistischer Konzepte anzustel-
len. Die Auswahl gerade dieser beiden Konzepte liegt in den von
WK selbst in seiner Untersuchung gesetzten Akzenten begründet.
Der "Zusammenhang von Mikro- und Makrostruktur" und die "Typik
von Sprechhandlungen bzw. von Handlungskomplexen" gehören für
ihn zu den "wichtigsten Problemstellungen bei der Untersuchung
der Konstitution von Handlungen im Gespräch" (S.81).

3.1　Kohärenz

Mit "Zusammenhang von Mikro- und Makrostruktur" meint WK den
Zusammenhang "zwischen Äußerungsstrukturen bzw. kleinräumigen
Sequenzstrukturen und übergreifenden Gesprächsstrukturen" (S.81).
Solche Strukturen sind Grundlage für die Kohärenzbildung (S.85).
WK zeigt zunächst mit Hilfe einer Grobanalyse, daß Beraten "die
entscheidende, den makrostrukturellen Zusammenhang prägende
Orientierung der Beteiligten darstellt" (S. 87/88). Kohärenz
wird somit nicht nur lokal durch einzelne sprachliche Ausdrücke
etabliert wie zum Beispiel durch bestimmte Konnektoren - WK geht
beispielsweise auf *c'est-à-dire* (S.101,102,104), *mais* (S.102,104)
und auf *parce que* (S.102) ein -, sondern auch durch übergreifende Ordnungsstrukturen, die die Einzelaktivitäten der Beteiligten
bestimmen. Dies läßt sich sehr gut an WKs Analyse des ersten
längeren Redebeitrags von Dupont exemplifizieren, in der er die
Verknüpfungen der einzelnen Äußerungen innerhalb der Segmente
und zugleich aber auch die Strukturierungsverfahren zeigt, mit
deren Hilfe die gesamte Äußerung sich als Einheit konstituiert,
die im Gespräch als "Problempräsentation" fungiert (Abschnitt
5.1.1). In ähnlicher Weise zeigt er für die Reaktion des Experten, in welcher Weise die Kohärenz der einzelnen Segmente auf
der Distanzierung von der Antwortverpflichtung beruht (5.2.1, S.
108). Mit diesen beiden Äußerungen Duponts und des Experten werden die globalen Ordnungsstrukturen für das ganze Gespräch eingeführt; insofern sind diese ersten Redebeiträge für die Kohä-

renz des ganzen Gesprächs maßgebend. Einzelne sprachliche Phänomene wie zum Beispiel Konnektoren gewinnen von daher eine neue, interaktive Bedeutung. So könnte man in Weiterführung der Überlegungen WKs die Funktion von *c'est-à-dire* (im Beispieltext 1/4, 1/15 - 16, 1/21) in der Problempräsentation dadurch genauer charakterisieren, daß *c'est-à-dire* dem Gesprächspartner auch das Formulierungsverfahren signalisiert, dessen der Sprecher sich bedient: Mit *c'est-à-dire* wird eine Reformulierung, genauer: eine Paraphrase, angekündigt; dem Partner wird also signalisiert, welche Art von Kohärenzbeziehung er herstellen soll. Indikatoren wie *c'est-à-dire* steuern somit die Interpretationstätigkeit des Partners und tragen zur Sicherung der Verständigung bei.

Daß für die Kohärenzherstellung auch Formulierungsverfahren eine wichtige Rolle spielen, kann man sich besonders gut an der Äußerung des Experten *ça peut être qu'un accord entre vous* (1/27) klarmachen, die im Laufe des Gesprächs von beiden Gesprächspartnern verschiedentlich reformuliert wird:

   (1) E: *ça peut être qu'une question entre vous* (2/2)
   (2) E: *j'pense que ça peut être qu'un accord entre vous* (2/5)
   (3) D: *ça peut être qu'un accord* (2/7)
   (4) D: *justement j'voulais savoir si on pouvait faire un arrangement à l'amiable* (5/21 - 23)
   (5) E: *oui oui mais j'vous dis c'est vraiment alors c'est une question d'entente entre vous je pense* (6/4 - 5)

Die Reformulierungen in (4) und (5) sind durch *justement* bzw. *vraiment* gekennzeichnet, in (5) wird außerdem die Handlung des Reformulierens explizit thematisiert durch *j'vous dis*. Die Reformulierungsäußerungen selbst weisen zum Teil nur geringe Variationen gegenüber der Bezugsäußerung auf: statt *accord* wird *question* (Beispiel 1) oder *question d'entente* (Beispiel 5) verwendet; D benutzt zur Reformulierung den Ausdruck *faire un arrangement à l'amiable* (Beispiel 4). Über die angeführten Beispiele hinaus wird im übrigen der Sachverhalt auch noch einmal negativ formuliert:

   (6) E: *ah non mais ça j'vous dis alors vraiment nous n'avons absolument pas à intervenir là-dedans hein* (2/27 - 3/1)

Die Reformulierungen im Verlauf des Gesprächs tragen nun insbesondere dadurch zur Kohärenz des gesamten Gesprächs bei, daß die Gesprächspartner durch sie gemeinsam so etwas wie eine dominierende Handlungsanweisung etablieren: als zentrale Auskunft des Experten - als "Ratschlag" wenn man so will - erscheint eben die Mitteilung, daß die beiden Parteien sich einigen können, ohne die Versicherung einzuschalten.

Wenn man Überlegungen zu solchen Formulierungsverfahren wie den Reformulierungen in die Untersuchung von Kohärenzfaktoren einbezieht, gewinnt man dadurch also zusätzliche Kategorien, die geeignet sind, die Handlungskonstitution im Gespräch zu beschreiben. Voraussetzung dafür ist allerdings, daß das textlinguistische Konzept der Kohärenz konversationsanalytisch aufgefaßt wird, d.h. nicht als Texteigenschaft, sondern als Ergebnis einer Interpretationsleistung der Interaktionspartner. Kohärenz wird von den Partnern interaktiv etabliert - das Beispiel der Reformulierungen von *ça peut être qu'un accord entre vous* macht das sehr gut deutlich. Die Interpretationen der Gesprächsteilnehmer, die WK in seinen Analysen rekonstruiert, sind in diesem Sinne Aktivitäten zur Kohärenzherstellung. In derselben Weise benutzt auch WK in seinem Beitrag den Begriff "Kohärenz"; er sagt zwar auch, daß Äußerungen kohärent "sind" (S.109), in der Regel spricht er jedoch davon, daß die Beteiligten Kohärenz "herstellen" (S. 88, 98) oder "aufbauen" (S. 90). Die Auffassung von Kohärenz als einer interpretativen und interaktiven Leistung scheint mir Hinweise für eine Neuorientierung textlinguistischer Untersuchungen zur Kohärenz zu geben; zugleich werden damit möglicherweise auch die Ergebnisse textlinguistischer Untersuchungen für konversationsanalytische Fragestellungen sinnvoll auswertbar. Das wäre m.E. vor allem für den dritten der von WK genannten Verfahrensschritte bei der Handlungsanalyse (siehe oben, S. 131) wichtig, in dem Beratungsaktivitäten und sprachliche Phänomene einander zugeordnet werden müssen. Nur so käme man ja zu Aussagen über interaktive Funktionen grammatischer Elemente. Dieser Schritt wird im vorliegenden Beitrag von WK noch nicht vollzogen; die Aussagen über interaktive Funktionen betreffen hier nur die Funktionen in dem analysierten Gespräch. Sie können also zunächst nur als Hypothesen über systematische Zusammenhänge zwischen grammatischen Formen und interaktiven Funktionen aufgefaßt werden.

3.2 Probleme der Textsortendifferenzierung

Die Schwierigkeit, von den Ergebnissen der Analyse eines einzelnen Gesprächs oder auch der vergleichenden Analyse mehrerer Gespräche zu verallgemeinerten Aussagen über interaktive Funktionen zu kommen, hängt nicht zuletzt mit der Frage zusammen, was denn an einem Gespräch spezifisch ist für den Einzelfall, hier also für das Gespräch zwischen Dupont und seinem Experten, für die Textsorte, hier das Beratungsgespräch, oder für Handlungskonstitution in Gesprächen überhaupt. WK will in seinem Beitrag Handlungsstrukturen in Beratungsgesprächen exemplarisch untersuchen (S. 84); Handlungskonstitution im Beratungsgespräch ist also als Beispiel für Handlungskonstitution im Gespräch überhaupt zu verstehen. Als Beispiel für ein Beratungsgespräch wiederum analysiert WK das Gespräch zwischen Dupont und seinem Experten. Die Feinanalyse in Abschnitt 5 schließlich ist wieder exemplarisch zu verstehen: als Beispiel für die Analyse eines ganzen Gesprächs. Es stellt sich nun die Frage, inwieweit und bezogen auf welchen Bereich die Ergebnisse der Analyse verallgemeinert werden können. WK stellt sich in seinem Beitrag diese Frage selbst, und zwar sowohl für Einzelaktivitäten als auch für übergreifende komplexe Strukturen: "Inwieweit handelt es sich um feste Schemata, inwieweit werden sie situativ spontan aus Teilkomplexen aufgebaut?" (S. 82/83). Bestimmte Ordnungsstrukturen wie das Kernschema der Problembearbeitung im Beratungsgespräch (Abschnitt 3) sind auf der Grundlage von Analysen in dem erwähnten Projekt bereits als typisch erkannt worden. Darauf beziehen sich Aussagen wie "als normal anzusehen" (S. 94), "normalerweise" (S. 94), "als normal erwartbar" (S. 96) oder "eine der Standardfiguren von ersten Problempräsentationen" (S.106). Dabei müßte nun im einzelnen überlegt werden, ob "normal" sich jeweils nur auf Beratungsgespräche bezieht oder auf Handlungskonstitution im Gespräch überhaupt - die Formulierung auf Seite 96 legt letzteres nahe, und in der Tat sind "Verzahnungen von Aktivitäten und die schubweise Bearbeitung der zentralen Aufgaben" vermutlich nicht auf Beratungsgespräche beschränkt. Generell ist jedoch festzustellen, daß der exemplarische Charakter, den WK für seine Analysen beansprucht, in der Analyse selbst oft zurücktritt zugunsten des für das analysierte Gespräch Spezifischen, so daß die Frage nach der Verallgemeinerbarkeit der Ergebnisse letztlich nicht beantwortet wird. Diese Frage ist allerdings für konversationsanalytische Arbeiten grundsätzlich schwer zu beantworten.[1] Einerseits werden sehr allgemeingültige kommunikative Verfahrensweisen wie Sprecherwechsel-Regeln (Sacks/ Schegloff/Jefferson 1978) oder Reparaturen (Schegloff/Jefferson/ Sacks 1977) beschrieben, andererseits wird immer sehr konkret am Einzelfall gearbeitet und möglichst nicht vom jeweiligen spezifischen Kontext abstrahiert. Schegloff geht bei der Beschreibung der Funktion von Elementen des Typs *uh huh*, *yeah* usw. im Englischen explizit auf diese Problematik ein (1982: 80 ff.) und kommt zu dem Ergebnis, daß es nur zwei allgemeine Funktionen dieser Elemente gibt, "a usage as continuer and a usage to pass an opportunity to initiate repair" (88); spezifischere Funktionen können nur in bezug auf den jeweiligen Kontext angegeben werden. Zwischen solchen allgemein auf sprachliche Interaktion bezogenen Funktionen und solchen, die an einen bestimmten Kontext gebunden sind, könnte man nun textsortenspezifische Funktionen annehmen, aber darüber werden in ethnomethodologischen Arbeiten kaum Aussagen gemacht. Die vorliegende Arbeit WKs scheint mir nun einen Ansatz für Aussagen über textsortenspezifische Charakteristika zu bieten.[2] Die Aufgabenstruktur, die hier für Beratungsgespräche erarbeitet wird, gilt weder für sprachliche Interaktion allgemein noch ausschließlich für das Gespräch zwischen Dupont und seinem Experten, sondern für die Textsorte "Beratungsgespräch".[3] Insofern ist über die Beschrei-

---

[1] Dieses Problem wird ausführlicher von Fiehler (1983) diskutiert.
[2] Im Sinne von Fiehler wäre WKs Beitrag zu den "Aufbauanalysen" zu rechnen (1983: 51); die in ihm angelegten Verallgemeinerungen wären dann "interaktionstypspezifische allgemeine Aussagen" (55).
[3] Ich verwende den Terminus 'Textsorte' hier im Sinne der Unterscheidung von Isenberg (1983: 308) "als bewußt vage gehaltene Bezeichnung für jede Erscheinungsform von Texten, die durch die Beschreibung bestimmter, nicht für alle Texte zutreffender Eigenschaften charakterisiert werden kann, unabhängig davon, ob und auf welche Weise diese Eigenschaften im Rahmen einer Texttypologie theoretisch erfaßbar sind". (Im Unterschied dazu verwendet Isenberg 'Texttyp' als theoriebezogene Bezeichnung.) Es erscheint mir im vorliegenden Zusammenhang deshalb wichtig, in diesem Sinne von einer Textsorte 'Beratungsgespräch' zu sprechen, weil es hier tatsächlich auf Alltagsklassifikation ankommt, die für die Interaktionsteilnehmer ei-

bung verschiedener Handlungsschemata von einer linguistischen Konversationsanalyse, wie sie von WK konzipiert wird, durchaus ein Beitrag zum Problem der Textsortendifferenzierung zu erwarten. Die Zuordnung typischer sprachlicher Merkmale zu den Handlungsschemata bliebe allerdings noch zu leisten. Ein Handlungsschema wie "Beraten" entspricht weitgehend dem, was in einem textlinguistischen Ansatz als Textsorte "Beratungsgespräch" bezeichnet wird. Allerdings entspricht sicher nicht jedem Handlungsschema eine Textsorte; es gibt Handlungsschemata - das gilt unter Umständen auch für "Beraten" -, die in verschiedenen Textsorten vorkommen können. Eine Textsorte könnte auch eine Konfiguration verschiedener Handlungsschemata sein. In jedem Fall wären Textsorten als Zuschreibungen oder Interpretationen der Gesprächsteilnehmer aufzufassen. Auch wenn Textsorten als konventionelle Muster den Interaktionsbeteiligten zur Orientierung dienen, müßte man aus konversationsanalytischer Sicht annehmen, daß ihre Realisierung jeweils in einem interaktiven Prozeß vor sich geht: ein Gespräch wird durch die Beteiligten als Manifestation einer bestimmten Textsorte konstituiert. Die Analyse müßte zeigen, wie die Konstitution sprachlich erfolgt und wie sich die Beteiligten ihre Orientierung an einer bestimmten Textsorte gegenseitig verdeutlichen. Auf diese Weise könnte eine konversationsanalytische Auffassung von 'Textsorte' auf Aspekte aufmerksam machen, die in der textlinguistischen Diskussion der Textsortenproblematik bisher weitgehend fehlen.[1]

---

nen Rahmen bildet, an dem sie sich orientieren.

[1] Eine Sonderstellung in dieser Diskussion nimmt Isenberg (1984) ein, der die Definition von Texttypen (verstanden als theoretischen Begriff, siehe vorangehende Anmerkung) vornehmlich mit Hilfe eines Kriteriums vornimmt, das bei der Rezeption von Texten eine Rolle spielt, nämlich der Bewertung kommunikativen Handelns. Dieser Ansatz wäre mit einer konversationsanalytischen Auffassung von Textsorten als Zuschreibungen oder Interpretationen der Gesprächsteilnehmer vereinbar. Allerdings ordnet Isenberg den Bewertungskriterien "fundamentale Interaktionsziele" zu, die einen ausgeprägt normativen Charakter haben: die Interaktanten sind verpflichtet, sie zu erkennen und zu akzeptieren (1984: 268). Dieser Standpunkt ist einer konversationsanalytischen Annahme interaktiv konstituierter, unter Umständen sogar ausgehandelter Textsorten gerade entgegengesetzt.

Literatur

Bange, P., 1983. "Points de vue sur l'analyse conversationnelle", in: *DRLAV* 29, 1 - 28.

Bergmann, J., 1981. "Ethnomethodologische Konversationsanalyse", in: Schröder, P., H. Steger (Hg.), *Dialogforschung. Jahrbuch 1980 des Instituts für deutsche Sprache*, Düsseldorf, 9 - 51.

Cahiers de Linguistique Française 1, 1980. Actes de Langage et Structure de la conversation.

Cahiers de Linguistique Française 2, 1981. Les différents types de marqueurs et la détermination des fonctions des actes de langage en contexte.

Cahiers de Linguistique Française 5, 1983. Connecteurs pragmatiques et structure du discours.

Etudes de Linguistique Appliquée 44, 1981. Analyse de conversations authentiques.

Fiehler, R., 1983. "Verallgemeinerungen in der Konversationsanalyse", in: *Grazer Linguistische Studien* 20, 47 - 60.

Gülich, E., 1980. "Konventionelle Muster und kommunikative Funktionen von Alltagserzählungen", in: Ehlich, K. (Hg.), *Erzählen im Alltag*, Frankfurt/M., 335 - 384.

Gülich, E., Th. Kotschi, 1983. "Les marqueurs de la reformulation paraphrastique", in: *Cahiers de Linguistique Française* 5, 305 - 351.

Gülich, E., Th. Kotschi, 1985. "Reformulierungshandlungen als Mittel der Textkonstitution. Untersuchungen zu französischen Texten aus mündlicher Kommunikation", in: Motsch, W. (Hg.), *Satz, Text, sprachliche Handlung* [Studia Grammatica XXV], Berlin/DDR (im Druck).

Isenberg, H., 1983. "Grundfragen der Texttypologie", in: Daneš, F., D. Viehweger (Hg.), *Ebenen der Textstruktur* [Linguistische Studien, Reihe A, Arbeitsberichte 112], Berlin/DDR, 303 - 342.

Isenberg, H., 1984. "Texttypen als Interaktionstypen", in: *Zeitschrift für Germanistik* 3, 261 - 270.

Kallmeyer, W., 1977. "Verständigungsprobleme in Alltagsgesprächen. Zur Identifizierung von Sachverhalten und Handlungszusammenhängen", in: *Der Deutschunterricht* 29/6, 52 - 69.

Kallmeyer, W., 1978. "Fokuswechsel und Fokussierungen als Aktivitäten der Gesprächskonstitution", in: Meyer-Hermann, R. (Hg.), *Sprechen - Handeln - Interaktion. Ergebnisse aus Bielefelder Forschungsprojekten zu Texttheorie, Sprechakttheorie und Konversationsanalyse*, Tübingen, 191 - 241.

Kallmeyer, W., 1979. "Kritische Momente. Zur Konversationsanalyse von Interaktionsstörungen", in: Frier, W., G. Labroisse (Hg.), *Grundfragen der Textwissenschaft. Linguistische und Literaturwissenschaftliche Aspekte* [Amsterdamer Beiträge zur Neueren Germanistik, Bd. 8], 59 - 109.

Kallmeyer, W., 1979 a. "(Expressif) *eh ben dis donc, hein' pas bien* - Zur Beschreibung von Exaltation als Interaktionsmodalität", in: Kloepfer, R. u.a. (Hg.), *Bildung und Ausbildung in der Romania*, Bd. I: *Literaturgeschichte und Texttheorie*, München, 549 - 568.

Kallmeyer, W., 1981. "Aushandlung und Bedeutungskonstitution", in: Schröder, P., H. Steger (Hg.), *Dialogforschung. Jahrbuch 1980 des Instituts für deutsche Sprache*, Düsseldorf.

Kallmeyer, W., 1982. *Zur Handlungsstrukturanalyse von Beratungen*. Arbeitspapier des Instituts für deutsche Sprache, Mannheim.

Kallmeyer, W., F. Schütze, 1976. "Konversationsanalyse", in: *Studium Lingusitik* 1, 1 - 28.

Kallmeyer, W., F. Schütze, 1977. "Zur Konstitution von Kommunikationsschemata der Sachverhaltsdarstellung", in: Wegner, D. (Hg.), *Gesprächsanalysen*, Hamburg, 159 - 274.

Nothdurft, W., Th. Spranz-Fôgasy, 1984. *Gesprächsanalyse von Schlichtungs-Interaktion. Methodische Probleme und ihre Hintergründe* [Papiere aus dem Projekt "Schlichtung", 1], Institut für deutsche Sprache, Mannheim.

Sacks, H., E. A. Schegloff, G. Jefferson, 1978. "A Simplest Systematics for the Organization of Turn Taking for Conversation", in: Schenkein, J. (Hg.), *Studies in the Organization of Conversational Interaction*, New York/San Francisco/London 7 - 55.

Schegloff, E. A., 1979. "The Relevance of Repair to Syntax-for-conversation", in: Givón, T. (Hg.), *Syntax and Semantics*, Vol. 12: *Discourse and Syntax*, New York, 261 - 286.

Schegloff, E. A., 1982. "Discourse as an Interactional Achievement: some Uses of *uh huh* and other Things that Come between Sentences", in: Tannen, D. (Hg.), *Analyzing Discourse: Text and Talk, Georgetown University Round Table on Languages and Linguistics 1981*, Washington, 71 - 93.

Schegloff, E. A., G. Jefferson, H. Sacks, 1977. "The Preference for Self-correction in the Organization of Repair in Conversation", in: *Language* 53, 361 - 382.

Schegloff, E. A., H. Sacks, 1973. "Opening up Closings", in: *Semiotica* 8, 289 - 327.

Schenkein, J., 1978. "Sketch of an Analytic Mentality for the Study of Conversational Interaction", in: Schenkein, J. (Hg.),

Studies in the Organization of Conversational Interaction, New York/San Francisco/London, 1 - 6.

Schenkein, J. (Hg.), 1978 a. *Studies in the Organization of Conversational Interaction*, New York/San Francisco/London.

Schröder, P., H. Steger (Hg.), 1981. *Dialogforschung. Jahrbuch 1980 des Instituts für deutsche Sprache*, Düsseldorf.

Schütze, F., 1975. *Sprache - soziologisch gesehen*, 2 Bände, München.

Schütze, F., 1976. "Zur soziologischen und linguistischen Analyse von Erzählungen", in: *Internationales Jahrbuch für Wissens- und Religionssoziologie* 10, 7 - 41.

Searle, J. R., 1971. *Sprechakte. Ein sprachphilosophischer Essay*, Frankfurt/M.

Streeck, J., 1980. "Speech Acts in Interaction. A Critique of Searle", in: *Discourse Processes* 3, 133 - 154.

Streeck, J., 1983. "Konversationsanalyse. Ein Reparaturversuch", in: *Zeitschrift für Sprachwissenschaft* 2/1, 72 - 104.

Wunderlich, D., 1976. *Studien zur Sprechakttheorie*, Frankfurt/M.

Wunderlich, D., 1981. "Ein Sequenzmuster für Ratschläge - Analyse eines Beispiels", in: Metzing, D. (Hg.), *Dialogmuster und Dialogprozesse* [Papiere zur Textlinguistik 32], Hamburg, 1 - 30.

"NUN ERZÄHL' MAL WAS!"
TEXTSTRUKTUR UND REFERENTIELLE ORGANISATION IN ELIZIERTEN ERZÄHLUNGEN ITALIENISCHER KINDER[1]

Christine Bierbach

Auf welche Weise wirken Strukturen der Interaktion auf die grammatische und semantische Organisation von "Texten" ein, die sie produzieren? Dieser Frage möchte ich anhand einiger Beobachtungen nachgehen, die ich an narrativen Diskursen zweisprachiger italienischer Immigrantenkinder im Rahmen eines Gruppeninterviews unter dem Gesichtspunkt von *Erzählstruktur* und *Referenz* gemacht habe. Am Ausgangspunkt der Analyse standen dabei Überlegungen, wie eine grammatische Kategorie - "Tempus" -, die unlösbar mit den semantischen Korrelaten "Temporalität"/"temporale Referenz" verbunden ist, an empirischem Material adäquat untersucht und beschrieben werden kann. Sie zentrieren sich um das Postulat, daß die Dimension der "Temporalität" nur in bezug auf bestimmte *Kommunikationsziele* ihren Sinn erhält, die ihrerseits im interaktiven Prozeß entstehen und rekonstruierbar sind.

Natürlich betrifft eine solche Annahme grammatisch-semantische Strukturen generell, wenn man Sprechen als kommunikatives Handeln begreift. Andererseits spielt aber die Dimension der Temporalität in unterschiedlichen Sprechhandlungstypen eine unterschiedlich wichtige Rolle: *Erzählende Diskurse* bieten sich zu ihrer Untersuchung an, da ihnen in jedem Fall die Aufgabe zufällt, "eine vom Augenblick des Erzählens differierende und distanzierte Realität verbal [zu etablieren]" (Klein 1980: 284) und

---

[1] Dieser Beitrag hat sich aus einem Arbeitspapier im Rahmen des Konstanzer Projekts "Muttersprache italienischer Gastarbeiterkinder" (MIG), in dem ich seit Frühjahr 1983 mitarbeite, entwickelt (vgl. dazu Sonderforschungsbereich 99 - Linguistik - Universität Konstanz: Ergebnisbericht 1980/81/82 und die Arbeiten von Auer und Di Luzio).
Ich danke den Konstanzer Kollegen A. di Luzio, P. Auer und D. D'Angelo, sowie W. Kallmeyer, E. Gülich und B. Schlieben-Lange für Hinweise und Kritik, die mich zu einer (wie ich hoffe, genaueren) Ausarbeitung motiviert haben.

dabei eine Ereignisfolge in ihrem zeitlichen Ablauf zu repräsentieren (Labov 1972; Labov/Waletzky 1967/1973). Nun ist aber gerade das (mündliche) Erzählen in der linguistischen Literatur in starkem Maße als den interaktiven Rahmen durchbrechende, gleichsam "eigengesetzliche" Gattung behandelt worden. Konversationsanalytische Arbeiten untersuchten primär, wie Sprecher Erzählungen aus einem lokalen Handlungsschema "ausgrenzen", dieses für den Verlauf der Erzählung quasi suspendieren und nach Abschluß wieder daran anknüpfen. Zu den wenigen Ausnahmen davon zählt, neben den Arbeiten von U. Quasthoff (bes. 1980) und Kraft/Nikolaus/Quasthoff (1977), E. Gülichs Studie zum "funktionalen Erzählen" (1980), die "Funktionalität" in bezug auf ein übergeordnetes Handlungsschema an charakteristischen Strukturen der *Detaillierung* (Relevanzfestlegung, Kondensierung) und der *Gestaltschließung* aufzeigt. Die schon klassischen Arbeiten von Sacks (1971, 1972) beziehen sich auf die interaktive Einbettung von "Geschichten innerhalb von Unterhaltungen" unter dem Gesichtspunkt der "Gesprächsorganisation" (in der Terminologie von Kallmeyer/Schütze 1976) - also Ankündigungsverfahren, Sicherung von Rederecht und Höreraufmerksamkeit für einen längeren "monologischen" turn -, so auch Jeffersons "Sequential Aspects of Storytelling in Conversation" (1978), die an Sacks anknüpft. Der Fokus liegt dabei also auf den "Rändern" der Erzählung, wenn Jefferson auch in einer Fußnote darauf hinweist, daß "there is evidence that a story not only articulates with turn-by-turn-talk at its edges but throughout" (1978: 245, n. 3). Schon näher an den "inneren" - und den semantischen - Bereich des Erzählens kommt Ryave (1978), indem er zeigt, wie Material von vorangegangener Erzählkonversation für die Konstruktion von Folgeerzählungen via "Bedeutungsassertionen" und (Um-)Interpretationen verwendet wird. Allerdings bezieht sich "Bedeutung" (significance) dabei auf globale (soziale) Bedeutungen der "Geschichte" (oder eines ihrer Ereignis-Bestandteile) und läßt deren sprachliche Konstruktion weitgehend außer acht.

Versucht man nun, einen direkteren, "mikroanalytischen" Zusammenhang zwischen Interaktionsparametern und sprachlichen Formen zu rekonstruieren, wäre zunächst zu überlegen, *welche* Parameter der Interaktion dafür in Frage kommen.

Da man bei der linguistischen Analyse von Erzählungen in Konversationen immer auch vor dem "Segmentations"-Problem steht zu entscheiden, wo eine Erzählhandlungssequenz beginnt und endet, schien es mir, in Weiterführung des Sacksschen Ansatzes, sinnvoll, von *Art und Form der Initiierung* auszugehen und zu rekonstruieren, wie diese in die innere (semantische und textuelle) Struktur der Erzählung hineinwirkt.

Erzählungen können - über verschiedene Verfahren der Vorbereitung oder Ankündigung etc. - *selbstinitiiert* oder - über eine Frage oder Aufforderung - *fremdinitiiert* sein. (Varianten dazu wären an eine *eigene*, unmittelbar vorausgehende Erzählung anknüpfende "sequentielle" oder an die eines Interaktionspartners angebundene "reaktive" Erzählungen.) Alle diese Typen kommen in unserem Material vor; dabei hatten bestimmte, durch Fragen initiierte - also *elizitierte* - Formate auffällige wiederkehrende Charakteristika. Ich habe mich zunächst - und für den Rahmen dieses Beitrags - auf diese elizitierten Erzählungen konzentriert, bzw. darauf, was geschieht, welche Textstrukturen produziert werden, wenn in einer Konversation erzähl-elizitierende Fragen gestellt werden.

Dazu ist noch eine kurze Vorklärung notwendig:
- Was *ist* eigentlich eine "elizitierende Frage"?
- *Was* genau elizitiert eine solche Frage?

Explizite Erzähl-Elizitationen - etwa im Sinne von "story-invitations" (Cuff/Francis 1978)[1] - kommen in natürlichen Gesprächen nur unter bestimmten Voraussetzungen vor, zum Beispiel wenn der/die "Elizitierende" "weiß" oder annimmt, daß der/die Gesprächspartner/in etwas erlebt hat, was erzählenswert ist - also ein gemeinsamer Wissenshintergrund, auf den angespielt wird -, oder wenn im Rahmen der Konversation selbst auf ein solches Erlebnis

---

1 In den von Cuff/Francis analysierten "stories about marriage breakdown" trifft zu, daß ein gegebenes "erzählenswertes" und "erzählbares" Ereignis vorausgesetzt und bereits als Erzählthema - vor der eigentlichen Interaktion - ausgehandelt worden ist. Die Autoren analysieren dann, wie Erzähler verfahren, um *die* Geschichte zu erzählen, die (wie) der andere (sie) hören will, mit Analyseschwerpunkt auf dem Problem des adäquaten "Einstiegs". Dabei geht es mehr um kognitive als um sprachliche Strukturen, d.h. um die "Rekonstruktion einer sozialen Welt" in der Erzählung.

angespielt wurde. Letzteres liefe aber bereits auf eine (potentielle) Erzählankündigung hinaus und sollte nicht unter dem Stichwort der "Fremdinitiierung" behandelt werden.[1] Das Kriterium, weswegen es sich lohnen mag, diese beiden interaktiven "Genese"-Aspekte zu unterscheiden, ist gerade die Tatsache, daß im Falle der Elizitation *von außen* eine "Aufgabe" gestellt wird, die die Erzählung in irgendeiner Weise zu lösen hat, oder auf die sie sich wenigstens in irgendeiner Form beziehen muß, die Erzählstruktur also in einer bestimmten Form auf eine Frage "antwortet".

Kann man aber einer Frage "ansehen" bzw. -hören, ob sie eine *Erzählung* elizitiert, oder ob sie auf einen Bericht, eine Beschreibung oder einen anderen Diskurstyp abzielt? Zweifellos haben alle Interaktanten dazu Intuitionen, denn sie fühlen sich zum Erzählen auch von Fragen oder Äußerungen aufgefordert, die nicht das "performative" Verb enthalten ("Nun erzähl' doch mal!").

Als "elizitierend" betrachte ich dann solche Fragen, die von Interaktanten als erzählauffordernde Sprechakte interpretiert werden (können) und die in unserem Corpus auch Erzählungen bzw. narrative Diskurstypen auslösten.[2] Diese Fragen haben bestimmte sprachliche Merkmale, die auf semantische Eigenschaften des Erzählens hinweisen:

- *Handlungsverben* wie *fare*/machen bzw. spezifizierende wie *litigare*/streiten etc.;
- Verwendung eines *Vergangenheitstempus* (passato prossimo);
- eine auf (spezifisches) Vergangenes verweisende *Zeitangabe* (*una volta, domenica scorsa, a quella festa* ...).

---

[1] Das betrifft z.B. die bei Quasthoff beschriebenen "erzählfördernden Nachfragen", die zeigen, daß Konversationsteilnehmer Äußerungen bestimmten Typs als Erzählankündigungen interpretieren. Solche von Ankündigungsformeln provozierten Elizitationen möchte ich jedoch von "echten" unterscheiden, da in diesem Fall ein eigener Erzählplan des ankündigenden Sprechers zu unterstellen ist. Natürlich können aber solche Fragen die Erzählstruktur beeinflussen, indem sie z.B. auf einen bestimmten Aspekt der Ankündigung fokussieren und den Erzähler zu bestimmten Detaillierungen veranlassen.

[2] Eine Evidenz für diese Interpretation auf Seiten des *Fragers* findet sich z.B. in der Tatsache des *Insistierens* so lange, bis eine detaillierte narrative Sequenz als Antwort folgt, cf. Transkript - Beispiele 1 und 4 (Anhang).

Sicherlich tragen aber außer diesen sprachlichen "cues" auch Situationsmerkmale und soziale Normen dazu bei, eine Frage als Erzählaufforderung zu interpretieren.

Einige Bemerkungen noch zum hier verwendeten Begriff des *Erzählens*. Aufgrund meiner Erfahrung mit konversationellen Texten und speziell im Hinblick auf die eingangs genannte Frage der temporalen Strukturen möchte ich für einen *weit gefaßten* Begriff des Erzählens plädieren. In der linguistischen Forschung wird "erzählen" fast immer im engen Sinn von Erzählen einer *Geschichte* verstanden, das m.E. nur einen Teil der narrativen Aktivitäten in Konversationen ausmacht. Ich möchte daher von den Kriterien ausgehen, die als konstitutiv für narrative Sprechhandlungen gelten, nämlich die schon erwähnte Aufgabe, *Nicht-Präsentes* – im Sinne des *Wir-Jetzt-Hier* der Teilnehmer an der Sprechsituation – zu verbalisieren (also der Verschiebung der *deiktischen Origo* im Sinne von Bühler) und dabei eine *Abfolge* von (mindestens zwei) zeitlich aufeinander folgenden *Handlungen* durch eine Sequenz von Äußerungen zu repräsentieren (entsprechend der "Minimal"-Definition Labovs)[1], und betrachte *alle* Texte, die diese Bedingungen erfüllen, als erzählend (narrativ). Damit sind als kommunikative Aufgaben für alle, die etwas erzählen (an einer Erzählung beteiligt sind), die Markierung der Origo-Verschiebung, die "Deixis am Phantasma" (Bühler) und die temporalsequentielle Organisation der erzählten Ereignisse grundlegend. Diese sind dann eingebettet in die je situationsspezifische interaktive Aufgabe, narrative Äußerungen in eine laufende Konversation "einzubauen" und auf sie zuzuschneiden.

Wenn die linguistische Erzählforschung das Kriterium der temporalen Struktur zwar übereinstimmend als grundlegend herausgestellt hat, so glaubt sie doch meist, nicht auf zusätzliche Kriterien verzichten zu können (vgl. die vorangestellten, immer wieder leicht modifizierten Definitionen und Merkmallisten in einschlägigen Arbeiten zu mündlichem Erzählen, z.B. Gülich und Quasthoff). Es erscheint mir nicht ganz einleuchtend, wenn zum Beispiel Wienold (1983: 99) die Merkmale "Zeitformen der Vergan-

---

1 "Jede beliebige Teilsatzfolge, die zumindest eine temporale Grenze enthält, ist eine Erzählung" (Labov/Waletzky 1973: 105).

genheit" und "Anordnung der Darstellung von Ereignissen in einer Abfolge" einerseits als "fundamentale sprachliche Eigenschaften des Erzählens" herausstellt, diese andererseits aber auch "nichterzählender Sprachverwendung" zuschreibt bzw. solche Texte (z.B. Nachrichten, Antworten auf bestimmte Fragen, die in meiner Auffassung Erzählungen elizitieren) als "nichterzählend" betrachtet.

Sinnvoller erscheint mir der Vorschlag von Polanyi (1982), zwischen "narratives" im allgemeinen und "stories" im besonderen zu unterscheiden, wobei sie für "narratives" Labovs temporalsequentielle Minimaldefinition (siehe S. 145, Anm.) zugrundelegt, und unterschiedliche narrative Typen mit zusätzlichen Merkmalen charakterisiert (z.B. Ereigniszeitraum, Tempusformen, Art des Bezugs auf Ereignissequenz etc.). So sind zwar alle "stories" (Spezialfälle von) "narratives", aber nicht alle "narratives" sind "stories", sondern, je nach Merkmalkombination, auch "reports", "generics" usw.

Ich postuliere, daß ein solches Konzept von (weitgefaßtem) Erzählen einerseits und "Geschichten"(-Erzählen) andererseits auch dem Verständnis der Sprecher/Interaktanten entspricht und sich dies u.a. auch an der Art, auf Elizitationen zu reagieren, festmachen läßt. Insofern eröffnet die Untersuchung der interaktiven Erzeugung erzählender Diskurse im Zusammenhang mit verschiedenen Elizitationsformen einen Weg, den Bedingungen der Unterschiedlichkeit solcher Diskurse - wie sie sich beispielsweise auch in der mündlichen Sprachproduktion der italienischen Kinder abzeichnet - auf die Spur zu kommen. Schließlich ist die Untersuchung dieses Zusammenhangs auch dadurch motiviert, daß soziolinguistische Analysen mündlichen Erzählens überwiegend auf *elizitierten Erzählungen* basieren, ohne diese Tatsache selbst in die Analyse einzubeziehen; vielmehr erscheinen diese Erzählungen gewöhnlich als "geschlossene Produkte", säuberlich aus dem Interaktionszusammenhang herauspräpariert.[1] Meine Kritik daran impli-

---

[1] Paradebeispiele dafür sind Labov (1972; dt. 1978) und Labov/Waletzky (1967; dt. 1973), deren Elizitationsformel - Modell für viele andere empirische Erzähluntersuchungen - zwar beiläufig erwähnt wird, ohne aber einer eventuellen Wirkung auf die Erzählstrukturen, die sie auslöst, nachzugehen. Vielmehr werden hier Unterschiede in der Erzählstruktur (und -qualität!) ausschließlich dem Faktor "selbst erlebt" bzw. "aus zweiter Hand" und dadurch bedingten evaluierenden Verfahren zugeschrieben.

ziert den Appell, bei der Analyse diesen Zusammenhang - "die Geschichte der Geschichte" - im Auge zu behalten, besser noch: sie sichtbar zu machen, besonders, wenn es darum geht, die Adäquatheit oder Qualität narrativer Organisationsmuster zu beurteilen.

Dies möchte ich anhand einiger Beispiele aus einer Konversation mit teilweise interviewartigem Charakter zwischen vier italienischen Kindern und einem italienischen Erwachsenen in Konstanz zu demonstrieren versuchen.

1. Elizitationsfragen und Textstrukturen: Analyse von vier Beispielen

Im folgenden möchte ich vier Sequenzen mit narrativem Diskurs analysieren, die von erzählelizitierenden Fragen im obigen Sinn ausgelöst wurden (vgl. Transkriptauszüge im Anhang). Diese Fragen folgen dem Muster:

1. Was (*che cosa*) habt ihr in der Situation x gemacht?
2. Habt ihr schon mal x gemacht/erlebt (*avete fatto/vi è capitato*)?

Für beide Varianten bespreche ich je zwei Beispiele, die alle der Interaktionsepisode "Vierer B" des Konstanzer Corpus entstammen: Die Teilnehmer sind zwei eng befreundete Brüderpaare, Agostino (Ag) und Camillo (Cam), 16 und 14 Jahre alt, Alfredo (Al) und Clemente (Cl), 15 und 13, und ein italienischer Projektmitarbeiter (X), 26 Jahre alt, den sie aus verschiedenen Freizeitaktivitäten gut kennen. Das Gespräch wird als aufgelockertes "konversationelles Interview"[1] bei X zu Hause geführt. Alle Teilnehmer sind zweisprachig, und die Jugendlichen, vor allem die drei Jüngeren, bevorzugen unter sich das Deutsche, X hat jedoch

---

[1] Ein methodischer Einwand könnte darauf abzielen, inwieweit ein *Interview* - auch in informellem Kontext und mit einer Gruppe - mit "natürlicher" Konversation" vergleichbar ist. Sicher gibt es Aspekte der Interaktanten-Beziehungen und - streckenweise - der Ebene des Sprach*stils* (z.B. Verwendung standardnaher Formen des Italienischen) sowie bestimmter Inhalte, die davon direkt beeinflußt werden. Was "natürlich" ist und was nicht, hat sowieso bisher noch niemand schlüssig definiert. (Kann man das?) Andererseits sind "Elizitieren" und interviewartige Interaktionsstruktur - also stärker steuernde und asymmetrische Interaktion - nicht automatisch mit "unnatürlich" gleichzusetzen: Sie kommen in der "freien Wildbahn" der sozialen Beziehungen oft genug - mehr oder weniger ritualisiert - vor. Elizitierende Fragen/Elizitationssequenzen kommen z.B. in Erwachsenen-Kind-Interaktionen vor (in beiden Richtungen!) und in Gesprächen zwischen einer lokalen (Sub-)Gruppe und Außenstehenden, wenn es darum geht, Informationsdefizite aufzufüllen.

zu verstehen gegeben, daß er sich lieber italienisch mit ihnen unterhalten möchte, und spricht selbst durch die ganze Episode hindurch Italienisch. Die jeweilige Sprachwahl seitens der Jugendlichen wird damit selbst zum bedeutungsvollen Strukturmerkmal der Interaktion.[1]

Die Beispiele, die ich konfrontieren möchte, könnte man im Hinblick auf ihre elizitierte Genese unter das Motto stellen:

1. Wie man erzählt, wenn man nichts zu erzählen hat;
2. wie man "trotzdem" Geschichten erzählt.

1.1 Wie man erzählt, wenn man nichts zu erzählen hat:
Die Aufzählung als Minimalform der elizitierten Narration

Beispiel (1): *Domenica scorsa* (Letzten Sonntag)

Das erste Beispiel - "Domenica scorsa" - wird durch eine Fragesequenz initiiert, die ihrerseits aus dem Themenbereich "Verhältnis zu den Eltern/Familienleben" hervorgeht. Die Kinder haben dazu schon zahlreiche Anekdoten, z.B. über Konflikte mit dem Vater, erzählt. Eine erste, allgemein formulierte Frage (Transkript-Beispiel 1, Z. 01 - *sonntags, wenn ihr alle zusammen seid, also mit den Eltern so, macht ihr da was, oder?*) eröffnet das "Unterthema" "Sonntag mit den Eltern" und ergibt - trotz nachhakender Konkretisierungen - nur Varianten kurzer Verneinungsturns (Tenor: "früher ja - heute nein"). Al's schließliche Aufzählung von (Sonntags-)Aktivitäten antwortet auf die reformulierte Frage:

X: *Eh, DOMENICA SCORSA per esempio COSA avete fatto?*

auf die bereits zwei andere Teilnehmer durch "abwertende" (Ag: Lachen) oder "abwehrende" Äußerungen (Cam. *"mer ware HALT zamme"*) sich einer detaillierten Antwort entzogen haben.

Al beginnt seine Antwort (auf die italienisch gestellte Frage) zunächst auf Deutsch mit einer Zeitbestimmung (*am Morge*), überlappend mit Cams ebenfalls deutscher Äußerung, und korrigiert

---

[1] Zu Sprachpräferenz und Prinzipien der Sprachwahl vgl. D'Angelo (1983) und Auer (1983); auf ihre Bedeutung im Zusammenhang mit den besprochenen Erzählungen komme ich unten zurück.

nach Abbruch unmittelbar seine Sprachwahl, die Zeitangabe wieder aufnehmend, ins Italienische. Dies ist als doppelter Ausdruck von Kooperationsbereitschaft zu interpretieren: Auf der inhaltlichen Ebene als Ansatz zu einer detaillierten Antwort im inferierten Relevanzrahmen der Frage, und auf der formalen Ebene der Sprachwahl durch Wechsel in die Präferenzsprache des Fragers.

Es folgt eine dreigliedrige Sequenz, die sowohl als Texttyp wie in der syntaktischen Struktur als "minimal" bezeichnet werden kann: der Text enthält eine reine Aufzählung, ohne orientierende (z.B. Personen, Schauplatz) oder evaluierende Elemente (abgesehen von *un poco* im ersten Gliedsatz), die syntaktische Struktur jeweils einen Zeitmarker und ein Verb im *passato prossimo*. Die Sequenz realisiert also ausschließlich die *zeitliche* Struktur der Ereignisfolge.

Diese "Minimalform" korrespondiert mit der minimalen "referentiellen Aufgabe", die aus der Fragestellung inferiert wurde, eine Menge von Tätigkeiten in einen sukzessiven Ablauf zu bringen: "Erst x, dann y, dann z". Die einzige lexikalisierte Zeitangabe - *la mattina* - steht am Beginn der Äußerung und greift den in der Frage vorgegebenen Zeitrahmen - *domenica scorsa* - *spezifiziert als Tageslauf* auf; an diese einleitende Zeitangabe schließen sich die temporalen Folgepartikeln *dopo* und *e dopo* an. Diese Struktur ist charakteristisch für die Form der *Aufzählung*, in der jeweils das erste Glied einer Ereignis- und Propositionenfolge als *initial* markiert wird (vgl. auch die Einleitungsform *primo/erst* in Beispiel (2)). Damit ist die temporal*sequentielle* Textstruktur (und nur diese) sehr stark markiert, und daraus läßt sich ableiten: thematisiert; außer dem (im Prinzip ausreichenden) Mittel der *Reihenfolge* der Propositionen und den *temporalen Folgesignalen*, drücken auch noch *prosodische Elemente* die Reihungsstruktur aus: Akzentuierung der Verben, Pause nach jedem Gliedsatz und ein für Aufzählungen charakteristisches *Intonationsschema*: (1) steigend → (2) plan → (3) fallend.

(1) *La mattina abbiam' parlato -- un poco ---*
(2) *dop'abbiam mangiato ---*
(3) *e dopo mangiat' abbiam'giocat'.*

Die thematisierte temporale Sequenz von Ereignissen als narrative Grundstruktur (im Sinne der Labovschen Minimaldefinition) verweist auf den Texttyp "Tageslauf", der durch (für bestimmte Zeitabschnitte) "charakteristische" Tätigkeiten konstituiert wird. (Die zugrundeliegende "objektive" Zeitstruktur wäre hier "Morgen - Mittag - Nachmittag".) Die Zeitreferenz in der Frage (*domenica scorsa*) fungiert dafür quasi als "setting" und nimmt so schon die deiktische Verschiebung voraus, der dann die *Tempuswahl* (*passato prossimo*) im Antworttext entspricht. Als zweites narratives Merkmal besteht also der Bezug auf *vergangene* Ereignisse/Tätigkeiten im Zusammenwirken der deiktischen Vergangenheitsreferenz in der Frage und des Gebrauchs des für mündliches Erzählen charakteristischen Vergangenheitstempus *passato prossimo*.[1] Dieser Text realisiert also voll das, was Labov als die "referentielle Funktion" des Erzählens bezeichnet; der fehlende *evaluative* Aspekt läßt sich auf die (Art der) Elizitation zurückführen: Die Darstellung der "Ereignisse" legitimiert sich aus der Fragestellung, der Erzähler, der diese Darstellung nicht selbst initiiert hat, ist nicht zu ihrer Evaluation verpflichtet.

Beispiel (2): *Erscht fresse* (Geburtstagsfeier)

Eine analoge Text- und Interaktionsstruktur liegt beim Beispiel "Geburtstagsfeier" (Anhang, Beispiel 2) vor: Die Sequenz wird durch eine Informationsfrage eröffnet: *Avete organizzato qualche volta ultimamente una festa voi cosi?* ("Habt ihr letztlich mal ein Fest organisiert so?"), auf die zunächst ein Abtausch kurzer, überwiegend (indirekt) negativer *Turns* erfolgt (Ag: *stamë tandë buonë a kasë*/"Wir fühlen uns doch prima zu Hause"; Cam: *Kuchen ess ich lieber allein* ...). Nur Al setzt mehrmals zu affirmativen Antworten an, die von den anderen Teilnehmern zum Teil nicht beachtet, zum Teil durch gegenteilige Äuße-

---

1 Vgl. dazu Weinrichs revidierte Darstellung seines Postulats, daß das Perfekt (passé composé/passato prossimo) *kein Erzähltempus* sei, im Kapitel "Mündliches Erzählen mit dem Perfekt", in Weinrich (1982: 173 ff.); außerdem Pusch (1983: 219, Anm. 5).
Die Kinder der Konstanzer Gruppe verwenden als Tempus narrativer Äußerungen fast ausschließlich das passato prossimo; mehr dazu siehe 2.2.

rungen (Ag: *Ich mach kei Geburtstagsfeier*) abgewertet werden. Allerdings wird durch diese Beiträge der allgemeinere thematische Rahmen "festa" auf "Geburtstagsfeier" festgelegt. Das erlaubt eine "konkretisierende" Reformulierung der Ausgangsfrage durch X:

> *Che cosa fate/che cosa avete fatto per esempio A QUELLA FESTA?*
> (Was macht ihr/was habt ihr z.B. AUF DIESEM FEST gemacht?)

die eine längere Sequenz, wiederum in Form einer *Aufzählung*, bei Al, ergänzt durch Ag, auslöst.

Zu beachten ist hier die *fluktuierende* Frageform, von einer allgemeinen, präsentischen (*che cosa fate*) korrigiert in eine auf ein konkretes vergangenes Ereignis abzielende Formulierung (*che cosa AVETE FATTO per esempio A QUELLA FESTA?*), deren zweiter Teil mit Als bereits einsetzender Antwort überlappt:

> X: ... *per esempio* ⌈*a quella festa*
> Al: ⌊*erscht fresse*

Wieder setzt die Aufzählung - mit dem Zeitfolgemarker *erscht* auf *deutsch* ein; die Reparatur nach dem ersten Gliedsatz betrifft erst die stilistische Ebene (*fresse - ah/ esse*), dann auch die *Sprachwahl*, die die dann folgende Aufzählung von den vorangegangenen Turns der Kinder abhebt: Der erste Gliedsatz wird italienisch reformuliert ("übersetzt") und die Aufzählung in italienisch (mit einzelnen transferierten Elementen: *Chips 'n so*) fortgesetzt, mit Rückkehr, innerhalb des letzten Gliedsatzes, ins Deutsche. Rechnet man spezifizierende Ergänzungen und Wiederholungen als zu einem Aufzählungsglied gehörig, liegt auch hier eine dreiteilige Reihe vor:

1. *PRIMO mangiare torta, tutta,*
   'ROPPE con ques' Chips 'n so
   tutto da mangiare, beve, -
2. *EROPPE giocare* [Ergänzung Ag: *und dann Blindekuh spielen*]
   EROPPE aré - weg - heimgehen, hhhh (1)

---

1 Die Auszüge aus Beispieltext (2) sind hier in normaler orthographischer Schreibweise wiedergegeben - im Gegensatz zu den folgenden, stark dialektalen Beispieltexten (3) und (4). Al spricht generell ein standardnäheres Italienisch; in Beispieltext (2) sind nur einige phonetische Merkmale dialektal, z.B. die Form *'roppe/eroppe* ("(und) dann")dialektale Variante von *dopo*. Interessant ist allerdings der Transfer des (süditalienischen) dialektalen Rhotazismus auf einen deutschen Dialektausdruck: *adé → aré*!

Auch hier ist der referentielle Rahmen "festa" als Gerüst für die Aufzählung von Tätigkeiten konzipiert und durch entsprechende Folgemarker (*primo/eroppe/eroppe*) gegliedert. Ein weiteres zeitliches Setting erübrigt sich

   a) durch den "exemplarischen" Charakter der Aufzählung, legitimiert durch *per esempio* in der Frage,
   b) vor allem aber auch durch den ersten Teilsatz der Frage (allgemeines *che cosa fate*), an den die Antwort (der oben signalisierten Überlappung zufolge) offenbar anknüpft, und der auch die Verwendung infiniter Verbformen plausibel macht.

Gerade daran zeigt sich, daß es für die Analyse von Referenzstrukturen auf jeden Fall notwendig ist, Vorläuferturns - speziell Fragen und deren *Form* - einzubeziehen. Die Infinitivstrukturen wären sonst zumindest auffällig!

Diese Aufzählung unterscheidet sich vom ersten Beispiel durch etwas größere Elaboriertheit: Detaillierung des ersten Ereignisglieds (*mangiare*); das zusammen mit der Spezifizierung noch eine interne Folge markiert (*roppë*/"dann"), und des letzten durch Ausdrucksvarianten (semantische Äquivalente: Grußformel - *arê*, Ellipse - *weg* und Verb - *heimgehen*). Das mittlere Glied - *giocare* - erfährt eine detaillierende Erweiterung durch Ags (ironische?) Ergänzung *und dann Blindekuh spielen*; damit beteiligt sich Ag "kooperierend", im gleichen Strukturmuster, an der Aufzählung.

Vor allem bekommt die Aufzählung noch eine Art gestaltschließender Auflösung durch Als pointenähnlichen Nachtrag, den er gegen eine bereits wegführende Frage durchsetzt: *De Rescht von de Torte ess ich*. Das Bedeutungsfeld "essen" bildet damit eine Art semantischen Rahmen, der sicher die soziale Situation "Geburtstagsfest" für die Kinder charakterisiert.

Zusammenfassend kann man diese beiden Formen von auf elizitierende Fragen erfolgenden Aufzählungen charakterisieren als

a) *minimale narrative Form*, die die interaktive Bedingung "mehr als eine Äußerung" (Sacks 1971; 1972 und Ryave 1978) und die textsemantische Bedingung der sequenzierten Darstellung einer Ereignisfolge mit mindestens einer temporalen Grenze (Labov/Waletzky 1967; Labov 1972) erfüllt;

b) *einfachste Form temporaler Referenzierung*, die in vorgegebenem temporalem Rahmen eine Handlungssukzession durch ein initiales Einleitungssignal und temporale Folgesignale, zusammen mit der Reihenfolge und prosodischen Elementen, als zeitliche Sequenz markiert.

Der Aspekt "Vergangenheit" ist nur beim ersten Beispiel am Verb realisiert. Beim zweiten wird er - durch die schwankende Zeitreferenz in der Ausgangsfrage und eventuell durch das Verallgemeinerung nahelegende *per esempio* - neutralisiert. Dieser Text steht damit - trotz größerer Detaillierung und "Geschlossenheit" - näher an einer (Handlungs-)*Beschreibung*, bzw. in Polanyis Typologie (1982: 511) einem "generic". Überhaupt läßt die Form der Aufzählung den Schluß zu, daß (erzählauffordernde) Fragen mit *fare* und der Vorgabe eines bestimmten zeitlichen Rahmens, selbst wenn er nicht iterativ formuliert ist, wie im Falle *domenica scorsa* und *quella festa*, eher Beschreibungen "stereotyper" Handlungen als Erzählungen spezifischer Erlebnisse auslösen. Dafür spricht auch, daß - außer der im Verb implizierten Personenreferenz - weder Aktoren noch Schauplätze thematisiert werden. Auffällig ist, daß die Aufzählung immer einer *chronologischen* Ordnung folgt, und nicht - was in Bezug auf die Fragestellung prinzipiell auch möglich wäre - die Handlungen in *beliebiger* Reihenfolge nennt. Gerade dieser Aspekt zeigt, daß diese Aufzählungen dennoch einem *narrativen* Schema folgen, dessen (temporal-)referentielle Funktion sie, bei Aussparung der evaluativen, in den Vordergrund stellen. Alle durch eine Frage dieses Typs ausgelösten Sequenzen in unserem Corpus verfahren im übrigen nach diesem Muster.[1]

Nach Polanyis Klassifikationsvorschlag für mündliche Erzählgattungen könnte man diese narrative Form dem "report" zuordnen, den sie hinsichtlich seiner interaktiven Funktion als "answer to a request for information" (1982: 515) charakterisiert, mit Strukturmerkmalen, die mit den hier beobachteten übereinstimmen: "A report tells *what happened* and *may* give some contextual information [...]" (ebd., Hervorhebung: C.B.), "one gives a report [...]

---

[1] Dabei können solche Aufzählungen sehr lang sein: Die eines zehnjährigen Kindes der Gruppe enthält 10 - zum Teil durch Detaillierungen erweiterte - Äußerungseinheiten, die sich trotz mehrfacher Unterbrechungen durch Zwischenfragen und Kommentare unbeirrt an das chronologische *edoppo-* bzw. *poi*-Schema halten.

to give a picture of what went on during a particular period"
(ebd.). Als kommunikatives Merkmal für diesen narrativen Typ
stellt sie heraus, daß - im Gegensatz zu "stories" in Konversationen - nicht der Erzähler eines "report" verantwortlich ist
für die Demonstration der *Relevanz* des Erzählten - etwa durch
evaluative Verfahren und Pointenkonstruktion, sondern der *Rezipient*, der den "report" durch eine Frage veranlaßt hat (514).

Zur "Lakonik", insbesondere des ersten Beispiels, wäre noch
anzumerken, daß "Sonntag" offensichtlich kein Thema für Erzählungen, da kein relevanter Rahmen für "Ereignisse", ist. Der
Sprecher hat sich aber durch seine affirmativen Antworten in eine gewisse Erzählverpflichtung hineinmanövriert, die er mit der
Aufzählung einlöst. Diese Form ergibt sich nicht "zwingend" aus
der Frageformulierung, ist aber eine schlüssige Interpretation
der Vorgabe *che cosa avete fatto*. Sie stellt zweifellos keinen
"realen", sondern einen "idealisierten" Tageslauf dar, der mit
der Aneinanderreihung trivialer Tätigkeiten gerade die Abwesenheit von Ereignissen ausdrückt. Mit anderen Worten: Eine "kooperative" Paraphrase für "nichts". Diese Form erscheint um so logischer, als sie am Ende einer längeren Sequenz steht, in der
die gleiche Frage schon in fünf Varianten gestellt wurde. Die
Minimalform "Aufzählung" kann von daher auch als indirekter
Sprechakt - Aufforderung, dieses Thema zu beenden - interpretiert werden und ist als solcher hier auch erfolgreich. Dieser
Diskurstyp scheint charakteristisch für hierarchische Erwachsenen-Kinder-Interaktion und stellt eine Strategie dar, eine Erwachsenenforderung - "etwas aus dem eigenen Alltag zu erzählen"
- gleichzeitig (formal) zu erfüllen und (inhaltlich) zu umgehen.
Sie ist keineswegs auf "Interview"-Situationen beschränkt und
erscheint beispielsweise als Grundgerüst elizitierter Erzählperformanzen im schulischen Kontext.[1]

---

[1] Vgl. z.B. im Klassenzimmer elizitierte Erzählungen wie die eines Fußballspiels (*raccontami la partita che t'ha fatto ...*) in Stammerjohann (1970: 367 f.) und eines Kirmesbesuchs (*was hast du denn gemacht in den Ferien?*) in Klein (1980: 269 f.). Polanyi (1982) nennt Mutter-Kind-Gespräche zum Thema *Was habt ihr heute in der Schule gemacht?* als archetypisch für den elizitierten "report".

1.2 Wie man "trotzdem" erzählt: Elizitierte Geschichten

In anderen elizitierenden Interaktionsphasen finden wir Beiträge, die den formalen und inhaltlichen Strukturen von Erzählungen im engeren Sinne entsprechen. Zwei parallel strukturierte Beispiele aus derselben Episode - *Vierer B* - sollen dazu behandelt werden. In beiden Fällen wird das Format initiiert durch eine elizitierende Frage nach dem Muster *Habt ihr schon einmal x gemacht/erlebt?*. Ich möchte daran zeigen,

- wie aus der initialen Elizitationsfrage eine Erzählsituation hergestellt wird;
- wie die "interaktive Vorgeschichte" auf referentielle Organisation und Textstruktur der Erzählung einwirkt.

Beispiel (3): *Fare l'interprete* (Dolmetscher spielen)

Anders als in den vorigen Beispielen, die mit W-Fragen elizitiert wurden, hat hier die Elizitation die Form einer Ja/Nein-Frage: *Ist euch schon mal passiert, daß ihr den Dolmetscher spielen mußtet?*. Inhaltlich unterscheidet sie sich von der ersteren insofern, als außer der thematischen Vorgabe in Form einer *Rolle (fare l'INTERPRETE)* keine weiteren referentiellen Angaben gemacht werden; diese müssen also von dem den Themenvorschlag aufgreifenden Sprecher in Form eines Setting selbst eingeführt werden. Das geschieht in folgender Weise (siehe Transkript-Anhang, Beispiel (3)):

Mit seiner Affirmation *ja ich* handelt sich Ag Rederecht bzw. nach dem "auktorialen Prinzip" (Sacks 1971) "*Erzähl*recht" - und -*pflicht*![1] - ein; dabei referiert er gleichzeitig auf sich selbst

---

[1] Ein (interaktiver) Unterschied zwischen selbstinitiierten und elizitierten Erzählungen liegt darin, daß hier Affirmationen, die darauf verweisen, daß der Sprecher zum gefragten Thema "etwas erlebt" hat, für diesen eine konversationelle *Verpflichtung* aufbauen zu erzählen, während bei selbstinitiierten Ankündigungen der Akzent auf dem Rede*recht* liegt (vgl. Sacks 1971). Äußerungen, die auf thematisch relevante Erlebnisse verweisen, werden in der Elizitationssequenz so zu "Ankündigungen" umfunktioniert; vgl. dazu auch Quasthoff (1981). Vgl. auch Müller (1982) zu auktorialem Prinzip und "Zuständigkeit" bei "konkurrierenden" Teilnehmern. - Ein zweiter Teilnehmer, Al, gerät durch eine vergewissernde Nachfrage zunächst ins Hintertreffen, setzt konkurrierend zu Ag zu einer eigenen Geschichte an, die er ausführt, sobald Ag seine Erzählung beendet hat. So ergibt sich

als *Protagonisten*. Als nächsten Schritt führt er eine Angabe zum Setting ein - der Präposition *bei* nach zu schließen, eine Ortsangabe -, die aber, offenbar aus Wortfindungsschwierigkeiten, unbestimmt bleibt (*bei mei'm Ding, bei mir halt*). Diese beiden Äußerungen übernehmen zusammen mit der Frage die Rolle der *Erzählankündigung* und liefern damit erste orientierende Elemente.

Die nächste Äußerung, einsetzend mit dem narrativen Einleitungssignal *amal*, eröffnet den Orientierungsteil der eigentlichen Erzählung mit der Einführung weiterer Personen, die funktional zum gestellten Thema über ihre Nationalität definiert werden: *spaniolë*, im nächsten Satz korrigiert in *italianë*. (Gleichzeitig damit findet Sprachwechsel statt ins (dialektale) Italienisch, der auch einen Wechsel des Interaktionsmodus von "Konversation" in "Erzählen" indizieren kann.) Als nächstes Handlungselement wird *u chef* eingeführt und eine durch Überlappung unverständliche Ergänzung (= *Werkstatt*?), die sich auf den Schauplatz oder ein anderes Situationsmerkmal bezieht.[1]

Damit ist die Handlungskonstellation aus zwei "Parteien" und dem Erzähler als Vermittler/Dolmetscher und einem Schauplatz - also rein personal und lokal - konstruiert; bis auf das indeterminierte, auf ein konkretes Ereignis in der Vergangenheit verweisende Einleitungssignal *amal* fehlen explizite temporale Referenzen: Sie sind für das gefragte Thema irrelevant.

Gliedern wir die vorliegende Interaktionssequenz nach kommunikativen Funktionen und Diskursstruktur, so ergibt sich folgendes Schema:

---

hier aus einer Elizitationsfrage eine Serie von insgesamt drei kurzen Erzählungen, einer italienisch-dialektalen von Ag und zwei deutschen von Al, auf die ich aus Platzgründen hier leider nicht eingehen kann.

1 Der Beginn der Erzählung ist akustisch schwer verständlich: teils hastig, teils zögernd (Wortfindungsschwierigkeit) artikuliert, stark dialektal und dazu mit vielen Überlappungen. Trotzdem sind die wichtigsten (Struktur-) Merkmale zu erkennen, und die Erzählung hat offenbar den Adressaten keine Verständnisschwierigkeiten bereitet, vgl. die Folgeerzählungen von Al. Sie erschien mir gerade in ihrer extremen Knappheit, und dennoch Vollständigkeit, zum Beispiel in der Referenzierung und der Handlungsbeschreibung, interessant.

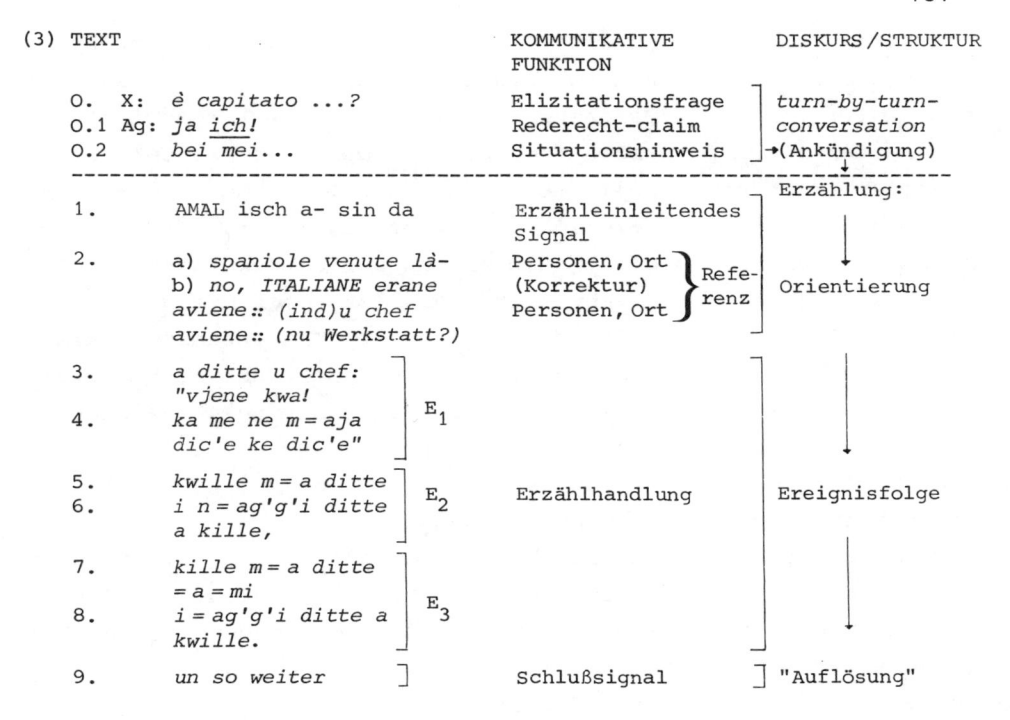

(3) TEXT   KOMMUNIKATIVE   DISKURS/STRUKTUR
                                              FUNKTION

   0.   X: è capitato ...?   Elizitationsfrage   ⎤ turn-by-turn-
   0.1 Ag: ja ich!   Rederecht-claim   ⎥ conversation
   0.2   bei mei...   Situationshinweis   ⎦ →(Ankündigung)

                                                                        Erzählung:
   1.   AMAL isch a- sin da   Erzähleinleitendes
                                              Signal
   2.   a) spaniole venute là-   Personen, Ort   ⎫
            b) no, ITALIANE erane   (Korrektur)   ⎬ Refe- Orientierung
            aviene:: (ind)u chef   Personen, Ort   ⎭ renz
            aviene:: (nu Werkstatt?)

   3.   a ditte u chef: ⎤
            "vjene kwa!   ⎥ E₁
   4.   ka me ne m=aja   ⎥
            dic'e ke dic'e"   ⎦

   5.   kwille m=a ditte   ⎤
   6.   i n=ag'g'i ditte   ⎥ E₂   Erzählhandlung   Ereignisfolge
            a kille,   ⎦

   7.   kille m=a ditte   ⎤
            =a=mi   ⎥ E₃
   8.   i=ag'g'i ditte a   ⎥
            kwille.   ⎦

   9.   un so weiter   ]   Schlußsignal   ] "Auflösung"

Die Ereignisfolge, als "narrativer Kern", läßt sich in drei
Handlungszüge aufgliedern, die aus je zwei Äußerungen bestehen:
E_1 - Initiative des Chefs, E_2 und E_3 - die beiden "Richtungen"
des Dolmetschens. Dabei ist die Ereignisfolge von der syntak-
tisch-intonatorischen Struktur her so konstruiert, daß jeweils
zwei intonatorisch aneinandergebundene Äußerungen zwei parallele, "achsensymmetrische" Handlungszüge abbilden:

(Chef → Kunde)   kwille m=a ditte/i n=ag'g'i ditte a kille
(E_2)   ("der (eine) hat's mir gesagt/ich hab's dem (andern) gesagt")
(Kunde → Chef)   kille m=a ditte=a mi/i=ag'g'i ditte a kwille
(E_3)   ("der (andere) hat's MIR gesagt/ich hab's dem gesagt")

Zeitliche Relationen werden im Narrationskern (Ereignisfolge),
im Gegensatz zu den Beispielen (1) und (2), ausschließlich durch
die *Reihenfolge* der Propositionen ausgedrückt; es fehlen Folgesignale oder sonstige temporale Ausdrücke.[1] Dabei ist der Er-

---

[1] Die Konjunktion *ka* - entsprechend dem polyfunktionalen *che* im gesprochenen
    Italienisch (*italiano popolare*) - ist weitgehend entgrammatikalisiert und
    kann hier kausal oder konsekutiv interpretiert werden.

zählkern hochgradig indexikalisch: Auf die handelnden Personen
neben dem Ich-Protagonisten wird lediglich durch phonetisch minimal differenzierte Demonstrative (*kwille/kille*) referiert, deren syntaktische Inversion ("Chiasmus") dann den Wechsel der
"Handlungsrichtung" (Dolmetschen) abbildet.[1] Da der Handlungsvorgang prinzipiell beliebig oft wiederholbar ist, wird er hier,
nachdem er einmal in beiden Richtungen ausgedrückt worden ist,
durch ein *und so weiter* abgekürzt, das (zusammen mit der Rückkehr ins Deutsche) als Schlußformel steht. Die Erzählung hat insofern keine echte "Auflösung", sondern beschränkt sich auf die
Darstellung des Handlungsablaufs, der offenbar in sich selbst
als komisch wahrgenommen und (mit extrem knappen Mitteln) dargestellt wird; die Adressaten ratifizieren dies mit Lachen bzw.
mit gleichthematischen Folgeerzählungen.

Man kann feststellen, daß hier wiederum einer Elizitation in
minimaler Form und sehr funktional entsprochen wird: Alle Angaben und Handlungen beziehen sich auf die vorgegebene Rolle "Dolmetscher"; im Gegensatz zu (1) und (2) geht jedoch der Handlungssequenz eine (minimale) Orientierung voran, die den Rahmen einer
selbsterlebten "Geschichte" definiert. Man könnte diese Erzählweise auf der Grenze zwischen "story" und "report" situieren.

Beispiel (4): *schiaffë* (Rauferei)

Beispiel (4) steht ziemlich am Ende der anderthalbstündigen Unterhaltung zwischen X und der Vierergruppe und wird eingeleitet
durch einen Hinweis auf die Interview-Situation (die sich bereits in eine informelle, nicht unbedingt um X zentrierte aufgelöst hatte), nämlich darauf, daß X noch eine Frage stellen möchte:

---

[1] Es ist anzunehmen, daß die Personendeixis mimisch-gestisch unterstützt
(oder sogar primär dargestellt) wird - insofern wird eine auf das rein
Verbale begrenzte Transkription den Referenzmitteln der Face-to-face-Kommunikation nicht gerecht. - Im Standarditalienischen sind die Demonstrativa lexikalisch, wie in den anderen romanischen Sprachen, differenziert
(*questo/quello*) mit dem semantischen Merkmal Nähe/Ferne. Bei *kille/kwille*
ist nicht sicher, ob es sich um Allomorphe - entweder innerhalb des Dialekts oder als Variation in bezug auf Standardnähe/-ferne - handelt. Hier
scheint jedenfalls eine lokale *Funktionalisierung* zur Differenzierung der
handelnden Personen vorzuliegen.

X: *c'è per esempio allora una domanda come questa, no --- eh con il maestro, no, avete litigato qualche volta a scuola?*
("Da ist zum Beispiel jetzt noch eine Frage wie diese, ne - eh mit dem Lehrer, ne, habt ihr mit dem mal Streit gehabt in der Schule?")

Diese Frageform ist in referentieller Hinsicht sehr explizit, indem sie nicht nur ein *Thema* (Streit), sondern auch *personale* und *lokale* Festlegungen enthält, also "starke referentielle Vorgaben", auf die eine wie immer geartete Antwort sich beziehen muß. Die Links-Extraposition der Ergänzung (*con il maestro*) mit Rückversicherungspartikel *no?* legen dabei den Fokus auf *maestro* als vorgeschlagenen Antagonisten für eine Streithandlung.

Interaktiv hat die darauffolgende Sequenz ähnliche Charakteristika wie die schon behandelten: Auf eine bezüglich der Sprecherwahl offene Frage wählen sich zwei Teilnehmer, hier Ag und Al, selbst als "adressierte Sprecher" aus, antworten aber genau entgegengesetzt: Ag affirmativ, Al negativ. Es entwickelt sich eine Sequenz von Fragereformulierungen im Spannungsfeld zwischen der Verneinung des einen und der Bejahung des anderen Teilnehmers. Aus Ags durch die Nachfragen schrittweise konkreter werdender Affirmation (*si - jaja - ein paarmal - a scuola una volta*) ergibt sich für ihn eine Verpflichtung zum "Beleg", die durch eine letzte stark auffordernde Nachfrage (verstärkende Partikel *eh!*) "eingeklagt" wird: *e il maestro cosa (...) eh?*. Ag setzt darauf mit der Erzählung eines konkreten Ereignisses ein, die seine Affirmation belegt/illustriert.

Die Elizitationsfrage mit sich anschließender Frage-Antwort-Sequenz nimmt so wie in (3) den Platz einer *Erzählankündigung* ein, in der das Thema ausgehandelt wird und dabei bestimmte referentielle Festlegungen gemacht werden.

Die auf diese Weise "vorgezogenen" Referenzen brauchen im Orientierungsteil der folgenden Erzählung nicht wiederholt zu werden. Allerdings müssen innerhalb dieses (allgemeinen) referentiellen Rahmens noch die spezifischen Elemente detailliert werden, die für den Aufbau der erzählten Handlung wichtig sind: Hier neben dem handelnden Erzähler (Protagonisten), der Gegenspieler *quel Frank*[1] - und, zur Legitimierung des Ereignisses

---

[1] Das indexikalische (nicht-anaphorische) *quel* verweist entweder auf Vor-

"Streit", ein Anlaß - *m'ha fatt'arrabià* ("hat mich in Wut gebracht").

Dieser erste orientierende Satz *Allora era quel Frank, m'ha fatt'arrabià* mit dem erzähltypischen Einleitungssignal *allora*[1] kann gleichzeitig als "abstract" gelten, das den "Hintergrund" für die folgende Ereigniskette zusammenfaßt. Der folgende, ebenfalls noch "einleitende" Satz führt weitere Orientierungselemente zum Setting ein, nämlich die bisher noch nicht thematisierte *temporale Referenz - kwannë eramë kkju tsinë* ("als wir noch kleiner waren") - sowie eine Präzisierung der streitauslösenden Situation - *ëmë fattë immë fangis* ("ham wir immer Fangen gespielt"). Diese Form der temporalen Referenz, die ich "lebensgeschichtlich/relativierend" nennen möchte, ist strikt funktional in bezug auf die thematisierte Handlung: Sie verweist auf eine biographische Epoche zurück, da diese Art der Pausenbeschäftigung (Fangen spielen) relevant war, und gibt damit schon eine Teilantwort auf das elizitierte Thema "Streit in der Schule", indem sie es einem bestimmten (nicht mehr aktuellen?) Lebensabschnitt zuordnet. Erst nach Klärung dieser subjektiven Voraussetzungen erfolgt eine weitere "objektive" Temporalreferenz in Form einer absoluten Zeitangabe: *nda pausa = kwindic'i minutë* ("in der 15-Minuten-Pause").

Diese Form der Orientierung ist also wesentlich komplexer als im vorigen Beispiel: Zugeschnitten auf die thematische Vorgabe der Elizitation, "personalisiert" sie diese und führt gleichzeitig mit der lebensgeschichtlichen Zeitangabe eine Perspektive des Erzählers ein, die eine bestimmte Bewertung der zu erzählenden Ereignisse nahelegt.

Temporale Ausdrücke treten außerdem vermehrt am *Schluß der Erzählung* auf - *e dopo, nach einer Woche, già* - und geben ihm den

---

wissen der Teilnehmer, oder auch auf den (außenstehenden!) Interviewer als Rezipienten der Erzählung: Nicht-anaphorisches *quel* als typisch konversationelles Verfahren der Personenreferenz wird schon bei Spitzer (1922) - unter dem Stichwort "Höflichkeit"! - als Verfahren der Einbeziehung Außenstehender beschrieben.

1 *Allora* an sich ist natürlich nicht auf narrative Diskurse beschränkt, sondern *allora + imperfetto* ist erzähleinleitend. Auf jeden Fall setzt die Verwendung von *allora* als Einleitungssignal ein bereits eingeführtes Thema und/oder angekündigten Diskursmodus voraus.

Charakter einer "Auflösung", zusammen mit dem Prädikat "vergessen". Sie haben auch hier primär *evaluative* Funktion und signalisieren dem Rezipienten (also hier in erster Linie dem, der die Erzählung durch seine Frage veranlaßt hat) die Bedeutung, die der Erzähler den referierten Ereignissen beimißt: *eine Bagatelle (nach einer Woche schon vergessen)* - obwohl es erst dramatisch aussah. Sie orientieren die Erzählung also wieder zurück zur Ausgangsfrage bzw. zu der Nachfrage unmittelbar vor Erzählbeginn nach der Reaktion des Lehrers. Gleichzeitig signalisiert die Rückkehr in die "Konversationssprache" Deutsch den Abschluß der Erzählung.

Die Erzählung insgesamt ist somit eine vollausgebaute "story" vom Typ der Labovschen "Normalform der mündlichen Erzählung" aus einem einleitenden Teil O (Orientierung, gegliedert in "abstract" und "setting"), einem Handlungsteil E (Ereignisfolge, "complication") und einem Schlußteil R (Auflösung, "resolution"):

(4) TEXT   DISKURSSTRUKTUR

O_1 ALLORA era kwel Frank
        m = a = fatt = arrabjá.   (abstract)
        ëmë fattë/   Orientierung
O_2 KWANNË erëmë kju tsinë
        emë fattë immë fangis   (setting)

E_1 NDA PAUSA = KWINDIC'I MINUTË semmë
        skappatë e kos-
   2   e kwillë m = a ngappatë.
   3   EDOPPË m = a datë nu s'kjaffë = bo !
   4   in = ag'g' a datë n = atu s'kjaffë =
  (5)   no mikë n=atu s'kjaffë
        ((schneller))   Ereignisfolge

   6   in = ag'g'i = ngappatë ke a bbrille   (Komplikation)
  (7)   vulev = angappá
        e ag'g'ë fattë levá a bbrille
   8   (e) kwillë m = a datë nu s'skjaffë
   9   i n = ag'g'ë datë n = atë,
  10   è karutë
  11   ag'g' = angappatë
  12   a minutë u maestrë
  13   ALLORA emë vistë
        k = arriva u maestrë:
  14   "Eh, der Lehrer kommt!"
        ((flüsternd))
  15   "Sofort hoch!"

R (16) *EDOPPE --*
NACH EINER WOCHE ---
G'À vergessen. ⎤ Auflösung
(Resolution)

Entsprechend der komplexeren, personalisierten Anlage der Erzählung sind auch die sprachlichen Mittel zur Gestaltung des Handlungsteils sehr viel reicher und verdienen eine detaillierte Darstellung, da sie, wie ich meine, auf sehr funktionale Weise die Perspektive des Erzählers mit dem Zuschnitt auf die fremdinitiierte Fragestellung verbinden und gleichzeitig auch einen guten Einblick in den oralen Erzählstil der "Gastarbeiter"-Kinder vermitteln.

Wenden wir uns zunächst noch einmal den *temporalen* Elementen im Zusammenhang mit der Textstruktur zu: Die wichtigsten Funktionen der temporalen Ausdrücke in Orientierung und Auflösung wurden schon besprochen. Im Unterschied zu diesen beiden Teilen der Erzählung enthält der Handlungsteil (E 1 - 15) nur sparsam verwendete Folgesignale: ein *edoppe* (3) nach dem ersten Handlungszug der eigentlichen Komplikation ("der hat mich gepackt, UND DANN ...") und ein *allora* (13), das die entscheidende Wende oder den Höhepunkt der Handlung signalisiert (die Ankunft des Lehrers mitten in der Rauferei). Die Mittel, die Ereignissätze der Handlungssequenz aufeinander zu beziehen, sind also differenziert in das temporale Folgesignal *e dopo,* das stärker gliedernde, einen Einschnitt markierende *allora*[1] und schließlich eine "Nullform", d.h. bloße asyndetische Aneinanderreihung der Propositionen, die eine Sequenz zeitlich schnell aufeinanderfolgender, häufig "antagonistischer" Handlungszüge (nämlich die Schlägerei) abbildet. Der durch die Juxtaposition grammatisch unverbundener Propositionen entstehende Eindruck von Tempo und Kontrast wird verstärkt durch die Opposition der personenreferentiellen Pronomen (*kwillë : i*/der : ich) - *kwillë m = a datë nu s'kjaffë/i n = ag'g'ë datë n = atë* ("der hat mir eine gehauen/ich

---

1 Vgl. dazu Quasthoffs Unterscheidung zwischen Gliederungs- und Verknüpfungssignalen (1979 a; 1979 b); im gesprochenen Italienisch scheint *allora* (innerhalb des Textes) mehr gliedernde, einschnittmarkierende oder auch wiederaufnehmende Funktion, *dopo* und *poi* mehr verknüpfende (konnektive) Funktion zu haben.

hab' ihm wieder eine gegeben") - sowie durch die Steigerung des *Sprechtempos*[1], das damit auch ein Mittel wird, Zeitverlauf (qualitativ) abzubilden.

Der asyndetisch-parataktische Stil der Ereignisfolge wird nur noch einmal durchbrochen, um eine *Erklärung/Rechtfertigung* für eine Handlung einzuschieben (7). Diese unterscheidet sich von den Ereignissen sowohl syntaktisch wie auch im Tempusgebrauch: die Verbindung einer modalen VP (*vulev'* ...) mit einem faktitiven Hauptsatz (*e ag'g'ë fattë levà* ...), zusammen mit Tempusübergang von *imperfetto* in *passato prossimo* erweckt den Eindruck einer komplexeren "hypotaktischen" (adversatives *e*!) Satzstruktur, die ein Hintergrund-Vordergrund-Relief im Sinne Weinrichs bildet.

Das "entscheidende Ereignis" - die Ankunft des Lehrers als Repräsentant der Normen, gegen die verstoßen wurde - ist mehrfach markiert: zunächst durch dreifache Wiederholung - zum 1. Mal in unmarkierter Form, als Glied der Ereigniskette (12), dann markiert mit dem wiederaufnehmenden *allora*, das gleichzeitig einen Perspektivenwechsel einleitet (von (12): *Der Lehrer ist gekommen* zu (13): *Da haben WIR gesehen, daß der Lehrer kommt*) und zum 3. Mal in der wörtlichen Rede (14). Diese bewirkt gleichzeitig einen "dramatisierenden" Effekt (im technischen Sinne: Einführung einer dialogischen Struktur in die narrative und damit auch aktualisierender Präsensgebrauch, und im metaphorischen, durch "dramatische" (flüsternde) Stimmführung und Interjektion/Appell *eh!*); der Wechsel ins Deutsche gibt dabei noch ein zusätzliches Kontrastmittel ab.

Die Erzählung gipfelt also in einer deutlichen Pointe, die durch verschiedene sprachliche und "szenische" Mittel herausgehoben ist, und die an das Stichwort der Elizitation (*litigare con il maestro; e il maestro* ...) anknüpft. Der Erzählstil im Bereich der Pointe kann als typisches Beispiel für das gelten, was Goffman (1981) "footing" nennt: rascher Perspektive-, Register- und "Agenten"-Wechsel im Zusammenhang mit der wörtlichen Rede, ohne explizite Markierung etwa durch verba dicendi. Die

---

1 Damit korrespondiert eine Zunahme dialektaler Merkmale (z.B. *karutë* < caduto; *a minutë* < è venuto) als Ausdruck zunehmender Involviertheit, vgl. Auer/Di Luzio (1983).

wörtliche Rede ist nur durch Intonation, und sekundär durch
Sprachwechsel (ins Deutsche) markiert; die Identifikation der/
des Sprechenden bleibt dem Hörer überlassen. Daß der erste Teil
der wörtlichen Rede - die Warnung (14) - von Seiten der Jungen
kommt, ergibt sich logisch aus dem Kontext und wird zudem durch
die Re-Fokussierung der Perspektive auf die Jungen im vorangegangenen *allora*-Satz geleistet. Diese treten hier zum ersten Mal
als *wir* auf - also nicht mehr die kämpfenden Antagonisten *er* und
ich, sondern *wir*, die Partei der Schüler bzw. der "ertappten Sün-
der", gegen die Partei der "Lehrer". Daraus kann man schließen,
daß die genaue Personenreferenz - wer von den beiden Jungen die
Warnung ausgesprochen hat - hier irrelevant ist. Wichtig wäre
allerdings zu wissen, ob der elliptische Imperativ *Sofort hoch!*
(15) von den Jungen (= Flucht?) oder vom Lehrer (= Strafe?)
kommt. Eine winzige Pause und ein Wechsel in der Intonation machen
die zweite - logischere - Annahme plausibel. Sie würde dann die
Auflösung der Geschichte einleiten und diese auf folgende Weise
interpretierbar machen: Es gab einen Streit, der Lehrer hat uns
erwischt - dramatische Situation! - *e dopo?* (16) - und dann ist
doch nichts passiert (*nach einer Woche - già vergessen*). Dies
würde den Ausgang der Geschichte auch wieder anbinden an die der
Geschichte vorgeschaltete - und zunächst wie ein falscher Start
wirkende - "wegwerfende" Frageaufnahme *Il maestro, eh!*[1]. Der Akzent liegt für den *Erzähler* auf dem Konflikt mit dem anderen *Jungen* (ein Lieblingsthema der vier am Gespräch teilnehmenden Kinder: Konflikte mit gleichaltrigen Deutschen!), die Elizitation
fokussierte dagegen auf den Lehrer bzw. seine Reaktion. Das De-
taillierungsschema der Geschichte (Rauferei) trägt mehr den Re-
levanzkriterien des erzählenden Kindes Rechnung, Pointe und "Gestaltschließung" entsprechen eher den in den elizitierenden Fragen manifesten Interessen des Erwachsenen.

Die Konstruktion der Erzählung erweist sich also als sowohl
von ihrer "internen Logik" (Ausrichtung auf eine Pointe) als auch
von dem durch die Elizitation gesetzten Rahmen abhängig.

---

1 Zu *eh!* als Ausdruck der "Verachtung" (abschätzig, wegwerfend) vgl. Spitzer (1922), ebenso zum Mittel der partiellen Wiederholung (des Vorläuferturns) als Verfahren des Eingehens auf den Gesprächspartner.

2. Ergebnisse:
Interaktionsstrukturen und Organisation narrativer Diskurse

Natürlich lassen sich aus der Analyse von vier Beispielen keine weitreichenden, verallgemeinernden Schlußfolgerungen ziehen. Insofern haben die dargestellten Beobachtungen eher programmatischen Status für die Richtung der Weiterarbeit an diesem Thema. Zusammenfassend lassen sich dafür die folgenden Ergebnisse festhalten:

2.1 Elizitationsmodus und Textstruktur

Wenn man unterschiedliche Formen narrativer Diskurse auf Tatsache und Art elizitierender Fragen bzw. Fragesequenzen rückbezieht, kann man feststellen:

- Syntaktische und semantische Unterschiede in der Frageformulierung (z.B. W- vs. Ja/Nein-Fragen; Verb) bewirken unterschiedliche Narrationstypen (Aufzählung/reine Ereignisfolge vs. "Geschichte"/situierte Ereignisfolge).
- Elizitationssequenzen übernehmen interaktive Funktionen von Erzählankündigungen.
- Die darin enthaltenen referentiellen Elemente beeinflussen die Referenzierungsweise in der Konstruktion der Erzählung:
  - Bei der Aufzählung wird der vorgegebene zeitlich-situative Rahmen selbst zum Handlungsrahmen, auf den sich die Ereignissequenz ausschließlich bezieht; im Extremfall werden nur Handlungen benannt, Personen und Schauplätze nicht thematisiert (wobei die Personenreferenz im Verb impliziert ist; vgl. Beispiel *Domenica scorsa*).
  - Bei den Geschichten ergibt sich ein quantitativer und qualitativer Effekt einerseits durch Vorwegnahme/Festlegung von referentiellen Angaben (wie "Schule" und "mit dem Lehrer"), andererseits durch semantische Vorgaben, die ihrerseits die Form der Referenzierung beeinflussen ("Dolmetscher" → Personenreferenz über Nationalität, "Schule" → temporale Angaben wie "Pause", Altersstufe der Handelnden ...).

- Schließlich entlasten Elizitationen Erzähler von der Verpflichtung, die *Relevanz* des Erzählten zum Beispiel durch evaluative Elemente und/oder in der Konstruktion einer Pointe zu demonstrieren; sie *können* dies tun, *müssen* es aber nicht (vgl. Polanyi 1982), denn die durch die Elizitation gestellte Aufgabe kann mit der Darstellung eines Hergangs (Ereignisfolge) als erfüllt betrachtet werden.

In diesem Zusammenhang wäre schließlich auch die *Sequenzierung* der Erzählhandlung - und das gilt für *alle* elizitierten Erzählungen unseres Corpus - als *chronologische* Anordnung und Markierung der Ereignisse zu sehen. Diese direkte Entsprechung von Erzähl- und Ereignisfolge wird zwar von Labov als die temporale Grundstruktur *allen* mündlichen Erzählens angenommen, gemäß dem Postulat der Nichtaustauschbarkeit der Reihenfolge der Erzählereignisse, dagegen lassen sich jedoch theoretische und empirische Einwände erheben, wie sie zum Beispiel Kraft/Nikolaus/Quasthoff (1977) formuliert haben, zugunsten anderer, übergeordneter Relationen, die die chronologische Struktur durchbrechen. Möglicherweise könnte ein Element der Erklärung für das Dominieren dieser (chronologischen) Struktur bzw. der Privilegierung (und expliziten Markierung) der temporalen Abfolge vor anderen möglichen (z.B. kausalen, handlungsmotivierenden etc.) Relationen die Tatsache der Elizitation sein, die den Erzähler auf den bloßen *Hergang* des Geschehens orientiert, und nicht, wie bei spontanen Erzählungen, andere weitergehende kommunikative Ziele die Darstellung steuern.

Hier ist allerdings auch noch zwischen Arten von Elizitationen zu unterscheiden: Während der erste hier behandelte Fragetyp (*che COSA avete fatto?*) auf eine narrative Sachverhaltsdarstellung hinausläuft ("report"), suggeriert die inhaltliche Vorgabe einer spezifischen Situation (Dolmetscherspielen, Schlägerei ...) Probleme - oder potentielle Probleme -, an denen sich eine "story" orientieren kann. Ausgangspunkt ist dann nicht mehr der *Ablauf* der Handlungen, sondern ein *Ergebnis*, das als Problemlösung steht und dem sich die Darstellung des Hergangs unterordnet. Konzeptuell setzt die "story" eigentlich vom *Ende* her an, an dem, was einem Erzähler persönlich als Ergebnis - und damit Sinn - von Ereignissen wichtig erscheint; dafür spricht auch das bei spontanen Erzählungen häufige vorangestellte "abstract". Möglicherweise haben aber Elizitationen (selbst wenn sie problemorientiert sind) den Effekt, diese persönliche, die Erzählung "rückwirkend" strukturierende Sinngebung in den Hintergrund, den narrativen *Modus* (Aufzählen von Ereignissen) vor das narrative *Ziel* zu stellen. Nur in unserem Beispiel *Schiaffe* gibt es Ansätze dazu, daß zur Erfüllung der gestellten Aufgabe, einen Vorfall (Streit) zu erzählen, eine persönliche Perspektive tritt, die die chronologische Abfolge in ihrer Sequenzierung stärker differenziert (durch unterschiedliche Mittel der Gliederung und Verknüpfung) und durch Perspektivenwechsel und Begründungen ansatzweise durchbricht.

2.2   Erzählstruktur und Tempus

Aus Platzgründen kann ich auf die Frage, wie die im obigen Sinn interaktiv bedingte Textstruktur sich auf Auswahl und Differenzierung der *Tempusformen* auswirkt, nur kurz zusammenfassend eingehen. Der Zusammenhang mit dem interaktiven Modus der Elizitation ist - außer der Feststellung, daß das Verbtempus der Frage sich im antwortenden Erzähldiskurs wiederholt und daß eine Frage nach *vergangenen* Ereignissen/Handlungen, die durch temporale Ausdrücke wie *Domenica SCORSA* und *una volta* signalisiert werden, die Wahl eines Vergangenheitstempus erwartbar macht - im übrigen nur ein *vermittelter*, über den *Texttyp*, den die Form der Fragestellung auslöst. Das läßt sich deutlich an der Gegenüberstellung der beiden Beispieltypen "Aufzählung" vs. "Geschichte" ablesen:

Wenn die *Aufzählung* lediglich eine Sukzession gleichgewichtiger Handlungen realisiert, so wird auch keine Tempusdifferenzierung auftreten. Es gibt lediglich eine Markierung der *initialen* Handlung, durch Adverb oder andere temporale Ausdrücke (s.o.), und der *Sukzessionsrelation* durch temporale Folgesignale. Als *Zeitrahmen* fungiert, wie schon gesagt, die Angabe in der Elizitationsfrage. Erst mit der Einführung eines situativen Rahmens in Form einer *Orientierung*, wie bei *Geschichten* der Fall, ergibt sich eine Differenzierung der Erzähläußerung in "Vordergrund" (-Handlungen) und "Hintergrund", d.h., es kommen zu den handlungsreferierenden Sätzen ("narrativen Kernsätzen") noch andere, situationsbeschreibende und/oder -kommentierende. Hier verwenden die Erzähler (in den Beispielen Ag, aber das trifft auch für die anderen Kinder unserer Gruppe zu) die Möglichkeiten des italienischen Tempussystems, unterschiedliche Funktionen in der Erzählung durch Differenzierung zwischen *imperfetto* (Hintergrund/beschreibende, erklärende Äußerungen) und *passato prossimo* (Vordergrund/Handlungssätze) auszudrücken. Für das *imperfetto* koinzidiert die Hintergrundfunktion (bei den Kindern unserer Gruppe) fast immer mit der Verwendung von *Auxiliaren*

- c'ERA quel Frank
- kwannë EREMË tsinë .. (*Schiaffë*/Orientierung)

oder von *Modal*konstruktionen in erklärenden, kommentierenden Äußerungen:

- VULEV'ngappà ("ich wollte ihn packen"; *Schiaffë*)
- ka me n'AJA dicë ("ich mußte/hatte ihm (zu) sagen ...; *Interprete*).

Kriterium für die Entscheidung zwischen *imperfetto* und *passato prossimo* innerhalb einer Erzählung scheint in den Gesprächen, die ich untersucht habe, die Opposition *Handlung/Nicht-Handlung* zu sein; das zeigt sich zum Beispiel auch an Korrekturen, wie im Beispiel *Interprete*, wo eine Information im Rahmen der Orientierung erst als Handlungssatz im *passato prossimo* (*spaniolë ënë vënutë là* - "da sind Spanier gekommen"), dann, mit der Korrektur der personalen Referenz, als "Erklärungssatz" im *imperfetto* auftritt.

So ist es also unumgänglich, wenn man Aussagen über Tempusgebrauch/Beherrschung der Tempusdifferenzen bei den Kindern machen möchte, die sich aus den interaktiven Bedingungen ergebenden Textstrukturen und -funktionen festzustellen, bevor man beispielsweise Differenzierungen vermißt, wo den Kommunikationsbedingungen entsprechend gar keine nötig sind.

2.3 Funktionalität der Strukturierungsmittel in elizierten Erzählungen

Überhaupt war es mir wichtig zu zeigen, daß die Kinder sprachliche Mittel *funktional* zu den gestellten "interaktiven Aufgaben/Zielen" verwenden. Dabei beinhalten schon extrem "einfache" Diskursformen eine Reihe sprachlicher (einschließlich spezifisch oraler, wie z.B. prosodischer) Strukturierungsmittel. Eine vom

Interaktionszusammenhang absehende - zum Beispiel rein lexikalische und syntaktische Analyse - würde weder der Funktionalität noch der Vielfalt der sprachlich-kommunikativen Mittel gerecht.

Ich habe daher teilweise ein "Mehr" an Deskription, als für meine Fragestellung unbedingt notwendig war, aufgewendet, um eben diese Vielfalt zu zeigen, die auf den ersten (schriftnormgeprägten) Blick gar nicht ohne weiteres sichtbar ist. Damit möchte ich auch indirekt gegen die These von der "doppelten Halbsprachigkeit" der Immigrantenkinder polemisieren, wie sie häufig an (schlecht analysierte) Phänomene der "Sprachmischung" geknüpft wird. Nicht nur zeigt z.B. das Erzählbeispiel *Schiaffë*, daß der Sprecher innerhalb des Italienisch-Dialekt-Spektrums über die Mittel verfügt, eine Geschichte "spannend" zu gestalten, sondern auch, wie die *Sprachalternation*[1] funktional eingesetzt wird (Pointe, Kontrast Dialog/Narration, Markierung der Ausleitung). Die Analyse von Text- und Interaktionsstrukturen ist also auch wichtig für die Interpretation von Sprachwahlwechsel, bzw. ist innerhalb der "grammatischen" Analyse zu beachten, daß die Sprachalternation Strukturierungs- und Differenzierungsmittel bietet, die sonst, innerhalb einer Sprache, von Syntax und Morphologie allein bestritten werden.

Dazu gehört schließlich auch die Rolle der *Sprachwahl* im Zusammenhang mit der *Elizitation* der Erzählungen in "gemischtsprachiger" Konversation:

Alle analysierten Beispiele zeigen einen regelmäßigen Wechsel vom Deutschen ins Italienische in dem Moment, wo die Kinder auf die (italienisch gestellte) Frage des Erwachsenen eingehen und einen narrativen Diskurs beginnen. Besonders auffällig war das an den Phänomenen der Selbstkorrektur, auf die eingangs hingewiesen wurde: deutsch einsetzende Narrationen wurden abgebrochen und noch einmal auf italienisch angesetzt (*Domenica scorsa*, *Erscht fresse*, *Interprete*). Ebenso regelmäßig findet am Schluß der Erzählungen wieder eine Rückkehr ins Deutsche statt. Dies

---

1 Zum Begriff der Sprachalternation (der den des *Code-Switching* einbegreift) und zu ihrer funktionalen Verwendung vgl. Auer (1983).

erscheint mir als ein weiteres Indiz sowohl für den "Rezipienten-Zuschnitt" der jeweiligen Erzählung als auch für eine Abgrenzung des (der Elizitation entsprechenden) *narrativen* vom laufenden konversationellen Modus.[1]

Bilinguale Sprecher verfügen durch den Sprachwechsel neben der Tempuswahl über einen zusätzlichen Modus, "erzählte" von "besprochener" Welt abzugrenzen, und tun dies bei Elizitation, wenn also eine Aufforderung zu erzählen inferiert wird, mit großer Regelmäßigkeit.

---

[1] In spontanen Erzählungen gibt es dieses Phänomen ebenfalls (und das berechtigt uns zu dieser funktionalen Interpretation), aber nicht in der Regelmäßigkeit, wie sie bei allen elizitierten Erzählungen zu beobachten ist.

Anhang: Transkripte

Zur Transkription: Die Sprache der Kinder ist ab Beispiel (2) phonetisch transkribiert (weit), um dialektale Merkmale wiederzugeben. Die wichtigsten Zeichen:

ĕ	= schwa (unbetonte Vokale, Auslaut)
:	= Vokallängung
c', g', n', s'	= Palatalisierung (*quindic'i, mang'are, on'i,* südit.: *s'kjaffĕ (= schiaffi)*)
'	= Hauptakzent
___	= stark akzentuiertes Element im Text (*ich mach*)
=	= pausenloser Anschluß zwischen Wörtern oder Sätzen
hhh	= Lachen
-	= kurze Pause
--	= Pause
,.!	= entsprechen orthographischen Konventionen und sind intonatorisch motiviert
/	= Abbruch, Korrektur
[	= Überlappung

Zwecks besserer Lesbarkeit wurden an den im Text verwendeten Auszügen einige Vereinfachungen vorgenommen.

(1) *Domenica scorsa*
(Konversationsthema: "Was macht ihr sonntags, mit den Eltern?")

01 X: *La domenica quando state tuttĕ assieme, allora con in/ con i genitori cosí - c'é/ ah/ ffate qualcosa oppure:*
Sonntags, wenn ihr alle, eh, alle zusammen seid, also mit den Eltern so, macht ihr da was oder ...?

((Auslassung))

02 Al: *halt spaziere*
03 Ag: *ehä*
04 X: *la domenica cosa::/ eh, domenica scorsa per esempio cosa avete fatto?*
sonntags was/ letzten Sonntag zum Beispiel, was habt ihr da gemacht?
05 Ag: *hehehe!* (.....) ((kaut))
06 Cam: *mir?*
07 Al: *Am Morge -*
08 Cam: ⌊ *Mer ware halt zamme*
09 Al: *äh, la mattina abbiam=parlato --- un po:co*
äh, am Morgen ham wir uns unterhalten, ein bißchen
10 Ag: (.....)

```
11   Al:   doppo=bbiam mangiato --- e doppo      dann hamwer gegessen und nach
           mangiat=abbiam giocatë                dem Essen hamwer gespielt
12   X:    ah

           ((Stille. --- Danach Themawechsel))
```


(2) *Erscht fresse*
     (Konversationsthema: "Geburtstagsfeier")

```
01   X:    avete organizzato qualche volta       Habt ihr mal in letzter Zeit
           ultimamente una festa voi cosi=       ein Fest organisiert so?
02   Cam:  no -
     X:    èh?
03   Ag:   ⌈stamë tandë buonë a kasë             wir fühlen uns auch so wohl
                                                 zu Hause
04   Al:   ⌊mm- (...) dreimal glaub=i m:
            Geburtstagsfeiern-
            ich mach ⌈kei Geburtstagsfeier
05   Cam:           ⌊eimal
            ⌈war aber
06   X:     ⌊e chi avete invitato?               und wen habt ihr eingeladen?
07   Al:   =wo ich klein war
08   Cam:  Kuchen ess ich lieber allein

           ((Auslassung))

09   X:    e che cosa fate che cosa avete        und was macht/ was habt ihr
           fatto per esempio a quella festa?     zum Beispiel auf diesem Fest
10   Al:            ⌈erscht fresse ah/es/        gemacht?
                     esse
11   Cam: ⌈hhh       fresse hhh
12   Cl:  ⌊ hhh
13   Ag:  ⌊esse
14   Al:             primo mang'are,             erst essen,
           torta, tutta 'roppë kon kwess         Torte, alles, und dann mit
           ⌈ts'ips so - tuttë ⌈da mang'are -     diesen Chips so, alles zum
15   Ag:  ⌊ Camillo            ⌊und=dann -
16   Al:   bevë - eroppë g'okare eroppë          Essen, Trinken, und dann
17   Ag:   Blinde Kuh spielen
18   Al:   aré - weg - heimgehen hhh             spielen und dann ade ...
19   X:    e voi siete stati invitati
           ⌈qualche volta
20   Al:  ⌊ de Rescht von der Torte esse
            ich hhh!
```


(3) *Fare l'interprete*
     (Konversationsthema: "Dolmetscherspielen")

```
01   X:    (...) é capitato a voi che (dove-     Ist euch schon mal passiert,
               ((schnell))        ((verha-      daß ihr gemußt habt/ den Dol-
           te) dovere/ d'aver dovuto fare       metscher spielen mußtet?
           spelnd))
```

```
                l'inter/ l'interprete =
02  Ag:                             = ja ich! bei
                                 ((schnell,
        meim Ding ⌈äh =          ⌈ja bei
        lebhaft))
03  Al:           ⌊ = äh Übersetzer?
04  Ag:  mir ⌈(halt)   'ä-'ä bei mei'm eh/   ⌉
05  Al:      ⌊ja oft            schon öfter du!
06  X:                 ⌊ (...)
07  Ag:  amal isch sin da s: - spaniolë ënë        Spanier sind da hingekommen.
        venutë là. no italja:ne eranë. -           nein, Italiener waren's. (die
        avienë:: - (i)ndu chef av(j)enë :: ⌈nu     kamen?) zum Chef (kamen...?)
08  Al:                                    ⌊bei    in (Werkstatt?) hat der Chef
09  Ag:  - nu (Werkstatt?), a dittë u⌉chef:        gesagt: komm her! (denn) ich
10  Al:  uns war schö/ im EKZ genauso!             sollte ihm sagen, was der
11  Ag:  vjenë kwa! ka më në: m=aja dic'ë          sagt.
        ((höher, anim.))
        ke dic'ë. ⌈kwillë m=a dittë i n=
                  ⌊((presto))
12  Al:           ⌊c'era kwillë - un              Der hat's mir gesagt, und ich
13  Ag:  ag'gi dittë⌉ a killë killë m=a           hab's dem (denen) gesagt. Der
14  Al:  italja:në⌋                               (die) hat's (ham's) mir ge-
15  Ag:  ditt=a mí i n=ag'gi ditt=a               sagt, und ich hab's dem ge-
        kwillë    un so weiter                    sagt ...
16  X:            hahaha!
17  Al:  = Genauso in der Schul o im EKZ
        au. Da is jetz'n Italiener - da
        beim Flaschenehme un so der hat
        nix - der hat überhaupt kein -
        Deutsch könne hatter mich ma ge-
        rufe komm übersetz da ma.
18  Ag:                  (.....)
19  Al:  In der deutschen Schul genauso.
        Da war früher in de sechste
        war n Italiener (h) der hat nix
        verstande, dem hamma immer al-
        les sage müsse!
20  X:            hahaha!


(4) Schiaffë
    (Konversationsthema: "Rauferei")

01  X:   c'e per esempio allora una do-           Da ist z.B. jetzt noch eine
        manda come questa no, eh ---              Frage wie diese, ne - eh
        con il maestro, no, avete li-             mit dem Lehrer, ne, habt ihr
        tigato qualche volta a scuola             mit dem mal Streit gehabt in
        voi?                                      der Schule?
02  Ag:  si eh                                    Ja eh.
03  Al:  mhm mhm ((verneinend?))
04  X:   no con il maestro, ma con i ra-          Oder nicht mit dem Lehrer,
        gazzi con i compagni di classe =         mit den Jungen, mit den Klas-
05  Al:                              = ah         senkameraden?
        ⌈eh jajaja
06  Cam: ⌊was?
07  X:   avete fatto a bbotte qualche             Habt ihr euch da mal gehauen?
```

```
08  Ag:          ⌈jaja ein paarmal⌉
09  Al:          ⌊ ich noch nie  ⌋ich hab
             bis jetzt noch nie mit de freun-
             de⌈---⌉Schlägerei ⌈ghabt⌉
10  X:         ⌊e tú?⌋
11  Ag:                           ⌊(...)⌋
12  X:       si? e a scuola e stato o dove?       Ja? in der Schule war das
                                                  oder wo?
13  Ag:      si a scuola una volta                Ja, in der Schule, einmal.

14  Al:      ⌈noch nie Schlägerei ghabt bis
15  X:       ⌊ e = il maestro cosa ⌈(dice)        und der Lehrer, was sagt der,
                                   ⌊(ha detto)    na?
    Al:      jetz
16  X:           eh?
17  Ag:      il maestro, éh! --- allora era       der Lehrer, ph! - also da war
             kwel frank, m = a=fatt = arrabjá.    der F, der hat mich in Wut ge-
             emë⌈fattë/         kwannë            bracht. Hamwer
18  Al:         ⌊hasch m a gschosse?
19  Ag:      eh kwannë erëmë kkju tsinë emë       als wir noch kleiner waren,
             fattë immë fangis    nda pausa       ham wir immer Fangen gespielt.
20  X:                            si?             Ja?
21  Ag:      =kwindic'i minutë semmë skappatë     In der 15-Min.-Pause sind wir
             e kos-e kwillë m = a ngappatë. -     raus und so, und der hat mich
                    ((lauter))                    gepackt. und dann hat er mir
22  X:                              si.           eine gehauen, bo!
23  Ag:      eddoppë m = a ddatë nu s'kjaffë      Ich hab' ihm wieder eine ge-
             bo! i n = ag'g'a datë n = atu        hauen, nein, überhaupt keine
             skjaffë, no mikë n = atu s'kjaffë    gehauen, ich hab' ihn gepackt,
                          ((schneller))           daß die Brille, ich wollte
24  X:       hhh!                                 ihn packen, und dabei hab'
25  Ag:      i n = ag'g'i = ngappatë kë a         ich ihm die Brille runterge-
             bbrille, vulev = angappá e ag'g'ë    hauen, und der hat mir eine
             fattë levá a bbrille. (e) kwillë     gehauen, ich hab's ihm wieder-
             m = a datë nu s'kjaffë i n = ag'g'ë  gegeben. Ist runtergefallen,
             datë n = atë, è karutë, ag'g' =      ich hab ihn gepackt, der Leh-
             angappatë, a minutë u maestrë.       rer ist gekommen. Da ham wir
             allora emë vistë k = arriva u        gesehen, daß der Lehrer kommt.
             maestrë: "eh! der Lehrer kommt!"
                          ((flüsternd))
             - "sofort hoch!" eddoppë -- nach
                                  ((zögernd))
             einer Woche --- g'à vergessen.       schon vergessen.
                          ((schneller))
26  X:                                 e i        Und euere Lehrer, seid ihr zu-
             vostri maestri, siete contenti       frieden mit eueren Lehrern?
             dei maestri che avete?
27  Ag:                        ah es geht.
```

Literatur

Auer, J.C.P., 1983. *Zweisprachige Konversationen. Code-Switching bei italienischen Migrantenkindern in Konstanz*. Papiere des SFB 99, Universität Konstanz, Nr. 79.

Auer, J.C.P., A. Di Luzio, 1983. "Structure and Meaning of Linguistic Variation in Italian Migrant Children in Germany, in: Bäuerle, R., C. Schwarze, A. v. Stechow (Hg.), *Meaning, Use, and Interpretation of Language*, Berlin/New York, 1 - 21.

Cuff, E.C., D.W. Francis, 1978. "Some Features of 'Invited Stories' about Marriage Breakdown", in: *International Journal of the Sociology of Language* 18, 111 - 133.

D'Angelo, D., 1983. *Ethnographische Aspekte einer soziolinguistischen Untersuchung des Sprachverhaltens italienischer Immigrantenkinder*. Unveröff. Magisterarbeit, Konstanz.

Di Luzio, A., 1985. "On the Meaning of Language Choice for the Sociocultural Identity of Italian Migrant Children", in: Auer, J.C.P., A. di Luzio (Hg.), *Interpretive Sociolinguistics*, Tübingen (im Druck)

Ehlich, K. (Hg.), 1980. *Erzählen im Alltag*, Frankfurt/M.

Ergebnisbericht 1980 - 82, SFB 99 Linguistik, Universität Konstanz.

Franck, D., 1980. *Grammatik und Konversation*, Königstein/Ts.

Goffman, E., 1981. *Forms of Talk*, Oxford.

Gülich, E., 1976. "Ansätze zu einer kommunikationsorientierten Erzählanalyse (am Beispiel mündlicher und schriftlicher Erzähltexte)", in: Haubrichs, W. (Hg.), *Erzählforschung*, Bd. 1, Göttingen, 224 - 256.

Gülich, E., 1980. "Konventionelle Muster und kommunikative Funktionen von Alltagserzählungen", in: Ehlich, K. (Hg.), *Erzählen im Alltag*, Frankfurt/M., 335 - 384.

Jefferson, G., 1978. "Sequential Aspects of Storytelling in Conversation", in: Schenkein, J. (Hg.), *Studies in the Organization of Conversational Interaction*, New York, 219 - 247.

Kallmeyer, W., F. Schütze, 1976. "Konversationsanalyse", in: *Studium Linguistik* 1, 1 - 28.

Klein, K.-P., 1980. "Erzählen im Unterricht. Erzähltheoretische Aspekte einer Erzähldidaktik", in: Ehlich, K. (Hg.), *Erzählen im Alltag*, Frankfurt/M., 263 - 295.

Kraft, E., K. Nikolaus, U. Quasthoff, 1977. "Die Konstitution der konversationellen Erzählung", in: *Folia Linguistica* XI, 287 - 337.

Labov, W., 1972. "The Transformation of Experience in Narrative Syntax", in: *Language in the Inner City*, Philadelphia, 354 - 396.

Labov, W., J. Waletzky, 1967. "Narrative Analyses: Oral Versions of Personal Experience", in: Helm, J. (Hg.), *Essays on the Verbal and Visual Arts*, Seattle/London, 12 - 44; deutsch: "Erzählanalyse: Mündliche Versionen persönlicher Erfahrung", in: Ihwe, J. (Hg.), 1973, *Literaturwissenschaft und Linguistik*, Bd. 2, Frankfurt/M. 78 - 125.

Müller, F., 1982. *Thematisierung, Redebeteiligung und Interaktion. Dokumentation, linguistische Analyse und Kommentar eines lebens- und emigrationsgeschichtlichen Interviews mit einem sizilianischen Arbeiterehepaar in Frankfurt.* Unveröff. Arbeitspapier, 101 Seiten.

Polanyi, L., 1982. "Linguistic and Social Constraints on Storytelling", in: *Journal of Pragmatics* 6, 509 - 524.

Pusch, L. F., 1983. "Das italienische Tempussystem", in: Schwarze, C. (Hg.), *Bausteine für eine italienische Grammatik*, Tübingen, 209 - 264.

Quasthoff, U., 1979 a. *Gliederungs- und Verknüpfungssignale als Kontextualisierungshinweise*, LAUT-Papier 62, Trier.

Quasthoff, U., 1979 b. "Verzögerungsphänomene, Verknüpfungs- und Gliederungssignale in Alltagsargumentationen und Alltagserzählungen", in: Weydt, H. (Hg.), *Die Partikeln der deutschen Sprache*, Berlin/New York, 39 - 57.

Quasthoff, U., 1980. *Erzählen in Gesprächen. Linguistische Untersuchungen zu Strukturen und Funktionen am Beispiel einer Kommunikationsform des Alltags*, Tübingen.

Ryave, A. L., 1978. "On the Achievement of a Series of Stories", in: Schenkein, J. (Hg.), *Studies in the Organization of Conversational Interaction*, New York, 113 - 132.

Sacks, H., 1971. "Das Erzählen von Geschichten innerhalb von Unterhaltungen", in: Kjolsetz, R., F. Sack (Hg.), *Zur Soziologie der Sprache*, Opladen, 307 - 314.

Sacks, H., 1972. *Transcripts of Unpublished Lectures.* School of Social Science, Univ. of California at Irvine.

Spitzer, L., 1922. *Italienische Umgangssprache*, Bonn.

Stammerjohann, H., 1970. "Strukturen der Rede. Beobachtungen an der Umgangssprache von Florenz", in: *Studi di Filologia italiana* 28, 295 - 397.

Weinrich, H., 1964. *Besprochene und erzählte Welt*, Stuttgart (3. Aufl. 1977).

Weinrich, H., 1982. *Textgrammatik der Französischen Sprache*, Stuttgart.

Wienold, G., 1983. "Linguistische Aspekte des Erzählens", in: Sanders, W., K. Wegenast (Hg.), *Erzählen für Kinder - Erzählen von Gott*, Stuttgart, 79 - 127.

ZUR SOZIOLINGUISTIK VON ERZÄHLUNGEN
Koreferat zum Beitrag von Christine Bierbach

Norbert Dittmar

1. - Die 'Erzählung' gilt in der Linguistik als besterforschter Diskurstyp im Schnittpunkt von Syntax, Semantik und Pragmatik (Dittmar 1978; Quasthoff 1980; Beaugrande 1982). Trotzdem gibt es weder für literarische noch für mündliche Erzählungen (persönlicher Erfahrungen) ein integriertes Beschreibungsmodell geschweige denn eine befriedigende Theorie. Die gegenwärtige Forschung konzentriert sich schwerpunktmäßig auf

(i) die Suche nach einem allgemeingültigen Analysemodell, das semantische und pragmatische Eigenschaften explizit erfaßt;

(ii) die Beschreibung der 'Normalform' von Erzählungen in der Alltagskonversation (Form und Funktion) in Abgrenzung von anderen Diskurstypen;

(iii) die Untersuchung narrativer Diskurse im sozialen Kontext.

Arbeiten im Bereich (i) sind durch die in den siebziger Jahren aufgekommene 'Textlinguistik' geprägt (Petöfi/Rieser 1973; Kummer 1975; Daneš/Viehweger 1976; van Dijk 1979). Gesucht ist eine explizite Textgrammatik, Mittel zum Zweck die moderne Grammatiktheorie, beispielsweise eine Transformationsgrammatik. Diese zunächst auf literarische Texte bezogenen Bemühungen zielen inzwischen auf narrative Texte jeglicher Art ab. Beträchtliche Probleme bereiten dabei die Fragestellungen:

a) Gibt es einen prinzipiellen Unterschied in der grammatischen Beschreibung von 'Sätzen' und 'Texten'? Lang (1977) bestreitet dies.

b) Lassen sich grammatiktheoretische Begriffe wie 'Grammatikalität' und 'Adäquatheit' auf die Analyse narrativer Texte übertragen?

c) Ist die 'Sprechergrammatik' gleich 'Hörergrammatik'? Wie läßt sich die interaktive, pragmatische Komponente erfassen (vgl. Daneš/Viehweger 1976)?

Auch eine Reformulierung dieser strittigen Fragen im Rahmen eines KI-Ansatzes hat bisher zu keinen Lösungen geführt, auch wenn neue Vorschläge in die richtige Richtung weisen (Beaugrande 1982).

Demgegenüber neigen Soziolinguisten zu der "kühnen" Behauptung, daß ein befriedigendes Beschreibungsmodell solange nicht gefunden werden kann, wie 'Variation' und interaktive/soziale Bedingungen des Erzählens als 'Rand-' und 'Störgrößen' behandelt werden. 'Grammatikalität', 'Akzeptabilität' und 'Adäquatheit' sind, wie Heath (1982) nachweist, aus den in einem sozialen Kontext geltenden Normen abzuleiten. Eine an der Beschreibung kommunikativer Funktionen orientierte Soziolinguistik des Erzählens zielt daher auf die Aufdeckung der invarianten Grundstruktur der vielfältigen narrativen Erscheinungsformen in Sprachgemeinschaften (ii) einerseits und der außersprachlichen Bestimmungsgrößen ihrer Variation (iii) andererseits ab. Dem Bereich (ii) sind die Arbeiten in Coots (1982), dem Bereich (iii) die Beiträge in Ehlich (1980) zuzurechnen.

Der Beitrag von Christine Bierbach (im folgenden CB) zu Erzählungen italienischer Kinder untersucht den Einfluß thematischer, interaktiver, altersspezifischer und ethnischer Bestimmungsgrößen auf Form und Funktion narrativer Diskurse und ist somit im Bereich (iii) anzusiedeln. Bevor ich im folgenden auf die Beschreibungsmethode (2), den Einfluß der Elizitierung auf die Erzählstruktur (3) und den interkulturellen Hintergrund des interaktiven Geschehens (4) eingehe, will ich kurz den Forschungshintergrund der Arbeit thematisieren.

Die Soziolinguistik des Erzählens ist seit Labov & Waletzky (1967) und Sacks (1972) der Beschreibung kultur- und sozialbedingter Unterschiede in der Erzählkompetenz und der interaktiven Dynamik, in die Erzählen eingebunden ist, verpflichtet. Labovs Pionierarbeiten belegten, daß schwarze Gettokinder bzw. Jugendliche *anders* erzählen als die 'mainstream'-Kinder, auf jeden Fall aber ebenso kompetent. Diese Ergebnisse hatten erhebliche Auswirkungen auf die stereotype, geringschätzige Bewertung narrativer Performanz von Unterschichtangehörigen durch Lehrer und Angehörige mittlerer und höherer sozialer Schichten. Der soziolinguistische Vergleich von Erzählkompetenzen ist somit zu einem brisanten Thema in der Bildungspolitik geworden. Zu dieser Tatsache trägt nun auch die durch die Ethnomethodologie geprägte

Konversationsanalyse insofern bei, als sie die soziale Organisation von Gruppenmitgliedern aus der *teilnehmenden Binnenperspektive* unvoreingenommen als sozialen Mikroorganismus beschreibt, dessen Konstitution kontextspezifisch zu erfassen ist. Dieser Ansatz sucht von dem voreingenommenen, an Schicht oder anderen statischen Kategorien orientierten, *gerichteten Blickwinkel* der Forschung freizubleiben.

Die Diskussion um die Erzählkompetenz von Kindern ist in Neuland (1975), Jäger et al. (1978) und Auwärter (1982) auch in der BRD geführt worden (vgl. Dittmar 1978). Im Zuge dieser Diskussion, auf die hier nicht weiter eingegangen werden kann, wurde auch die Frage nach der kommunikativen Kompetenz von Immigranten und ihren Kindern gestellt (Dittmar/Thielicke 1979; Becker/Perdue 1982; Rehbein 1980). In diesen Beiträgen geht es um die häufig vernachlässigte Frage, wie sich der ethnisch-kulturelle Hintergrund und die alltägliche Kommunikation in *zwei* Sprachen auf die Erzählstruktur auswirken. Die Wahl der Sprache, 'code-switching', Entlehnungen und Stilmischungen haben soziale Bedeutung.

In CB werden diese Fragestellungen aufgegriffen. Dabei werden einige allgemeingültige Beschränkungen des Erzählens im sozialen Kontext freigelegt.

2. - Methodisch knüpft CB an die Konversationsanalyse (Primat des interaktiven Geschehens) und die soziolinguistische Beschreibung der Erzählkompetenz (Primat der sprecherbezogenen Diskursorganisation) an. Während die sprecherbezogene Erzählanalyse die narrative Normalform 'Abstrakt', 'Orientierung', 'narrative Sequenzierung' ('Komplikation'), 'Bewertung','Coda' (vgl. Labov/Fanshel 1977: 104 ff.) dem Erzähler als Aktanten zuordnet, zeigt die interaktionsorientierte konversationelle Beschreibung von CB, daß die eine oder andere dieser kommunikativen Funktionen von einem Interaktanten übernommen werden kann (durch 'X', der aufgrund seiner im Diskurs überwiegenden Fragen auch eher als Interviewer denn als 'solidarischer Partner' betrachtet werden kann). 'Thema' und 'Referenzpunkte' können durch den Redebeitrag des Interaktionspartners vorgegeben sein, so daß die Funktionen von 'Abstrakt' und 'Orientierung' zwar nicht fehlen, aber 'slots' in

den Aufforderungen des (eigentlichen) Hörers zum Erzählen einer Geschichte darstellen und nicht vom Sprecher realisiert werden. Ist Labovs 'Normalform' damit eine 'Idealform'?

Mit Quasthoff (1980), die nachweist, daß bestimmte Teile von Erzählungen je nach sozialer Beziehung interaktiv bearbeitet werden (z.B. die 'Bewertung', aber auch die 'Komplikation', wenn zwei an bestimmten Ereignissen beteiligt waren), können wir davon ausgehen, daß die kommunikativen Funktionen des narrativen Diskurstyps monologisch oder interaktiv erfüllt werden. Damit wird das 'statische Sprechermodell' durch das 'dynamische Prozeßmodell' ersetzt, an dem propositionalen Gehalt der kommunikativen Funktionen ändert dies offenbar jedoch nichts.

Labov selbst könnte dieses Argument soziolinguistisch anders wenden.[1] Die "rudimentären narrativen Formen" (CB) wie *Domenica scorsa*, aber auch die *trotzdem*-Erzählungen würde er als typische Beispiele für Erzählen in 'asymmetrischen' Beziehungen bezeichnen. Demgegenüber ist die spontane Erzählung unter Gleichaltrigen oder Gleichgesinnten der 'echten' konversationellen Spannung des 'narrativen Risikos' ausgesetzt: Ego will Alter in eine andere Welt entführen, sei sie nun "unalltäglich" oder durch solidarische Züge von gemeinsam Erlebtem geprägt. Gelingt ihm dies, erntet er Beifall; wenn nicht, riskiert er 'Minuspunkte' für sein Image. Die 'Normalform' wäre somit im 'symmetrischen' Kontext des Erzählens anzusetzen. Anstatt von "kommunikativen Funktionen von konversationellen Erzählungen" (Quasthoff 1980) ließe sich in diesem Sinne eher von "Erzählmodi relativ zu der Qualität sozialer Beziehungen" sprechen.

Mir scheint, so trivial das klingen mag, daß Erzählstrukturen sowohl mit der Funktion als auch mit der sozialen Beziehung variieren. In den meisten Fällen sind 'Funktion' und 'Beziehung' eng miteinander verzahnt. Auch wenn es unter den von CB diskutierten Beispielen eine gut gelungene Erzählung gibt (Ist die Erzählung von 'Ag' ein Kooperationsangebot des Kindes an den Erwachsenen?), so machen die fragenden oder die Konversation 'hin-

---

1 Diese Einschätzung geht auf praktische Erfahrungen bei der Feldarbeit mit Labov in Philadelphia und Heidelberg zurück.

haltenden' Redebeiträge von 'X' deutlich, daß seine Teilnahme an der Konversation durch die Merkmale "- Gruppenzugehörigkeit", "- affektive Teilnahme an der Interaktion", "+ Distanz", "+ Interesse an irgendwelchen Erzählinhalten", "- spontanes persönliches Interesse an den Erzählinhalten" charakterisiert ist. Wir kommen hierauf weiter unten zurück.

CB arbeitet die Interrelation von Funktion des Erzählens und soziale Beziehung zueinander gut heraus: Um den *Status quo* der an sich guten Beziehung nicht zu gefährden, reagieren die Kinder mit minimaler Erfüllung der Erzählaufforderung. Sie gehen auf diese Weise kein 'narratives Risiko' ein, aber sie erzählen. Es ist das Verdienst von CB, diese Ambivalenz in ihrer funktionalen Auswirkung auf die narrative Struktur aufgezeigt zu haben.

Dabei möchte ich ein Mißverständnis vermeiden. Die Daten, die CB für die Analyse verwendet, sind hervorragende soziolinguistische Daten. Wie die Analyse zeigt, spiegeln sie die soziale Beziehung wieder. Der Soziolinguist tut sich schwer, nach dem 'unverfälschten, natürlichen, echten, unmarkierten' Konversationsverhalten von Interaktanten zu 'fahnden': solange es mit Tonband aufgezeichnet ist, gibt es dieses nicht; das Tonband greift auf irgendeine Weise in den 'sozialen Kontext' ein; die facettenreichen Daten, die wir bekommen, sind *ausnahmslos* soziolinguistisch interessant; CBs Untersuchung unterstreicht dies. Stil variiert mit Funktion und sozialer Beziehung. In diesem Sinne können wir das *Beobachterparadoxon* nicht 'lösen'; eher sollten wir die alte dialektologische Nostalgie aufgeben, daß es eine *echte, unmarkierte* Stil- bzw. Sprechebene des Individuums gibt. Wir haben es mit verschiedenen Stilebenen je nach sozialem Kontext *schlechthin* zu tun.

Gegenüber vielen Arbeiten, die die temporale Organisation von Erzählungen zum Definitionskritierum machen, ordnet CB diese den pragmatischen Bedingungen des Textes unter:

> So ist es unumgänglich, wenn man Aussagen über Tempusgebrauch/Beherrschung der Tempusdifferenzen bei den Kindern machen möchte, die sich aus den interaktiven Bedingungen ergebenden Textstrukturen und -funktionen festzustellen, bevor man beispielsweise Differenzierungen vermißt [...] (S. 168).

Damit wäre die Dimension 'Tempus' eine abgeleitete Größe. Erwartbar wäre nun, daß CB mit *interaktiven Kriterien* bestimmt, was eine 'Erzählung' ausmacht. Stattdessen folgt sie jedoch, soweit wir sehen, den diskursanalytischen Ansätzen, die 'Erzählung' mit Hilfe temporaler Referenz definieren:

> Es folgt eine dreigliedrige Sequenz, die sowohl als 'Texttyp' wie in der syntaktischen Struktur als 'minimal' bezeichnet werden kann: der Text [...] enthält jeweils einen Zeitmarker und ein Verb im *passato prossimo* (S.149).

Man erinnere sich an die Minimaldefinition der Erzählung durch Labov:

> Im Sinne dieser Konzeption von einer Erzählung können wir eine *Minimal-Erzählung* als Abfolge von zwei Teilsätzen definieren, die *temporal geordnet* sind [...] (1980: 294).

Wenn der Kohärenz stiftende 'rote Faden' von Erzählungen die temporale Struktur ist (entsprechend der 'kognitiven Landkarte' in Wegbeschreibungen und der 'Pro'-'Kontra'-Struktur in Argumentationen), dann ist sie für die Erstellung einer Diskurstypologie notwendiges definitorisches Kriterium. Will man diesem in der KI und Psycholinguistik vorzugsweise eingeschlagenen Weg nicht folgen, muß man Erzählen auf pragmatische/interaktive Kriterien/Bedingungen gründen. CBs Formulierungen legen letzteres nahe, *konkret* folgt der Beitrag jedoch dem diskursanalytischen Ansatz sowohl in der Blocksegmentierung wie in der Bestimmung von Ereignisfolgen.

Wie ich in (1) ausgeführt habe, kann man Diskurse von Migranten unter Gesichtspunkten der Struktur von Konversationen schlechthin oder in bezug auf die Kompetenz in einer Zweitsprache bzw. zwei Sprachen im Kontakt untersuchen. Im letzteren Fall ist die Art der temporalen Organisation von Erzählungen ein zentrales Feld (vgl. Dittmar/Klein/v.Stutterheim 1984). CB will beides leisten. Dabei kommen Beobachtungen/Aussagen über die kommunikative Kompetenz in zwei Sprachen meines Erachtens etwas zu kurz.

Die neuerdings in die semantisch-pragmatische Beschreibung von Temporalität durch Hopper (1982) eingeführten Kategorien "foreground" und "background" sind bisher theoretische Größen, deren Kriterien unklar sind (von Stutterheim 1984). Gerade in der Untersuchung narrativer Strukturen von Migranten zeigt sich, daß zeitlich eingebettete Äußerungen ebenso gut als "background"-Informationen eingestuft werden können. Es scheint daher geboten, die Abfolge von Ereignissen, ihre Einbettung in einen Rahmen bzw. ihre Loslösung von temporalen Verhältnissen genauer als "t_1 enthalten in t_0", "t_1 gleichzeitig t_0", "T_1 nach t_0" und "nicht t_1" zu definieren. Welche Ausdrucksmöglichkeiten Migrantenkinder für zeitliche Konzepte und Relationen in zwei Sprachen haben, scheint mir eine die interaktive Analyse von CB ergänzende, notwendige Beschreibung.

3. - Je nach der Elizitierungsfrage (Entscheidungsfrage, offene Frage, Frage mit festgelegtem Skopus) können nach CB bestimmte kommunikative Funktionen oder Teile davon (z.B.'Abstrakt', 'Orientierung' und 'Bewertung') in der Erzählstruktur insofern wegfallen, als sie durch den Interaktionspartner vorgegeben sind. Für die analysierten Fälle ist der Unterschied zwischen 'selbstinitiierten' und 'fremdinitiierten' Erzählungen sinnvoll. Die Erzählstruktur ist abhängig von der sozialen Beziehung der an der Konversation Beteiligten. Der 'Fremdinitiierung' kann eine 'symmetrische' oder 'asymmetrische' Beziehung zugrundeliegen. Die 'asymmetrische' Beziehung kann wiederum 'offen' oder 'verdeckt' sein. Das ambivalente Ergebnis, daß 'den Anforderungen genügende' und 'ausgearbeitetere' Erzählungen vorliegen, ist vielleicht dem Umstand zu verdanken, daß 'X' als italienischer Migrant mit sehr guten Deutschkenntnissen, aber expliziter Bevorzugung des Italienischen als 'solidarischer Partner' einerseits, qua Altersdistanz andererseits als Autoritätsperson aufgefaßt wird. Dies bedeutet offensichtlich: die 'fremdgestellte' Aufgabe wird mit einem geringeren Grad affektiver Beteiligung gelöst (Maxime: nicht mehr leisten, als gefragt ist, persönliche Bewertungen zurückhalten), die 'selbstgestellte' Aufgabe mit einem höheren Grad an Affektivität und persönlicher Hinwendung den Beteiligten gegenüber.

'Fremdinitiierte' Erzählungen sind für die Soziolinguistik in zweierlei Hinsicht von vitalem Interesse: sie sind der Normalfall der Datenerhebung und der professional geprägten institutionellen Kontexte (Schule, Krankenhaus, Therapie, Behörden etc.). Hierzu zwei Beispiele.

Vor einigen Jahren (genau gesagt: 1977) machte ich mit Labov im Hinterland von Philadelphia 'field work'. Wir stießen in einer Unterschichtgegend auf eine Gruppe von Teenagern (zwischen 14 und 16, drei Mädchen, ein Junge). Labov zeigte erstaunliches Geschick, die Jugendlichen in Konversation zu verwickeln. Er fragte nach den beliebtesten Schlagern und kam dann auf jene dramatischen Augenblicke, in denen man als echt Verliebter zum ersten Mal vom Partner bitter enttäuscht wird. Als passiver Teilnehmer konnte ich beobachten, daß eines der drei Mädchen die gestellte 'Aufgabe' akzeptierte, weil es wohl derartige Kooperation von zu Hause gewöhnt war. Die Erzählung klang wie eine 'Hausaufgabe'. Ein anderes Mädchen benutzte die Szenerie, um ihre Beziehung zu dem Jungen voranzutreiben (der intervenierende ältere Interviewer war ein willkommenes Objekt der Distanzierung, um sich selbst solidarisch anzunähern). Das dritte Mädchen stand unentschlossen zwischen diesen beiden Settings.

'Fremdinitiierte' Erzählungen sind in diesem Beispiel von Kooperation gekennzeichnet, die man dem Partner kraft seiner intuitiv anerkannten Autorität schuldig zu sein glaubt; gleichzeitig hat sie einen zweiten Effekt: die willkommene Distanz für die gesuchte solidarische Nähe zu nutzen. In jedem Fall geht mit 'selbst-' vs. 'fremdinitiiert' die Qualität der sozialen Beziehung einher.

Ein zweites Beispiel stammt aus unserer laufenden Untersuchung von Therapien nach Selbstmordversuchen (DFG-Projekt). In den ersten Minuten der therapeutischen Sitzungen gibt der Therapeut in der Regel eine explizite oder implizite Aufforderung, die vorgefallenen Ereignisse der letzten Zeit zu erzählen. Aus unterschiedlichen Gründen geht es dem soziolinguistischen Interviewer wie dem Therapeuten um eine spontane Erzählung persönlicher Erfahrung. Die den Therapeuten interessierenden Bewertungen der Erzählung(en) fehlen häufig; daher setzt er an den Ereignissen der Erzählung seine 'Fokussierung' an. Es bedarf in der Regel eines langen mäeutischen Prozesses, bis die Interventionen des Therapeuten zu den gewünschten affektiven Entäußerungen führen.

'Fremdinitiierte' Erzählungen könnte man als Erzählen unter persönlicher Reserve bezeichnen: Distanz filtert den Grad der Affektivität und Solidarität.

4. - Abschließend will ich einige kurze Bemerkungen zur kommunikativen Kompetenz der zweisprachigen Migrantenkinder machen. CB

> möchte [...] indirekt gegen die These von der 'doppelten Halbsprachigkeit' der Immigrantenkinder polemisieren, wie sie häufig an (schlecht analysierte) Phänomene der Sprachmischung geknüpft wird (S. 169).

Viele Beobachtungen stützen dieses Argument nachhaltig. Dennoch kommt mir der funktionale Zusammenhang von intendierten Konzepten und Ausdrucksweisen zu kurz. Wie sind die sprachlichen Ausdrucksmittel in den Relationen *Alemannisch : dt. Standard / ital. Dialekt : ital. Standard* realisiert? In welchem Verhältnis steht die sprachliche Kompetenz der Kinder zu ihren deutschen Altersgenossen? Diese Frage ist natürlich insbesondere für die Ausdrucksmöglichkeiten im temporalen Bereich relevant. Der Vergleich betrifft in gleichem Maße gleichaltrige italienische Kinder.

Dem bisher auch meiner Meinung nach leichtfertigen Umgang mit dem Begriff 'Halbsprachigkeit' kann nur dadurch langfristig und nachhaltig begegnet werden, daß CBs diskurspragmatische Beobachtungen mit einer systematischen Varietätenbeschreibung gekoppelt werden.

Literatur

Auwärter, M., 1982. *Sprachgebrauch in Abhängigkeit von Merkmalen der Sprecher und der Sprechsituation. Eine soziolinguistische Untersuchung*, [Max-Planck-Institut für Bildungsforschung, Studien und Berichte 42], Berlin (West).

Beaugrande, R. de, 1982. "The Story of Grammers and the Grammar of Stories", in: *Journal of Pragmatics* 6 (5/6), 383 - 422.

Becker, A., C. Perdue, 1982. "Ein einziges Mißverständnis. Wie die Kommunikation schieflaufen kann und weshalb", in: *Osnabrücker Beiträge zur Sprachtheorie* 22, 96 - 121.

Coots, J.H. (Hg.), 1982. *Stories. Journal of Pragmatics* 6 (5/6).

Daneš, F., D. Viehweger (Hg.), 1976. *Probleme der Textgrammatik* [Studia Grammatica XI], Berlin/DDR.

Dittmar, N., 1978. "Zum Forschungsstand der Erzählanalyse", in: *Linguistische Berichte* 58, 77 - 82.

Dittmar, N., E. Thielicke, 1979. "Der Niederschlag von Erfahrungen ausländischer Arbeiter mit dem institutionellen Kontext des Arbeitsplatzes in Erzählungen", in: Soeffner, H.-G. (Hg.), *Interpretative Verfahren in den Text- und Sozialwissenschaften*, Stuttgart, 65 - 183.

Dittmar, N., W. Klein, C. v. Stutterheim, 1984. *On the Acquisition of Temporality in German by Adult Migrant Workers*, Max-Planck-Institut, Nijmegen (unveröffentlicht).

Dijk, Teun van, 1980. *Textwissenschaft. Eine interdisziplinäre Einführung*, Tübingen.

Ehlich, K. (Hg.), 1980. *Erzählen im Alltag*, Frankfurt/Main.

Heath, S. B., 1982. *Ways with Words*, Cambridge/Mass.

Hopper, P. (Hg.), 1982. *Tense and Aspect* [Syntax and Semantics 14], New York.

Jäger, S., V. Fischer, W. Müller, E. Schmidt, M. Wolf, 1978. *Warum weint die Giraffe? Ergebnisse des Forschungsprojektes 'Schichtenspezifischer Sprachgebrauch von Schülern'*, Kronberg (Ts.).

Kummer, W., 1975. *Grundlagen der Texttheorie*, Reinbek.

Labov, W., 1980. *Sprache im sozialen Kontext*, hg. von Dittmar, N., B.-O. Rieck, Athenäum-Taschenbücher, Kronberg (Ts.).

Labov, S., J. Waletzky, 1967. "Narrative Analysis: Oral Versions of Personal Experience", in: Helm MacNeish, J. (Hg.), *Essays* on the Verbal and Visual Arts, Proceedings of the 1966 Annual Spring Meeting, Seattle, 12 - 44.

Labov, W., D. Fanshel, 1977. *Therapeutic Discourse, Psychotherapy as Conversation*, New York.

Lang, E., 1977. *Semantik der koordinativen Verknüpfung* [Studia Grammatica XIV], Berlin/DDR.

Neuland, E., 1975. *Sprachbarrieren oder Klassensprache? Untersuchungen zum Sprachverhalten im Vorschulalter*, Frankfurt/Main.

Quasthoff, U., 1980. *Erzählen in Gesprächen*, Tübingen.

Petöfi, J., H. Rieser (Hg.), 1973. *Studies in Text Grammar*, Dordrecht.

Rehbein, J., 1980. "Sequenzielles Erzählen. Erzählstrukturen von Immigranten bei Sozialberatungen in England", in: Ehlich, K. (Hg.), *Erzählen im Alltag*, Frankfurt/Main, 64 - 108.

Sacks, H., 1972. "On the Analyzability of Stories by Children", in: Gumperz, J. J., D. Hymes (Hg.), *Directions in Sociolinguistics: The Ethnography of Communication*, New York, 325 - 345.

Stutterheim, Ch. von, 1984. *Temporalität im Zweitspracherwerb*, Diss., Berlin.

KONVERSATIONELLE BESTÄTIGUNGEN IM FRANZÖSISCHEN. VORÜBERLEGUNGEN
ZU IHRER UNTERSUCHUNG

Wolfgang Settekorn

Im folgenden Beitrag wird unter Bezug auf einschlägige Positionen aus der Literatur eine Arbeitsdefinition von "Bestätigen" entwickelt, auf deren Grundlage Klassifikationskriterien für turnbegleitende Bestätigungen erarbeitet werden. Bei der Analyse von konversationellen Bestätigungen wird gezeigt, daß diese interaktive Auswirkungen für konversationelle Abläufe unter verschiedenen Gesichtspunkten haben, und um welche Auswirkungen es sich handelt. Dabei werden syntaktische Positionen, Kategorien der klassischen Sprechakttheorie, der Beziehungskonstitution sowie argumentatorische und formulatorische Funktionsbereiche nachgewiesen. Bestätigungen erscheinen so als kleine Handlungen mit großen konversationellen Auswirkungen.

1. "Bestätigen/Bestätigung" - Zur Situierung eines Untersuchungsbereichs

Bei der Behandlung von Fragen aus dem Überschneidungsbereich von Grammatik, Konversation und Interaktion treten neben zahlreichen anderen Phänomenen immer auch Gliederungssignale, Abtönungs- und Modalpartikel in den Blickpunkt des Interesses, da diese sprachlichen Minimalformen zahlreiche Funktionen in der verbalen Interaktion erfüllen. Ich selbst habe an anderer Stelle versucht nachzuweisen (Settekorn 1977 und 1979), in welcher Weise Sprecher mit ihnen Zustimmung erheischen und welche weiteren Funktionen der Einsatz von Partikeln erfüllen kann. Die dort angesprochenen Zusammenhänge sind inzwischen, nicht zuletzt dank der Arbeit von D. Franck (1980), wesentlich differenzierter und ausführlicher behandelt.

Ich will im folgenden Beitrag auf die Komplexität dessen hinweisen, was man alltagssprachlich als "Bestätigen" und "Bestätigung" bezeichnet. Für mich stellte sich "Bestätigen" zunächst als hörerseitige Entsprechung von Zustimmung auf der Sprecherseite dar, und ich siedelte es im Bereich der von Goffman (1974) getroffenen Unterscheidung von korrektivem und bestätigendem Austausch an. Bei näherer Befassung mit dem Objektbereich und der entsprechenden Literatur erwies sich jedoch, daß weder die Begrifflichkeit einheitlich gehandhabt wird, noch bezüglich der Bezugsbereiche von Bestätigungen Übereinstimmung besteht, wobei begriffliche Unterschiede und Gemeinsamkeiten vor dem Hintergrund verschiedener Gegenstandsbereiche und Herangehensweisen zu sehen sind.

Wenn ich nun im folgenden einige Ansätze umreiße und eine auf meine Ziele ausgerichtete Klärung der Begriffe "Bestätigen" und "Bestätigung" vorschlage, so strebe ich damit weder Vollständigkeit an, noch erhebe ich den Anspruch auf eine allgemeingültige Begriffsbestimmung. Vielmehr geht es mir zunächst darum, in unterschiedliche Bezugsbereiche von Bestätigungen einzuführen, eine für meine Untersuchungen brauchbare Arbeitsdefinition zu erarbeiten und den Gegenstandsbereich meiner Untersuchungen genauer auszugrenzen. Dabei wird deutlich werden, daß ich lediglich einen geringen Teil bestätigender kommunikativer Handlungen in Interaktionen behandle.

Diese Auseinandersetzung wird den ersten Teil meiner Ausführungen einnehmen, deren zweiter Teil der exemplarischen Analyse einiger Beispiele aus authentischen Gesprächen[1] gewidmet ist.

---

1 Im wesentlichen beziehe ich mich auf die Transkription eines 73minütigen Gesprächs über Sprachnormen, das im Rahmen eines Seminars zu Sprachnormen von einem der Seminarteilnehmer (Achim Haag) in Paris aufgenommen wurde. An der streckenweise sehr angeregten und lebhaften Diskussion nahmen neun Personen teil. Das Gespräch selbst hat einen informellen Charakter, es fand bei Tisch statt. Zu besonderem Dank bin ich Sophie Bertho und Martina Schulze verpflichtet, die mit großem Einsatz und erheblichem Aufwand auf der Grundlage einer Rohtranskription von Auszügen eine Feintranskription der technisch unzureichenden Aufnahme erstellten. Für die Transkription wurde eine einfache Form von HIAT (vgl. Ehlich/Rehbein 1976) verwendet, die um zwei Konventionen ergänzt ist. Phonetisch realisiertes und orthographisch gefordertes End-'e' wird durch Großschreibung gekennzeichnet; also: "domainE". Orthographisch nicht gefordertes, aber realisiertes End-'e' wird mit durchstrichenem "∅" markiert, also: "fait∅" in "en fait". Auf die Notierung suprasegmentaler und parasprachlicher Merkmale verzichte ich der Lesbarkeit halber und nenne sie, sofern sie für die Analyse relevant sind.

Dieser Teil soll dem Nachweis dienen, in welchen Kontexten der Einsatz welcher Bestätigungsmittel mit welchen interaktiven Konsequenzen erfolgt.

Unter den Arbeiten, die ich hauptsächlich herangezogen habe, lassen sich anhand der gewählten Zugänge und Gegenstände bei allen Überschneidungen vier Gruppen unterscheiden, je nach ihrer dominanten Orientierung

- an primär interaktionssoziologischen Fragestellungen (Goffman 1974; Holly 1979)(vgl. 1.1);
- an Prinzipien und allgemeinen Strukturen von Konversationen unter allgemeinem oder einzelsprachlichem Bezug (Moeschler 1980 sowie die Arbeiten der Genfer Forschungsgruppe; Edmondson 1981)(vgl. 1.2);
- an einer Erweiterung und Ergänzung sprechakttheoretischer Ansätze (Franck 1980)(vgl. 1.3);
- an der funktionalen Erklärung einzelner sprachlicher Mittel, wie z.B. von Hörer-, Kontakt- und Gliederungssignalen (Duncan 1974; Ehlich 1979; Gülich 1978; Gülich/Henke 1979/1980; Gülich/Kotschi 1983; Rath 1979; Wahmhoff/Wenzel 1979)(vgl. 1.4).

In den einzelnen Gruppen werden verschiedene Funktionen konversationeller Bestätigungen thematisiert und unterschiedliche Bezugsbereiche von Bestätigungen in Betracht gezogen, wie in den folgenden Abschnitten gezeigt werden soll.

1.1 - Auf die Relevanz des bestätigenden Austauschs hat Goffman (1974) hingewiesen und einige Beispiele seiner Formen analysiert. Einleitend charakterisiert er den bestätigenden Austausch als ein interpersonelles Ritual und verweist dabei auf einige Funktionen, die dem Vollzug dieses Rituals zukommen. Da diese zentral sind, zitiere ich eine längere Passage:

> Wenn ein rituelles Opfer vollzogen wird, wenn also ein Individuum Engagement und Verbundenheit gegenüber einem anderen Individuum bezeugt, so geziemt es sich für den Empfänger, daß er deutlich macht, daß die *Botschaft empfangen* wurde, daß ihre *Bedeutung richtig erkannt* wurde, daß die *aktualisierte Beziehung in dem vom Ausführenden unterstellten Sinne wirklich existiert*, daß der *Ausführende als Person anerkannt* wird, und schließlich, daß der *Empfänger ein zur Entgegennahme befähigtes Wesen* ist. Die Leistung [...] ruft Gegenleistung hervor. Konzentrieren wir uns auf elementare Rituale, die zwischen Personen zur Anwendung kommen, die füreinander präsent sind, so gilt offenbar, daß dem Akt des Gebens in der Regel ein Dankbarkeitsbeweis folgt. Beide Schritte zusammen bilden eine kleine Zeremonie, einen 'bestätigenden Austausch'.
> (Goffman 1974: 98 f.; Hervorhebungen von W.S.)

Mit den Empfangs- bzw. Verstehensbekundungen auf der einen und der Rollen- bzw. Beziehungsbestätigung auf der anderen Seite spricht Goffman zwei Bereiche an, deren erster in der einschlägigen Literatur immer wieder als allgemeines kommunikatives Grundprinzip genannt wird (vgl. 1.5), das nicht nur für bestätigende Kommunikation gilt. Den zweiten Aspekt macht mit linguistischer Fragestellung Holly (1979) zum Gegenstand seiner Arbeit. Er greift bei seinen Untersuchungen auf die Unterscheidung Goffmans zwischen korrektivem und bestätigendem Austausch sowie auf dessen Analysen zurück und gibt eine Auflistung elementarer Bestätigungssequenzen als rituelle Muster. Der bestätigende Austausch umfaßt dabei eine Klasse von Austauschformen. Einen Teil der bei Holly aufgeführten Bestätigungsrunden registriert Franck (1980: 113 f.) unter den "wichtigsten Interaktionsbedingungen auf [der] Sprechaktebene".

Fragt man nun danach, was aus der interaktionssoziologischen Sicht *Gegenstand* der Bestätigung ist, das heißt, was bestätigt wird, dann lassen sich dreierlei Angaben machen:

- Für diejenigen, die nach den genannten (rituellen) Mustern handeln, wird durch die mustergerechten Vollzüge die *Gültigkeit des Musters* bestätigt und bekräftigt. Ein Muster gilt, solange nach ihm gehandelt wird.
- Insofern das Musterwissen *Erwartungen der Interaktanten* prägt, kann man davon ausgehen, daß deren Erwartungen durch mustergerechte Vollzüge bestätigt und bei Verstößen sowie Abweichungen enttäuscht werden.
- Durch mustergerechte Vollzüge werden schließlich, wie Holly eindringlich nachweist, die *Beziehung(en) zwischen den Beteiligten* sowie deren Image bestätigt:

    Bestätigende Rituale dienen der Herstellung und Bekräftigung einer von wechselseitigem Respekt getragenen Beziehung als Basis für eine Begegnung, indem sie Images aufbauen und stützen.
    (Holly 1979: 48)

Für die Explizierung eines Begriffs von "Bestätigen" scheint es mir nun wichtig, darauf hinzuweisen, daß in den genannten Bereichen die jeweilige Bestätigung den mustergerechten Vollzügen *entnommen* wird und die hinreichende Realisierung des Gesamtmusters voraussetzt. Sie ist nicht Zweck der Interaktion, sondern fällt sozusagen als Produkt des Interaktionsverlaufs an. Davon zu reden, daß ein Beteiligter seinen Beitrag mustergerecht einbringt,

um seinen Partner im genannten Bereich zu bestätigen, scheint
mir solange abwegig, wie man Täuschungen und andere Formen uneigentlichen Sprechens ausschließt. Ich unterscheide dementsprechend begrifflich zwischen *Bestätigungen*, die wir einem Sachverhalt und Handlungen sozusagen indexikalisch *entnehmen*, und *kommunikativen Bestätigungen*, die wir *geben* oder die uns *gegeben werden*. Im zweiten Fall unterstellen wir den Bestätigenden Intentionalität und damit auch Verantwortlichkeit für ihre Handlungen und deren Folgen. Nur der zweite Fall von Bestätigungen kann eingefordert werden, während im ersten Fall eine solche Einforderung in ähnlicher Weise paradox wäre wie eine Aufforderung zur Spontaneität (vgl. Watzlawick et al. 1969/1974: 184). So gesehen sind Vollzüge ritueller Handlungen keine kommunikativen Bestätigungen, auch wenn ihnen unterschiedliche Bestätigungen entnommen werden können. Auf der Annahme, daß kommunikative Bestätigungen intentional gegeben werden, basieren Zuschreibungen weiterer Funktionen von Bestätigungen für den Ablauf von Interaktionen; dies wird anhand von Einzelfällen bei der Analyse zu zeigen sein. Meine Untersuchungen beziehen sich überwiegend auf kommunikative Bestätigungen.

Für die eingeführte Unterscheidung spricht weiterhin, daß rituellen Sequenzen Bestätigungen des ersten Typs nicht nur entnommen werden, sondern daß darüber hinaus in ihnen normalerweise kommunikative Bestätigungen gar nicht gegeben werden. Die folgenden beiden Beispiele sollen dieses verdeutlichen:

(1) A: *Guten Morgen.*
    B: *Genau/prima/gut gesagt* ...
(2) A: *Guten Morgen.*
    B: *Guten Morgen.*
    C: *Genau/prima/gut gesagt* ...

Als aufeinander beziehbare Beiträge einer Sequenz erscheinen die Zustimmungen in beiden Beispielen auf den ersten Blick als abweichend. Dies könnte daher rühren, daß wir, wenn wir eine Sequenz als rituell auffassen, die Beherrschung der Mittel zu ihrem Vollzug bei den Beteiligten voraussetzen und auch ihr Wissen um Anfangs- und Endbedingungen für die entsprechenden Sequenzen. Wenn aber die Beherrschung der Mittel zum Handeln in rituellen Sequenzen als normal vorausgesetzt wird, macht deren Bestätigung wenig Sinn. Wir sehen dabei davon ab, daß ihre Beherrschung in Lehr- und Lernsituationen erworben wird, in denen die Beispielsequenzen nun durchaus nicht mehr als abweichend erscheinen. Allerdings bezieht sich die Bestätigung dann auf die Beherrschung der Mittel zu mustergerechtem Handeln und gerade nicht auf die Erfüllung des Musters selbst, denn zumindest der Bestätigende definiert durch sein Verhalten die Sequenz als Teil einer Lehr- und Lernsituation.

Die soweit angestellten Überlegungen können zu einer *Arbeitsdefinition* von "Bestätigen/Bestätigung" zusammengefaßt werden, die ich meinen weiteren Überlegungen zugrunde lege. Ich spreche von der kommunikativen Handlung *Bestätigen* als responsivem Beitrag zu einer Interaktion, mit dem eine Person oder Personengruppe (= Bestätigende(r)) einer anderen Person oder Personengruppe (= Bestätigte(r)) hinsichtlich eines *Bezugsbereichs* durch den Einsatz *kommunikativer Mittel* Übereinstimmung im Bezugsbereich zum Ausdruck bringt.

Wenn Bestätigen in diesem Verständnis als kommunikative Handlung aufgefaßt wird, ist damit unterstellt, daß Bestätigungen bestimmte Muster zugrunde liegen und spezifische Mittel herangezogen werden, deren Kenntnis bei den Interaktanten vorausgesetzt wird. Wenn ich also sage: "S_1 bestätigt S_2 mit M" (= Sprecher$_1$ bestätigt Sprecher$_2$ mit einem bestimmten Mittel), dann unterstelle ich:

- S_2 weiß, daß S_1 ihn mit M bestätigen kann/will;
- S_1 weiß, daß S_2 weiß, daß S_1 S_2 mit M bestätigen kann/will;
- ich als Analysator/Beobachter oder als Teilnehmer an einer vergleichbaren Interaktion könnte/würde an der Stelle von S_1 oder S_2 den Einsatz von M als Bestätigung auffassen.

Für die Untersuchung von Bestätigungen ergibt sich daraus die Frage, mit welchen Mitteln und auf der Grundlage welcher Muster kommunikative Bestätigungen gegeben bzw. entgegengenommen werden.

1.2 - Während in interaktionssoziologisch orientierten Arbeiten der Bezugsbereich von Bestätigungen auf den Beziehungsaspekt, auf Imagebildung und Rollenverständnis zentriert ist, tritt in konversationsanalytischen Arbeiten Bestätigen/"confirmation" als interaktive Funktion eines responsiven Beitrags in den Blick. Bestätigen wird hier konzipiert als zweiter Schritt, mit dem in einer Sequenz zu einer vorangehenden "demande de confirmation" oder "assertion" (Moeschler 1980: 63) Übereinstimmung mit dem Wahrheitsgehalt der Bezugsproposition signalisiert wird.[1] Zentrale Voraussetzung ist dabei, daß der Bestätigende der Bezugsäußerung hinreichende Informationen über deren propositionalen Gehalt, Illokution und interaktive Funktion entnehmen kann und sie, zumindest seinem Verständnis nach, zutreffend interpretiert hat. Da Moeschler bei der Einführung seiner Begrifflichkeit von abgeschlossenen und vollständigen Bezugsäußerungen ausgeht, in authentischen Gesprächen Bestätigungen - auch im Sinn seiner "confirmation" - aber turnbegleitend gegeben werden, ist zu fragen, in welchen Positionen Bestätigungen zu ihren Bezugsäußerungen stehen; die positionalen Verteilungen sind dabei an Realisierungsbedingungen der Bezugsäußerung gebunden, die unterschiedliche Bezugsbereiche für Bestätigungen konstituieren. Wenn Bestätigungen vor Abschluß der Bezugsäußerung gegeben werden, muß deren propositionaler Gehalt, ihre illokutive und interaktive Funktion ebenso hinreichend deutlich sein wie deren Präsuppositionen; erst so ist ein thematischer Zusammenhang zwischen beiden Äußerungen konstruierbar.

1.3 - Während Moeschler über die klassischen Sprechaktkategorien hinaus die interaktive Funktion einbezieht, geht Franck (1980) noch einige Schritte weiter. Bei der Auseinandersetzung mit Modalpartikeln des Deutschen zeigt sich für sie, in welchem Umfang über die Sprechaktkategorien hinauszugehen ist, wenn der Zusammenhang zwischen Äußerungsformen und deren kommunikativer Funktion erläutert werden soll. Als weitere "Bedeutungskomponente der Illokution" nennt sie konversationelle und interaktionsstrategische Kategorien. Ersteren ordnet sie "1. Sequenzierung,

---

1 "Par *confirmation* nous entendons ici non pas confirmation de ce que le locuteur a déjà dit ou de ce que l'interlocuteur croit savoir (ce qui équivaut à son sens traditionnel), mais confirmation de la vérité de la proposition ici questionnée. En d'autres termes, nous dirons que si l'interlocuteur manifeste son accord à la vérité de la proposition questionnée, il *confirme* celle-ci, alors que dans le cas contraire (manifestation de désaccord), il l'*infirme*" (Moeschler 1980: 60).

Sequenzierungsoperationen", "2. Inhaltlicher Konsens" und "3. Themenentwicklung, Entwicklung größerer Muster" (Franck 1980: 116) zu. Wenn sie unter dem Ausdruck inhaltlichen Konsenses auch "Bestätigung/Umdefinieren der Situationsdefinition" führt, dann dürften darunter vorrangig Bestätigungsentnahmen fallen.[1] Bestätigungen im Sinn der obigen Arbeitsdefinition kommen in dieser Unterkategorie dort ins Spiel, wo der Ausdruck inhaltlichen Konsenses sich qua "Wahrheitsanspruch aus [der] Vorgängeräußerung" auf deren propositionalen Gehalt bezieht und eine "confirmation" im Sinn von Moeschler vorliegt.

Bei den interaktionsstrategischen Kategorien sieht Franck Gespräche aus der unter 1.1.1 angesprochenen Perspektive, wenn sie betont:

> Jedes Gespräch ist immer auch Gelegenheit zur Unterhandlung über Image und Beziehung der Beteiligten: Dieses *Unterhandeln* geschieht im allgemeinen unterschwellig oder implizit: Es gehört nicht zum 'offiziellen' Ziel der Interaktion, ist meist nicht im thematischen Fokus der Interaktion.
> (Franck 1980: 118)

Gegenstand von Bestätigungen sind hier "Image, [...] Beziehung zu den anderen Teilnehmern hinsichtlich Status, Autorität, Rolle, Rechte [sic] und Pflichten" (loc. cit.). Da das Unterhandeln[2] jedoch "implizit" und "unterschwellig" erfolgt, ist diese Form als Entnahme von Bestätigung aufzufassen, solange die entsprechenden Bestätigungen nicht explizit und intentional gegeben werden.

Insgesamt bieten sich die Unterscheidungen von Franck als Bezugsbereiche für kommunikative Bestätigungen an. In Einzelfällen wird anhand des Korpus zu untersuchen sein, auf welche Bereiche Bestätigungen beziehbar sind und welche interaktiven Folgen ihr Einsatz zeitigt. Dies setzt allerdings differenzierte Angaben über die Mittel voraus, mit denen kommunikative Bestätigungen vollzogen werden. Im folgenden Unterkapitel will ich einige Kriterien zu ihrer Klassifikation vorschlagen.

---

1 In diesem Sinn ist auch unsere Verwendung von "Bestätigung der Situationsdefinition" (vgl. Ecker et al. 1977: 58 f.) zu verstehen.
2 Vgl. zum "Aushandeln": Dieckmann/Paul (1983).

1.4 - Die allgemeine Arbeitsdefinition ist in mehrfacher Hinsicht neutral und bedarf einer spezifischeren Fassung: Sie sagt weder etwas über die Komplexität von Bestätigungen aus, deren obere Grenze bei umfänglichen Inszenierungen wie einer Konfettiparade liegen mag, noch über die Medien der Manifestation von Bestätigungen. Ich werde mich im folgenden auf den unteren Bereich beschränken, der bisher als der Bereich der Hörer- bzw. Kontaktsignale in akustischer Realisierung untersucht worden ist. Im einzelnen arbeite ich mit folgenden Unterscheidungen:

1.4.1 - Bestätigungen werden in unterschiedlichen Bereichen der Manifestation vollzogen (vgl. Henne/Rehbock 1982: 60 ff.), wobei man, wie es auch Duncan (1974) tut, *außersprachliche* (mimisch-gestische, Zuwendung, Lachen usw.), *parasprachliche* (Intonation, Tonhöhe, Sprechgeschwindigkeit usw.) sowie *sprachliche* unterscheiden kann. Angesichts meines Datenmaterials werde ich über den sprachlichen Bereich nur dort hinausgehen, wo außer- und parasprachliche Phänomene akustisch realisiert und/oder in Transkriptionen erfaßt sind.[1] Im sprachlichen Bereich kann man die eingesetzten Mittel nach steigender formaler Komplexität unterteilen in: *Interjektionen*, *Partikel* und *Partikelkombinationen*, *feste Syntagmen*, unter die Routineformeln, idiomatische Wendungen, konventionalisierte Muster etc. fallen[2], und *Syntagmen*, wobei die Grenzen zwischen den einzelnen Bereichen fließend sind und in Einzelfällen keine eindeutige Zuordnung gestatten. Schwerwiegend wäre dieser Nachteil jedoch erst dann, wenn an die hier vorgeschlagene Unterteilung eindeutig unterschiedliche kommunikative Funktionen gekoppelt wären und mit der Entscheidung über die Zuordnung zu einer formalen auch die an eine andere funktionale Klasse gekoppelt wäre. Über die genannten Kriterien hinaus beziehe ich *Wiederholungen* und *Ergänzungen* ein, auf die Schwitalla (1979: 140 f.) und Duncan (1974: 166 f.) hingewiesen

---

1 Damit bleiben relevante Beziehungen zwischen den Manifestationsbereichen ausgeblendet, deren Bedeutung u.a. bei Duncan (1974) und Ehlich/Rehbein (1977) nachgewiesen wird.
2 Eine normierte Bezeichnungskonvention fehlt hier ebenso wie eine eindeutige Klassenzuordnung bei den einzelnen Autoren (vgl. Coulmas (1981: 53 - 69); Edmondson (1981); Gülich (1978); Gülich/Henke (1979/1980); Schwitalla (1979).

haben. So führt Duncan unter den "auditor back-channel signal[s][1] auch "sentence completions" sowie "brief restatement" auf.

1.4.2 - Noch bevor Bestätigungen einer funktionalen Interpretation unterzogen werden, ist nicht nur nach Manifestationsbereichen und der Komplexität von Formen verbalen Bestätigens sondern auch danach zu fragen, in welcher Position Bestätigungen zur Bezugsäußerung stehen, da erst dann genauere Angaben etwa über ihren Beitrag zur Organisation von Sprecherwechseln möglich sind. Im Sinn konversationsanalytischer Fragestellungen (s.o., 1.2) erscheinen sie als *eigenständige responsive Beiträge*, mit denen ein zweiter Schritt einer Sprechaktsequenz vollzogen wird, dessen interaktive Funktion komplementär zu der des Bezugsausdrucks ist. Auch wenn sie mit Mitteln reduzierter Komplexität vollzogen werden, sind sie als eigener Turn zu beschreiben.

Zum anderen können Interaktanten den Beitrag des Sprechers *begleitend bestätigen*, ohne ihn zu unterbrechen und ohne daß ihr Beitrag als eigener Turn aufzufassen wäre. Die unterschiedlichen Hörersignale gehören zu dieser Gruppe, an deren formal oberer Grenze Ergänzungen und Wiederholungen anzusiedeln sind. Ich werde mich auf begleitende Bestätigungen beziehen und positional danach unterscheiden, ob sie den *Beginn*, den *Verlauf* oder den *Abschluß* eines Beitrags begleiten. Auch wenn diese formalen Merkmale gerade hinsichtlich des möglicherweise sehr weiten Bereichs "Verlauf" sehr wenig differenziert sind, können sie für eine funktionale Bestimmung der Bestätigungen herangezogen werden, wenn angenommen wird, daß die Interaktionspartner sich wechselseitig das Wissen um komplexere Interaktionsmuster unterstellen und Bestätigungen vor deren Hintergrund einschätzen. Dies gilt nun sowohl turnintern als auch hinsichtlich der Position des Bezugsturns in komplexeren Zusammenhängen. Da für sie noch keine hinreichend standardisierten Beschreibungen zur Verfügung stehen[2], scheint es mir angebracht, eine turninterne Klassifizie-

---

1 Auch hier werden unterschiedliche Termini zur Bezeichnung gleicher und ähnlicher Phänomene gebraucht, so "Hörersignale" bei Rath (1979: 166 ff.) und Schwitalla, der (1979: 92, Anm. 1) Hinweise auf weitere Termini gibt.
2 Längerfristig scheinen rahmentheoretisch orientierte Beschreibungen kom-

rung vorzunehmen, im Einzelfall die Beiträge auf ihre funktionale Stellung in der Interaktion zu untersuchen und dabei auf umfassendere Zusammenhänge soweit wie möglich aufmerksam zu machen.

Die klassifikatorische Zuordnung wird problematisch, wenn nicht sicher entschieden werden kann, ob ein Beitrag als begleitend oder als eigenständig und in welchem Sinn er als responsiv aufzufassen ist. Diese Beurteilungen, die auch von Interaktanten vorgenommen werden, scheinen u.a. davon beeinflußt, wie komplex der bestätigende Beitrag selbst ausfällt. Die Neigung, eine Bestätigung als eigenen Turn aufzufassen, weil ein solcher intendiert ist, steigt mit der Komplexität des Beitrags. Für begleitende Beiträge scheint es allerdings eine obere Grenze zu geben, die nicht überschritten werden darf, wenn sie noch als Bestätigungen und nicht als eine Form des Parallelsprechens aufgefaßt werden, mit der möglicherweise gegen die Konversationsmaximen und gegen die Erwartung der wechselseitigen Zuwendung von Aufmerksamkeit verstoßen wird. Diese Zuwendung dürfte gerade bei Wiederholungen und Ergänzungen zum Ausdruck kommen, da sie in spezifischem Bezug zum begleiteten Beitrag stehen. Beide setzen eine mehr oder weniger weitgehende Realisierung des Bezugsbeitrages voraus, unterscheiden sich jedoch in ihrer strukturellen Bindung an ihn. Wiederholungen sind insofern *strukturell frei*, als sie weder an quantitative noch an strukturelle Vorgaben durch die Bezugsäußerung gebunden sind. Ergänzungen dagegen erfolgen durch Anknüpfung an die syntaktisch-semantische Struktur der Bezugsäußerung, die zumindest so weit realisiert sein muß, daß wenigstens eine ihrer möglichen Vervollständigungen erschlossen werden kann. In diesem Sinn sind Ergänzungen an die syntaktisch-semantische Struktur der Bezugsäußerung angepaßt.

1.4.3 - Die so weit getroffenen Unterscheidungen können als Klassifikationskriterien für turn-begleitende Bestätigungen her-

---

plexer Handlungszusammenhänge erfolgversprechend für die Wiedergabe von Standardsituationen und als allgemeine Repräsentationen der Wissensbestände, die wir selbst haben bzw. unseren Interaktionspartnern unterstellen (vgl. Morik 1982; Wettler 1980).

angezogen und im folgenden Schema A zusammengefaßt werden, das mit seinen Feldern die Zuordnung einzelner Bestätigungen erlauben soll.

Schema A: Klassifikationskriterien für turn-begleitende Bestätigungen

	Mittel der Kundgabe	Position zum Turn		
		fremdbeitragsorientiert		
		Beginn	Verlauf	Abschluß
strukturell frei	außersprachlich	1	2	3
	parasprachlich	4	5	6
	sprachlich Interjekt./Partikel Partikelsequenzen	7	8	9
	feste Syntagmen	10	11	12
	Syntagmen	13	14	15
eingepaßt	Wiederholungen	16	17	18
	Ergänzungen	19	20	21

1.4.4 - Für die Organisation und den Verlauf von Gesprächen spielt es nun nicht nur eine Rolle, daß Bestätigungen in bestimmten Formen positional zum Turn eines Interaktanten gegeben werden; vielmehr richten wir unsere Beiträge auch danach ein, auf welches Ausmaß an Zustimmung oder Ablehnung wir bei unseren Gesprächspartnern stoßen. Wieviele Partner uns wie oft Bestätigungen geben, kann nach der Anzahl der Bestätigenden und der Menge ihrer Bestätigungen sowie danach unterschieden werden, ob sich die Bestätigungen mehrerer aufeinander beziehen oder nicht. Anhand dieser Kriterien ergeben sich sechs quantitativ-relationale Klassifikationsmöglichkeiten, die in Schema B (Seite 203) aufgelistet sind.

1.5 - Eine Klassifikation nach den vorgeschlagenen Kriterien soll Grundlage einer funktionalen Interpretation von Bestätigungen hinsichtlich ihrer Bezugsbereiche und ihrer konversationellen Konsequenzen liefern. Als Interaktionsbeteiligte sowie bei

Schema B: Quantitativ-relationale Klassifikationskriterien

	Häufigkeit der Bestätigungen			
	einmal		mehrmals	
Anzahl der Bestätigenden				
eine(r)	Einfachbestätigung		wiederholte Einfachbestätigung	
mehrere	Mehrfach-bestätigung	reziprok mehrfach	wiederholt mehrfach	wiederholt reziprok mehrfach
	−	+	−	+
	Wechselbezug der Bestätigungen			

der Beobachtung und Analyse von Gesprächen greifen wir auf allgemeine Annahmen über kommunikative Vorgänge und Prinzipien der Interaktion zurück. Neben vielen anderen sind zu nennen: die Erwartung der Bereitschaft zur Kommunikation, die einer kooperativen Ausrichtung im Sinn der Konversationsmaximen und die einer wechselseitigen Orientierung der Aufmerksamkeit. Sie prägen sowohl unser kommunikatives Verhalten als auch unsere Interpretation des kommunikativen Verhaltens anderer.

Gerade einfache Formen turnbegleitender Bestätigungen, wie sie als Signale mit unterschiedlicher Funktion - Bekundung von Aufmerksamkeit, der Bereitschaft, weiterhin die Hörerrolle zu übernehmen, des Empfangs und des Verstehens - beschrieben wurden, erfüllen eine phatische Funktion im Sinne von Jakobson (1960; 1964: 355 f.) und entsprechen damit den genannten allgemeinen Prinzipien. In der Interaktion dienen sie grundsätzlich der *Bestätigung der Sprecherrolle* (Settekorn 1977: 408 f.). Wenn auch ihr Einsatz auf diese Funktion beschränkt sein kann, ist bei der Interpretation der entsprechenden Signale immer auch nach weiteren Bezugsbereichen der Bestätigung zu fragen, da sie zumindest aus der Perspektive des bestätigten Sprechers als Ausdruck weiterreichender Zustimmung aufgefaßt werden können. Holly (1979: 119) nimmt als solchen Bereich prinzipiell die Bestätigung von Images an:

Da jede Äußerung von Anteilnahme und Interesse für den Partner oder beliebige Aspekte seiner Situation als Zuwendung verstanden werden kann, wirkt sie bestätigend für das Image des anderen, es sei denn, sie enthält irgendeine Art von Kritik.

Allgemein ist anzunehmen, daß Interpretationen (nicht nur) responsiver Züge als Schlüsse mit der allgemeinen Schlußregel rekonstruierbar sind, der zufolge nicht explizit eingelegter Widerspruch, zumindest bis auf weiteres, als Zustimmung aufgefaßt werden kann (vgl. Franck 1980: 110 f.). Je nach Position der Bestätigung zum Sprecherbeitrag kann sie auch auf andere Bereiche als die Sprecherrolle bezogen werden. Neben strukturellen Bedingungen des Sprecherbeitrags, den eine Bestätigung begleitet, dürfte auch hier deren eigene formale Komplexität bei der Fixierung ihrer Bezugsbereiche eine Rolle spielen. So ist zum Beispiel zu erwarten, daß mit Interjektionen eine Bestätigung der Sprecherrolle übereinzel-sprachlich auch dann gegeben werden kann, wenn die Sprache des Bestätigten über das entsprechende Mittel nicht verfügt. Bei komplexeren Bestätigungsausdrücken ist dies nicht der Fall, was damit zusammenhängen dürfte, daß sie nicht nur eine für die Einzelsprache spezifischere Form aufweisen; vielmehr kann auch angenommen werden, daß mit der formalen Komplexität auch weitere Bezugsbereiche angesprochen werden, in denen die Bestätigung der Sprecherrolle als eine Art Primitivfunktion enthalten ist.

1.6 - Im Sinn der Arbeitsdefinition ergehen Bestätigungen als Zustimmungskundgaben positional zu den jeweiligen Bezugsäußerungen. Damit wird lediglich ein auf die jeweilige Bezugseinheit begrenzter Bezugsbereich angesprochen. Um der Möglichkeit Rechnung zu tragen, daß mit Bestätigungen interaktionsstrategisch auch weiterreichende Folgen für die Einschätzung von Gesprächsteilen, von ganzen Gesprächen und Situationen verbunden sein können, unterscheide ich bei der Untersuchung einzelner Bestätigungen danach, ob sie in Kontexten mit *kompetitiver* oder *kooperativer* Orientierung ergehen (vgl. Ecker et al. 1977: 49 ff.; Franck 1980: 119). Gerade Fälle von Mehrfachbestätigungen mit Wechselbezug (vgl. Schema B) sind danach zu befragen, in welcher Weise sie die Gesprächsorganisation kurz- oder längerfristig beeinflussen und so als Indikatoren für Gesprächsstile (Sandig 1983) interpretierbar sind.

2. Beispielanalysen

Ich will nun mit Hilfe der so weit eingeführten Kategorien Einzelbeispiele exemplarisch untersuchen, ohne dabei für alle Möglichkeiten der Klassifikation Beispiele liefern zu können. Die Analyse soll u.a. auch nachweisen, daß die herangezogenen Kategorien empirischen Gehalt haben, und daß sie ergänzt und erweitert werden müssen. Auf quantitative Angaben verzichte ich weitgehend.[1] Ich gehe dabei so vor, daß ich Bestätigungen in kompetitiven (2.1) und kooperativen Kontexten (2.2) getrennt behandle und für beide zunächst etwas umfangreichere Beispiele untersuche, da in ihnen die vielfältigen Bezüge von Bestätigungen und ihre Konsequenzen zusammenhängend anschaulich gemacht werden können.

2.1 Bestätigungen in kompetitivem Kontext

Wenn in einem Gespräch mit mehreren Personen das/ein Thema umstritten ist, kann es leicht vorkommen, daß sich um Exponenten unterschiedlicher und häufig umstrittener Auffassungen weitere Gesprächspartner zu regelrechten Gesprächskoalitionen zusammenfinden, deren Auseinandersetzungen mehr oder weniger große Gesprächsteile bestimmen können. Die entsprechenden Passagen bilden einen kompetitiven Kontext. Gerade in solchen Fällen, in denen die unterschiedlichen Auffassungen nicht schon bekannt sind, sondern im Gesprächsverlauf erst entwickelt und verlautbart werden, kommt Bestätigungen für die Herausbildung von Koalitionen eine entscheidende Bedeutung zu, da mit ihnen zum Ausdruck gebracht wird, wer mit wem worin übereinstimmt. Wie und mit welchen Folgen Bestätigungen in kompetitiven Kontexten erfolgen,

---

1 Und dies aus verschiedenen Gründen: Zum einen halte ich die Kategorien selbst noch nicht für hinreichend gesichert und präzisiert. Eine verläßliche Grundlage für Quantifizierungen bieten sie in dieser Form m.E. noch nicht. Zum anderen ist mein Bezugskorpus nicht repräsentativ.

kann anhand einer etwas längeren Passage aus dem Normengespräch[1]
gezeigt werden, die in Beispiel 1 (= B 1) wiedergegeben ist. Ich
gehe auf diese Passage in zwei Teilen ein und beziehe mich zunächst auf B 1,1 M 1 bis B 1, 6 M 2.[2]

Beispiel 1

1	[M 1	alors c'était un exemple de langue qui n'était
2	[M 1	pas à la portée de tout le monde c'est un exemplE
3	⌈ M 1 ⌊ W 2	(flambant) de normE (qui n'est) oui mais est-ce que c'est pas est-ce que c'est
4	[W 2	pas le contenu tout simplement qu'est pas à la

5	⌈ W 2
	| M 1
	| M
	⌊ M 2
		portée (de tout le monde)
		ah non non c'est la forme
		     non non
		     ( ) le contenu est très simple chez

6	⌈ M 2 ⌊ W 2	Proust mais (il te prend) tu trouves toi ah ben moi j'suis pas
7	⌈ M 2 ⌊ W 2	ben il te prend une phrasE elle a ellE d'accord
8	⌈ M 2 ⌊ W 2	fait trois pages alors si t'aimes des propositions ah oui
9	⌈ M 2 ⌊ M 1	comme ça tu sais euh ( ) . tu te perds tu te perds dans
10	⌈ M 2 ⌊ M 1	( )(langage) la forme avec Proust beaucoup plus que dans le
11	⌈ M 2 | M 1 ⌊ W 2	dans le langage courant (les propositions font fond moi c'est pas c'est pas c'est pas c'est pas c'est
12	⌈ M 2 ⌊ W 2	deux lignes) ((Schnaufen))(les phrases) pas c'est pas la forme qui me gênE ( ) chez Proust

13	⌈ M 2
	| W 2
	| M
	⌊ A
		(pas rigolo)
		(ah bon ben) (j'sais) pas ... moi je pensE
		        ah non
		                ouais ...

14	[W 2	que que ( ) j'suis complètement euh complètement
15	⌈ W 2 ⌊ M 2	pas d'accord ((allgemeines Lachen)) (alors on laisse)

---

1 Vgl. Anmerkung 1, S. 192.
2 Zum Verweis auf einzelne Zeilen der Transkription wähle ich folgendes Verfahren: Nennung der Nummer des Beispiels unter Verwendung des Kürzels (also: B 1, B 2 etc.). Es folgt die von 1 an laufende Numerierung der Tran-
skriptionsleisten (B 1,1 - B 1,15) und dann die der Sprecher(innen); "B 1,1
M 1" verweist im vorliegenden Fall auf die erste Zeile, "B 1,5 M 2" auf die

2.1.1 - Ausgangspunkt der Betrachtung soll B 1,5 M sein, mit dem M unter doppelter Verwendung der Negationspartikel *non* eine auf B 1,5 M 1 bezogene Bestätigung gibt. Sie begleitet den Anfang des Beitrags von M 1 und ist so Feld 7 des Klassifikationsschemas zuzuordnen. Weiterhin läßt sich sagen, daß M die negative Antwort stützt, die M 1 auf die Frage von W 2 (= B 1,3 W 2 - 5 W 2) gibt. Welche Bedingungen gelten nun für ein solches Verständnis des konversationellen Zusammenhangs der genannten Passage? In einem ersten Schritt gilt es zu erläutern, daß mit der Negationspartikel bestätigt werden kann, wie Franck (1980: 115 f.) allgemein festhält:

> *Nein* kann z.B. nicht einfach als "Verneinung" beschrieben werden. Je nach Kontext kann man mit *nein* die Aussage im Vortext, worauf es sich bezieht, auch bestätigen.

Welche Bedingungen muß nun dieser Kontext erfüllen? Eine syntaktisch-semantische Bedingung fordert, daß in der Bezugsäußerung eine Negation vorliegt, wie es in unserem Beispiel der Fall ist. Dies setzt nun aber voraus, daß der Bezug der Negationspartikel festgelegt ist. Das Vorliegen einer Negation reicht allein noch nicht aus, wie ein Blick auf B 1, 4 W 2 zeigt, das diese Bedingung ebenfalls erfüllt. Mit diesem Teil von Ws Äußerung als Bezugspunkt von B 1,5 M wäre dessen Beitrag als Zustimmung zur Assertion *le contenu (chez Proust) n'est pas à la portée de tout le monde* aufzufassen. Schon eine Umstellung der Zeilen B 1, 5 M 1 und B 1, 5 M ließe diese Interpretation zumindest offen, die, wie mir scheint, in der folgenden konstruierten Passage allein möglich ist:

(3) X: *est-ce que c'est pas le contenu qui n'est pas à la portée de tout le monde*
    Y: { *non non*
        non tu as raison
        non c'est vrai }

---

neunte Zeile des Beispiels, d.h. auf *le contenu est très simple chez*. "M" weist männliche, "W" weibliche Beteiligte aus, "A" verweist auf Achim Haag, der das Gespräch aufnahm. Die Numerierung von "W" und "M" ist durchlaufend und kennzeichnet persönlich identifizierte Beteiligte. Fehlende Numerierung zeigt an, daß eine Zuordnung zum Geschlecht, nicht aber zu bestimmten Personen möglich war. Folgt ein Fragezeichen, ist die entsprechende Zuordnung nicht sicher. Zu weiteren Transkriptionskonventionen vgl. Anm. 1, S. 192.

Das heißt, die syntaktisch-semantische Bedingung ist notwendig, aber nicht hinreichend. Vielmehr muß auch angegeben werden können, wie der Bezug zwischen bestätigtem und bestätigendem Beitrag zustande kommt. Im vorliegenden Fall erfordert dies, über B 1,5 M 1 und B 1,5 M hinaus den Beitrag von W 2 einzubeziehen, da erst so deutlich wird, daß M auch den interaktiven Sinn des Beitrags von M 1 bestätigt. Mit anderen Worten: B 1,5 M ist nicht nur als Bestätigung schlechthin, sondern als Bestätigung des Einwandes von M 1 gegen W 2 zu beschreiben. Dazu muß die Relation dieser beiden Beiträge beschrieben werden:

W 2 formuliert in B 1, 3 W 2 - 5 W 2 eine Frage, die qua Illokution eine Sequenz initiiert. Mit der Verwendung der Negation bei der Frageformulierung ("interronégatives"; vgl. Moeschler 1980: 61) orientiert sie die Frage auf eine bejahende Antwort hin (vgl. Ecker et al. 1977: 64 ff.). Zugleich verleiht sie ihrer propositionalen Einstellung durch diese Formulierung Ausdruck: Wer anderen eine bejahende Antwort durch die Formulierung der Frage nahelegt, gibt zu erkennen, daß er die entsprechende Assertion als Antwort in hohem Maße für berechtigt/gerechtfertigt hält. W 2 bringt diesen Anspruch zusätzlich durch die adverbiale Wendung *tout simplement* zum Ausdruck und exponiert damit auch ihr Image: Die sachverhaltsbezogene Sicherheit betrifft eine auch persönlich hoch eingeschätzte Meinung. Die Reichweite der von W 2 auch auf der Ebene der Beziehungskonstitution eingeführten Einschätzungselemente tritt noch deutlicher hervor, wenn man die argumentative und thematische Einbettung ihres Beitrags beachtet, den sie mit *oui mais* einleitet: Wenn sie einerseits mit M 1 thematisch darin übereinstimmt, Proust sei schwierig, dann besteht Konstanz im Thema dieser Passage, doch bringt sie mit dem Verweis auf die inhaltlichen Schwierigkeiten andererseits einen neuen Themenaspekt bzw. ein neues Teilthema in die Debatte, mit dem sie einen zentralen Einwand gegen Ms vorgetragene Argumentation formuliert; denn wäre es wirklich, wie sie sagt, 'tout simplement' der Inhalt, der Proust schwierig macht, dann wäre Ms Argumentation der Boden entzogen. Dessen Argument, daß es trotz Normbefolgung (gemeint war die grammatische Ebene) Verständnisschwierigkeiten gibt, wäre hinfällig, weil es einen unwesentlichen Bereich betrifft. M hätte dann an der Sache vorbeigeredet.

Die starke Absicherung ihres Beitrags hat bezüglich der konversationellen Verknüpfung und der Beziehungskonstitution vor- und rückweisende Relevanz. Rückweisend verstärkt sie ein Argument gegen Ms Ausführungen und 'bedroht' durch den Ausdruck der eigenen Sicherheit dessen Image verstärkt. Vorweisend liefert sie einen Hinweis auf den Grad an Verbindlichkeit, den sie an ihre Antwortvorgaben knüpft.

Angesichts der in Ms Beitrag involvierten Bezugsbereiche kann nun dessen Zusammenhang mit B 1, 5 M 1 und B 1,5 M deutlich gemacht werden. Teile dieser Beziehung lassen sich mit der von Moeschler (1980: 72 ff.) vorgeschlagenen "échelle de satisfaction" beschreiben: B 1, 5 M 1 ist in deren Sinn "non satisfaisant", da die "condition de contenu propositionnel" nicht erfüllt ist (M stimmt mit dem propositionalen Gehalt von B 1, 3 W 2 - 5 W 2 nicht überein), den illokutionären Vorgaben und dem thematischen Bereich jedoch entspricht: Der Beitrag von M 1 kann als themenkonstante Antwort auf Ws Frage gelten.

Der Einwand- bzw. Widerspruchcharakter von B 1, 5 M 1 kommt semantisch durch das Nomen *forme*, das im gegebenen Gesprächszusammenhang in Polaritätsbeziehung zu dem der Vorgängeräußerung steht (*contenu*), sowie illokutionär durch die negierte Assertion zum Ausdruck.

Darüber hinaus spielen weitere Faktoren eine Rolle: Durch einleitende Koppelung der Interjektion *ah* mit der Negationspartikel verleiht M seiner propositionalen Einstellung Ausdruck, auf der Ebene der Textorganisation verstärkt er durch überlappenden Anschluß an B 1, 5 W 2 nachdrücklich die Richtung seines Beitrags. Er setzt ein, als in der Äußerung von W 2 der thematische Bezug, die Proposition und Illokution hinreichend deutlich ausgedrückt waren und W 2 dies auch (durch fortlaufendes Leiserwerden) parasprachlich unterstrichen hat.

Daß M so unmittelbar anschließt, kann mit Hinweis auf die Argumentations- und Beziehungsebene erläutert werden: Ms Einwand ist ein Gegeneinwand, mit dem er an seiner vorangehenden Argumentation auch - und gerade - unter dem von W 2 eingeführten Themenaspekt festhält. Er beansprucht damit eine Bekräftigung seiner eigenen Position und wertet die Ws ab; diese abwertende

Orientierung gewinnt um so größere Bedeutung, als sich W mit ihren Antwortvorgaben und propositionalen Einstellungsbekundungen stark exponiert hatte. Dem Nachdruck, mit dem sie ihren Beitrag eingebracht hatte, steht die Entschiedenheit entgegen, mit der ihm widersprochen wird. Neben dem prompten Einsatz kommt dieses durch Verdreifachung der Entgegnung zum Ausdruck.

Daß nun dabei Ms Beitrag als Einwand gegen W 2 und als Bestätigung des Einwandes von M 1 gegen W 2 gelten kann, läßt sich jetzt in zweifacher Weise positional bestimmen: Bezogen auf die in B 1, 3 W 2 - 5 W 2 vorgegebene interaktive Ausrichtung ist er wie B 1, 5 M 1 responsiv. Den Einsatz dieses Beitrags begleitet er leicht versetzt und stimmt mit ihm in der argumentativen Richtung ebenso überein wie M 2, der sich mit einer selbständigen Bestätigung beteiligt. Er assertiert, was im Beitrag von W 2 als zu negierend unterstellt wurde: *le contenu est très simple*. Mit den Äußerungen von M und M 2 wird eine *Mehrfachbestätigung* der Einwände von M 1 geliefert. Angesichts der gleichlaufenden argumentativen Ausrichtung kann man von einer *Bestätigungskoalition* sprechen, bei der die 'Qualität' der Argumente durch die Quantität ihrer Vertreter bekräftigt wird. Als kooperative Interaktionsform fungiert hier die Mehrfachbestätigung in einem übergeordneten kompetitiven Rahmen. Zurückgewiesen wird dabei nicht nur der von W 2 für ihr Argument erhobene Geltungsanspruch, sondern, unter Beibehaltung des Themas, auch die von W 2 für die Behandlung des Teilthemas angezeigte Dimension. M 1, M und M 2 geben zu verstehen, daß, falls das Teilthema 'inhaltlich schwieriger Proust' im gegebenen Zusammenhang überhaupt behandelt werden soll, dies ablehnend zu geschehen habe.

Die Bestätigung hat, wie man jetzt rückblickend sagen kann, im vorliegenden Fall eine Funktion, die über Themenkonstanz, propositionalen Gehalt und illokutionäre Funktion hinaus interaktiv auf der Ebene der Textorganisation, der Beziehungskonstitution, der argumentativen Ausrichtung sowie der Thema-Teilthema-Behandlung eine Rolle spielt. Mit ihr werden nicht nur propositionale Stellungnahmen abgegeben, illokutionäre Rollen und Interaktantenpositionen konversationell wechselseitig bekräftigt bzw. bestritten, sondern dabei auch Interessen bezüglich der aufzugreifenden Themen bzw. Teilthemen sowie der Art ihrer Behandlung zustimmend, neutral und ablehnend manifestiert. Die Bestimmung der konversationellen Einstellung bzw. Ausrichtung einer Bestätigung kann nicht nur unter Heranziehung der Bezugsäußerung erfolgen, sondern muß, wie die Analyse zeigen sollte, zumindest auch den kommunikativen Sinn der Beiträge einbeziehen, auf die sich die bestätigende Äußerung bezieht.

Bei der Analyse dieses Komplexes wurde ein relativ hohes Engagement von W 2 und M 1 diagnostiziert, insofern, als beide sich inhaltlich-sachlich durch ihre Argumente, interaktiv durch ihre Vorgaben und damit auch in ihrem Image exponierten. Dieser Befund wird durch den anschließenden Gesprächsverlauf bestätigt (s.o., B 1, 6 W 2 - 15 M 2).

W 2 macht unter Bezug auf M 2, das noch sprechende Mitglied der ihr widersprechenden Koalition, in einer für alle erkennbaren Weise deutlich, daß sie auf ihrer Auffassung beharrt. Sie bekräftigt somit die Konstanz ihres zuvor geäußerten Arguments und ihre Einstellung dazu. Sie tut dies in heftigem Ton. Das weist darauf hin, daß sie von dem mehrfach bestätigten Widerspruch getroffen ist und der damit verbundenen 'Bedrohung' ihres Images heftig entgegentritt (B 1, 6 W 2 - 7 W 2). M 2, der als Mitbestätiger aufgetreten war, begründet nun seine Auffassung der formalen Schwierigkeiten Prousts, der er zuvor unspezifisch Ausdruck verliehen hat, mit dem Hinweis auf lange Satzkonstruktionen. Er zeigt damit, daß er gegenüber W 2 Begründungsverpflichtungen nachkommt, die deren hohem Engagement entsprechen und reagiert responsiv auf die durch steigende Intonation ausgedrückte Frageillokution von W 2.

Für unseren Zusammenhang ist nun B 1, 8 W 2 von besonderem Interesse. Das schnell gesprochene *ah oui* von W 2 ist als einfache, aus der Verbindung einer Interjektion und der Zustimmungspartikel bestehende Bestätigung von W an M 2 zu klassifizieren und dem Feld 7 in Schema A zuzuordnen. Mit den funktionalen Merkmalen "Bestätigung des Empfangs und inhaltliches Verständnis" sowie "Ausdruck der Bereitschaft, weiterhin die Hörerrolle innezuhalten" und der damit implizierten Aufforderung an den Sprecher, in seinem Turn weiterzufahren, werden zwei wichtige konversationsorganisatorische Aspekte gekennzeichnet. Ohne Einbezug der thematischen, argumentativen und interrelationalen Ebene, wie

sie durch die vorgängige Interaktion etabliert wurde, blieben
jedoch wesentliche Elemente außer Betracht, die im vorliegenden
Fall kompetitiver Interaktion für die weitere Organisation der
Konversation relevant werden. Ich deute an dieser Stelle die
Richtung lediglich an, in die eine Interpretation der Bestätigung B 1, 8 W 2 gehen sollte:

- Sie erfolgt, als M 2 durch seine Begründung positiv auf das Image von W 2 eingeht; parasprachlich kommt dies durch einen Tonfall zum Ausdruck, den ich als "sachlich, neutral, überzeugt" charakterisieren würde.
- Sie erfolgt inhaltlich durch Bezug auf einen als 'objektiv' präsentierten, nachprüfbaren Sachverhalt.
- Sie wird gegenüber einem Gesprächsteilnehmer geäußert, dessen Argumente von W 2 nicht angegriffen wurden, weil dieser sich zum strittigen Thema außer mit seinem Beitrag zur Mehrfachbestätigung noch nicht geäußert hat und der nicht der 'Hauptgegner' ist.
- W 2 hört zunächst einmal zu und ist bereit, das Argument von M 2 vollständig zur Kenntnis zu nehmen.

So weit, denke ich, kann man in der Interpretation von B 1, 6 W 2
- 9 M 2 gehen. Vermuten läßt sich darüber hinaus, daß nach dem
kompetitiven Höhepunkt der Diskussion, die immerhin unvorhergesehen und fremdinitiiert bei Tisch stattfindet, jetzt auch auf
Abbau der Spannungen hingearbeitet und dabei nach Gesichtspunkten gehandelt wird, die einer Auseinandersetzung im Bereich der
Sprachnormen übergeordnet sind, wie zum Beispiel der weitere
Verlauf des Beisammenseins etc.

M 1 (B 1, 9 M 1 - 11 M 1) und W 2 (B 1, 11 W 2 - 15 W 2) unterstreichen
nochmals ihre Positionen und halten an den kontroversen Standpunkten fest. Eine Lösung wird nicht erreicht und der inhaltliche Konflikt in der Schwebe gehalten. Das Gespräch stockt, es
kommt zu Pausen, die nach dem schnellen Ablauf der vorangehenden
Passagen besonders auffallen.

Durch das Lachen in 15 bereitet W die Möglichkeit zu einem
Übergang des Gesprächs vor, bei dem unter Anrechnung des aktuellen Punktestandes die strittige Behandlung des Themas suspendiert werden kann. Sie bietet sozusagen Remis an. Das Lachen eröffnet die Möglichkeit zu einem Wechsel des Themas und der Modalität der Gesprächsführung (zu Modalitätswechseln vgl. Müller
1984: 106 - 119 und 147 - 166), wobei unter 'Modalität' an dieser
Stelle der Modus der konversationellen Einstellung verstanden

werden soll. Wenn A in das Lachen einstimmt und auch andere dies tun, dann ist dies eine den Abschluß eines Turn begleitende *außersprachliche* Mehrfachbestätigung, die dem Feld 3 zuzuordnen ist.

Interaktionsstrategisch ist sie relevant, weil mit ihr angezeigt wird, daß eine Fortsetzung der Kontroverse nicht erforderlich ist bzw. ihrem Abbruch nichts im Wege steht. Auf der Ebene der Beziehungskonstitution zeigt sich, daß die Selbstdarstellung von W 2 akzeptiert wird, was u. U. als Hinweis darauf zu werten ist, daß die Einwände gegen ihre Meinung nicht als Angriff auf ihr Image verstanden werden sollten.[1] Das Lachen als außersprachliche Bestätigung fungiert darüber hinaus als Zeichen eines gemeinsam ausgearbeiteten Konsenses darüber, daß von einer kompetitiven zu einer kooperativen Ausrichtung des Gesprächs übergegangen werden kann.

Sieht man die Gesamtpassage unter den gesprächsstilistischen Gesichtspunkten, die Sandig (1983) vorschlägt, dann können die Beiträge, mit denen die beiden Positionen vertreten werden, zunächst als ich-bezogen gelten. Besonders deutlich wird das bei W 2, die ihre Position gegenüber der 'Koalition' im ersten Anlauf inhaltlich und dann unter explizitem Bezug auf sich selbst und ihren Widerspruch (*moi j'suis pas d'accord; moi c'est pas [...] la forme qui me gêne chez Proust"; moi je pense que [...] j'suis complètement euh complètement pas d'accord*) vorbringt und verteidigt. Wenn aber die Gegenseite zusehends weniger massiv auftritt und die Passage in allgemeines Lachen mündet, kann das als Hinweis auf eine übergeordnete kooperative Einstellung der Gesprächspartner gelten.

2.1.2 - Die Betrachtung der nächsten Beispiele kann weitere Hinweise auf den funktionalen Einsatz von Bestätigungen in kompetitiven Gesprächskontexten geben. Beispiel 2 (= B 2) ist einer Passage des Normengesprächs entnommen, in der es um die Frage

---

1 Dieses wäre dann auch als Versuch interpretierbar, durch Richtigstellung und/oder Zurücknahme 'schlimmstmöglicher Deutungen' (vgl. Goffman 1974: 156; Settekorn 1977: 411 f.), die W 2 dem Einwand von A unterlegen könnte, für 'alle Fälle' ein Angebot der Wiedergutmachung zu unterbreiten.

geht, wie Leser die Schreiber orthographisch fehlerhafter Briefe einschätzen und welche Folgen sich daraus für die Entwicklung freundschaftlicher Beziehungen ergeben. W 2 hatte in einem langen Beitrag auf diesen Aspekt und eigene Erfahrungen hingewiesen.

<u>Beispiel 2</u>

1 ⎡ W 1   *oui mais c'est bizarre je trouve de faire un tri entre une*
   ⎣ M 3   *oui oui   oui moi je suis d'accord*

2 ⎡ W 1   *lettre que tu reçois pour une première fois et la lettre d'une*

3 ⎡ W 1   *amie en fait si tu fais plus attention aux fautes c'est*
   ⎣ M 4   *(voilà)*

4 ⎡ W 1   *parce que c'est ton amie que tu te dis je ne vais plus faire*
   ⎣ M 4   *voilà*

5 ⎡ W 1   *attention aux fautes c'est un acte délibéré*
   ⎣ M 4   *tu fais une exception pour pour*

6 ⎡ M 4   *ton amie*

7 ⎡ W 2   *oui mais la première lettre que j'ai reçue d'elle bon c'était*
   ⎣ M   *mh*

8 ⎡ W 2   *quand même mon amie et euh euh bon je l'ai remarqué*

9 ⎡ M   *ouais*
   ⎢ M 4   *ah c'était la première fois que t'avais reçu   une lettre*
   ⎣ W 1   *oui*

10 ⎡ W 2   *ouais*

Das zweite Beispiel enthält unterschiedliche Bestätigungen: In B 2, 1 M 3 bestätigt M 3 zweimal den Anfang des Beitrags von W 1 mit wiederholter Einfachbestätigung: durch zweifache Verwendung der Zustimmungspartikel (Feld 7) und durch eine Verbindung der Zustimmungspartikel mit einem Syntagma (Feld 13). Dadurch wird der Einwandcharakter des Beitrags von W 1 bestätigt, jedoch (noch) nicht der Einwand selbst. Positional erfolgen die beiden Bestätigungen zum einen als die argumentative Orientierung des Beitrags durch *oui mais* markiert und zum anderen als die Bewertung der kritisierten Position (*c'est bizarre je trouve*) ausgedrückt. Somit ergehen die Bestätigungen noch *vor der Manifestation des propositionalen Gehalts der Bezugsäußerung*. Den Verlauf des Beitrags von W 1 begleitet (zumindest) eine Bestätigung B 2, 4 M 4 (= Feld 8), sowie u.U. B 2, 3 M 4 (= Feld 8), von M 4, der W 1 darüber hinaus in einer *abschließenden Ergänzung*. B 2, 5 M 4 - 6 M 4 (= Feld 21) bestätigt. Die ergänzende Bestätigung ist in diesem Fall *syntaktisch* an die Konstruktion von W 1 angepaßt, sie hat *semantisch* und *textorganisatorisch* eine abschließende Funktion, indem sie den Beitrag von W 1 zusammenfassend paraphrasiert und *argumentativ* über M 3 hinaus den Einwand von W 1 gegen W 2 unterstützt.

Die argumentative Gesamtausrichtung kommt ferner durch die Übernahme der Pronomina der zweiten Person Singular zum Ausdruck. Sie dienen im gegebenen Zusammenhang aufgrund ihrer Ersetzbarkeit durch *on* nicht nur zur personalen Referenz und Adressierung, sondern bringen auch den Anspruch auf allgemeine Gültigkeit der entsprechenden Propositionen zum Ausdruck. Der Einwand zielt so nicht nur auf den geschilderten Fall, sondern kann als generelle Kritik am Einfluß von orthographischen Fehlern auf die Entwicklung zwischenmenschlicher Beziehungen gesehen werden. Insgesamt wird durch die wiederholten Bestätigungen das Gewicht der Einwände von W 1 gegen W 2 quantitativ und qualitativ bekräftigt. Dadurch wird W 2 in Zugzwang gebracht, ihre eigene Auffassung zu begründen bzw. zu rechtfertigen, was sie auch umgehend tut (B 2, 7 W 2 - 8 W 2). Sie weist darauf hin, daß in ihrem Fall die bemerkten Fehler keinen negativen Einfluß auf die Entwicklung der schon zuvor bestehenden Freundschaft hatten. Sie zieht so einen Gegenschluß gegen eine Folgerung, die man aus dem Einwand von W 1 hätte ziehen können und weist für ihren Fall das Bestehen negativer Folgen zurück, deren Eintreten in dem generellen Einwand unterstellt war.

Die Nachfrage von M 4 (B 2, 9 M 4) und die auf sie bezogene Bestätigung (B 2, 9 W 1) zeigen, daß die Richtigstellung angenommen und der spezifische Fall von dem Einwand ausgenommen wird. Das Gespräch erreicht somit einen Stand, der beiden Parteien entgegenkommt: Die Anerkennung des spezifischen Falls (Position von W 2) beläßt der mit Allgemeinanspruch formulierten Auffassung (Position von W 1, M 3 und M 4) die Gültigkeit, vor deren Hintergrund der spezifische Fall als Ausnahme behandelbar bleibt.

Rückblickend läßt sich für die Behandlung von B 2 festhalten, daß die funktionale Reichweite begleitender Bestätigungen relativ zu Eigenschaften der Bezugsäußerung bestimmbar ist. Dabei ist es über eine formale positionale Zuordnung hinaus von Bedeutung, wie weit die syntaktische, semantische, illokutionäre und argumentative Struktur der Bezugsäußerung realisiert ist. Geht man davon aus, daß es Bedingungen für minimale (Ab wann kann überhaupt bestätigt werden?) und maximale (Wann kann noch bestätigt werden?) Realisierungen des Bezugsturns gibt, dann enthält B 2 zwei Grenzfälle: Zum einen wird allein die markierte argumentative Ausrichtung bestätigt, noch bevor der propositionale Gehalt der Bezugsäußerung ausgedrückt ist; zum anderen ist es der gesamte Bezugsbeitrag, der durch eine zusammenfassende Paraphrase[1] bestätigt und abgeschlossen wird. Dazwischen liegen im vorliegenden Beispiel zwei Fälle, in denen begleitende Bestätigungen an satzsyntaktisch relevanten Stellen ergehen: B 2, 3 M 4 steht am Übergang von Antezedens zu Konsequens des Konditionalgefüges im Bezugsbeitrag, B 2, 4 M 4 erfolgt, als das Konsequens hinreichend ausgedrückt ist und abschließbar wäre. Betrachtet man B 1, 8 W 2, wo eine verlaufsbegleitende Bestätigung ebenfalls an einer syntaktisch relevanten Stelle erfolgt (sie könnte bei normgerechter Interpunktion durch Punkt oder Komma markiert werden), dann läßt sich für weitere Betrachtungen die Vermutung über einen signifikativen Zusammenhang zwischen der Abgabe verlaufsbegleitender Bestätigung und dem Abschluß syntaktischer (Teil-)Strukturen in der Bezugsäußerung formulieren.

2.1.3 - Schon in den beiden vorangegangenen Beispielen wurde eine kooperative Grundtendenz des Gesamtgesprächs ersichtlich, die den Hintergrund für die Interaktion in kompetitiven Kontexten so bildete, daß im ersten Fall die Behandlung der widersprüchlichen Auffassungen unter allseitiger Zustimmung abgebrochen und im zweiten Fall eine Lösung gefunden wurde, die den Beteiligten unter wechselseitiger Anerkennung die Aufrechterhaltung ihrer Positionen ermöglichte. Daß innerhalb einer Sequenz ein Übergang von einer kompetitiven zu einer kooperativen Ausrichtung interaktiv herbeigeführt werden kann, soll Beispiel 3 (= B 3) zeigen:

---

1 Zu Form und Funktion von Paraphrasen in Gesprächen vgl. Gülich/Kotschi (1983) und die dort angegebene Literatur sowie Sandig (1983).

Beispiel 3

```
1  ┌ A   et pourquoi est-ce que tu tu acceptes cette norme . pourquoi
   └ W                 mais si tu veux si si

2  ┌ A   (     )
   └ M 1  non moi moi je ne dis pas que je l'accepte mais

3  ┌ M 1  je dis que .                        je l'accepte bien sûr
   │ A    mais tu l'acceptes quand même                       parce quE
   └ W 1                                 mais oui

4  ┌ A    en parlant devant une euh devant ta classe (      )
   └ M 1                                          bien sûr je suis

5  ┌ M 1  obligé de m'ad/ de m'adresser à eux avec ces ce ce langage

6  ┌ M 1  précis ce langagE euh euh/       euh . déjà défini
   │ A           (voilà)
   └ W 3                                        et si tu communiques.(et)

7  ┌ W 3  si tu communiques avec des gens t'es forcément obligé

8  ┌ W 3  d'employer un langage qui sera compris par la majorité
   │ M            ouais
   └ W 1                                                 voilà

9  ┌ M 4  voilà c'est ça . qui soit accepté
```

W 1 stimmt mit B 3, 3 W 1 (= Feld 9) ausdrücklich A zu, der turnbegleitend auf einen Widerspruch in der Argumentation von M 1 hinweist. Dieser übernimmt ausdrücklich diesen Einwand (B 3, 3 M 1 durch Wiederholung und Bekräftigung mit *bien sûr*), woraufhin A den inhaltlichen Bereich einführt (B 3, 3 A - 4 A), innerhalb dessen sich der angesprochene Widerspruch als vordergründig, weil auflösbar erweist: Eine institutionell geforderte Norm befolgen, heißt nicht, sie auch unbedingt zu akzeptieren. M 1 überlagert nun den Beitrag von A, den er inhaltlich und syntaktisch ausführt (B 3, 4 M 1 - 6 M 1), wobei A seinerseits (B 3, 6 A) (= Feld 8)) an einer Stelle bestätigt, an der die syntaktische Struktur des Bezugsbeitrags einen Abschluß finden könnte. Sie wird von M 1 um eine Spezifikation erweitert (*ce langagE euh [...] déjà défini* (B 3, 6 M 1)). Überlappend zu ihr greift W 3 bestätigend und weiterführend ein (B 3, 6 W 3 - 8 W 3): Ihre zweimal bestätigte (B 3, 8 M (= Feld 7); B 3, 8 W 1 (= Feld 9)) verallgemeinernde Paraphrase des erreichten inhaltlichen Konsenses erschöpft das Teilthema und führt seine Behandlung dem Ende zu. Abgeschlossen wird sie durch eine Bestätigung, die M 4 mit einem festen Syntagma gibt (B 3, 9 M 4 (= Feld 12)), das er mit einem weiteren, an die syntaktische Struktur der Vorgängeräußerung angepaßten Syntagma (*qui soit ac-*

cepté) verbindet. Er nennt dabei den Prädikator (*accept-*), der Anlaß zur Eröffnung der Teilsequenz war, und spricht ihn als Argument dem Begriff (*langage*) zu, über den zuvor Übereinstimmung herbeigeführt wurde.

Die analysierte Passage zeigt einmal mehr, daß begleitende (B 3,6 A) und abschließende (B 3, 3 W 1) Bestätigungen häufig an syntaktisch relevanten Stellen gegeben werden. Dies ist nicht durchgängig der Fall (vgl. B 3, 8 M und 8 W 1); doch ist hier die syntaktisch-semantische Struktur so weit manifestiert, daß die Möglichkeiten zu ihrer Komplettierung absehbar sind. So kann B 3, 8 W 1 als vorgezogene Endbestätigung eingestuft werden. Sandig (1983) weist darauf hin, daß nach Gordon (1977: 61 ff.) aktives Zuhören als "bestätigende Reaktionen, die funktionieren" (loc. cit.) einen du-zentrierten Partnerbezug manifestiert. Wie stark dieser Bezug im vorliegenden Beispiel ist, zeigt sich daran, daß die unterschiedlichen Beiträge dieser Passage auch syntaktisch aufeinander bezogen sind. Man kann dies als *interaktionelle, fortgesetzte syntaktische Ergänzung* bezeichnen, durch die ein hohes Maß an - auch formal kontrollierten - Partner- und Äußerungsbezügen zum Ausdruck kommt:

    (4) Moi je ne dis pas que je l'accepte. Mais je dis que je l'accepte bien, bien sûr, parce qu'en parlant devant ma classe, bien sûr, je suis obligé de m'adresser à eux avec ce langage qui sera compris par la majorité, qui sera accepté; voilà, c'est ça.

Daß der Interaktionssequenz bzw. dem Satz, der sich aus ihr bilden läßt, allgemeinere Annahmen zugrunde liegen, zeigt die durchgängige Möglichkeit, das unbetonte Personalpronomen der ersten Person in das der dritten zu übersetzen. Man erhält dann, besonders im zweiten Teil, eine Formulierung, die als ein Konversationspostulat sehr allgemeiner Stufe angesehen werden kann:

    (5) Si on communique avec les gens, on est forcément obligé d'employer un langage qui sera compris par la majorité.

Oder knapper:

    (6) Vermeide Dunkelheit des Ausdrucks (à la Grice).

Der Konsens kommt damit *inhaltlich* in einem Bereich von hoher Allgemeinheit im Gültigkeitsanspruch und in dessen Anerkennung zustande, oder anders formuliert: Das Thema der Passage ist im

Grunde unstrittig. Bei der *Themenbehandlung* erfolgt kooperativ eine fortgesetzte Präzisierung und Ausweitung, die einen explizit ratifizierenden Abschluß findet. Die *Gesprächsorganisation* erfolgt damit in einem formal und inhaltlich ausgewiesenen Wechselbezug, der auf einen hohen Aufmerksamkeitsgrad hinweist. Für die *Beziehungskonstitution* läßt diese Passage erkennen, wie kooperativ Images wechselseitig bestätigt werden und dabei die mögliche Bedrohung des Images von M1 (die durch undifferenzierte Behandlung seines vordergründigen Selbstwiderspruchs möglich wäre) abgebaut wird.

2.2 Bestätigungen in kooperativem Kontext

Was sich so weit für Bestätigungen in kompetitiven Kontexten, ihre Mittel und deren funktionalen Einsatz als Tendenz abzeichnete, läßt sich verstärkt für kooperative Sequenzen feststellen: Einzelne Bestätigungen haben unterschiedliche komplexe Bezugsbereiche und entsprechende Folgen für die Gesprächsabwicklung.

2.2.1 - Besonders deutlich wird dies in Beispiel 4 (= B 4), das eine Sequenz kooperativer Bestätigungen enthält, in der verschiedene Mittel der Bestätigung eingesetzt werden, und zwar: außersprachliche (B 4, 14; 16 M ? (= Feld 2)) auch in Verbindung mit sprachlichen (B 4,7 A (= Feld 1 oder 4); 18 A (= Feld 3)), sprachliche als Partikel und Partikelkombinationen (B 4,14 A; 16 A; 17 A; 21 W 2 (*mhm*) (= Feld 8); B 4,27 A (= Feld 9)), feste Syntagmen (B 4, 21 W 2; 22 W 2; 24 W 2 (zweimal) (= Feld 11)) sowie komplexe Syntagmen (B 4, 20 W 2 (= Feld 14)).

Beispiel 4

1 [W 2   *les participes passés par exemple c'est quelque chose sur*
2 [W 2   *lequel j'accroche parce quE que bon j'ai un souvenir très*
3 [W 2   *précis d'euh de la façon dont je les ai appris .*
4 [A   *à l'école*
5 [W 2   *ouais ouais ben par exemple écoute bon j'ai moi j'ai appris*
   [M ?   (   )
6 [W 2   *la grammaire avec mes parents parce que j'étais dans j'étais*

```
 7  [W 2   dans la classe de mes parents bon et euh alors attends je
    [A ?                                                    aah ((Lachen))
 8  [W 2   j'en ai chié comme j'sais pas trop quoi pour pour apprendre
 9  [W 2   ces participes passés maintenant euh bon j'fais presque plus
10  [W 2   de fautes ou bon quand je quand je fais pas attention j'en
11  [W 2   fais certainement mais bon j'en fais j'en fais pas trop .
12  [W 2   par contre mes parents en font plein . quand ils parlent tu
13  [W 2   vois . ils ils escamotent tout le temps les participes passés
14  [W 2   alors ça ça m'énervE ((Lachen)) ça m'énervE à un point parce
    [ ?                         ((Lachen))
    [A                                                          ouais
15  [W 2   quE bon c'est eux qui m'ont appris c'est eux qui m'ont qui
16  [W 2   m'ont embêté avec ça et puis euh dans leur langage courant
    [M ?                       ((Lachen))
    [A                                                             ouais
17  [W 2   ils en font un/ un tas mais alors c'est moi qui les reprends
    [A                aooh
18  [W 2   maintenant ...
    [A             ((Lachen)) ouais
19  [M 4   mais tu les fais comment les différences entrE langue écrite
20  [M 4   et parlée                                       il faut bien voir
    [W 2   mais c'est ça c'est (  ) bien sûr mais ouais c'est c'
21  [M 4   que c'est c'est autre chose .. parce que tu acceptes des
    [W 2          bien sûr            mhm
22  [M 4   choses (dans) dans la languE parlée qu'tu accepterais pas
    [W 2                                  oui bien sûr
23  [M 4   dans une lettre par exemple
24  [W 2   mhm quand t'as un contact oral avec avec quelqu'un tu peux
    [M 4                             oui voilà       oui voilà
25  [W 2   tu peux moins te rendre compte justement de ces de ces de
26  [W 2   cette discrimination de de enfin de de d'allusions à son
27  [W 2   à sa culture hein .
    [A               mh
```

Ich gehe zunächst auf das bestätigende Lachen in B 4, 7 A ? ein: W 2 beginnt auf die präzisierende Nachfrage B 4,4 A das Thema 'Lernen der Formen des participe du passé' mit Ausführungen zum Teilthema 'Lernen des participe du passé in der Schule'. Sie tut dies, indem sie mit einer konversationellen Erzählung einsetzt, deren Anfang sie deutlich markiert und aus dem bisherigen Gesprächsverlauf abhebt:

(7) ouais ouais ben par exemple écoute bon (B 4, 5 W 2).

Das Lachen setzt an einem Punkt ein, der *erzählstrukturell* den
Übergang zwischen zwei Teilsequenzen (von der Exposition zur
Ausführung oder von der Orientierung zur Komplikation) markiert,
und an dem ersichtlich wird, daß W 2 mit ihrem Beitrag die für
Erzählungen geforderte Bedingung der Besonderheit des Erzählinhalts erfüllt.[1] W 2 wird demnach von A in ihrer Rolle als konversationelle Erzählerin durch vorweggenommene Pointenbestätigung[2]
bestätigt, da A seine Erwartung einer 'guten' Geschichte manifestiert und sich als 'gespannter' Zuhörer zu erkennen gibt. Der
Auf- und Ausbau der Pointe wird durch bestätigendes Lachen (B 4,
14; 18 A) und verbale Zustimmungsbekundungen begleitet (B 4, 14 A;
16 A; 17 A). Explizit bestätigt wird auch das Ende der Erzählung
(B 14,18 A) und damit zugleich das Ende des Beitrags von W 2. Im
vorliegenden kooperativen Kontext funktioniert nun nicht nur der
Sprecherwechsel reibungslos, sondern auch der Übergang zu neuen
Teilthemen. So führt M 4 in unmittelbarem Anschluß an die Erzählung von W 2 auf ein zuvor schon angesprochenes Teilthema zurück (B 4, 19 M 4 - 20 M 4) und wird darin von W 2 ausdrücklich bestätigt (B 4, 20 W 2; 21 W 2; 22 W 2). Dabei kommt durch den erheblichen Aufwand an Bestätigungen zum Ausdruck, daß W 2, die zuvor
einen sehr langen Turn innehatte, nun die Rolle einer konzentrierten, aktiven und partnerorientierten Zuhörerin einnimmt.
Als M 4 seinen Beitrag beendet hat, entspricht W 2 dessen interaktiver Funktion und gibt eine Antwort auf seine Frage. Dabei
findet sie nun ihrerseits bei M 4 wiederholte Bestätigung (B 4,
24 M 4).

Der hohe Grad an Partnerbezug kommt in dieser Passage durch
die durchweg bestätigenden Hörersignale zum Ausdruck, mit denen
der Gesprächsablauf interaktiv in unterschiedlichen strukturellen Bezugsbereichen gegliedert wird. Satzsyntaktisch lassen sich
zwei Stellen angeben, an denen Bestätigungen ergehen. Zum einen
erfolgen sie, wenn ganze Satzstrukturen als abgeschlossen gelten
können (B 4,7 A; 14 A; 18 A; 21 W 2), zum anderen, wenn in der Bezugsäußerung von einem Teilsatz zu einem anderen übergegangen
wird (B 4, 22 W 2 vor einer Relativsatzeinbettung; B 4, 24 M 4 mit

---

1 Vgl. Quasthoff (1981: 289).
2 Vgl. Müller (1982: 1 ff.).

dem zweiten *oui voilà* beim Übergang vom Neben- zum Hauptsatz eines Temporalgefüges). Zum anderen wird an Stellen bestätigt, die nicht immer satzsyntaktischen Einheiten entsprechen, wohl aber als Einheiten im *Formulierungsprozeß* (vgl. Antos 1982) markiert sind. Sprecherseitig ist hier mit unterschiedlichen Signalen ausgedrückt, daß der Formulierungsprozeß noch läuft. So erfolgen die Bestätigungen in B 4,14 ? und 14 A, als W 2 nach Beginn eines Satzes zögert, in B 4, 21 W 2 (*bien sûr*) und B 4, 24 M 4, als im Bezugsbeitrag wiederholt wird. In solchen Fällen kommt die konversationsfördernde Funktion von Hörersignalen deutlich zum Ausdruck.

Des weiteren werden Bestätigungen zur reibungslosen Gestaltung von *Sprecherwechseln* sowie von *Sprechaktsequenzen* ebenso eingesetzt wie zur Durchführung *gesprächsthematischer Prozesse* (Themensteuerung, -entwicklung, -einführung etc.). Schließlich erfolgen sie bei Einführung und Durchführung *komplexer Interaktionssequenzen* (wie konversationellen Erzählungen), deren Teilstrukturen sie interaktiv gliedernd begleiten. Der kooperative Charakter kommt darüber hinaus durch den Wechsel in der *Bestätigungsrichtung* über verschiedene Turns hinweg zum Ausdruck. So bestätigen sich W 2 und M 4 wechselseitig; zunächst gehen die Bestätigungen von W 2 (B 4, 20 W 2 - 22 W 2) und dann von M 4 (B 4, 24 M 4) aus.

2.2.2 - Schon bei der Behandlung von B 3 konnte gezeigt werden, daß bei einer kooperativen Grundorientierung eines Gespräches bestätigende Beiträge in einem Maß an die Bezugsäußerung angepaßt sein können, das eine Integration in deren syntaktische Struktur erlaubt. Eine wechselseitige kooperative Partnerorientierung kann sich syntaktisch darüber hinaus so manifestieren, daß die Turninhaber begleitende Bestätigungsausdrücke in die syntaktische Struktur ihrer Äußerung übernehmen, wie dies in Beispiel 5 der Fall ist:

<u>Beispiel 5</u>

1 ⎡ M 1   *et on sait par exemple cette norme dont tu parles cette*
  ⎣ A   *mh*

```
2  ⎡ M 1    norme définie par l'académie française         par
   ⎣ A                                            par exemple
3  ⎡ M 1    exemple ellE elle est par c'est pas parce quE elle est
4  ⎡ M 1    définie par l'académie française que tout le monde va la
5  ⎡ M 1    suivre
```

Da in solchen Fällen der bestätigende Zuhörer der Wiederholung seiner Bestätigung durch den Turninhaber seinerseits die Bestätigung entnehmen kann, daß dieser die Hörerbestätigung an- und übernimmt, spreche ich von *syntaktisch integrierten Rückbestätigungen*, die im Sinn von Sandig (1983) als Indikatoren für einen Gesprächsstil gelten können, der in hohem Maße duzentriert ist. Der Einsatz syntaktisch integrierter Rückbestätigungen dürfte an die Bedingung geknüpft sein, daß die übernommenen Einheiten 'ohne weiteres', d.h. ohne strukturelle Änderungen (z.B. im Bereich der Deixis), in die syntaktische Struktur der laufenden Äußerung einbaubar sind.

Besonders in fremdsprachlichen Lehr- und Lernkontexten kommt syntaktisch integrierten Rückbestätigungen eine wichtige Rolle zu, wenn ausgeholfen bzw. korrigiert wird. Dies geschieht in den folgenden beiden Beispielen, die einem französischen Sprachkurs entnommen sind, in dem es um die Entwicklung von Theaterszenen geht. M und W sind Dozenten, H und S Kursteilnehmer.

<u>Beispiel 6</u>

```
1  ⎡ H    et je crois que c'est c'est à chacun de de . améliorer
2  ⎡ H    un peu la situation et de de euh ((Zungenschnalzen))
3  ⎡ H    ausweiten
4  ⎡ W    élargir
5  ⎡ H    de d'élargir       son rôle et son caractère
   ⎣ W         d'élargir oui
```

Im gegebenen Kontext können in Beispiel 6 das Zungenschnalzen in B 2, H und die Verwendung der deutschen Verbform durch H als Hinweis darauf gewertet werden, daß H nicht über die entsprechende französische Vokabel verfügt, die er an dieser Stelle seiner Äußerung braucht. Interaktiv ist dies als Aufforderung an die anderen Gesprächsteilnehmer zum Aushelfen aufzufassen. W nennt die gesuchte Verbform (B 6,4 W), und H greift sie so auf, daß er zunächst die Präposition ohne Elision einsetzt und sich dann verbessert. W kann dem die Rückbestätigung entnehmen, daß sein Vorschlag von H übernommen wird. Noch während H die korrekte Form äußert, formuliert W eine korrekte Fassung, wohl als Korrekturvorschlag, der sich jedoch erübrigt. W bestätigt nun seinerseits (B 6,5 W) Hs korrekten Gebrauch. Damit kann die metasprachliche Ebene dieser Reparatursequenz verlassen werden. H greift in seiner Äußerung die syntaktische Struktur an der Stelle wieder auf, wo sie vor der Reparatursequenz verlassen wurde.

<u>Beispiel 7</u>

```
1  ┌ S    si on on élarge      élargit . oui les dialogues avec des
   └ M                  élargit
2  ┌ S    choses comme ça on on ne change pas les structures
```

In B 7 erfolgt der Hörerbeitrag nicht auf Anforderung der Turninhaberin, sondern auf Eigeninitiative von M hin. Als Kursleiterin korrigiert sie die fehlerhafte Verbform durch Nennung der korrekten. S greift diesen Vorschlag auf, noch während M ihn äußert, und baut ihn in die syntaktische Struktur ihres Beitrags ein. Daß sie den Korrekturvorschlag annimmt, bringt sie nun nicht nur durch die syntaktisch eingepaßte Übernahme zum Ausdruck. Vielmehr gibt sie (B 7,1 S: *oui*) eine *explizite Sprecherrückbestätigung*, die hinsichtlich der syntaktischen Struktur parenthetisch ist und eine metakommunikative Funktion hat. Aushelfen und Korrigieren dienen als interaktive Prozesse dazu, dem Turninhaber bei der Formulierung eines angemessenen Beitrags - im vorliegenden Fall in der Fremdsprache - zu helfen. Sie können als elementare Formen *kollektiven Formulierens* aufgefaßt werden, deren spezifische Probleme und Interaktionsbedingungen sich aus dem Fremdsprachenunterricht ergeben.

In Alltagssituationen findet sich kollektives Formulieren dort, wo Gesprächsteilnehmer interaktiv eine "allmähliche Verfertigung der Gedanken beim Reden" betreiben und zu einem gemeinsam anerkannten Formulierungsresultat gelangen. Antos (1982: 19 ff.) präsentiert ein eindrucksvolles Beispiel aus dem universitären Kontext. In alltäglichen Situationen ohne institutionelle Vorgaben hinsichtlich eines zu erstellenden Textes findet kollektives Formulieren besonderen Anlaß, wenn das Gesprächsthema, wie im Fall des Normengesprächs, unüblich ist. Bei erhöhtem

Engagement der Teilnehmer und längerer Behandlung eines solchen Themas ergibt sich häufig sehr schnell die Notwendigkeit zur präziseren gedanklichen und sprachlichen Fassung zuvor eher vager Vorstellungen. Bei einer kooperativen Ausrichtung des Gesprächs dienen wechselseitige Bestätigungen dann auch dazu, gemeinsam erzielte Formulierungsresultate zu bekräftigen. Sie können im weiteren Verlauf des Gesprächs gemeinsam ratifiziert werden.

In Beispiel 8 liegt eine Sequenz kollektiven Formulierens vor:

<u>Beispiel 8</u>

```
1  ⎡W 1   c'est d'là que tu reconnais que l'orthographe de quelqu'un
2  ⎡W 1   révèlE    son éducation enfin    son niveau de
   ⎢W 3   ça révèle ( )
   ⎣M 4                                (voilà)         tout à fait
3  ⎡W 1   de euh                    son niveau intellectuel
   ⎢W 3         son niveau intellectuel
   ⎣M 4                                        voilà
4  ⎡W 1   ou son    sa   culture davantage voilà et c'est là que
   ⎢W 3              voilà
   ⎢M 4   hm
   ⎢A     sa culture         mh
   ⎣M 2                      mh
```

In Beispiel 8 (= B 8) geht es um die schon in B 2 angesprochene Frage, welche Folgen sich aus der (Nicht-)Beachtung von Normen für die Einschätzung von Sprechern ergeben. Mit B 8, 1 W 1 - 4 W 1 versucht W 1, ihre Auffassung zu diesem Fragenkomplex zu formulieren und durch präzisierende Paraphrasen zu spezifizieren. W 3, M 4, A und M 2 beteiligen sich unterschiedlich bestätigend an diesem Prozeß:

B 8, 2 W 3 kann als Versuch von W 3 gewertet werden, unter Aufgreifen der syntaktischen Struktur des Bezugsbeitrags in einem eigenen Turn die Gedanken von W 1 fortzusetzen. Sie bricht ab, als W 1 ihren Beitrag fortsetzt.

M 4 bestätigt den Beitrag von W 1 mehrmals (B 8, 2 M 4: *voilà* (= Feld 8); B 8, 4 M 4: *hm* (= Feld 8)) im Anschluß an Stellen syntaktischen Abschlusses im Beitrag von M 1. Schwieriger zu klassifizieren ist anhand der eingeführten Kriterien B 8, 3 M 4, das sich offensichtlich auf den Beitrag von W 3 bezieht. Diese hilft mit B 8, 3 W 3 der Turninhaberin W 1 an einer Stelle aus, wo deren Formulierungsschwierigkeiten durch Wiederholung und Verzögerungssignal (B 8, 2 W 1 - 3 W 1) ersichtlich sind. W 3 bietet hier eine Nominalgruppe an, die von M 4 inhaltlich bestätigt und von W 1 unter syntaktischer Einpassung übernommen wird.

Faßt man das *ou* in B 8, 4 W 1 als Paraphrasenindikator im Sinn von Gülich/Kotschi (1983) auf, dann kann man die Fortsetzung des Beitrags von W 1 als deren Versuch interpretieren, ihre Auffassung weiter zu präzisieren. Daß sie die so weit gefundenen Formulierungen als noch verbesserungsbedürftig einschätzt, wird in B 8, 4 W 1 durch die Bewertung des übernommenen Vorschlags deutlich. Der auf *ou* folgende Teil ihres Beitrags

(8) son sa culture davantage voilà et c'est là que ...

umfaßt als rückbestätigende Reaktion auf As Vorschlag in B 8, 4 A folgende Teilschritte:

Abbruch der eigenen Planung, Übernahme der vorgeschlagenen Nominalgruppe unter syntaktischer Einpassung, die positive Bewertung des Vorschlags (*davantage*), Abschluß einer syntaktischen Einheit unter Verwendung eines Schlußsignals mit bestätigendem Charakter (*voilà*), Markierung des Übergangs zu einer neuen syntaktischen Einheit (*et*) und Beginn dieser Einheit.

As Vorschlag wird nun seinerseits von W 3 (B 8, 4 W 3: *voilà*) bestätigt; M 2 und A geben in B 8,4 A und M 2 Abschlußbestätigungen (*mh* (= Feld 9)), als der Beitrag von W 1 einen möglichen syntaktischen Abschluß erreicht hat.

Insgesamt liefert diese Passage ein dichtes Geflecht von Bestätigungen mit unterschiedlichen und wechselnden Bezügen der Bestätigenden untereinander, sowie zwischen Bestätigenden und der bestätigten Turninhaberin und, im Fall von Rückbestätigungen, umgekehrt.

Für Formen kooperativen kollektiven Formulierens zeichnet sich nach dieser Analyse eine allgemeine Prozeßstruktur mit sechs teilweise fakultativen, aufeinander folgenden Schritten ab. Fakultative Schritte sind durch Klammerung gekennzeichnet:

    i Manifestation von Formulierungsschwierigkeiten des (der) Turninhaber(in)

    ii Unterbreitung eines Vorschlags durch eine(n) andere(n) Beteiligte(n); dies kann auch zur Turnübernahme (unter Konstruktionsüber-

> nahme) erfolgen; es unterbleiben dann die Schritte iv-vii
> (iii) Bestätigung des Vorschlags durch einen (mehrere) Gesprächsteilnehmer
> (iv) soweit erforderlich, morphologische Änderungen im Turn bzw. Abbruch schon begonnener Strukturteile
> v Übernahme des Formulierungsvorschlags unter Einpassung in die schon realisierte syntaktische Struktur
> (vi) metasprachliche Charakterisierung des Formulierungsvorschlags durch Turninhaber(in) z.B. durch positive Bewertung
> (vii) Bestätigung der erfolgten Übernahme des Formulierungsvorschlags
> (viii) Fortsetzung des eigenen Beitrags oder Turnübergabe

Werden in der Fortsetzung (= viii) Formulierungsschwierigkeiten manifest, kann das Muster, wie im vorliegenden Fall, nochmals und unter Umständen so lange durchlaufen werden, bis es entweder abgebrochen wird oder, wie im vorliegenden Fall, eine von den Partnern - zumindest vorläufig gültige - Lösung gefunden worden ist. In dieser Hinsicht unterscheiden sich Formulierungsprozesse von Korrektur- und Reparatursequenzen (vgl. Gülich/Kotschi 1981; Jefferson 1983), wie sie in B 6 und B 7 vorliegen. Dort werden fehlerhafte Teile einer Äußerung durch korrekte Alternativen, oder zumindest durch solche, für die der Anspruch der Korrektheit erhoben wird, ersetzt, während es bei Formulierungsprozessen um Suche und Erarbeiten eines - in welcher Hinsicht auch immer - angemesseneren Formulierungsresultats geht.

3.   Rückblick und Ausblick

Anhand der Analysen konnte gezeigt werden, daß turnbegleitende Bestätigungen als interaktive Beiträge zur Interaktion je nach ihrer Position zum Bezugsbeitrag unterschiedliche Bezugsbereiche haben. Prinzipiell erfüllen sie eine phatische Funktion, über die in aller Regel hinausgegangen wird. Wenn sie schon vor der Realisierung propositionaler Gehalte erfolgen und die argumentative Richtung eines Beitrags bestätigen, setzt dies beim Bestätigenden die Kenntnis über die Vorgängeräußerung und den erwartbaren argumentativen Sinn der Bezugsäußerung voraus. Allgemein gilt, daß Bestätigungen hinsichtlich erfüllter oder erwartbarer Strukturraster unterschiedlicher Ebene erfolgen. Darunter fallen Propositionen, Illokutionen, Interaktive Funktionen, Präsuppositionen und Argumente.

Es wurde anhand der vorgenommenen Analyse deutlich, daß die Abgabe von Verlaufs- und endbegleitenden Bestätigungen stark an syntaktische Strukturen gebunden scheint und damit von der Hörerseite her schon auf dieser Ebene eine gliedernde und organisatorische Funktion hat. Sollte sich diese Annahme in weiteren Untersuchungen bestätigen lassen, wäre dies ein Hinweis auf interaktiv manifestierte syntaktische Strukturierung.

Zum Hinweis auf welchselseitigen Partnerbezug werden syntaktische Phänomene besonders bei bestätigenden Ergänzungen und deren zum Teil explizit rückbestätigender Übernahme, wenn über Sprecher- und Hörerbeitrag hinweg die syntaktische Struktur beibehalten wird.

In solchen Fällen, in denen ein Bezug zu relevanten Stellen der syntaktischen Struktur im Bezugsbeitrag nicht erkennbar war, konnte an einigen Beispielen gezeigt werden, daß ihnen Manifestationen von Formulierungsschwierigkeiten vorausgingen und durch Bestätigungen dieser Prozeß des Formulierens gefördert wird. Geschieht dies durch Einbringung von Formulierungsvorschlägen, kann man von kollektivem Formulieren sprechen. Je nach Anzahl der Bestätigenden kann eine umfangreichere kooperative Ausrichtung angenommen werden, die entweder Auffassungen von Teilgruppen der Interaktionsbeteiligten (Koalitionsbildung) oder alle Beteiligten betrifft. Im ersten Fall können die Bestätigungen in kompetitiven Kontexten ergehen. Als interaktive Beiträge zur Textgliederung und Textorganisation können sie auf Einführung und Beendigung von Themen und Teilthemen sowie Sequenzen und Teilsequenzen bezogen werden und die jeweiligen Einheiten als anerkannt auszeichnen.

Damit ist eine Reihe möglicher Funktionen von Bestätigungen genannt und anhand französischer Beispiele erläutert. Zugleich aber scheint mir die Liste der offenen Fragen wesentlich umfangreicher als die der gelieferten Hinweise auf Antworten. Unter interaktiven Gesichtspunkten wären Bestätigungen auf Anforderung (für die ich keine Beispiele gegeben habe) von spontanen Bestätigungen zu unterscheiden (die ich in der Hauptsache betrachtet habe). Es wäre weiterhin nach möglichen Unterschieden der Mittel zu fragen.

Die Frage danach, ob und inwieweit einzelsprachliche Unterschiede nicht nur in den Mitteln, sondern auch in ihrem Gebrauch bestehen, habe ich ebensowenig angesprochen wie die nach der möglichen Abhängigkeit von spezifischen situationellen und kulturellen Bedingungen. Weiterführende Untersuchungen an unterschiedlichen Korpora gesprochener französischer Sprache müßten erweisen, ob eine im Sinn der Klassifikationskriterien spezifischere Form-Funktions-Zuordnung erkennbar ist.

Literatur

Antos, G, 1982. *Grundlagen einer Theorie des Formulierens. Textherstellung in geschriebener und gesprochener Sprache* (Reihe "Germanistische Linguistik" 39), Tübingen.

Auchlin, A., A. Zenone, 1980. "Conversations, Actions, Actes de Langage: Eléments d'un Système d'Analyse", in: *Cahiers de Linguistique Française* 1, 6 - 41.

Auchlin, A., 1981. "'Mais heu, Pis bon, Ben alors voilà, quoi!' Marqueurs de structuration de la conversation et complétude", in: *Cahiers de Linguistique Française* 2, 141 - 160.

Coulmas, F., 1981. *Routine im Gespräch. Zur pragmatischen Fundierung der Idiomatik*, Wiesbaden.

Dieckmann, W, I. Paul, 1983. "Aushandeln als Konzept der Konversationsanalyse. Eine wort- und begriffsgeschichtliche Analyse", in: *Zschr. für Sprachwissenschaft* 2, 169 - 196.

Duncan, S., 1974. "On the Structure of Speaker-Auditor Interaction during Speaking Turns", in: *Language in Society* 3, 161 - 180.

Ecker, H.-P., J. Landwehr, W. Settekorn, J. Walther, 1977. *Textform Interview: Darstellung und Analyse eines Kommunikationsmodells*, Düsseldorf.

Edmondson, W., 1981. *Spoken Discourse. A Model for Analysis*, London/New York.

Ehlich, K., 1979. "Formen und Funktionen von 'HM'. Eine phonologisch-pragmatische Analyse", in: Weydt, H. (Hg.), *Die Partikeln der deutschen Sprache*, Berlin/New York, 503 - 517.

Ehlich, K., J. Rehbein, 1972. "Zur Konstitution pragmatischer Einheiten in einer Institution: Das Speiserestaurant", in: Wunderlich, D. (Hg.), *Linguistische Pragmatik*, Frankfurt/M., 209 - 254.

Ehlich, K., J. Rehbein, 1976. "Halbinterpretative Arbeitstranskriptionen (HIAT)", in: *Linguistische Berichte* 45, 21 - 41.

Ehlich, K., J. Rehbein, 1977. "Wissen, kommunikatives Handeln und die Schule", in: Goeppert, H. C. (Hg.), *Sprachverhalten im Unterricht*, München, 36 - 114.

Elias, N., 1977 (1969). *Über den Prozeß der Zivilisation. Soziogenetische und psychogenetische Untersuchungen*, 2 Bände, Frankfurt/M.

Elias, N., 1983 (1969). *Die höfische Gesellschaft. Untersuchungen zur Soziologie des Königtums und der höfischen Aristokratie*. Mit einer Einleitung: "Soziologie und Geschichtswissenschaft", Frankfurt/M.

Franck, D., 1980. *Grammatik und Konversation*, Königstein/Ts.

Goffman, E. 1974. *Das Individuum im öffentlichen Austausch. Mikrostudien zur öffentlichen Ordnung*, Frankfurt/M.

Gordon, T., 1977. *Lehrer-Schüler-Konferenz. Wie man Konflikte in der Schule löst*. Hamburg. [Engl. Original: New York 1974].

Gülich, E., 1978. "'Was sein muß, muß sein'. Überlegungen zum Gemeinplatz und seiner Verwendung", in: *Bielefelder Papiere zur Linguistik und Literaturwissenschaft* 7.

Gülich, E., K. Henke, 1979/1980. "Sprachliche Routine in der Alltagskommunikation: Überlegungen zu 'pragmatischen Idiomen' am Beispiel des Englischen und Französischen", in: *Die Neueren Sprachen* 78, 513 - 530 und 79, 2 - 33.

Gülich, E., T. Kotschi, 1981. *Sprachliche Normen in der Praxis: Sprachreflexion und Redebewertung in alltagsweltlichen Kommunikationszusammenhängen*. Vorlage zum Romanistentag, Regensburg 1981.

Gülich, E., T. Kotschi, 1983. "Les marqueurs de la reformulation paraphrastique", in: *Cahiers de Linguistique Française* 5, 305 - 351.

Hannappel, H., H. Melenk, 1979. *Alltagssprache. Semantische Grundbegriffe und Analysebeispiele*, München.

Henne, H., H. Rehbock, 1982. *Einführung in die Gesprächsanalyse*, 2. Auflage, Berlin/New York.

Holly, W., 1979. *Imagearbeit in Gesprächen. Zur linguistischen Beschreibung des Beziehungsaspekts*, Tübingen.

Jakobson, R., 1960. "Closing Statement: Linguistics and Poetics", in: Sebeok, T. A. (Hg.), *Style in Language*, Cambridge/Mass., 350 - 377.

Jefferson, G., 1983. "On Exposed and Embedded Correction in Conversation", in: *Studium Linguistik* 14, 58 - 68.

Kallmeyer, W., W. Klein, R. Meyer-Hermann, K. Netzer, H.-J. Siebert, 1974. *Lektürekolleg Textlinguistik*, Band I: *Einführung*, Frankfurt/Main.

Moeschler, J., 1980. "La réfutation parmi les fonctions interactives marquant l'accord et le désaccord", in: *Cahiers de Linguistique Française* 1, 54 - 78.

Morik, K., 1982. *Überzeugungssysteme der künstlichen Intelligenz. Validierung vor dem Hintergrund linguistischer Theorien über implizite Äußerungen*. Tübingen.

Müller, K., 1982. "Frame-Struktur und Alltagskommunikation. Zur

Wechselbeziehung zwischen kognitiven Prozessen und pragmatischem Verstehen", in: *Grazer Linguistische Studien* 16, 105 - 130.

Müller, K., 1984. *Rahmenanalyse des Dialogs: Aspekte des Sprachverstehens in Alltagssituationen* [Tübinger Beiträge zur Linguistik 232], Tübingen.

Quasthoff, U., 1981. "Zuhöreraktivitäten beim konversationellen Erzählen", in: Schröder, P., H. Steger (Hg.), *Dialogforschung. Jahrbuch 1980 des Instituts für deutsche Sprache*, Düsseldorf, 287 - 313.

Rath, R., 1979. *Kommunikationspraxis. Analysen zur Textbildung und Textgliederung im gesprochenen Deutsch*, Göttingen.

Rehbein, J., 1977. *Komplexes Handeln. Elemente zur Handlungstheorie der Sprache*, Stuttgart.

Sandig, B., 1983. "Zwei Gruppen von Gesprächsstilen: Ichzentrierter versus duzentrierter Partnerbezug", in: *Germanistische Linguistik* 5 - 6/81, 149 - 197.

Schwitalla, J., 1979. *Dialogsteuerung in Interviews. Ansätze zu einer Theorie der Dialogsteuerung mit empirischen Untersuchungen von Politiker-, Experten- und Starinterviews in Rundfunk und Fernsehen*, München.

Settekorn, W., 1977. "Minimale Argumentationsformen - Untersuchungen zu Abtönungen im Deutschen und Französischen", in: Schecker, M. (Hg.), *Theorie der Argumentation*, Tübingen, 391 - 415.

Settekorn, W., 1979. "Zur Konstituierung von Sprechaktsequenzen", in: Kloepfer, R., A. Rothe, H. Krauß, T. Kotschi (Hg.), *Bildung und Ausbildung in der Romania*, Bd. I: *Literaturgeschichte und Texttheorie*, München, 522 - 548.

Strosetzki, C., 1978. *Konversation. Ein Kapitel gesellschaftlicher und literarischer Pragmatik im Frankreich des 17. Jahrhunderts*, Frankfurt a.M./Bern/Las Vegas.

Wahmhoff, S., A. Wenzel, 1979. "Ein *hm* ist noch lange kein *hm* - oder: Was heißt klientenbezogene Gesprächsführung?", in: Dittmann, J. (Hg.), *Arbeiten zur Konversationsanalyse*, Tübingen, 258 - 297.

Watzlawick, P., J. H. Beavin, D. D. Jackson, 1969. *Menschliche Kommunikation. Formen, Störungen, Paradoxien*, Bern/Stuttgart/Wien, 4. Aufl.: 1974.

Wettler, M., 1980. *Sprache, Gedächtnis, Verstehen*, Berlin/New York.

"CONFIRMATION" ET CONFIRMATION.
Remarques méthodologiques sur l'usage du terme *confirmation* dans l'article de Wolfgang Settekorn

Jacques Moeschler

Les remarques qui suivent sont le résultat d'une lecture orientée, tant du point de vue méthodologique que du point de vue analytique, du texte de Wolfgang Settekorn, lecture déterminée par les principes d'analyse conversationnelle et l'Ecole de Genève (cf. ici-même ma contribution pour une explication de ses principales hypothèses). Je dirai tout d'abord que la contribution de WS sur les confirmations conversationnelles est d'autant plus intéressante qu'elle est basée principalement sur l'observation de corpus de conversations authentiques et échappe de ce fait à l'idéalisation des données construites. Ceci dit, je me bornerai à discuter deux problèmes importants pour l'analyse pragmatique de la conversation: le problème du status des unités fonctionnelles (i.e. le sens attribué ici au lexème *confirmation*) et les procédures d'analyse conversationnelle (i.e. le repérage et l'attribution d'une fonction conversationnelle aux marqueurs de confirmation). Ces deux remarques ont pour objet respectivement les paragraphes 1 et 2 du texte de WS.

L'approche de WS pourrait être considérée comme l'inverse, méthodologiquement, de celle de l'Ecole de Genève. Plutôt que d'attribuer un sens précis aux fonctions des constituants conversationnels (i.e. leur interprétation), WS préfère regarder l'objet confirmation sous plusieurs angles différents, non nécessairement contradictoires d'ailleurs: l'angle de l'interactionnalisme sociologique, l'angle de l'analyse conversationnelle de Genève, l'angle de la théorie des actes de langage étendue, représentée par D. Franck, et enfin l'angle du fonctionnalisme interactionnaliste allemand. Cette superposition laisse cependant songeur. Car apparaît inévitablement l'aspect polyfonctionnel de la confirmation (i.e. sa fonction rituelle, réactive, de création de consensus, etc.). Cette approche polyfonctionnelle n'est pas injustifiée en soi. Ce qui peut l'être par contre, c'est l'effet qu'elle produit sur l'observable, i.e. son caractère flou.

La première remarque que je ferai sur la notion même de confirmation est liée à sa définition (cf. 1.1). Il apparaît en effet que cette définition a pour objet d'une part d'expliciter une notion informelle, celle de "confirmation" entendue au sens ordinaire ("was man alltagssprachlich als 'Bestätigen' und 'Bestätigung' bezeichnet") et d'autre part de justifier l'usage d'un terme technique CONFIRMATION par la référence au(x) sens du terme ordinaire *confirmation*. Cette conception de l'analyse linguistique me semble à la fois douteuse et non nécessaire. Tout d'abord, le caractère douteux de la démarche peut être explicité par ce que WS qualifie de présupposition impliquée par la formule métalinguistique "S_1 confirme S_2 à l'aide de M":

<blockquote>Moi, en tant qu'analyste/observateur ou en tant que participant d'une interaction, je pourrais interpréter/j'interpréterais à la place de S_1 ou de S_2 la mise en jeu de M comme une confirmation (cf. p. 196).</blockquote>

Car ce qui se passe dans cette opération interprétative n'est rien d'autre qu'une assimilation des hypothèses externes aux hypothèses internes. Je rappellerai, pour les besoins de la cause, que l'on entend par hypothèse externe l'opération permettant de poser un observable et par hypothèse interne la construction d'un modèle permettant d'expliquer les observables. Cela signifie que ce que S_1 ou S_2 intentionne/interprète à l'aide de M comme une "confirmation", ou plutôt que ce que la proposition "S_1 ou S_2 intentionne/interprète à l'aide de M comme une 'confirmation'" (hypothèse externe) est assimilé à l'hypothèse interne "moi (linguiste-analyste), je décide d'attribuer à la séquence réalisée par M la fonction conversationnelle de CONFIRMATION". Or, si ce transfert du domaine des observations à celui de l'explication est loin d'être justifié, il ressort qu'il n'est pas non plus nécessaire. En effet, l'idée de CONFIRMATION, dans son sens technique, n'a pas à être en conformité avec ses différents sens en usage. Le linguiste peut très bien s'intéresser à l'objet CONFIRMATION et décider par convention du sens qu'il lui attribuera. Par contre, il semble difficilement acceptable de fonder une notion technique (celle de CONFIRMATION) par le recours à son sens ordinaire (noté par convention "confirmation"): il n'est pas dans les prétentions du linguiste de décrire ce que sont les choses, mais plutôt de créer les conditions à leur description possible.

Le deuxième type de remarques concerne cette fois les perspectives descriptives proposées par WS. Je me contenterai de relever deux axes qui me semblent justifier un commentaire critique. Tout d'abord, WS propose de décrire les séquences confirmatives d'une part à l'aide de critères classificatoires formels et d'autre part à l'aide de critères fonctionnels - plus précisément en insistant sur leur fonction communicative dans des contextes discursifs différents (contextes compétitifs vs. coopératifs). Si l'analyse de leur fonction communicative semble prometteuse - notamment dans l'observation de la création de processus de coalition d'opposition par confirmation (contextes compétitifs) et de la transformation quasi automatique des contextes compétitifs en contextes coopératifs via les stratégies confirmatives -, il apparaît cependant que le recours à une classification formelle (cf. tableau A) ne constitue pas, à mon avis, un apport explicatif satisfaisant. Et ceci pour deux raisons au moins. Tout d'abord, on peut se demander dans quelle mesure la classification est fermée ou ouverte, i.e. si toutes les confirmations peuvent se ranger dans l'une ou l'autre case. Les critères positionnels semblent à cet égard flous et mériteraient d'être précisés. Ensuite, et ceci constituera ma deuxième remarque, la présence d'une marque traduisant la coorientation argumentative ne constitue pas une condition suffisante à la réalisation d'une fonction de CONFIRMATION, bien qu'elle en soit une condition nécessaire. Il me semble donc que la pertinence des analyses de WS est limitée par une conception par trop réductrice des rapports forme - fonction dans le discours. Pour justifier cette critique, qui me paraît fondamentale, il m'est nécessaire de développer quelque peu les présupposés interprétatifs et analytiques qui fondent l'analyse conversationnelle développée à Genève, ce qui me permettra, en guise de conclusion, de proposer un axe de recherche sur les séquences confirmatives quelque peu différent.

Très globalement, je dirai qu'il faut distinguer, parmi les

réactions d'un interlocuteur traduisant l'assentiment, i.e. co-orientées argumentativement, celles qui constituent à part entière une *intervention* (un *move* dans la tradition anglo-saxonne) de celles qui n'en constituent pas une. Le critère distinctif est à cet égard double: d'une part le caractère sollicité vs. non sollicité de la réaction et d'autre part l'enchaînement sur la réaction. Il me semble en effet nécessaire, dans l'analyse conversationnelle - en admettant que celle-ci a pour objet de dégager la structure du discours et les conditions de son déroulement - de tenir compte des rapports d'obligation discursive entre les différents tours de parole. A ce titre, la plupart des séquences décrites par WS ne sont pas obligatoirement convoquées, i.e. sollicitées, par les interventions précédentes. Elles ne constituent pas, à proprement parler, des interventions. Des marques comme *oui oui, ouais, voilà* devraient plutôt être décrites comme des *prises en compte partielles* ou comme des simples *approbations* de l'intervention préalable ou en cours de déroulement. A ce titre, elles ne modifient pas la structure des tours de parole ultérieurs. Cette remarque peut sembler sans conséquence. Cependant, à y regarder de plus près, on constate que leur fonction sera plus phatique, interactionnelle, qu'illocutoire, les confirmations relevant de l'illocutoire étant réservées aux séquences du type DEMANDE DE CONFIRMATION (impliquant une obligation de confirmer, i.e. d'aller dans le même sens argumentativement) - CONFIRMATION.

 La distinction proposée ci-dessus entre d'une part les prises en compte partielles (à fonction essentiellement phatique), les approbations (traduisant la coorientation argumentative) et les confirmations (marquant les rapports d'obligations discursives) peut recevoir une légitimation supplémentaire si l'on admet la distinction entre deux types de contraintes sur les enchaînements dans le discours, que je qualifierai de contraintes de structure et de contraintes d'enchaînement. Les contraintes de structure, globalement, ont pour objet d'imposer la sélection d'un des termes de l'alternative poursuite/clôture de l'échange, alors que les contraintes d'enchaînement constituent les traces des obligations discursives sur les interventions ultérieures (conditions de satisfaction dans l'article de WS, cf. § 1.2). L'utilité de cette distinction me semble résider dans le fait qu'elle permettrait de distinguer la fonction structurante vs. discursive des confirmations au sens de WS, i.e. des prises en compte partielles, des approbations et des confirmations dans mon idiolecte. Dès lors, il serait possible de distinguer en tout cas quatre types de confirmation:

1. Les confirmations internes à une intervention, i.e. ne constituant pas une intervention et n'ayant pas de fonction structurante ou discursive (les prises en compte partielles).

2. Les confirmations réalisant une intervention, i.e. internes à l'échange, mais dont la fonction est essentiellement discursive - à ce titre, elles peuvent donner lieu ou non à des enchaînements discursifs (les approbations).

3. Les confirmations réalisant une intervention, i.e. internes à l'échange, mais dont la fonction est structurante, car elles permettent de clore l'échange (les confirmations au sens strict).

4. Enfin une classe de confirmations non étudiées par WS qui constituent une intervention, mais qui sont externes à un échange, i.e. qui ont pour fonction d'évaluer un échange.

Bien que ces propositions soient informelles, le but de ces quelques lignes était de faire ressortir que le fait de contraindre l'analyse conversationnelle à la prise en compte d'une part de l'organisation hiérarchique et fonctionnelle du discours et d'autre part des différents types de contraintes sur le discours permet d'éviter le recours à une classification des confirmations dont le pouvoir n'est nullement explicatif et l'attribution nécessaire, bien que coûteuse, d'une polyfonctionnalité aux énoncés confirmatifs.

DIE FRANZÖSISCHE INTONATIONSFRAGE IN ALLTAGSRHETORISCHER PERSPEKTIVE

Wolf-Dieter Stempel
Renate Fischer

Harri Meier zum 80. Geburtstag

0.1 - Was die Forschungen zur französischen Satzfrage bisher erbracht haben, ist, insgesamt betrachtet, recht uneinheitlich und vor allem in einer Hinsicht unbefriedigend: Eine konsistent angesetzte differentielle Funktionsanalyse der drei hauptsächlichen Konstruktionstypen mit Inversion (im folgenden INV), *est-ce que* (= EST) und Intonation (= IF) ist bislang nirgends, auch in der großen These von Andrée Borillo (1978) nicht, in Angriff genommen worden, obwohl bei Beschreibungen einzelner Verwendungsweisen immer wieder Unvereinbarkeiten zwischen einzelnen Typen zu bemerken waren, auch gelegentlich kontrastive Bestimmungen gesucht wurden[1] und wohl von niemandem mehr ernstlich eine vollkommene Austauschbarkeit der Konstruktionstypen vertreten werden könnte. Aber der Umstand, daß in einzelnen Verwendungsbereichen funktionelle Unterschiede wiederum *nicht* zu erkennen waren, mochte von vornherein eine gezielte Untersuchung in dem genannten Sinn als nicht dringlich, ja nicht einmal geboten erscheinen lassen. Hinsichtlich der globalen Register-Verteilung und Frequenz der drei Haupttypen[2] ist man sich freilich zumindest über die IF einig: Deren Verwendung vor allem in gesprochener Sprache ist ebenso unbestritten wie ihr Überwiegen in absoluter

---

1 So von Greive (1974: 7), der anhand von Beispielen aus Jules Romains' *Knock* die IF als "subjunktiv" (d.h. thematisch integriert), INV als "konjunktiv" (thematisch vertiefend und weiterführend) und EST als "disjunktiv" (eine neue Handlungsphase bezeichnend) charakterisiert. Wenig erbringen die eher impressionistisch getroffenen Bestimmungen von Behnstedt (1973).

2 Die gerade im Falle der IF vielfach geläufigen Untertypen (elliptische Formulierungen und ähnliches) müssen hier unberücksichtigt bleiben.

Frequenz gegenüber INV und EST.[1] Rätsel schienen mit diesem Befund nicht aufgegeben, jedenfalls was das Stammregister der IF angeht: Wo allein die Intonation als suprasegmentale Erscheinung die Frageform bestimmt, ist die Mündlichkeit der natürliche Ort entsprechender Konstruktionsweise.

0.2 - Die Frage, inwieweit die IF gerade wegen dieses Charakters und unbeschadet einzelsprachlich divergierender Ausprägung ein sprachliches Universale darstellt und damit schon von hier aus einen Sonderstatus gegenüber INV und EST beansprucht, mag an dieser Stelle offenbleiben. Verwirrend ist nun allerdings auf den ersten Blick, daß die Phonetiker, die sich um die Identifizierung bzw. Ausgrenzung eines speziellen Intonationsprofils der französischen IF bemühten, wie es in der geläufigen Gegenüberstellung von z.B. *Il pleut.* vs. *Il pleut?* angezeigt scheint, keine gesicherten Ergebnisse vorweisen können.[2] Die verschiedenen experimentellen Untersuchungen, bei denen entweder natursprachliche oder synthetisierte Vorlagen in Hörtests beurteilt wurden, ergaben, daß zwar, wie generell erwartet, das Ansteigen der Frequenzkurve am Ende der Äußerung eine wichtige Rolle bei der Realisierung der französischen IF zu spielen scheint, aber diese Rolle ist, so zeigen die Analysen, begrenzt, und zwar in dreierlei Weise:

1. Das vermeintlich charakteristische terminale Ansteigen der Intonationskontur ist auch in Äußerungen mit eindeutig nicht interrogativem Status anzutreffen;
2. IF haben auch Intonationsprofile mit Endabfall der Frequenzkurve (in unterschiedlicher Ausprägung);
3. bei der kontextlosen Interpretation einer Äußerung kann in einigen Fällen folglich unentscheidbar sein, ob mit der fraglichen Äußerung eine IF vorliegt oder nicht.

---

1 Vgl. die statistische Übersicht bei Söll (1974; 1980: 141). Für das Englische gibt Bolinger (1957: 11) an, daß etwa die Hälfte der Satzfragen syntaktisch und morphematisch unmarkiert seien.
2 Vgl. Zwanenburg (1965: 70), Grundstrom (1973), Fónagy/Bérard (1973), Wunderli et al. (1978: 224). Soweit wir sehen, hat in neuerer Zeit nur Delattre (1966: 4) ein distinktes Intonationsmuster für die "question" angesetzt. Vgl. dazu die Kritik von Wunderli et al. (1978: 222 ff.).

So ist es kein Wunder, daß man speziell im Bereich der IF - und
bis zu einem gewissen Grad sogar ausschließlich bei ihr - sich in
vielen Fällen mit Bezeichnungen wie "quasi-questions", "énoncés
interrogatifs", "questions déclaratives" zu behelfen suchte
(vgl. z.B. Fónagy/Bérard 1973: 95). Schon hier sei darauf hingewiesen, daß es sicherlich verfehlt wäre, solche Fälle als
Randerscheinung außer Betracht zu lassen bzw. ihnen nicht die
gebührende Aufmerksamkeit zu schenken. Daß, wie Bolinger seinerzeit in seiner für das Verständnis der Satzfrage generell wichtig gebliebenen Untersuchung bemerkte, "countless borderline
utterances cannot be classed, except arbitrarily, as Qs [ques-
tions] or N(on-) Q(uestion)s" (Bolinger 1957: 1), ist vielmehr
ein Umstand, der für eine angemessene Bestimmung der IF wichtig
ist.

Halten wir vorerst fest, was aus der geschilderten Situation
gefolgert werden kann: Die intonatorische Indikation vermag
selbst da, wo sie verhältnismäßig eindeutig den Fragestatus zu
bedeuten scheint, d.h. beim klassischen Profil des Endanstiegs
von der zweiten zur vierten Ebene des Tonhöhenverlaufs (innerhalb der üblicherweise angesetzten Spanne von 1 - 5), nicht ohne
Mitwirkung anderer Faktoren eine IF zu realisieren. Insgesamt
gesehen variieren Grad und Umfang dieser Abhängigkeit, wobei die
fraglichen Faktoren jedoch nicht unbedingt in der segmentalen
Basis selbst vorhanden sein müssen, sondern ebenso im sprachlichen Kontext oder der Gesprächssituation angelegt sein können.

1.1 - Daß die Intonation bei der Realisierung der IF keine
absolut entscheidende Rolle spielt, ist nun alles andere als
verwunderlich. Semiotisch gesehen stellt die Intonation, darin
Mimik und Gestik vergleichbar, einen analogen Code dar, und das
besagt, daß, vom digitalen Code der Verbalsprache aus gesehen,
ihren genuinen semiotischen Leistungen eine charakteristische
Unschärfe zu eigen ist. In der Tat, vergleicht man etwa die Bezeichnungen der zehn Intonationsmuster des Französischen, wie
sie Delattre 1966 vorgestellt hat, so ist unabhängig von der
Einzelkritik, die diese Liste erfahren hat (dazu Wunderli et al.

1978: 212 ff.), zu bemerken, daß die Hälfte der Termini in hoher Allgemeinheit gehalten ist ("continuation majeure/mineure", "implication", "finalité"), die übrigen dagegen etwas konkreter gefaßt sind, dafür aber (Delattre 1966: 12 f.) die Konturen "écho" und "parenthèse (basse)" nur in komplementärer Distribution zueinander stehen und "exclamation", "commandement" und "interrogation" [= Ergänzungsfrage] keine jeweils distinkte Kurve aufweisen, also unter Umständen einer abstrakteren Gesamtkategorie unterzuordnen wären. Lediglich mit dem Terminus "question" [= IF][1] wird eine distinkte Funktion benannt, die ihre Entsprechung im Verbalcode hat (d.h. also in den Konstruktionen mit INV und EST). Es erscheint daher nach all dem sehr fraglich, ob die entsprechende Intonationskurve (Anstieg 2 - 4+ bei Delattre) mit dem Terminus "question" adäquat bezeichnet ist, nicht zuletzt auch deshalb, weil, wie des öfteren gesehen worden ist, die Intonation bei der verbalsprachlichen Konstitution der Satzfrage nicht in derselben Weise spezifisch beteiligt ist (dazu Wunderli et al. 1978: 225 ff.).

In dieser Perspektive gewinnt die Beobachtung an Interesse, daß da, wo die Satzfrage zwar nicht durch morphosyntaktische Interrogativmittel, aber mit Hilfe des verbalen Disjunktivitätsoperators als Frage verdeutlicht wird, vgl.:

(1) *Tu viens, oui ou non?*
(2) *Tu es d'accord ou pas?*
(3) *Vous voulez du café, du thé, ou du chocolat?*

die Intonationskurve am Ende, also auf dem zweiten bzw. dritten disjunktiven Glied, abfällt. Martin, der (3) behandelt (1975: 51), erklärt den Abfall der Intonationskurve auf *chocolat* damit, daß bei Ablehnung der zwei ersten Wahlmöglichkeiten der Sprecher gar keine Frage mehr stellen könne und daher das letzte Element nur im Sinne einer "affirmation" vorzutragen sei. Im Prinzip wird man dieser Interpretation, die mutatis mutandis auch für die zweigliedrige polarisierte Disjunktion vom Typ (1) und (2) gelten darf, zustimmen können; sie besagt letztlich, daß der Abfall der Intonationskontur auf dem letzten Glied die 'Vollstän-

---

1 So nach Delattre (1966: 1), während ders. (1967: 330 ff.) in "question" mit bzw. ohne "redondance syntaxique" unterteilt.

digkeit' der Disjunktion, also der Wahlmöglichkeiten anzeigt und somit die Intonation an der Konstitution der Frage als Frage direkt nicht beteiligt ist. Zugleich scheint im Konturabfall am Ende eine geringere Gewichtung der letzten Alternative im Vergleich zu der oder den vorher geäußerten angelegt zu sein (vgl. dazu unten 1.7.1).

Ganz anders verhält es sich mit dem von Martin zitierten Kontrastbeispiel:

(4) *Vous voulez du café? Du sucre? Du chocolat?*

Hier werden 'adjunktiv' Wahlmöglichkeiten aneinandergereiht, und die steigende Kontur am Ende indiziert die Offenheit der Reihe, die hier vom Hörer im Prinzip mehrfach verstanden werden kann: Er wird nicht nur gefragt, welches der drei angebotenen Genußmittel er zu sich nehmen möchte, sondern ob er eines der drei genannten und nicht ein anderes der Art, ja ob er überhaupt etwas Ähnliches zu sich nehmen will. Beispiel (4) leistet daher so etwas wie eine Insinuierung; der Sprecher ist hier notwendigerweise engagiert, wohingegen er bei (3) dem Hörer lediglich seine Wahlmöglichkeiten bedeutet.

Dies alles zusammengefaßt ergibt letztlich als Vermutung, daß der IF mit ihren verschiedenen Intonationskonturen gegenüber den Konstruktionen mit EST und INV ein besonderer Status zuzuweisen ist und zugleich auch die kürzlich wieder von Borillo (1978: 228 ff.) vertretene Rückführung der einfachen Satzfrage auf eine disjunktive Grundstruktur (*Tu écoutes ou tu n'écoutes pas?* →→ *Tu écoutes ou pas?* →→ *Tu écoutes?*) für den Bereich der IF unangemessen erscheint.

1.2 - Was ist nun aber die Intonation im Falle des von Delattre so genannten Profils "question"? Es ist schon des öfteren in der einen oder anderen Weise die Ansicht vertreten worden, der Sprecher signalisiere durch das Beibehalten eines relativen Tonhöhenniveaus Unabgeschlossenheit (vgl. dazu Wunderli et al. 1978: 209 ff.). Wunderli et al. üben an dieser Auffassung Kritik, aber wie soll man, da die semiotische Relevanz der Intonation ja schlecht zu leugnen ist, anders erklären, daß in Abwesenheit jeglichen Indizes in der segmentalen Basis eine Äußerung wie *Il pleut?* den Hörer zu einer Antwort veranlaßt? Selbstverständlich gilt dies unter den pragmatischen Grundvoraussetzungen, daß der Sprecher sich an den Hörer in der Annahme wendet, daß dieser über das fehlende Wissen verfügt und der Hörer seinerseits von dieser Annahme des Sprechers ausgeht; ohne diese Einschränkungen läßt sich intonatorisch bedeutete Unabgeschlossenheit nicht auf den speziellen Bereich des Frage-Antwort-Schemas festlegen. Entscheidende Bedeutung für das Verständnis der IF ist jedoch dem Umstand zuzumessen, daß sich dieses Frage-Antwort-Schema nicht nur als Entscheidungsfrage + ja-/nein-Antwort realisiert, sondern viel allgemeiner als Haltung des Unverständnisses oder der 'Ungläubigkeit' mit einem response, der mit ja/nein gar nicht zureichend formuliert werden kann. Sagt man zum Beispiel zu einem Gesprächspartner, der eigentlich abwesend sein sollte:

(5) *Tu es là?!*

so bezeichnet das eine Haltung des Erstauntseins indizierende Intonationsprofil (Erhöhung des Endanstiegs auf die fünfte Tonhöhenebene) p als der Wahrscheinlichkeit widersprechenden, einer Klärung bedürftigen Sachverhalt, und statt *oui/non* ist allein eine Erklärung des Hörers imstande, die Normalisierung herbeizuführen. Eine Umformulierung von (5) mit Hilfe von EST:

(5 a) * *Est-ce que tu es là?!*

wäre, bezogen auf die geschilderte Situation, vollkommen inkonsistent.

1.3 - Unabgeschlossenheit liegt aber auch dort in charakteristischer Weise vor, wo sie zwar theoretisch durch einfaches Ja/Nein beendet werden kann, eine Parallelkonstruktion mit EST oder INV aber ebenfalls nicht möglich ist. Wenn der Sprecher über einen Sachverhalt nicht verläßlich Bescheid weiß, kann er durch entsprechende intonatorische Indikation diese Unvollständigkeit oder Ungesichertheit seiner Kenntnisse, zusätzlich repräsentiert durch Ausdrücke des Glaubens, Vermutens, Hoffens usw. ("hypothetische" Verben nach Bolinger 1957: 61)[1], eigens dem Hörer signa-

---

1 Wahrscheinlich ist nicht nur bei den Ausdrücken des Wissens, sondern auch

lisieren, der damit aufgerufen ist, zur Aufhebung oder Verminderung der Distanz zwischen Glauben usw. und Wissen nach Möglichkeit beizutragen, vgl.:

(6) *Je crois que le futur et le conditionnel ne se prononcent pas pareil? [...] "j'irai", ou "j'irais", il me semble, enfin je crois?* (Gueunier et al. 1978: 111)

(7) *Vous me comprenez, j'espère?*

(8) *Vous êtes content, je suppose?*

Bezeichnenderweise kann die Intonation hier nicht allein p, sondern auch die Repräsentativa des unvollständigen Wissens erfassen, die selbst, logisch gesehen, einer Entscheidungsfrage gar nicht unterworfen werden können; entsprechende Konstruktionen mit EST oder INV sind daher grundsätzlich inkonsistent: **Est-ce que je crois (suppose, espère)?*. Diese Repräsentativa werden somit selbst als Indikatoren des von ihnen ausgedrückten Wissensdefizits charakterisiert und zugleich in ihrer Geltung bzw. Begründetheit mit zur Debatte gestellt. Zugleich wird jedoch damit eine tentativ vorgetragene Gültigkeit der Hypothesen signalisiert, die in der Regel im positiven Fall nicht durch einfaches *oui*, sondern durch ein beipflichtendes *oui, effectivement* oder ähnliches bestätigt wird (Borillo 1978: 547 f.). Natürlich können die Repräsentativa des hypothetischen Wissens auch mit assertorischer Intonation geäußert werden und dennoch, dann allein auf lexikalisch-semantischer Basis, den Beitrag des Gesprächspartners hervorrufen, der den fraglichen Wissensstand des Sprechers verändert. In diesem Falle funktioniert jedoch die Replik auf rein lexikalischer Basis unter Voraussetzung entweder des konversationellen Kooperationsprinzips oder aber der Selbstpräsentation des Gesprächspartners als 'Mehrwisser'.

1.4 - Das Verfahren, die Gültigkeit von p intonatorisch als offen zu signalisieren, begegnet nun auch in der dialogischen Umkehrung, und zwar in besonders charakteristischer Weise: Der Adressat einer assertorischen Äußerung wiederholt diese im intonatorischen Modus der Unabgeschlossenheit; vgl.:

---

des Überzeugtseins die IF kontraindiziert, vgl. Borillo (1978: 555) zu *à mon avis, selon moi* usw.

(9) Informateur: *Ya ..., heu hm ... ça fait bien d'faire un interview pi d'faire "y a"* [ja]! [Gemeint ist die Aussprache von *Il y a.*]
Enquêteur: *Est-ce que c'est une faute?*
Informateur: *Ah oui! oui! oui.*
Enquêteur: *"Y a"* [ja]*, c'est une faute?*
(Gueunier et al. 1978: 109)

(10) *Tu as triché. - J'ai triché?*
(Borillo 1978: 690)

(11) *Tu n'y comprends rien. - Je n'y comprends rien?*

(12) *Restez chez vous! - Restez chez vous?*
(Delattre 1967: 338)

Diesem als "Echo" bekannten Typ von IF kommt insofern Bedeutung zu, als er dazu dienen kann, praktisch jede aufgestellte Behauptung bezüglich ihrer Gültigkeit in Frage zu stellen, und zwar je nach dem Intonationsprofil de dicto oder de re: Nach Delattre (1967: 337 f.) können bei der Kontur der "implication" (Endanstieg und leichter Abfall) "objection", "résistance" oder "incompréhension", bei der Kontur der "question" (Endanstieg) "doute" und "indignation" mitgeteilt werden. Insofern besteht hier eine Verbindung zu dem in (5) repräsentierten Typ, wo die Problematisierung sich nicht auf das Befremdliche einer fremden Äußerung, sondern einer außersprachlichen Gegebenheit bezieht, für die in irgendeiner Weise der Hörer einzustehen hat. (11) zeigt darüber hinaus, daß als Echofrage konstruiert werden kann, was als selbständige IF inkonsistent wäre:

(11 a) *? Je n'y comprends rien?*

(12) verdeutlicht schließlich, daß die Fragehandlung unter Umständen einzig und allein in der intonatorisch bedeuteten Problematisierung bestehen kann, der, mit personaldeiktischer Idiosynkrasie, der Wortlaut einer Fremdäußerung unterworfen wird. Natürlich kann hier noch viel weniger als in den bereits genannten Fällen von einer Entscheidungsfrage im vollen Sinne des Wortes gesprochen werden; eine negative Antwort ist ausgeschlossen, ein einfaches *oui* kaum ausreichend, zumindest nicht bei einer Problematisierung de re, und so ist auch hier eine Parallelkonstruktion mit EST oder INV kontraindiziert. In abgewandelter Form begegnet die intonatorische Problematisierung im übrigen durchaus auch ohne Echobezug; vgl. (ein Informant hat behauptet,

Kinder sprächen im allgemeinen ein besseres Französisch als ihre Eltern):

(13) Enquêteur: *Vous trouvez qu'ils s'expriment mieux?*
Informateur: *Ah je crois, oui!*
Enquêteur: *Et pourtant, c'est en contradiction avec tout ce qu'on dit, que la langue s'abâtardit, heu, que les gens autrefois parlaient mieux, écrivaient mieux, etc. ...?*
Informateur: *Oui ... oh ben ça vous savez, les "autrefois", vous savez ... (...).*
(Gueunier et al. 1978: 118)

Der Interviewer bringt hier ein Gegenargument ein, dessen Geltung er intonatorisch zur Debatte stellt (etwa im Sinne von *Läßt sich p denn mit Ihrer Behauptung vereinbaren?*); ein skeptischer Unterton, der auch Echofragen meist kennzeichnet, ist hier mit Sicherheit anzunehmen.

1.5 - Die bisher aufgeführten Typen der französischen IF legen natürlich die Frage nahe, wie diese Akte der intonatorisch bedeuteten tentativen Gültigkeitsprojektion bzw. der Gültigkeitsproblematisierung auf einen begrifflichen Nenner zu bringen und wie sie mit dem, was man üblicherweise "Satzfrage" nennt, zu verbinden sind. Man kann noch radikaler fragen, ob nicht unter Umständen für die IF insgesamt eine Definition gefunden werden muß, die Raum gewährt auch für solche Verwendungen, die bislang entweder als Sonderfälle oder als "unechte" Fragen abgetan worden sind.[1] Bevor wir versuchen können, darauf eine Antwort zu geben, müssen wir uns mit weiteren Ausprägungen der französischen IF befassen, die ebenfalls, wenn auch mit Abstufungen, das Merkmal der Unvereinbarkeit mit den morphosyntaktisch gebildeten Fragen (absolut oder bezogen auf die zur Debatte stehende Verwendung) aufweisen. Dazu gehört die überaus umfangreiche Gruppe von IF, die sich dadurch auszeichnen, daß sie, statt einen Sachverhalt als solchen der ja/nein-Entscheidung darzubieten, bereits eine Beurteilung vorschlagen und größtenteils mit *je suppose* ergänzt werden könnten (vgl. (8)). Die Rolle des Antwortenden wird damit reduziert auf eine Stellungnahme zu diesem Vor-

---

[1] So schließt zum Beispiel Langacker (1972: 41) Echo- und "Ungläubigkeits"-Fragen als besondere Probleme aus.

schlag, der als vom Sprecher intendierte oder insinuierte Präferenz dem Hörer im Falle einer Nichtbestätigung Rechtfertigungs- bzw. Begründungsaufwand abnötigt.[1]

1.5.1 - Sehr deutlich kommt dies zum Beispiel zum Ausdruck bei den von Borillo (1978: 563) behandelten "adverbes de polarité positive" wie *rarement*, *passablement*, *plutôt*, *peu* usw., die p als präsumptive Qualifikation ausweisen:

(14) *Tu es quelque peu intéressé par ce qui se passe?*

Der Sprecher hat Gründe (oder glaubt oder gibt vor, welche zu haben), diese Vermutung zu äußern, und dies gilt selbstverständlich auch bei der Verwendung entsprechender Satzadverbien wie *probablement*, *sans doute*, *sûrement*, *certainement*:

(15) *Tu es sûrement content?*
(16) *Probablement que tu as envie de partir?*

Oft wird auch der Prozeß der tentativen Hypothesenbildung explizit durch Inferenzadverbien zum Ausdruck gebracht:

(17) *Ainsi, tu n'es pas d'accord?*
(18) *Tu es donc d'accord?*
(19) *C'est à moi que vous parlez?*
    Alors on ne reconnaît plus les copains?
    (Claire Brétécher, *Les frustrés* III: 67)[2]

Oder es wird der Ausgangspunkt der formulierten Hypothese, zum Beispiel der äußere Eindruck, benannt:

(20) *Il paraît que tu as été plus ou moins amoureuse de lui à un moment donné?*
    (III: 50)
(21) *Tu es guéri, (à ce que) je vois?*
    (Borillo 1978: 554)

1.5.2 - Eine zweite Gruppe läßt sich abgrenzen, die für sich gesehen bisher weniger Aufmerksamkeit als die erste gefunden hat,

---

[1] Borillo (1978: 545 ff.) benennt das Kapitel, in dem sie solche Fälle behandelt: "Quelques types d'interrogations qui ne sont pas de 'vraies questions'". Vgl. auch Grésillon (1981: 65 f.).
[2] Im folgenden werden Zitate aus den *Frustrés*-Heften von Claire Brétécher nur mit Band- und Seitenzahl versehen.

insofern die IF hier kein eigentliches Zeichen der Vermutung enthält, durch den Zusammenhang aber klar als Inferenzergebnis ausgewiesen ist:

(22) *Je te trouve pâlot, mon petit Hervé ..., tu es fatigué?*
(II: 16)

(23) *Alors qu'est-ce que tu me racontes? dis donc t'as bronzé?*
(II: 46)

(24) *Ah bon, tu le connais?*
(III: 64)

(25) *Qui est cette loutte en vert? - C'est l'attachée de presse de Losfeld tu veux que je te la présente?*
(II: 26)

(26) *Alors tu me donnes ta démission parfait parfait parfait! Et tu estimes que tu en as le droit?*
(II: 41)

(27) *Je le vois je le vois, tu le vois?*
(III: 52)

(28) *Tu remarques rien tu remarques pas mes cheveux? alors tu remarques rien? j'ai fait faire un reflet roux ça te plaît? - Ouais ouais vachement chouette. - Sans rigoler t'aimes?*
(III: 53)

(29) *Il est joli ton presse-citron tu l'as acheté à Habitat? Micheline a trouvé le même aux puces de Montreuil.*
(II: 25)

Der Evidenzgrad der Inferenz variiert natürlich je nach den äußeren Gegebenheiten, aber auch entsprechend der Beurteilung durch den Sprecher selbst. So ist er zum Beispiel in (25) und (26) relativ hoch: Die Initiativfrage *Qui est ...* ist im Rahmen des dargestellten Partygesprächs relativ problemlos als indirekter Sprechakt (Wunsch, jemand kennenzulernen) zu interpretieren; die Angestellte, die in (26) von ihrem Chef beleidigt zur Rede gestellt wird, war berechtigt zu kündigen. In (27) hängt es wiederum von der Sprecherin ab (die hier ihren ankommenden Freund am Bahnhof entdeckt), als wie naheliegend sie es empfindet, daß auch ihre neben ihr wartende Bekannte dieses Freundes ansichtig wird. In (28) jedenfalls läßt sich annehmen, daß die Sprecherin - dieselbe wie in (27), die hier den Freund begrüßt - den Umstand, daß dieser auf ihre Haartönung nicht zu achten scheint, nicht gern wahrhaben will, die Inferenz also stimulierend einsetzt (vgl. dazu unten), allerdings ex negativo, während in *ça te plaît?* und *t'aimes?* eine hoffnungsvolle Erwartung bestätigt werden kann.

1.5.3 - Anders als in den im Abschnitt 1.5.1 aufgeführten Fällen, in denen EST und INV nicht oder nur unter besonderen Bedingungen an die Stelle der Intonation treten können, ist in der zweiten Gruppe (1.5.2) eine Vereinbarkeit mit den verbal markierten Konstruktionen nicht absolut auszuschließen. Borillo (1978: 267) bemerkt zu einem vergleichbaren Beispielsatz:

(30) *Il porte des lunettes maintenant, est-ce que tu as remarqué?*

daß EST hier "un peu lourd", aber nicht unkorrekt wäre. In der Tat, durch EST wird die Frage in unbegründeter Weise thematisiert, d.h. zur Entscheidungsfrage gemacht, was als positive Vermutung ohne Entscheidungsnot gefolgert werden kann. Generell jedenfalls läßt sich sagen, daß zumindest EST (über die Verwendung von INV kann hier nicht befunden werden) den Inferenzcharakter negiert und damit zugleich das Inferenzengagement des Sprechersubjekts hinfällig wird. Auch das Funktionieren von Fragen zum Beispiel, die die Bestätigung normativer Erwartungen erbitten (sogenannte Verifikationsfragen), wird in diesem Zusammenhang offenkundig. Behnstedt (1973: 180) zitiert einen Nachrichtensprecher, der Korrespondenten in angeschlossenen Sendern zu erreichen sucht:

(31) *Strasbourg, vous êtes en ligne? - Rennes, vous êtes en ligne?*

Da aber Rennes wider Erwarten nicht antwortet, muß die Frage schließlich ohne erkennbare Inferenz konstruiert, der Sachverhalt fokussiert werden:

(31 a) *Alors, Rennes, êtes-vous en ligne maintenant?*[1]

Wenn darum Fromaigeat (1938: 46) im Falle der pragmatischen Formel *Vous allez bien?* die Ersetzung der IF durch den INV-Typ als "trop peu d'intérêt" ausdrückend oder die positive Antwort offenlassend, und die Verwendung von EST als "question d'une intensité presque indiscrète" verstanden hat, so liegt dies an der genannten Voraussetzungsarmut der beiden Konstruktionen, die im Falle der Erkundigung nach dem Befinden eines Kranken dagegen

---

1 Behnstedt (1973: 180) meint, die INV habe hier die Funktion, die "Ungeduld des Sprechers zu unterstreichen", womit, wie so oft in vergleichbaren Untersuchungen, nur ein sekundärer Wert benannt wird.

vollkommen akzeptabel sein kann (ebd.):

(32) *Est-ce que vous allez mieux?*

1.6 - Es erübrigt sich, auf weitere Verwendungen der IF einzugehen, die den gleichen Gruppen (vgl. 1.5.1 und 1.5.2) zuzuordnen wären, kann doch als ausgemacht gelten, daß die IF damit einen wesentlichen Aspekt ihres Funktionsstatus offenbart. Sieht man von den Echofragen und dem damit zusammenhängenden Beispieltyp (5) zunächst einmal ab, so zeigen ja auch die intonatorisch akzentuierten Repräsentativa des hypothetischen Wissens (vgl. 1.3) die charakteristische Tendenz, die Antwortentscheidung nicht auf den Sachverhalt selbst, sondern bereits auf eine hypothetische Interpretation davon zu beziehen. Ein Fazit kann freilich insgesamt nicht gezogen werden, ohne daß vorher eine letzte Gruppe von IF besprochen wird, der erhebliche Bedeutung für deren Gesamtverständnis zuzumessen ist. In den einschlägigen Untersuchungen und gerade bei Borillo (1978) ist immer wieder davon die Rede, daß unbeschadet der "orientierenden" IF, die die Antwortmöglichkeiten auf eine Bestätigung zu verkürzen sucht, eben die "echte" oder auch "neutrale" (also disjunktiv zu rekonstruierende) IF vorkomme, und so, wie ja auch INV und EST bestimmte antwortpräferente Verwendungen erkennen lassen (vgl. dazu unten), die IF vornehmlich in dem Bereich zu definieren sei, wo sie an keine der oben beschriebenen Voraussetzungen gebunden und somit grundsätzlich zumindest mit dem EST-Typ zu vergleichen sei. Die Frage ist nur, ob es tatsächlich solche "neutralen" IF gibt.

In den Beispielen vor allem des Abschnitts 1.5 haben wir die Frage der Intonationskurve vernachlässigt, und wir können hier nachtragen, daß, sehr global betrachtet, der Evidenzgrad des Inferierten sich im allgemeinen umgekehrt proportional zu dem intonatorischen Indiz der Offenheit verhält: je größer die postulierte Wahrscheinlichkeit der Hypothese, desto geringer der Signalwert der Unabgeschlossenheit (die einzelnen Intonationsmuster, die letztere zum Ausdruck bringen, können hier vernachlässigt werden). Daraus folgt, daß wir uns hier nur mit solchen Fällen von IF beschäftigen dürfen, die annähernd dem von Delattre bestimmten Profil der "question" entsprechen (vgl. oben), denn rein intonatorisch gesehen, d.h. also ohne ein leichtes Abfallen des Tonhöhenniveaus, scheint der Partner hier nicht für eine bestimmte Antwort prädisponiert zu werden. Daraus kann freilich u.E. nicht auch schon gefolgert werden, daß die IF unter dieser intonatorischen Bedingung voraussetzungslos sein müßte in dem Sinn, daß der Sprecher keinen bestimmten Sachverhalt als besonders plausibel (naheliegend etc.) einstuft; es ist ja durchaus möglich, die Beispiele in Abschnitt 1.5.2 (mit Ausnahme wohl von (23) und (26)) mit einer "question"-Kontur zu lesen, ohne daß damit die Inferenz getilgt würde. Wenn dem aber so ist, muß geprüft werden, wie es sich in den sogenannten neutralen Fällen von IF bezüglich möglicher Voraussetzungen im oben angedeuteten Sinne verhält.

1.6.1 - Bereits anhand von Beispiel (25) wurde deutlich, wie vergleichsweise vage der Anhaltspunkt einer IF sein kann, und doch kann es kaum einen Zweifel daran geben, daß hier keine neutrale Informationsfrage vorliegt: Der zweite Sprecher verlängert sozusagen implikativ das Interesse, das sein Freund an Frau de Losfeld gezeigt hat, in den in solchen Situationen erwartbaren Wunsch nach näherer Bekanntschaft und fragt, ob er mit dieser der Erfahrungswahrscheinlichkeit entsprechenden Folgerung recht hat (theoretisch könnte er dieses Moment der Inferenz dadurch andeuten, daß er in seiner Frage zum Beispiel *peut-être* einfügt). Ähnlich verhält es sich nun mit IF wie:

(33) *Je rallume?*
(34) *Je te donne un coup de main?*
(35) *Tu veux du café?*
(36) *Tu viendras avec moi?*

Solche Verwendungen der IF gelten in Situationen, in denen p jeweils erwartbar ist, und zwar einmal faktisch in (33), wenn etwa der Sprecher nach Beseitigung des Umstandes, der ein Ausschalten (des Lichts, des Radios usw.) notwendig machte, die Voraussetzung zum Wiedereinschalten gegeben sieht; sodann normativ in (34) und (35), wobei in (34) eine Höflichkeitsregel, in (35) eine Gepflogenheit (etwa zu einem bestimmten Zeitpunkt oder aus bestimmtem Anlaß einen Kaffee zu sich zu nehmen) maßgeblich sind. In (36) schließlich sind mehrere Anknüpfungspunkte denkbar: die Situation (der Hörer hat im vorangegangenen Gespräch Interesse an einer Ortsveränderung erkennen lassen), die Handlungswahrscheinlichkeit aufgrund der gegenseitigen Beziehung (der Hörer pflegt den Sprecher ab und zu in solchen Fällen zu begleiten), die moralische Norm (der Sprecher benötigt für einen schweren Gang den Beistand seines Freundes) etc. (33) bis (35) sind somit als eventuelle zukünftige Handlungen betreffende Insinuierungsfragen zu verstehen, die auf Voraussetzungen von wechselndem, im allgemeinen eher schwachen Relevanzgrad beruhen[1], allerdings, jedenfalls im normativen Bereich, eine Bestätigung nicht anstreben können. Gleichwohl bringen sie eine Eventualität zur Sprache, die normativ vorgegeben ist, und dieser von den Prinzipien der Interaktion her gesehen positive Akt wird durch Nichtbestätigung im Einzelfall nicht wesentlich beeinträchtigt. Allerdings, wird man hinzufügen dürfen, wird der Hörer eine Ablehnung kommentieren[2] oder mit Höflichkeitsfloskeln (z.B. Dank) garnieren, sofern - dies erscheint freilich als eine Bedingung für den erfolgreichen Vollzug solcher Fragen wie (33) bis (35) - er mit dem Sprecher die normativen Voraussetzungen teilt, die dieser aktualisiert hat. Die Konstruktion mit EST könnte hier diese Grundlage weniger deutlich machen und somit die konversationelle 'Leistung', die in der Insinuierung steckt, verändern.

1.6.2 - Noch schwächer ausgeprägt erscheint die Anschlußfähigkeit von IF, mit denen 'echte' Informationen erbeten werden und keinerlei Vorgabe bezüglich der Antwort verbunden ist, also bei einer entsprechenden Interpretation von Beispielen des folgenden Typs:

---

[1] Ob zwischen der Tatsache, daß in der spontanen gesprochenen Sprache die Inversion des Subjektpronomens der ersten Person nicht (mehr) gebräuchlich ist, und der pragmatischen Inkonsistenz eines *rallume-je?* oder ähnlichem ein irgendwie gearteter Bedingungszusammenhang besteht, bedürfte näherer Prüfung.
[2] Borillo (1981: 6), die (36) kommentiert, sieht als Antwort dazu vor (wobei es ihr allerdings um eine andere Problematik geht): *oui, bien sûr* und *non, je ne peux pas*. In der Tat: *oui, je peux* wäre als Antwort überhaupt nur denkbar, wenn die Frage eben *tu peux ...?* o.ä. gelautet hätte.

(37) *Il pleut?*
(38) *Il reste du pain?*

Borillo (1978: 549 f.) sieht hier (38) denn auch als Beispiel einer neutralen IF. Gleichwohl ist darauf aufmerksam zu machen, daß (37) nicht sinnvoll geäußert werden kann, wenn nicht zum Äußerungszeitpunkt erwartbar ist, daß es regnen könnte, und hinter (38) steht die Erfahrungstatsache, wie wenig sie auch im speziellen Fall gesichert ist, daß gegen Ende der Mahlzeit Brot übrig bleibt. Natürlich ist diese Vermittlung vollkommen unscheinbar, aber auch hier gilt, wie gleichfalls bei (36), daß ohne solche vom Sprecher und Hörer geteilten Voraussetzungen die Fragen inkonsistent wären, so wie eine IF nach der Farbe eines neugekauften Pullovers:

(39) *Il est rouge?*

unverständlich ist, wenn der Sprecher nicht zum Beispiel die Vorliebe des angesprochenen Käufers für diese Farbe kennt (und dieser seinerseits von einer solchen Kenntnis weiß). Schon hier wird also einsehbar, warum EST-Fragen zahlenmäßig hinter den IF beträchtlich zurückstehen: Weitgehend voraussetzungslos (zumindest in ihrer positiven Formulierung), sind sie dort anzutreffen, wo es entweder um den Antwortanteil des Befragten geht wie im dafür bekannten Fall des Interviews oder tatsächlich ein gemeinsamer Anhaltspunkt der Inferenz nicht zur Verfügung steht bzw. abhanden kommt wie in (31) oder dieser ungültig gesetzt wird. Derartige Verhältnisse sind, zumindest im alltäglichen Umgang, nicht vorherrschend.

1.7 - Es hat somit den Anschein, als ob der französischen IF eine funktionale Identität in zweifacher Weise zugewiesen werden kann:

1. In ihrer Konstitution als Sprechhandlung ist sie, 'nach vorn' gerichtet, projektive oder tentative Erarbeitung einer Hypothese bzw. Versuch der Annäherung an die Geltung eines Sachverhalts; 'nach hinten', d.h. auf eine Behauptung des Partners (1.4) oder aber (schein-)evidente Fakten bezogen (1.2), bedeutet sie (sozusagen in spiegelbildlicher Verkehrung) Problematisierung von Gewißheit oder Geltungsanspruch.

2. Ihre Konstitution speziell als Satzfrage ist asymmetrisch angesetzt, d.h. mit dem Interesse an einer bestimmten Antwort verbunden, und

zwar auf unterschiedlichen Ebenen: auf der Ebene der Replik, wo statt einer Ja-/Nein-Antwort oder zusätzlich dazu eine Erklärung, Begründung, Rechtfertigung u.ä. verlangt wird, auf der Ebene der Ja-/Nein-Antwort, wo eine der beiden Alternativen mehr oder weniger stark favorisiert erscheint, und auf der Ebene der Frage selbst, wo Normativität geltend gemacht wird, die gegen Kontingenz gefeit scheint.

Für dieses Interesse des Sprechers an einer bestimmten Antwortart bzw. der Bestätigung einer entsprechenden Vermutung läßt sich im übrigen noch ein interessantes Indiz angeben. Borillo (1978: 617) hat im Vergleich der IF

(40) *Tu as remarqué que la vitre est cassée?*

mit der INV-Konstruktion festgestellt, daß im Falle der IF p nur als wahr zu verstehen ist, während mit INV beide Möglichkeiten bestehen: daß p als wahr gilt oder daß seine Wahrheit in Frage steht. Die Erklärung für diese Besonderheit der IF-Version liegt u.E. in der Unvereinbarkeit einer IF als gerichteter Frage (bzw. hypothetischem Entwurf) mit der absoluten Offenheit von p. Mit anderen Worten: Die positive Hypothese über die Wahrnehmung von p ist offenkundig unsinnig, wenn p selbst absolut ungesichert ist. Da bei INV die Hypothese als solche nicht geltend gemacht wird, kann bei thematischem Status des Wahrnehmens die Frage nach p fokussiert werden. Auf eine Vertiefung der hier angeschnittenen Fragestellung, die recht verzweigt ist, muß an dieser Stelle verzichtet werden.

1.7.1 - Hier ist nun noch einmal die Verwendung der IF für disjunktive Fragen aufzugreifen, da bei ihr die besagte Asymmetrie aufgehoben erscheinen kann. Von vornherein spricht nichts dagegen, in gegebenen Fällen, d.h., wenn Disjunktivität nur schwach polarisiert ist, diese als Nebeneinander von zwei Alternativen aufzufassen, für die jeweils Voraussetzungen des gleichen Plausibilitätsgrades angegeben werden können; vgl.:

(41) *Tu vas à la banque, ou j'y vais?*
    (Damourette/Pichon 1934: 329)

Die Ausschließlichkeit der Alternative erscheint in solchen Fällen gemildert, insbesondere dann, wenn (was hier theoretisch der Fall sein könnte) die Disjunktion nicht geschlossen ist, sondern durch weitere Alternativen, die der Gesprächspartner vorschlägt, ergänzt werden kann (in (41) also zum Beispiel durch diejenige, daß eine dritte Person zur Bank geht). Andererseits verbinden sich offenbar (vgl. oben 1.1) mit von IF bestrittenen Disjunktionen unterschiedliche Gewichtungen der Glieder, wobei in der Regel das erste favorisiert wird. Dies kann für (41) zutreffen, ist aber eventuell vorrangig bei dem Typ *p ou pas?* zu beobachten, der bezeichnenderweise mit *oui* beantwortbar ist (Borillo 1978: 216), vgl.:

(42) *Tu m'écoutes ou pas?*
(43) *Tu viens ou pas?*
(44) *Tu viens ou merde?*

Fónagy et al. (1983: 172) weisen darauf hin, daß bei entsprechenden Veränderungen des intonatorischen Standardclichés der disjunktiven Frage (43) als "variante expressive" wirken könne, weil hier Vorwurf, Schmollen oder dringliche Aufforderung zum Ausdruck kommen, und (44) als "question imperative" erscheine. Daß hier ein Zusammenhang besteht zu den polarisierenden tags vom Typ *Tu as faim, non?* bzw. *Tu n'as pas faim, si?* u.ä. (dazu ausführlich Borillo 1978: 299 ff., 852 ff.), erscheint offenkundig.

Weniger deutlich ist die Gewichtung im Falle der vollständig explizierten Disjunktion *oui ou non*:

(45) *Tu viens, oui ou non?*

Die Tatsache, daß Behnstedt (1973: 184) in seinem Korpus keinerlei Beleg für die Kombination von IF + *oui ou non* gefunden hat, soll nicht überbewertet werden, denn an der Akzeptabilität von (45) ist nicht zu zweifeln. Da sich französische Informanten dafür aussprechen, daß auch hier zumindest eine gewisse Präferenz für die erste Alternative bemerkbar wird, liegt, wenn wir das richtig deuten, eine 'energischere' Variante zur *ou pas*-Formel vor.

Insgesamt gesehen wird also, ohne daß diese Fragestellung hier in der wünschenswerten Weise vertieft werden könnte, die oben vorgeschlagene Charakteristik der französischen IF durch deren disjunktiven Formtyp eher bestätigt als in Frage gestellt. Gerade da, wo die Asymmetrie der IF durch ein formal logisches Verfahren ausgeschaltet erscheint, setzt sie sich durch; das, was bisher als relevanter Zug der IF postuliert wurde, erhält sich also auch in formal kontraindizierten Kontexten.

2. - In der vorangegangenen Analyse der französischen IF ist die Perspektive, in der sie in unserem Beitrag gewürdigt werden soll, nicht eigentlich zur Sprache gekommen. Dies soll nunmehr geschehen, wobei wir zunächst, wie dies naheliegt, auf den Fall der sogenannten rhetorischen Frage eingehen wollen, die in den vergangenen Jahren des öfteren gerade auch im Bereich des Französischen behandelt worden ist (Borillo 1978, 1979, 1981; Grésillon 1981 u.a.). Unter Beschränkung auf die in unserem Zusammenhang allein interessierenden Aspekte unterscheiden wir zwei Grundtypen der rhetorischen Frage, die gelegentlich so sehr verwoben erscheinen, daß eine Abgrenzung kaum gelingen mag, die im Prinzip aber gleichwohl getrennt werden müssen.

2.1 - Der erste Grundtyp - wir nennen ihn die "uneigentliche rhetorische Frage" - kann dahingehend charakterisiert werden, daß der Sprecher die für die Antwort einschlägigen Elemente (Fakten- bzw. Erfahrungswissen, Überzeugungen u.ä.) selbst schon besitzt und davon ausgeht, daß sie auch beim Hörer vorhanden sind, ohne diesen jedoch zu einer Formulierung des Erfragten veranlassen zu wollen. Infolgedessen kann hier keine echte Frage vorliegen. Die gleichwohl verwendete Frageformel wird dadurch sinnvoll gemacht, daß sie auf die hypothetische (und oft noch als abwegig charakterisierte) Verkehrung des zugrunde liegenden Sachverhalts bezogen wird und der Zweck dieses Implikatur-Verfahrens persuasiver Natur ist: Der Sprecher bringt - meist gegen die Interessen des Hörers oder Dritter - einen ihm irgendwie wichtigen Sachverhalt indirekt zur Geltung bzw. hebt ihn ins Bewußtsein und macht ihn so argumentativ verfügbar (46) oder aber versucht damit bei subjektiven Werturteilen, diese intersubjektiv durchzusetzen (47):

(46) *Ne vois-tu pas que je suis occupé?*
(47) *Y a-t-il rien d'aussi aberrant que cette attitude?*

Nicht zufällig handelt es sich bei (46) und (47) um INV-Fragen:[1]
Die Form der IF bleibt für die Konstruktion rhetorischer Fragen
dieses Typs, wie Fromaigeat erkannt hat (1938: 13), so gut wie
ausgeschlossen, da die IF trotz ihrer Nähe zu assertorischen
Äußerungen, ja gerade wegen dieses Charakteristikums, stets echte Frage bleibt in dem Sinn, daß sie Wissen oder Gewißheit erbittet, über die der Sprecher nicht verfügt oder die er nicht
behaupten will. Ersetzt man (47) durch eine entsprechende IF,
ist das Resultat inkonsistent:

(47 a) *? Il y a quelque chose d'aussi aberrant que cette attitude?*

In Fällen wie (46 a) wird entsprechend der rhetorische Charakter
in dem hier definierten Sinn aufgehoben bzw. verändert (vgl.
aber im folgenden 2.2):

(46 a) *Tu ne vois pas que je suis occupé?*

Nur in einem besonderen Fall kann die IF rhetorisch in dem hier
für den ersten Grundtyp geltenden Verständnis eingesetzt werden:
wenn der Sprecher dem Hörer oder auch einem Dritten Annahmen zuschreibt, von denen er meint, daß sie sich durch ihre Abwegigkeit selbst dementieren, vgl.:

(48) *Tu crois que je vais t'attendre encore longtemps?*
    (Borillo 1979: 39)
(49) *Vous voudriez peut-être que je tolère cela?*
    (Borillo 1978: 748)

Vielleicht kann man sagen, daß hier statt des Frageformalismus
INV die von Borillo (1978: 565 ff.) so genannte Funktion der
"question attributive" (*tu dis (prétends* etc.*) que p?*) in Anspruch genommen wird. Damit wäre gleichzeitig klargestellt, daß
auch in diesem Fall gerade dann, wenn die IF sozusagen denatu-

---

[1] Daß EST für rhetorische Fragen dieses Typs seltener verwendet wird, scheint damit zusammenzuhängen, daß diese Formel im Gegensatz zu INV zu stark auf echte Interrogativfunktion festgelegt ist. Jedenfalls scheinen in vielen Fällen 'uneigentliche rhetorische Fragen' durch die Konstruktion mit EST ihren rhetorischen Charakter zu verlieren. Vgl. auch die folgende Anmerkung. In Anbetracht der generell sehr reduzierten, aber in einigen Verwendungen ungebrochenen Geltung der INV im gesprochenen Französisch stellt sich natürlich die Frage, ob und inwieweit dort der Gebrauch der INV für die 'uneigentliche rhetorische Frage' idiomatisiert ist. Diese Frage stellt sich vor allem für die positiv formulierten rhetorischen Fragen vom Typ

riert erscheint, deren rhetorische Komponente greift.

Von der 'uneigentlichen rhetorischen Frage' kann somit kein Aufschluß über die rhetorische Verwendung der IF erlangt werden, bei der diese ihre angestammte Funktion beibehält.

2.2 - Etwas anders verhält es sich beim zweiten Typ der rhetorischen Frage, der mit dem ersten das formale Mittel gemein hat, zum eigentlichen Sachverhalt über die Infragestellung seines Gegenteils vorzudringen. Der entscheidende Unterschied zum ersten Typ besteht jedoch darin, daß dieser Sachverhalt dem Sprecher gerade *nicht* gesichert erscheint, so daß die Verkehrung nicht Sachverhalte, sondern Mutmaßungen über Sachverhalte (vom Sprecher Erhofftes, Befürchtetes, Erwartetes usw.) betrifft. Wir nennen diesen Typ deshalb "echte rhetorische Frage". So ist das oben zitierte Negativbeispiel (46 a) hier nun einschlägig: Der Sprecher bemerkt mit Unmut, daß sein Gegenüber sich nicht der Anstandsregel entsprechend verhält, ihn in seiner augenblicklichen Arbeit nicht zu stören, denn er hält es für wahrscheinlich, wenn auch nicht erwiesen, daß der Anlaß für das Wirksamwerden dieser Regel erkennbar ist, und legt seinem Kontrahenten die unwahrscheinliche Version zur Stellungnahme vor. Der Hörer sieht darin ein ihn belastendes Ansinnen, dem er in der Regel ein Dementi entgegenhalten wird. Die Antwort lautet daher eher *si* oder *si, mais ...*, weniger *mais si*, welches auf (46) zugeschnitten ist (Borillo 1978: 708). Im vorliegenden Fall könnte theoretisch also auch die unwahrscheinliche Alternative bejaht werden (wenn der Hörer plausibel machen kann, daß er tatsächlich das Beschäftigtsein nicht bemerkt hat). Im Vergleich zur 'uneigentlichen rhetorischen Frage' zeigt sich also hier eine echte Interrogativkomponente[1]; im Vergleich zur direkten, nicht negativ verkehrten Frageform:

---

(47); die negativen würden durch die Beseitigung der INV und die Konstruktion mit EST wahrscheinlich in die Kategorie der 'echten rhetorischen Frage' überführt (vgl. dazu im folgenden).
Der ganze Komplex, Gültigkeit der rhetorischen Frage und ihre Realisierung in den Registern des gesprochenen Französisch, bleibt im einzelnen zu untersuchen.

1 Dies wird bestätigt durch die hier wieder häufigere Verwendungsmöglichkeit von EST (vgl. die vorangehende Anmerkung).

(46 b) *Tu vois que je suis occupé?*

wird dagegen das pragmatische Verfahren der kontrafaktischen Verkehrung offenkundig: Nur auf diesem Weg wird der Hörer zum argumentativen Handeln veranlaßt (Widerspruch, Begründung, Rechtfertigung); mit (46 b) wird dagegen nur eine Bestätigung erfragt.

2.3 - Die Gegenüberstellung der Beispiele (46) und (46 a) verdeutlicht somit beides: den unterschiedlichen Status der zwei Grundtypen rhetorischer Fragen ebenso wie deren enge Berührung. Es kann hier allerdings nicht darum gehen, die überaus komplizierte, von Borillo in ihren Arbeiten mit großer Detailliertheit ausgebreitete Problematik der CONFIRM-*si/non*-Fragen zur Sprache zu bringen, da sie uns letztlich unserem Gegenstand nicht näher brächte. Denn soviel kann gesagt werden, daß die französische IF zwar als rhetorische Frage des 'echten' Typs Verwendung findet, dies aber nur wenig zur Bestimmung der rhetorischen Funktion der IF, wie wir sie darstellen wollen, beiträgt. Denn insgesamt ergibt sich:

1. Auch wenn die IF als 'echte rhetorische Frage' auftreten kann, so gibt es doch Fälle, in denen sie ausgeschlossen erscheint:
   (50) *La séance n'est pas déjà terminée?*
   (Borillo 1978: 563)
2. Das, was eine 'echte rhetorische Frage' kennzeichnet, betrifft nur einen Teilaspekt dessen, was im ersten Teil als wesentlich für das Verständnis der IF dargelegt worden ist, und zwar die versuchte Antwortsteuerung.

In der Tat kann man, was diesen zweiten Punkt angeht, den fraglichen Zusammenhang anhand von Beispielen mit verneintem p wie:

(51) *Tu n'es pas satisfait du résultat?*

leicht verfolgen: Steigt die Intonationskurve am Ende voll an (somit das Fragliche der Negativ-Version indizierend), liegt eine 'echte rhetorische Frage' vor, die mit *si* beantwortbar ist; wird hingegen der Endanstieg durch leichten Abfall beendet, handelt es sich um eine bloße IF, die eine Bestätigung durch *non, pas du tout* (nach Borillo 1978: 839) erwarten läßt. Andererseits ist aber nicht zu übersehen, daß die Antwortsteuerung in beiden Bereichen nicht in der gleichen Weise zu beurteilen ist: Im Zusammenhang mit der 'echten rhetorischen Frage' ist sie ein elementares Mittel der Persuasion, das im Grunde in seinen vielfältigen Erscheinungsformen (tags) nichts weiter erstrebt, als den Gesprächspartner zur gewünschten Reaktion zu bewegen. In Verbindung mit der IF ist sie dagegen nur Teil einer umfassenderen Operation und mehr Folge als Ziel rhetorischer Bemühung. Aber wie ist diese letztere zu verstehen?

2.4 - Hinsichtlich des Rahmenkonzepts der Alltagsrhetorik, das hier in Anspruch genommen wird, müssen wir uns, was das Grundsätzliche angeht, mit Verweisen begnügen.[1] Kurz gesagt, läuft dieses Konzept darauf hinaus, das sprachliche Handeln eines Subjekts in der Interaktion mit der von ihm betriebenen Identitätsprojektion in Verbindung zu bringen, die als (unterschiedlich ausgeprägte) Komponente fast jeglicher nicht-institutioneller, nicht-subjektentfremdeter Sprechhandlung angesehen wird und ihr Komplement in der Tendenz des Kontrahenten hat, die Art und Weise der ihn erreichenden Handlungen qualifizierend hochzurechnen auf die Einschätzung von deren Subjekt. Die Identitätsprojektion ist in ihrer Tendenz auf eine (im weitesten Sinn verstanden) vorteilhafte Qualifikation gerichtet, muß sich aber im Hinblick auf die Anerkennung, um die sie beim Gesprächspartner wirbt, an dessen eigenen Interessen und Voraussetzungen orientieren. Der Sprecher wird infolgedessen sprachliche Gestaltungsmöglichkeiten wählen, die so beschaffen sind, daß sie seinem Bestreben entgegenkommen und zugleich die Aussicht bieten, die Fremdkontrolle zu passieren, d.h., sie werden diskreter oder 'uneigentlicher' Natur sein.

2.4.1 - Kriterien, die bei der Identitätskonstitution eine Rolle spielen, sind Qualitäten, die im kollektiven Wissen verankert sind und durch sprachliches Handeln angesprochen werden, also Wissen jeglicher Art, Fähigkeiten (z.B. kognitive oder die sprachliche Darstellung betreffende, charakterliche u.ä.m.). Was die Sprechhandlungen selbst angeht, so stehen diese natürlich

---

1 Vgl. dazu Stempel (1979 a, 1979 b, 1980, 1983).

hinsichtlich ihrer entsprechenden Verwendungsfähigkeit unter ganz unterschiedlichen Voraussetzungen. Speziell für die Frage kann man, grob gesprochen, etwa die folgenden Angaben machen:

> a) Initiativfragen nötigen den Angesprochenen, sich unter Umständen auch ohne eigenes Interesse als Gesprächspartner, zumindest für die Dauer einer Antwort, zur Verfügung zu stellen.
>
> b) Der Fragende veranlaßt den Hörer, sich auf Themen einzulassen, die unter Umständen einseitig in seinem eigenen Interesse liegen.
>
> c) Fragen implizieren Abtretung des Rederechts an den Gesprächspartner.

(a) - (c) sind Eigenheiten, die die Bedeutung der Frage im Rahmen der Gesprächsorganisation bzw. der elementaren Rollenverteilung betreffen. Sie haben mit der Identitätskonstitution direkt weniger zu tun, insofern als die geltungsdynamischen Aspekte ohne Berücksichtigung ihrer Realisierungsmöglichkeiten rein virtueller Natur sind. Mehr Gewicht hat das folgende Charakteristikum, das die pragmatische Begründung der Frage spezifischer definiert:

> d) Fragen indizieren ein Wissensdefizit auf Seiten des Fragenden und konstituieren damit Abhängigkeit vom angesprochenen Partner.[1]

In der Tat besagt (d), daß die Geltungsvorteile von (a) und (b) leicht neutralisiert oder gar in ihr Gegenteil verkehrt werden können, wenn der Antwortende sein Mehrwissen entfaltet und gegebenenfalls durch geeignete Präsentation qualitativ anreichert. Aber auch (d) stellt nur ein Prinzip dar, das unter Umständen gegenläufig realisiert werden kann. In bestimmten Situationen bleibt es zudem für die Identitätskonstitution irrelevant, dann nämlich zum Beispiel, wenn das Wissensdefizit dem Fragenden generell unterstellbar, also nicht von ihm zu verantworten ist (z.B. bei 'Experten'-Befragung). Diese Irrelevanz gilt freilich nicht, wenn der Sprecher ohne eigentlichen Wissensbedarf Fragen stellt, um dem Hörer Entfaltungsmöglichkeiten zu geben und sich eine solche Zuwendung als positives Verhalten anrechnen zu lassen.[2]

---

[1] Vgl. Bolinger (1957: 4). Teyssier (1974: 8) spricht von einer "passation de pouvoir". Eine von Trömel-Plötz' "Richtlinien" für Frauen knüpft an diesen Sachverhalt an: "Wir sollten versuchen, weniger Fragen zu stellen, d.h. unsere Behauptungen auch als Behauptungen formulieren [...]" (1982: 157).

[2] Die vielfältigen pragmatischen Konstellationen, die die identitätskonstitutive Relevanz von Fragehandlungen bedingen, haben wir hiermit nur angedeutet.

2.4.2 - Trotz aller dieser Einschränkungen besteht Anlaß, die Bestimmung (d) fester im Auge zu behalten, welche offenbar der Entwicklung von Verfahren zugrunde liegt, die darauf abzielen, eine unerwünschte Abhängigkeit zu überspielen oder ihre negativen Folgeerscheinungen zu mildern. Dazu gehört einmal die 'echte rhetorische Frage', die allerdings Überspielung in einer mehr veräußerlichten Weise leistet mit dem Effekt, daß durch die "conducive questions" (Bolinger 1957: 97 ff.) zwar geltungsdynamisch unter Umständen ein Plus erzielt wird (Beipflichtung), die Identitätsinzidenz jedoch nicht sehr ausgeprägt ist. Etwas anders verhält es sich mit einem weniger bekannten, erst in letzter Zeit in der Forschung aufgegriffenen Mittel, das uns speziell zur Satzfrage zurückführt. Man kann es kurzerhand nach Kiefer (1980) als das Prinzip "yes-no-question as wh-question" bezeichnen, wie es beispielsweise vorliegt in

(52) *Tu as rencontré Jean à la maison?*

(Beispiel nach Martin (1975: 49); Endanstieg der Intonationskurve auf *maison*). Diese Frage ist mit Kiefer (1980: 101 ff.) wie folgt zu analysieren: Die "background assumption", von der der Sprecher ausgeht, ist, daß der Angesprochene Jean getroffen hat; statt aber direkt zu fragen: *Wo ...?*, legt er eine von meist mehreren Hypothesen vor, auf die der Hörer, trifft sie nicht zu, mit *nein* nicht ausreichend antworten würde, denn der Sprecher hat mit der Formulierung seiner Frage direkt zum Ausdruck gebracht, daß er den Ort der Begegnung wissen möchte. Im Anschluß an unsere bisherige Interpretation der IF sehen wir dieses Vorgehen in dem Wunsch begründet, weniger Nichtwissen darzustellen, auch wenn bei diesem Fragetyp oft nur stimulierend und ohne besondere inhaltliche Begründung eine unter anderen möglichen Hypothesen geäußert wird und dadurch die 'Treffer'-Wahrscheinlichkeit geringer sein kann. Es kann noch ein weiteres Moment hinzugerechnet werden: Die Satzfrage anstelle der Ergänzungsfrage läßt das Frageinteresse, das diese impliziert, erheblich zurückgestuft erscheinen mit der Konsequenz, daß die Abhängigkeit des Fragenden (vgl. (d)) interaktiv weniger fühlbar wird. Der Antwortende wird darüber hinaus, so oder so, zur Mithilfe genötigt: Kann er die Hypothese bejahen, ist der Gewinn für den Fragenden im angedeuteten Sinn realisierbar, verneint er sie, muß er, ohne direkt danach gefragt zu sein, trotzdem eine positive Antwort hinzufügen.

2.4.3 - Wie steht es nun mit der IF unter den hier genannten Voraussetzungen? Ihre rhetorische Dimension kann unter Rückgriff auf die Analyseergebnisse des ersten Teils in zweifacher Weise bestimmt werden:

a) "Inferenzleistung". Sie reduziert den Frageskopus der Satzfrage, wobei die Hypothesenbildung, die sich entweder auf die ganze Proposition oder nur eine Teilmenge von ihr (vgl. 2.4.2) beziehen kann, für den Adressaten als Inferenzleistung nachvollziehbar wird und der Sprecher sich dadurch eine positive Identitätsqualifikation (je nachdem "Durchblick", "Intelligenz", "Kenntnisreichtum" o.ä.) erwirken kann. Es ist dabei ohne weiteres möglich, diese Operation auch ohne inhaltliches Frageinteresse ablaufen zu lassen; auf die IF in Beispiel (29) ist keine Antwort erfolgt, die Frage dadurch jedoch, so darf man annehmen, in ihrem rhetorischen Anspruch nicht schon wirkungslos geworden.

b) "Problematisierung". Auch im engeren Bereich der IF ist die Vermeidung von Ergänzungsfragen zu beobachten, nämlich (in allerdings anderer Ausprägung) bei der Echofrage samt den damit verbundenen Fällen. Die rein intonatorisch nahegelegte Suspendierung der Gültigkeit von p ist, semiotisch gesehen (als ikonisches Zeichen), innerhalb einer face-to-face-Kommunikation von größerer Wirkung als die entsprechende verbale Vermittlung (dies gilt letztlich für alle in IF intonatorisch zum Ausdruck gebrachten Einstellungen wie Ungeduld, freudige Erwartung, Hoffnung, Skepsis, Erstaunen usw.; vgl. Fromaigeat 1938: 33 ff.) und indiziert in der Zurückhaltung eine gewisse Überlegenheit, der der Angesprochene durch Rechtfertigung Rechnung tragen muß.

2.4.4 - Unnötig zu sagen, daß die ggf. erwirkten Identitätsqualifikationen je nach Fall schwankend, im Ertrag aber natürlich insgesamt vergleichsweise gering sind, geringer jedenfalls als in konversationellen Beiträgen, die den alltagsrhetorischen Aspekt in der hier zugrunde gelegten Definition gleichsam thematisch machen wie zum Beispiel autobiographische Erzählungen. Daß die rhetorische Interpretierbarkeit der IF dennoch außer Zweifel steht, sei abschließend ex negativo an zwei ganz unterschiedlichen Beobachtungen aufgezeigt.

Fromaigeat (1938: 43) hat bemerkt, daß die IF in der Lehrersprache merkwürdig wenig Verwendungsmöglichkeit hat; eine Sachfrage wie *Le corbeau tenait dans son bec un fromage?* passe nicht in die Situation ("ne rime à rien"), und er spricht gegenüber der Konstruktion mit EST bzw. INV von einer "ineptie de la question", wofern nicht eine Echofrage vorliegt (*Comment? le corbeau tenait un fromage dans son bec?*), d.h. also der Problematisierungsfall gegeben ist. Hier ist die rhetorische Dimension (b) zum Zuge gekommen, während die Voraussetzungen für (a)(Inferenzleistung) weitgehend entfallen, insofern als die Lehrerfragen vergleichsweise frei von alltagsrhetorisch motivierten Interessen zu denken sind. Der Lehrer stellt die Unterrichtsfragen nicht als privates Individuum, sondern als Vertreter der Institution Schule und setzt also die Unterrichtsfrage nicht in primärem Zusammenhang mit einer Identitätsprojektion ein.

Das zweite Moment sind die sogenannten anonymen Fragen wie etwa:

(53) *Faut-il maintenir la peine de mort?*
     (Grésillon 1981: 69)

Eine Antwort kann vom Gesprächspartner erwogen, aber nicht eigentlich geboten werden, und die grundsätzlich problematische oder gar negative Akzeptabilität von unpersönlichen IF-Konstruktionen wie *Il est besoin* (*utile, imaginable* usw.) kann nur mit dieser interaktiven Ausblendung in Verbindung gebracht werden, bei der der Gesprächspartner als Bezugsgröße einer alltagsrhetorisch gewendeten Formulierung ausscheidet (nur in einigen Fällen, z.B. bei *Il est possible*, besteht die Möglichkeit einer interaktiven Frage-Antwort-Konstruktion, die mit einer IF ansetzt). Grésillon (1981: 69) scheint der Auffassung zu sein, daß anonyme Fragen vor allem im schriftlichen Gebrauch üblich sind; wenngleich sie mit Sicherheit nicht nur dort anzutreffen sind, ist der Bezug zur reinen Selbstfrage (die traditionell zur rhetorischen Frage gerechnet wird) aber natürlich sehr eng, vgl.:

(54) *Egalera-t-il le très grand cuisinier qu'est son père,
on verra bien.*
(Gault/Millau)

Die IF ist hier vollkommen ausgeschlossen, und es erscheint nur zu offenkundig warum: Der Selbstfrage fehlt notwendigerweise die alltagsrhetorische Spannung, wie sie oben beschrieben wurde (2.4). So kann denn auch hier noch einmal die Besonderheit der 'echten rhetorischen Frage' im Vergleich zur IF gezeigt werden (vgl. 2.4.2): Auch sie ist (mit Einschränkungen sicherlich) im schriftlichen Monolog verwendbar und beweist damit ihre gegenüber der IF unterschiedliche alltagsrhetorische Relevanz.

So darf man es nun für wahrscheinlich ansehen, daß die so häufige Verwendung der französischen IF in der gesprochenen Sprache mit dem Hinweis auf die Intonation als spezifisch mündliche Erscheinung nicht zureichend begründet wäre. Entscheidend ist - bei aller Bedeutung, die den verschiedenen Intonationsprofilen (die unter Umständen ein und dieselbe segmentale Basis zu gegenteiliger Antwort disponieren, vgl. (51)) zukommt -, daß die Interaktion die genuine Voraussetzung bietet, die rhetorische Dimension, die der französischen IF zuzuschreiben ist, auszuschöpfen und dabei unmittelbar das Risiko von Inferenz und Geltungsanspruch zu erproben.[1]

---

[1] In der hier vorgelegten Interpretation der französischen IF ist natürlich eine ganze Reihe von Folgefragen angelegt, so zum Beispiel zur unterschiedlichen historischen, sozialen oder geographischen Geltung der IF, auf die wir nicht mehr eingehen können. Zu vermuten ist jedenfalls, daß solche Unterschiede zu einem wesentlichen Teil in den jeweiligen soziokulturellen Normen angelegt sein werden, die die Gestaltung der sozialen Interaktion, und das heißt auch den Einsatz und die Form bestimmter Sprechhandlungen, durch entsprechende Codes regeln. Daß die Frageform in diesem Zusammenhang eine große Nuancierungsmöglichkeit bietet, dürfte außer Zweifel stehen.
Andererseits läßt sich der von Szmidt (1968: 197 f.) behauptete und von Maury (1973: 308) bestätigte Unterschied zwischen europäischem und kanadischem Französisch (hier geringere Häufigkeit der IF) durch eine der gängigen Betrachtungsweise angepaßte Zählung der Fragevorkommen unter Umständen widerlegen: Bei einer Nichtdifferenzierung zwischen IF mit steigender resp. gleichbleibender/fallender Intonation ergibt sich für die detaillierten Angaben bei Maury ein Vorherrschen der IF gegenüber INV und EST auch im kanadischen Französisch.

Literatur

Behnstedt, P., 1973. *Viens-tu? Est-ce que tu viens? Tu viens? Formen und Strukturen des direkten Fragesatzes im Französischen* [Tübinger Beiträge zur Linguistik 41], Tübingen.

Bolinger, D. L., 1957. *Interrogative Structures of American Enggish (The Direct Question)*, ["PADS" 28], Alabama.

Borillo, A., 1978. *Structure et valeur énonciative de l'interrogation totale en français*, Thèse de Doctorat d'Etat, 3 Bände, Université de Provence, Centre d'Aix.

Borillo, A., 1979. "La négation et l'orientation de la demande de confirmation", in: *Langue française* 44, 27-41.

Borillo, A., 1981. "Quelques aspects de la question rhétorique en français", in: *DRLAV* 25, 1-33.

Damourette, J., E. Pichon, 1934. *Des mots à la pensée. Essai de grammaire de la langue française*, IV. Coll. des Linguistes Contemporains, Paris.

Delattre, P., 1966. "Les dix intonations de base du français", in: *French Review* 40, 1-14.

Delattre, P., 1967. "La nuance de sens par l'intonation", in: *French Review* 41, 326-339.

Fónagy, I., E. Bérard, 1973. "Questions totales simples et implicatives en français parisien", in: Grundstrom, A., P. R. Léon (Hg.), *Interrogation et intonation en français standard et en français canadien* [Studia phonetica VIII], Montréal/Paris/Brüssel, 53-97.

Fónagy, I., E. Bérard, J. Fónagy, 1983. "Clichés mélodiques", in: *Folia linguistica* 17, 153-185.

Fromaigeat, E., 1938. "Les formes de l'interrogation en français moderne: leur emploi, leurs significations et leur valeur stylistique", in: *Vox Romanica* 3, 1-47.

Greive, A., 1974. *Neufranzösische Formen der Satzfrage im Kontext* [Akademie der Wissenschaften und der Literatur, Abhandlungen der geistes- und sozialwissenschaftlichen Klasse 3], Mainz.

Grésillon, A., 1981. "Interrogation et interlocution", in: *DRLAV* 25, 61-75.

Grundstrom, A., 1973. "L'intonation des questions en français standard", in: Grundstrom, A., P.R. Léon (Hg.), *Interrogation et intonation en français standard et en français canadien* [Studia phonetica VIII], Montréal/Paris/Brüssel, 19-51.

Gueunier, N., E. Genouvrier, A. Khomsi, 1978. *Les Français devant la norme. Contribution à une étude de la norme du français parlé*, avec la collaboration de Michel Carayol et de Robert Chaudenson [Coll. créoles et français régionaux], Paris.

Kiefer, F., 1980. "Yes-no Questions as wh-Questions", in: Searle, J.R., F. Kiefer, M. Bierwisch (Hg.), *Speech Act Theory and Pragmatics* [Synthese Language Library 10], Dordrecht, 97 - 119.

Langacker, R.W., 1972. "French Interrogatives Revisited", in: Casagrande, J., B. Saciuk (Hg.), *Generative Studies in Romance Languages*, Rowley/Mass., 36 - 69.

Martin, P., 1975. "Analyse phonologique de la phrase française", in: *Linguistics* 146, 35 - 67.

Maury, N., 1973. "Observations sur les formes syntaxiques et mélodiques de l'interrogation dite totale", in: *French Review* 47, 302 - 311.

Söll, L., 1974. *Gesprochenes und geschriebenes Französisch*, 2., revidierte und erw. Aufl., bearb. von F.J. Hausmann, 1980, Berlin.

Stempel, W.-D., 1979a. "Sprechhandlungsrollen", in: *Poetik und Hermeneutik* VIII, München, 481 - 504.

Stempel, W.-D., 1979b. "Historisch und pragmatisch konstituierte Identität", in: *Poetik und Hermeneutik* VIII, München, 669 - 674.

Stempel, W.-D., 1980. "Alltagsfiktion", in: Ehlich, K. (Hg.), *Erzählen im Alltag*, Frankfurt/M., 385 - 401 (stw 323).

Stempel, W.-D., 1983. "Fiktion in konversationellen Erzählungen", in: *Poetik und Hermeneutik* X, München, 331 - 356.

Szmidt, Y., 1968. "Etude de la phrase interrogative en français canadien et en français standard", in: Léon, P.R. (Hg.), *Recherches sur la structure phonique du français canadien* [Studia phonetica I], Montréal/Paris/Brüssel, 192 - 209.

Teyssier, J., 1974. "La grammaire de l'interrogation et ses présupposés", in: *Revue des langues romanes* 81, 7 - 56.

Trömel-Plötz, S., 1982. *Frauensprache - Sprache der Veränderung*, Frankfurt/M.

Wunderli, P., K. Benthien, A. Karasch, 1978. *Französische Intonationsforschung. Kritische Bilanz und Versuch einer Synthese* [Tübinger Beiträge zur Linguistik 92], Tübingen.

Zwanenburg, W., 1965. *Recherches sur la prosodie de la phrase française* [Leidse Romanistische Reeks van de Rijksuniversiteit te Leiden XI], Leiden.

FRAGEN ÜBER FRAGEN
Koreferat zum Beitrag von Wolf-Dieter Stempel und Renate Fischer

Brigitte Schlieben-Lange

1.   Skizze des Ansatzes

Der Unterschied zwischen den drei syntaktischen Möglichkeiten des Französischen, einen Fragesatz zu bilden, der Inversionsfrage (INV), der *est ce que*-Frage (EST) und der Intonationsfrage (IF), ist ein vieldiskutiertes Problem der Beschreibung des Französischen, zumal im Deutschen keine der EST-Form vergleichbare Form vorliegt, im Englischen die *to do*-Formen automatisiert sind, also in den drei Sprachen nicht die gleichen Alternativen gegeben sind. Die Frage betrifft zunächst die Häufigkeit der verschiedenen Fragetypen, dann die Zuordnung zu verschiedenen Stilniveaus (möglicherweise auch Soziolekten) und schließlich und vor allem die Möglichkeiten einer funktionalen Interpretation der Unterschiede. Haben die drei syntaktischen Typen eine ihnen jeweils eigene Bedeutung[1], die aus dem Austausch mit den je anderen Typen und/oder aus der Interpretation von für den jeweiligen Typ exklusiven Kontexten erschlossen werden könnte?

Die Pointe des vorliegenden Beitrags liegt darin, daß er eine in dem soeben angedeuteten Sinne funktionale Analyse mit dem Konzept der Alltagsrhetorik verbindet, das Wolf-Dieter Stempel in anderen Zusammenhängen, zunächst angewandt auf textuelle Makrostrukturen wie konversationelle Erzählungen, zunehmend aber auch in Hinblick auf Probleme, die traditionellerweise der Grammatik zugeordnet werden, entwickelt hat. Die Analyse der Vorkommenstypen der Intonationsfrage (Kapitel 1), auf die sich die Autoren konzentrieren, ergibt, daß eine "funktionale Identität" angenommen werden kann. In allen Fällen impliziert

---

1   Die Autoren des Beitrags und die Verfasserin des Koreferats teilen die Auffassung, daß grammatische und syntaktische Elemente der Sprache Bedeutung haben.

die Intonationsfrage eine Hypothesenbildung, d.h. verweist auf
Präsuppositionen, die entweder als von Sprecher und Hörer geteilt unterstellt werden können oder aber eben durch die Frage
problematisiert werden. Ich zitiere die in dieser Hinsicht zentrale Stelle des Beitrags:

> Es hat somit den Anschein, als ob der französischen IF eine funktionale
> Identität in zweifacher Weise zugewiesen werden kann:
> 1. In ihrer Konstitution als Sprechhandlung ist sie, 'nach vorn' gerichtet, projektive oder tentative Erarbeitung einer Hypothese bzw. Versuch der Annäherung an die Geltung eines Sachverhalts; 'nach hinten',
> d.h. auf eine Behauptung des Partners oder aber (schein)evidente Fakten bezogen, bedeutet sie (sozusagen in spiegelbildlicher Verkehrung)
> Problematisierung von Gewißheit oder Geltungsanspruch (S. 254).

Diese Funktionsbestimmung wird mit dem Konzept der Alltagsrhetorik verknüpft (Kapitel 2). Die grundlegende Annahme ist, daß in
der (nicht-institutionellen) Interaktion stets "Identitätsprojektion", d.h. die sprachliche (und selbstverständlich auch nichtsprachliche) Gestaltung der Selbstidentität eine zentrale Komponente ist. Eine kurze Analyse der konversationellen und pragmatischen Eigenschaften von Fragen zeigt, daß eine dieser Eigenschaften für das Anliegen der Identitätsprojektion insofern problematische Konsequenzen hat, als sie den Aufweis eines Wissensdefizits
und der damit einhergehenden Abhängigkeit vom Angesprochenen beinhaltet. Die Intonationsfrage würde nun dem um eine positive Selbstdarstellung Bemühten ein Mittel in die Hand geben, diese unerwünschte Eigenschaft des Fragens zu mildern, indem sie nicht ein vollständiges Wissensdefizit offenbart, sondern auf die bereits geleistete Hypothesenbildung verweist.

Die einzelnen Annahmen dieser Interpretation sollen nun, ausgehend vom allgemeinen Rahmenkonzept der Alltagsrhetorik über
die außereinzelsprachliche Charakterisierung der Frage bis zur
Interpretation der französischen Intonationsfrage, kurz kommentiert werden.

2. Das Konzept der Alltagsrhetorik

Es steht außer Frage, daß in alltäglichen Interaktionen Verfahren der Selbstdarstellung eine große Rolle spielen, sei es,
daß sie auf den Entwurf eines - unter welchen Bewertungskrite-

rien auch immer - als positiv erscheinenden Selbstbildes oder auf dessen Perpetuierung oder aber auf Korrektur eines als negativ interpretierten Identitätsentwurfs gerichtet sind. Die linguistische Pragmatik hat dies aus verschiedenen Gründen lange ignoriert, zunächst einmal, weil sie lange Zeit mehr sprachphilosophisch orientiert als auf die Analyse von realen Interaktionen gerichtet war. Aber auch bei der Hinwendung zu Einzelanalysen standen andere Aspekte lange Zeit im Vordergrund: Probleme der Verständigung und Aushandlung von Zielen (die beide Gesprächspartner angehen), die Frage nach der Beeinflussung des Gesprächspartners (im Sinn der "klassischen" Rhetorik), die mit institutionellem Sprechen verbundenen Probleme.

Wenn aber nun die Selbstdarstellung als wichtige Komponente des Sprechens untersucht werden soll, wird man fragen müssen, welcher systematische Stellenwert diesem Aspekt des Sprechens zukommt. Ich will nur einige der sich aufdrängenden Fragen nennen:

- Wie wäre die konversationelle Aufgabe der Konstitution der Identität des Sprechers in einer Hierarchie konversationeller Aufgaben, wie sie etwa Kallmeyer und Schütze entworfen haben, einzuordnen? Wäre sie auf dem fundamentalen Niveau der Herstellung von Reziprozität - bei Wahrung der beteiligten Identitäten, müßte es dann heißen - anzusiedeln? Oder wäre der Ebene der Konstitution sozialer Rollen eine gleichrangige Ebene der Darstellung von Unverwechselbarkeit zuzuordnen?

- Wie verhalten sich Aufbau und Darstellung der eigenen Identität zur Wahrung des Territoriums des Anderen (im Sinne von Goffman)? Stehen eigenes und fremdes Territorium abgegrenzt gegenüber oder konstituieren sie sich im Dialog erst wechselseitig (was aber implizieren würde, daß dem Anderen ein wesentlicher Anteil bei der Identitätskonstitution zukäme)?

- Wie wäre das Verhältnis von Alltagsrhetorik und "klassischer" Rhetorik als eines auf Ziele gerichteten Sprechens vorzustellen? Anders gesagt: Handelt es sich um den Unterschied von Ausdrucks- und Appellfunktion im Bühlerschen Sinne? Kann unter bestimmten Umständen eine der Funktionen im Sprechen ausgeblendet werden?

Außerdem müßte geklärt werden - wobei sich die Richtung der Antwort möglicherweise aus den Antworten auf die vorhergehenden Fragen ergibt -, ob Alltagsrhetorik in allen Diskurstypen die gleiche Rolle spielt. Wolf-Dieter Stempel weist selbst mehrfach darauf hin, daß der Ort der Alltagsrhetorik vor allem das nichtinstitutionelle Sprechen ist, wohl weil in den Institutionen die Sprecher nicht so sehr in ihrer personalen Identität, sondern mehr als Rollenträger wahrgenommen werden.

Die Bearbeitung dieser und anderer Fragen ist nicht nur von theoretisch-systematischem Interesse, sondern wird auch Konsequenzen für die Verwendung des Konzepts der Alltagsrhetorik im Hinblick auf grammatische Phänomene haben.

3. Die Interpretation der Frage (außereinzelsprachlich)

Bei der allgemeinen Charakterisierung der Frage legen die Autoren besonderen Wert auf die Tatsache, daß der Fragende ein Wissensdefizit offenlegt und sich dem potentiell Antwortenden ausliefert. Sie führen aber auch andere Charakteristika der Frage auf:

a) Verpflichtung für den Angesprochenen zu antworten,
b) Verpflichtung auf ein Thema,
c) Abtretung des Rederechts.

Diese weiteren Charakteristika seien jedoch im Hinblick auf die Problematik der Identitätsprojektion von untergeordneter Bedeutung. Diese Interpretation des Wesens der Frage scheint mir recht einseitig zu sein. Ist tatsächlich der Fragende, der sein Nicht-Wissen eingesteht, in einer ungünstigen Situation? Oder ist es nicht vielmehr der zur Antwort Verpflichtete, der sich dieser sozialen Verpflichtung nur in Ausnahmefällen entziehen kann[1], und der nun unter Umständen selbst als Nicht-Wissender erscheint?

Auch wenn man sich darauf einläßt, Nicht-Wissen negativ zu werten, sozusagen als Beeinträchtigung der Identitätsprojektion, so

---

[1] In welchem Ausmaß der soziale Zwang zur Beantwortung von Fragen wirksam sein kann, zeigen die Untersuchungen zu Wegauskünften, wie sie Wolfgang Klein durchgeführt hat (vgl. Klein 1979).

ist doch sehr die Frage, ob nicht die Territoriumsverletzung mit einhergehender – je nach Fragegegenstand – mehr oder minder starker Verpflichtung zur Antwort und Gefahr des Nicht-Wissens den Anderen stärker beeinträchtigt als das eingestandene, möglicherweise gut begründete Nicht-Wissen den Frager.

Wer aber sagt, daß Nicht-Wissen eine Beeinträchtigung der Identitätsprojektion darstellt? Bekanntlich beginnt für Sokrates die Weisheit mit dem Nicht-Wissen, und Perceval ist nicht weise, weil er nicht fragt. Wir können versuchen, das solchermaßen entstandene Dilemma durch Verfahren verschiedener Reichweite aufzulösen:

- Eine erste Möglichkeit bestünde darin, das Problem des Fragens und Nicht-Wissens nach *verschiedenen Fragesituationen* (Prüfung, Diskussion, therapeutisches Gespräch usw.) und *verschiedenen Fragegegenständen* (Wegbeschreibungen, Intimitäten usw.) auszudifferenzieren. So könnten wir etwa zu der Antwort kommen, daß das, was in Alltagsinteraktionen gilt, in maieutischen und therapeutischen Interaktionen suspendiert ist.

- Eine andere Möglichkeit bestünde darin, das Problem als eines der je *historischen und sozialen Bewertung* des Nicht-Wissens und damit verbundenen Fragens zu behandeln. Wir würden dann etwa antworten, daß das, was bei griechischen Philosophen als positiv galt, im mitteleuropäischen Alltag negativ bewertet wird.

- Die radikalste Antwort wäre eine, die man als *konversationsethische* bezeichnen könnte, daß nämlich eine negative Bewertung des Nicht-Wissens das Wesen des Gesprächs, das im Idealfall auf Verschmelzung getrennter Identitäten zielte und nicht auf deren Isolierung, verfehlt.[1]

4. Die Interpretation der französischen Intonationsfrage
4.1 Methodische Bemerkungen

Die Bestimmung der französischen Intonationsfrage als einer auf Präsuppositionen basierenden Frage im Gegensatz zu den prä-

---

1 Zu diesem konversationsethischen Aspekt vgl. Schlieben-Lange (1983 a).

suppositionslosen EST- und INV-Fragen[1] kommt zunächst unabhängig von der alltagsrhetorischen Interpretation zustande. Erst in einem zweiten Schritt erscheint die so ermittelte Funktion als besonders geeignet für bestimmte Erfordernisse der Alltagsrhetorik. Überzeugend ist das Verfahren der Funktionsbestimmung: In Kontexten, in denen mehrere Fragetypen möglich sind, werden diese gegeneinander ausgetauscht. Weiterhin werden alle Typen von Kontexten, in denen *nur* die Intonationsfrage möglich ist, gesammelt und im Hinblick auf ihre Exklusivität interpretiert. Aus diesen beiden komplementären Verfahren ergibt sich die Gesamtinterpretation.

Was allerdings zu denken gibt, ist, daß alle interpretierten Beispiele einem bestimmten Stilniveau und dem Medium der Oralität angehören. Es fragt sich, ob überhaupt alle drei Typen derselben funktionellen Sprache[2] angehören. Wenn dies nicht der Fall wäre, würde die funktionale Interpretation von Anfang an auf falschen Voraussetzungen beruhen: Die Kommutation würde nichts über funktionale Unterschiede aussagen, sondern eine Transposition in ein anderes Register oder Medium beinhalten. Die exklusiven Kontexte würden nicht über die Funktion des syntaktischen Typs Auskunft geben, sondern über die Konstitutionsbedingungen des Mediums.

4.2 Eine Erklärungsalternative

Um eine solche Verwechslung auszuschließen, wollen wir kurz der Interpretationsalternative nachgehen, daß die Intonationsfrage die typisch *mündliche* Form des Fragens ist. Die Autoren gehen auch beiläufig auf diese Interpretationsalternative ein, verwerfen sie jedoch als "nicht zureichend begründet". Es steht natürlich auch für sie außer Zweifel, daß Intonation ein auf Mündlichkeit beschränktes Verfahren ist, dem in der Schriftlichkeit nichts entspricht, es sei denn das sekundäre Mittel des Fragezeichens. Aber gerade die Interpretation der Intonationsfrage als

---

[1] Vgl. dazu die Interpretation als "anaphorische Frage" in Weinrich (1982).
[2] Ich verwende hier den Begriff der "funktionellen Sprache", wie ihn E. Coseriu wiederholt entwickelt hat.

einer an Präsuppositionen gebundenen Frageform weist in einer ebenso fundamentalen Weise auf den Bereich der Oralität hin. Verweist die Stimmgebundenheit der Intonation auf die mediale Konstitution der Mündlichkeit, so deutet die Eigenschaft der Präsuppositionsgebundenheit auf die Konstitution des Sprechens in Umfeldern.[1] Mündlichkeit ist dadurch charakterisiert, daß die Situation, als geteilt unterstellte Wissensbestände oder unmittelbar im Dialog vorausgehende Elemente das Sprechen erläutert und umgekehrt: daß die Sprachmittel der Mündlichkeit weit mehr als die der Schriftlichkeit auf diese gemeinsamen Umfelder verweisen, ja sich darauf verlassen.

4.3 Ein Blick auf die Intonationsfrage des Deutschen

Wenn wir uns die Verteilung von Inversionsfrage und Intonationsfrage im Deutschen ansehen, müssen wir das zuletzt Gesagte wieder relativieren. Auch das Deutsche macht von der Möglichkeit der Oralität, Fragen durch Intonation zu kennzeichnen, Gebrauch, allerdings in geringerem Umfang, in vielen Fällen auch mit anderen Interpretationsmöglichkeiten. Das hängt u.a. auch mit der Gesamtstruktur des Deutschen, mit seiner freieren Wortstellung, der Trennbarkeit von Pronomen und Verb usw. zusammen.

4.4 Der Ort der alltagsrhetorischen Interpretation

Die Intonationsfrage gehört zunächst dem Bereich der Mündlichkeit an, und zwar in den beiden unter 4.2 skizzierten Hinsichten. Damit eröffnet sie auch prinzipiell die von den Verfassern erläuterten alltagsrhetorischen Möglichkeiten. Diese Möglichkeiten mündlichen Sprachgebrauchs werden in den verschiedenen Einzelsprachen verschieden genutzt und festgelegt. Es ist zu vermuten, daß innerhalb des allgemeinen Rahmens mündlicher Sprachmittel das Französische einen sehr ausgedehnten Gebrauch von der Intonationsfrage macht und sie durchaus gerade im Sinne der von den Verfassern intendierten Alltagsrhetorik intensiv nutzt.

---

1 Vgl. Schlieben-Lange (1983 b).

In dieser Sichtweise ist also die alltagsrhetorische Interpretation der Intonationsfrage einmal an die - universellen - Konstitutionsbedingungen des Mediums der Oralität gebunden. Sie kehrt wieder auf der Ebene der einzelsprachlichen Gestaltung als Erklärungshypothese für den extensiven Gebrauch im Französischen.

Literatur

Klein, W., 1979. "Wegauskünfte", in: *Zeitschrift für Literaturwissenschaft und Linguistik* 33, 9 - 57.

Schlieben-Lange, B., 1983 a. "Vom Glück der Konversation", in: *Zeitschrift für Literaturwissenschaft und Linguistik* 50, 141 - 156.

Schlieben-Lange, B., 1983 b. *Traditionen des Sprechens*, Stuttgart.

Weinrich, H., 1982. *Textgrammatik der französischen Sprache*, Stuttgart.

FOKUSSIERUNG MIT DER *EST-CE QUE*-FRAGE

Dieter Seelbach

1. Einleitung

Ausgangspunkt unserer Überlegungen sind zunächst die für die Arbeiten der frühen Gesprochene-Sprache-Forschung typischen, rein quantitativen Untersuchungen. Aus systematischen Zählungen in authentischen Gesprächstexten ergibt sich folgende Verteilung der drei Grundtypen der Fragebildung im Französischen (in Anlehnung an Söll 1980: 141):

			Intonations- frage %	Periphrastische Frage (*est-ce que*) %	Inversions- frage %
Pohl	1965	Français fondamental	85	7,5	7,5
	1965	parlure bourgeoise	82	9	9
	1965	parlure vulgaire	91	4,5	4,5
	1965	parlure bourgeoise (Belg. Sprecher)	86	13,5	0,5
Söll	1971	Kindersprache	91	8	1
Behnstedt	1973	Langue familière	90	5 - 10	0 - 5
Ashby	1977	Pariser Corpus	80	11	9

Eine vor allem in den Köpfen von traditionell ausgebildeten Französischlehrern verankerte Vorstellung einer extremen Häufigkeit von *est-ce que*-Fragen ist also nicht zu belegen. Diese Vorstellung geht auf die Empfehlung zurück, zur Überwindung von Schwierigkeiten bei der Formulierung von Fragen generell "mit Umschreibung" zu formulieren. Dies führt zum Gebrauch der "komplexen" Fragepronomen vom Typ *qui est-ce qui* etc. im Falle der Ergänzungsfragen und zum Gebrauch der *est-ce que*-Frage im Falle der Entscheidungsfragen.

Wir haben zunächst zur Überprüfung der größtenteils in den

sechziger Jahren vorgenommenen Auszählungen eigene Aufnahmen herangezogen. Bei unserem relativ begrenzten Material handelt es sich im wesentlichen um Telefongespräche, die ein Sprecher von France Inter mit Hörern im Frühjahr 1979 über den Sender geführt hat. Die Gespräche haben Interview-Charakter; der Titel der Sendung war "Bonjour la France", der Sprecher Jacques Bogan.

Wir konnten feststellen, daß sich die von Pohl, Söll u.a. gefundenen Prozentzahlen im wesentlichen bestätigen, und daß darüber hinaus in unserem Material relativ häufig nur *eine einzige* Entscheidungsfrage mit *est-ce que* pro Gespräch gebildet wurde, der in der Regel mehrere Intonationsfragen gegenüberstanden. Da wir angesichts dieser Verteilung von Intonationsfrage und *est-ce que*-Frage in der Gesprochenen Sprache aufgrund von traditionell-stilistischen Überlegungen vermuteten, daß die Variante mit *est-ce que* in irgendeiner Form "markiert" sein könnte, lag es auf der Hand, die *est-ce que*-Fragen unter dem Aspekt ihrer kommunikationsspezifischen Funktion zu betrachten. Wenn dieser Fragetyp nur so selten auftritt, so lautete unsere Hypothese, muß er in der Konversationsstrategie eine besondere Rolle spielen.[1]

Angeregt durch diese Fragestellung, die sich an der Textlinguistik und speziell an der Dialogforschung orientiert, haben wir uns mit Beschreibungsversuchen zur Syntax von Fragesätzen beschäftigt. - Wie es sich bei der Untersuchung der Segmentierung oder Dislokation herausgestellt hat (vgl. Seelbach 1982), sind rein satzlinguistische, systematische Beschreibungen von Konstruktionen oder Satztypen willkommen und notwendig, um Annahmen bezüglich ihrer kommunikativen Funktionen mit rein sprachinternen, vor allem syntaktisch-semantischen Argumenten zusätzlich rechtfertigen zu können und damit intersubjektiv überprüfbar zu machen. - Wir erinnerten uns in diesem Zusammenhang an einen Beschreibungsversuch von Fragesätzen im Rahmen der Transformationellen Syntax, den wir nun an dieser exponierten Stelle des

---

1 Während unserer Arbeit haben wir das Korpus "Bonjour la France" ergänzt durch Mitschnitte von Telefongesprächen zwischen Geschäftsleuten. Darüber hinaus wurde zur Stützung und Überprüfung unserer Thesen Material aus dem Orléans-Korpus, aus Bufe/Batz/Kraif (1980), aus dem Heft *Etudes de Linguistique Appliquée* 44 (1981) sowie aus Moeschler (1982) herangezogen, das dort natürlich in keiner Weise im Hinblick auf eine Untersuchung zur kommunikativen Funktion der *est-ce que*-Frage angeführt wurde.

Beitrags kurz vorstellen möchten, da er für eine überprüfbare Begründung der Annahme der Fokussierung mit der *est-ce que*-Frage, die wir in Abschnitt 3 liefern, von wesentlicher Bedeutung ist. Es wird hierbei - allerdings zunächst beschränkt auf die Analyse von Ergänzungsfragen, die *nicht* Gegenstand der vorliegenden Untersuchung sind - von Aussagesätzen ausgegangen, die die Indefinitpronomen *quelque chose*, *quelqu'un* etc. enthalten. Diese werden zunächst durch die Fragepronomen *quoi*, *qui* etc. an der Stelle im Satz ersetzt, an der sie auftauchen. Anschließend wird gegebenenfalls das Fragepronomen an den Satzanfang gerückt (QU-Preposing) und das Subjekt hinter das Verb gestellt (Inversion). Die Aussagesätze, von denen man ausgeht, erweisen sich dabei jeweils als *Präsuppositionen* der Fragesätze. Vgl.

(1) *QUELQU'UN est arrivé*   Substitution →→→   (2) *QUI est arrivé?*

(3) *Jean lit QUELQUE CHOSE*   Substitution →→→   *Jean lit QUOI?*

    QU-Preposing (Voranstellung von *quoi*)
    →→→   [*Quoi Jean lit?*]

    Permutation (Inversion)
    →→→   [*Quoi lit Jean?*]

    morpho-phonologische Regel (/wa/→/ə/)
    →→→   (3 a) *QUE lit Jean?*[1]

Auch Umschreibungsfragen mit *est-ce que* vom Typ *qui est-ce qui*, *où est-ce que*, *pourquoi est-ce que* etc. können ausgehend von Aus-

---

[1] Für diese Analyse spricht ein rein distributionelles Argument. *De + Adjektiv* taucht ausschließlich in der rechten Umgebung von *quelque chose* und *quelqu'un* sowie hinter *quoi* und *qui* auf: Man findet

    Vous avez vu {*quelque chose* / *quelqu'un*} *d'intéressant?*

neben

    Vous avez vu {*quoi* / *qui*} *d'intéressant?*

Mit Voranstellung und Inversion

    {*Quoi* / *Qui*} *d'intéressant avez-vous vu?*

Man vergleiche auch Syntagmen wie

    {*Qui* / *Quoi*} *d'autre?*   neben   {*Quelqu'un* / *Quelque chose*} *d'autre* sagesätzen transformationell abgeleitet werden. Hier geht jedoch den erwähnten Regeln zur Fragebildung generell *Cleft*-Formung (Umschreibung mit *c'est* ... {$^{qui}_{que}$})[1] voraus. Die den temporalen, lokalen, kausalen etc. Adverbialen zugrundeliegenden indefiniten Formen sind *à un certain moment, à un certain endroit, pour une certaine raison* etc. Ein Fragesatz wie

(4a) *Quand est-ce que Pierre mange sa soupe?*

wäre demnach wie folgt analysierbar: Es entsteht ausgehend von

(4) *Pierre mange sa soupe A UN CERTAIN MOMENT*

    über Cleft-Formung   *C'est à un certain moment que Pierre mange*
    → → →   *sa soupe.*

    über Substitution   *C'est quand que Pierre mange sa soupe?*
    → → →

    über die Voranstellung   *Quand c'est que Pierre mange sa soupe?*
    von *quand*
    → → →

    über Permutation   (4a) *Quand est-ce que Pierre mange sa soupe?*
    (Inversion)
    → → →

Obwohl bei dem Versuch einer Formulierung von wenigen expliziten Regeln, die sämtlichen Fragetypen im Französischen Rechnung tragen, eine ganze Reihe von Komplikationen auftauchen, wird bei diesem Vorgehen deutlich, daß die angedeuteten "Regularitäten" oder Ableitungsschritte durchaus von Interesse sind, denn gerade die Zwischenformen, die zum Beispiel bei der Analyse von (4a) entstehen, sind Varianten dieser Fragesätze in der gesprochenen Sprache.[2]

Entscheidend für das Folgende ist allein die Tatsache, daß bei der Analyse von (4a) Cleft-Formung im Spiele ist. Dies bedeutet, in den Termini der traditionellen Grammatik gesprochen, daß eine Beziehung zwischen dem "présentatif" *c'est... que* und *est-ce que* zu etablieren ist. Soviel vorweg zum satzlinguistischen oder auch "grammatischen" Aspekt der Ergänzungsfrage mit *est-ce que*. Wenden wir uns nun dem textlinguistischen Aspekt von Entscheidungsfragen mit *est-ce que* zu, dem eigentlichen Thema

---

1 Genauer: vgl. Abschnitt 3.
2 Die Zwischenformen sind zugegebenermaßen bisweilen diastratisch markiert, in der Regel gehören sie jedoch in den Bereich der gesprochenen Sprache, wie sie u.a. von Söll (1980) definiert ist. So entstehen z.B. bei der Analyse von *Où vas-tu?* die Zwischenformen *Tu vas où?* und *Où tu vas?* - Eine derartige Analyse der Fragekonstruktionen kann die Häufigkeit bestimmter Varianten

des Aufsatzes. Um nämlich den Komplikationen auszuweichen, die
sich bei einer Einbeziehung von Ergänzungsfragen mit "komplexen"
Fragepronomen vom Typ *Quand est-ce que* etc. in eine textlingu-
istisch orientierte Untersuchung ergeben, haben wir uns im folgenden auf die Behandlung von Entscheidungsfragen beschränkt. Das
ist eine rein methodisch-praktische Notwendigkeit. Wir vermuten,
daß die Fokussierungsfunktion von Entscheidungsfragen mit *est-ce
que* zumindest im Kern auf Ergänzungsfragen des hier nicht unter
textlinguistischem Gesichtspunkt untersuchten Typs übertragbar
ist.[1]

2. *Est-ce que* in längeren Dialogen

Stellen wir zunächst zwei Dialoge aus unserem Korpus vor. - Texte mit Interviewcharakter wie die folgenden sind besonders geeignet für die Untersuchung der kommunikativen Funktion von *est-ce
que*-Fragen, da für diese Textsorte Fragen konstitutiv sind. Auf
diese Weise kann man sicher sein, daß das untersuchte grammatische Phänomen auch für die Interaktion relevant ist. Darüber
hinaus enthalten die jeweils zwei bis drei Minuten langen Dialoge des "Bonjour la France"-Korpus ausschließlich Fragen und Antworten in ständigem Wechsel auf engstem Raum konzentriert. - In
(5) und (6) wendet sich der "animateur" der erwähnten Frühsendung
an Hörerinnen, die im Begriff sind zu heiraten oder gerade gehei-
ratet haben.[2]

---

    wie der Frage ohne Inversion oder der Frage mit nachgestelltem Pronomen
    sowie die Nicht-Akzeptabilität einiger Fragen mit vorangestelltem einfa-
    chem Fragepronomen verständlich machen (vgl. Seelbach 1983: 223 ff.).
1 Eine Einbeziehung dieser Fragetypen wäre natürlich wünschenswert, da nur
    auf diese Weise *sämtliche* Frageformulierungen, die *est-ce que* enthalten,
    im Kontext der übrigen Fragen eines Gesprächs gesehen werden können. Die-
    ses Vorgehen hätte jedoch die Untersuchung in erheblichem Maß komplex und un-
    überschaubar gemacht. Es ergeben sich beträchtliche Komplikationen durch
    die Tatsache, daß bestimmte "komplexe" Ergänzungsfragen mit *est-ce que* die
    einzige Möglichkeit der Frageformulierung überhaupt darstellen, z.B. die
    Frage nach dem nicht-menschlichen Subjekt mit *qu'est-ce qui* oder - etwas
    weniger absolut - die Frage nach dem nicht-menschlichen direkten Objekt mit
    qu'est-ce que. Hier bestehen Zwänge, die eine textlinguistisch-stilisti-
    sche Fragestellung überhaupt nicht ermöglichen, da keine Varianten vorhan-
    den sind. - Die Analyse von Ergänzungsfragen mit *est-ce que* im Dialog sollte
    sich jedoch unmittelbar an die hier vorgenommene Untersuchung anschließen.
2 Auf eine exakte Transkription wurde verzichtet, weil es im folgenden nur
    um die grobe Unterscheidung von zwei Grundfragetypen (*est-ce que* vs. Into-
    nation) geht. Um Nuancen beispielsweise bezüglich steigender und fallender

(5) I: *Ça s'est passé à Nielles-les Saintes. C'est dans les Charentes Maritimes. Guillène Thorez a dix-neuf ans et elle va épouser Jean-Claude Lauquin qui est menuisier-ébéniste. Guillène bonjour!*
   A: *Bonjour M. Bogan!*
1./2. I: *Vous êtes contente là? Vous n'avez pas trop peur?*
   A: *Non, ça va.*
   I: *Vous vous êtes connus comment tous les deux?*
   A: *Nous nous sommes connus en stop.*
3. I: *Non, c'est vrai? Il ... c'est lui qui vous a pris en stop ou ..?*
   A: *Oui, oui, j'ai fait du stop.*
4. I: *C'est un peu la chanson de Fugain ça, hein?*
   A: *(Rire) Oui.*
5. I: *Vous avez dix-neuf ans, il en a trente-neuf. Vous aimez être rassurée par quelqu'un qui est ainsi dans la force de l'âge?*
   A: *Oui.*
6. I: *Mais il est menuisier-ébéniste?*
   A: *Oui, c'est ça.*
   I: *Ah ben comme ça il pourra fabriquer des berceaux au moins.*
   A: *Voilà.*
7. I: *Est-ce que vous avez l'intention de suivre les les conseils d'Evelyne Sullerot et d'avoir au moins trois enfants?*
   A: *Oui, j'aimerais avoir trois enfants.*
   I: *Ah ben alors là c'est parfait.*
   A: *Eh oui.*
   I: *Et votre meilleur souvenir commun?*
   A: *Comment?*
   I: *Votre meilleur souvenir déjà ensemble?*
   A: *C'était en ... comment ça s'appelle ... dans l'Ile de Ré.*
   I: *Dans l'Ile de Ré? Ah beh tiens, j'y vais en vacances cet été. On va peut-être s'y retrouver alors?*
   A: *Je sais pas. On aura peut-être pas assez de sous pour réparer la petite maison.*
   I: *Aïe. Eh bien écoutez, au nom de tous les auditeurs de "Bonjour la France" je vous souhaite beaucoup de bonheur et je vous offre une chanson de Jean Ferrat.*

   (Bonjour la France)

(6) I: *Brigitte est infirmière à B., son futur mari est employé dans une coopérative agricole. Bonjour Brigitte, vous vous êtes connus comment tous les deux?*
   A: *Eh ben, chez des amis, des amis communs ...*
1. I: *Et y a longtemps de ça, ou c'est ...?*
   A: *Un peu plus d'un an.*
   I: *Ça fait combien d'temps?*

Melodie bei *est-ce que*-Fragen und weitere Feinheiten und Details zu untersuchen, würde man natürlich eine präzisere Transkriptionspartitur zugrundelegen müssen.
Transkriptionszeichen: ...   = lange Pause
                      ..... = Text geht weiter
                              (Auslassung bei der Transkription)
Die übrigen Zeichen (Komma, Punkt, Ausrufezeichen und Fragezeichen) sind Satzzeichen nach den schriftsprachlichen Konventionen.

A: *Un p'tit peu plus d'un an.*
   I: *Un p'tit peu plus d'un an. Ouais, vous avez eu l'temps d'réfléchir, comme ça!*
   A: *Oui.*
2. I: *Et est-ce que vous allez abandonner votre métier en vous mariant?*
   A: *Non, non, non ... C'est quand même plus agréable quand on peut continuer son métier quand on a commencé.*
   I: *Mais au lieu d'être infirmière vous pourriez peut-être être vétérinaire, non, pour aider votre mari dans sa coopérative.*
   A: *Oh, c'est pas tout-à-fait la même branche!*
   I: *Non?*
   A: *Je préfère quand même être infirmière.*
3. I: *Vous allez vous installer à la campagne?*
   A: *Euh ... oui, certainement, vu que mon mari, enfin mon futur mari est à la campagne.*
4. I: *Et vous avez l'intention d'faire beaucoup de petits poussins ensemble?*
   A: *Euh, quelques-uns. Mais enfin on va se, on va quand même s'limiter.*
5. I: *Et là, vous avez, vous avez l'temps d'prendre quelques jours de liberté?*
   A: *Oui, oui. Je vais partir huit jours en voyage de noces.*
6. I: *Ah, ben ça, c'est pas mal. La robe est blanche, elle est verte, elle est bleue?*
   A: *Elle est blanche, elle est longue, blanche, avec une traîne.*
   I: *Alors, la question fatidique: quelle est la la qualité essentielle de votre futur mari pour vous?*
   A: *Euh, la franchise, je trouve.*

   (Bonjour la France)

In (7) spricht ein Vertreter einer englischen Investmentgruppe, die Kapitalanlagen in Form von Rohstoffen (Gold, Platin etc.) an der Londoner Börse vorschlägt und vermittelt, mit einem potentiellen Kunden.

(7) A: *Allô Docteur Steiner*
    C: *Lui-même*
    A: *Bonjour, Aragot est mon nom*
    C: *Bonjour Monsieur*
    A: *Monsieur Steiner, je téléphone au sujet de placements sur la Bourse de Londres .....*
    C: *Non, ça m'intéresse pas*
1. A: *Ça vous intéresse pas?*
    C: *Non*
    A: *Hmhm*
    C: *Je suis navré d'être aussi brutal euh ...*
    A: *Non, non, non, non. Il faut gagner du temps dans notre métier*
    C: *Exactement. Non, je vous cache pas ... Non je crois pas que ça puisse m'intéresser*
2. A: *Bon. Et je peux vous demander la raison?*
    C: *Beh écoutez. Pour la bonne et simple raison déjà que bon beh d'ici au mois de février j'ai d'autres affaires qui vont se lancer. J'ai une importante mise de fonds à faire, ce qui va me bloquer mes capitaux pendant en tout cas une année, une année et demie ...*
    A: *Hmhm*

C: *Voilà une des raisons. Et la deuxième ...*
A: *Ce qu'on peut dire malgré tout c'est que les matières premières grimpent à un rythme qui est de vingt pourcent par an c'est c'est supérieur à celui de n'importe quel index boursier*
C: *Ah oui ça, de toute façon. Ça c'est bien certain*
A: *Bon alors il est plus facile de faire des hausses dans ce domaine que par exemple dans des actions d'entreprises*
C: *Oui oui je comprends parfaitement. M'enfin il y a une question de liquidité .....*
A: *Oui je comprends*
C: *Comme, bon beh, je vous dis, j'ai à investir une somme relativement importante*
A: *Oh ça je comprends*
C: *J'en aurai besoin (Rire), c'est tout*

3. A: *Bon. Est-ce que je dois r'prendre contact avec vous dans un an par exemple? Ou ... vous savez, il y a des gens, je sais pas, c'est peut-être votre coup, euh votre cas, ils ont une affaire, et puis ils disent écoutez dans un an quand j'aurai réglé celle-ci, vous reprenez contact. Et dans un an ils ont encore une autre affaire. C'est des gens comme ça qui travaillent toute leur vie. (Rire)*
C: *Oui oui oh mais écoutez je sais pas. C'est peut-être un peu tôt pour vous dire non, voyez-vous. Vous me prenez un peu au dépourvu. Non je suis pas les affaires par coup, par coup comme ça, enfin je le souhaite parce que c'est souvent beaucoup de travail. Non, non c'est pas du tout mon style de travail disons*
A: *Bon*
C: *Ça, c'est une affaire importante, mais enfin disons qui va en rester là, ça va pas faire boomerang*
A: *Oui oui*
C: *Voilà. Alors vous me demandez si vous pouvez me rappeler. M'enfin oui, il faut essayer toujours après tout.*
A: *Bon entendu. Alors on reste comme ça. Entendu je vous rappelle au mois de novembre alors*
C: *Parfait*
A: *Au revoir. Bonne journée*
C: *Je vous remercie. Au revoir monsieur*

(Telefonmitschnitt vom Jahre 1978)

Es fällt auf, daß in diesen Dialogen eine Mehrzahl von Intonationsfragen auftauchen, aber nur jeweils *eine est-ce que*-Frage. Die hier interessierenden initiativen Interventionen (im Sinne von Roulet 1981) in Frageform sind jeweils am Rande durchnumeriert. Eine Gegenüberstellung von (5) und (6) im Hinblick auf die Verteilung von Intonations- und *est-ce que*-Fragen scheint uns aus mehreren Gründen gerechtfertigt: Beide Dialoge sind asymmetrisch (Interviewcharakter), die Dialogführung (Sprecher oder Interviewer) ist in beiden Dialogen unverändert, es handelt sich um dasselbe Globalthema (Heirat), und bestimmte Fragen wiederholen sich sogar in beiden Gesprächen, beispielsweise *Vous vous êtes connus comment tous les deux?*. Aus dieser Gegenüberstellung ergibt sich, daß Frage 7. in (5) mit *est-ce que* gebildet wurde, während in (6) ein *est-ce que* in Frage 2. auftaucht. Außerdem fällt auf, daß man offensichtlich nach ein und derselben Sache einmal mit und einmal ohne *est-ce que* fragen kann: 7. in (5) wurde mit *est-ce que* formuliert, während die inhaltlich absolut äquivalente Frageintervention 4. in (6) mit der Intonation als Frageindikator auskommt.

Man kann diese Unterschiede erklären, wenn man *est-ce que* als einen Indikator der *Fokussierung* auffaßt. Wir verstehen unter Fokussierung die Zentrierung der Aufmerksamkeit des Sprechers (und Hörers) auf den (oder einen) dominierenden thematischen Aspekt des Gesprächs. Wir verwenden den in der französischen und deutschen jüngeren linguistischen Literatur leider nicht sehr klar definierten Terminus "Fokus" in enger Anlehnung an Pike (1971; 1954[1]), bei dem er zuerst aufgetaucht ist. In Pike (1964: 58) findet sich eine Definition von "Fokus", die unserer sehr weit gefaßten Fokussierungsfunktion zugrunde liegt: "the changing attention given by a participant to his own activity or to the activity of other participants". Der Sprecher oder Interviewer wendet in (5) seine Aufmerksamkeit in erster Linie der Frage zu, ob und wieviele Kinder gewünscht sind, in (6) jedoch dem eventuellen Berufswechsel. Die Akzentuierung oder einfach Hervorhebung, eben die Fokussierung dieser unterschiedlichen Aspekte durch die *est-ce que*-Frage, hängt nun mit dem Gesamtinhalt der Gespräche, letztlich mit den jeweiligen Gesprächspartnerinnen und ihren zukünftigen Ehemännern zusammen. Wenn wie in (5) eine 19jährige einen zwanzig Jahre älteren Tischler heiratet, ist das eine andere Ausgangssituation als in (6), wo eine Krankenschwester von einem Landarbeiter, der auf einem abgelegenen Gutshof angestellt ist, geehelicht wird. Im ersten Fall sind es die sich aus dem Altersunterschied ergebenden Fragen 7. und vielleicht 5. (die Frage nach der Motivation), im zweiten sind es die sich aus der beruflichen (und räumlichen) "Distanz" ergebenden Fragen 2. (und vielleicht auch 3.), die fokussiert werden.

Wir müssen uns bei der Analyse von (7) fragen, ob es Zufall ist, daß die initiierenden Interventionen 1. und 2. in Form von Intonationsfragen formuliert werden, die initiierende Intervention 3. jedoch in Form einer *est-ce que*-Frage. Auch hier ist die zentrale Frage aus der Sicht des Investmentclub-Vertreters nach der Absage des Kunden gleich zu Beginn des Gesprächs, ob diese Absage definitiv ist oder nicht. Die Frage nach dem Grund der Absage, die mit 2. gekennzeichnete Intervention, führt nur hin zu dem dominierenden Aspekt des gesamten Gesprächs, zu der mit 3 gekennzeichneten Intervention, der Frage nämlich, ob er in einem Jahr noch einmal anrufen soll, oder ob er sich dies ersparen kann. Dies zeigt sich auch durch die Wiederaufnahme dieser zentralen Frage durch den potentiellen Kunden zur Verständnisabsicherung: *Alors vous me demandez si vous pouvez me rappeler.* So wird deutlich, daß auch der Interaktant die mit *est-ce que* fokussierte Frage als wesentlich für den gesamten Gesprächsverlauf ansieht, daß die Zentrierung seiner Aufmerksamkeit auf diesen thematischen Aspekt in gewisser Weise "geglückt" ist.

In diesem Dialog wird eine für die *est-ce que*-Frage in der Fokussierungsfunktion charakteristische Dialogstruktur sichtbar. Fokussierende *est-ce que*-Fragen bilden immer dominierende Interventionen oder Sprechakte (interventions directrices ou actes directeurs)[1], denen in der Regel andere Interventionen oder Sprechakte untergeordnet sind, die bestimmte interaktive Funktionen, nämlich Vorbereitung und/oder Rechtfertigung, wahrnehmen. In unserem Falle dient die mit *vous savez* eingeleitete Passage zur Rechtfertigung der mit *est-ce que* formulierten Frage. In (5) dienen die beiden der *est-ce que*-Frage vorausgehenden Interventionen des Interviewers der Vorbereitung der *est-ce que*-Frage, in (6) dient die der *est-ce que*-Frage nachfolgende Intervention des Interviewers wieder der Rechtfertigung der *est-ce que*-Frage.

---

1 Roulet (1981) unterscheidet in seinem Konstituentenmodell der Dialogstruktur *Echange*, *Intervention* und *Acte*. Der "échange", mit der "Sequenz" bei Franck (1980) und anderen vergleichbar, bildet die dialogische Einheit der verbalen Interaktion überhaupt und besteht aus zwei bis drei Interventionen (vergleichbar mit "Zug" bei Franck (1980)). Interventionen sind ihrerseits zerlegbar in die "niederen Konstituenten" der Konversation, nämlich die Sprechakte. Konstituenten von Interventionen können aber auch wieder "échanges" (oder Interventionen) sein, so daß mehrfache Einbettungen in Form von "Self-embedding" vorkommen können, wie es in der Satzlinguistik von Chomsky beschrieben wurde. Entscheidend ist, daß es jeweils *einen* dominierenden Sprechakt innerhalb der Intervention und *eine* dominierende Intervention innerhalb des "échange" gibt, und daß die untergeordneten Konstituenten - bei Roulet allerdings ausschließlich die untergeordneten Sprechakte - bestimmte interaktive Funktionen haben können.

In der Umgebung von Intonationsfragen sind in der Regel seltener Sprechakte oder Interventionen mit diesen interaktiven Funktionen zu beobachten.

Darüber hinaus zeigt sich hier, daß eine *est-ce que*-Frage in diesen Texttypen dadurch, daß sie den Kern der Gesamtproblematik trifft, den Interaktanten geradezu in Verlegenheit setzen kann. Das kann man daraus ersehen, daß sie oft nicht mit einem klaren, kommentarlosen Ja oder Nein beantwortet wird (vgl. *Vous me prenez un peu au dépourvu*, Text (7)). Pausen, Wiederholungen und Verzögerungsphänomene sind in den Antwort-Interventionen häufig zu finden.

Bevor wir zu den Fällen kommen, wo das fokussierende *est-ce que* zusätzlich die Funktion der Themaankündigung bei Gesprächsbeginn bzw. des Themenwechsels übernimmt, seien noch zwei Beispiele für die Fokuskonstituierung im bisher besprochenen Sinne angeführt. Der Dialog (8) ist ein weiteres Telefongespräch zwischen einem "animateur" und einer Hörerin, diesmal über RTL im Rahmen der Sendung "Les routiers sont sympas" ausgestrahlt.

(8) M: *Bonsoir, petite Françoise, Comment va Françoise? Elle est pas là, Françoise, ho! Françoise est pas là. Allons bon, Françoise!*
    F: *Oui.*
    M: *Ah, ben elle est là, ben elle est là! Elle s'est cachée derrière son téléphone. Comment ça va, ma petite Françoise?*
    F: *Ça va bien.*
    M: *Tu as dix-neuf ans: le bel âge, dis donc.*
    F: *He oui.*
1. M: *Hein, et tu habites Paris?*
    F: *Paris.*
2. M: *C'est bien ça. Et tu veux partir avec une petite copine?*
    F: *Ouais a-*
    M: *Avec, avec Brigitte?*
    F: *Avec Brigitte.*
    M: *Qui a dix-neuf ans aussi?*
    F: *Elle a dix-neuf ans, ouais.*
3. M: *V'voulez partir pour Amsterdam, est-ce que je peux vous demander ce que vous allez faire là-bas mes petites?*
    F: *On va vi-, visiter le Musée d'Art Moderne.*
    M: *Ah bon, très bien. Non, parce que à Amsterdam, tu sais, il y a des tas de choses à faire, hein! J'aime mieux te le dire!*
    F: *Oui, oui, on sait ça.*
    M: *Mais enfin, pour les petites jeunes filles de dix-neuf ans, l'art moderne c'est très bien.*
    F: *Voilà.*
    M: *Hein? C'est parfait, les musées. Vous ... vous ne visiterez que les musées, mes enfants hein!*
    F: *Que les musées, que les musées.*
    M: *Et les églises à la rigueur.*

F: *Euh, tout juste, ça.*
M: *D'accord. Remarque, il y a aussi de très belles maisons flamandes à voir sur le bord des canaux. C'est très beau aussi, hein! Mais alors, attention aux quartiers interdits, hein! Vous êtes étudiantes toutes les deux?*
4.
F: *Ouais, ouais.*
M: *Etudiantes en quoi?*
F: *Etudiantes en lettres.*
M: *Ah ben, en lettres. Et oui, mes enfants, il faut savoir tout ça, effectivement, hein? Il y a beaucoup de choses à apprendre là-bas. Alors, vous cherchez un beau routier pour vous emmener?*
5.
F: *Ouais, ouais.*
M: *Ouais! Ce soir, si possible?*
F: *Si possible oui, tout de suite, enfin dans la nuit.*
M: *Là, comme ça, maintenant dans cinq minutes, quoi!*
F: *Ouais. (Rire)*
6./7. M: *Vous êtes prêtes? Vous avez préparé le petit baluchon?*
F: *Ouais.*
M: *Vous restez combien de temps?*
F: *On reste une semaine à peu près.*
M: *Ah, tout de même! Vous avez prévu euh, quoi, la tente pour coucher ou le ...?*
F: *Oh non, non, à la belle étoile ou chez des amis.*
M: *Ah oui, oh ben, remarquez, oui, ça se, ça se trouve là-bas hein?, ça se trouve. Bon, alors, Françoise et Brigitte, donc elles sont deux, donc il faut prévenir quand même, hein. Toutes deux dix-neuf ans et toutes deux étudiantes en lettres. Et c'est-à-dire que ce sont des jeunes filles qui ont de la conversation, autrement dit, recherchent un beau routier sympa et si possible lettré, pour un Paris-Amsterdam ce soir, d'accord?*
F: *Pas lettré, on s'en fout.*
M: *Ah ben oui, de toute façon vous l'êtes, alors donc vous lui apprendrez quelques petits trucs.*
F: *Oh. (Rire)*
M: *Salut Françoise! (Rire)*
F: *Salut.*
M: *Au revoir.*

(Bufe/Batz/Kraif)

Die in der Intervention 5. geäußerte Frage des Interviewers *Alors vous cherchez un beau routier pour vous emmener?* ist nur scheinbar für den Verlauf des gesamten Gesprächs von zentraler Bedeutung. Für die Dialogpartner und auch für die Radiohörer handelt es sich hier um eine typische Frage, deren Antwort allgemein bekannt ist, und deren Beantwortung den Fragesteller im Grunde überhaupt nicht interessiert. Das Telefongespräch findet nämlich im Rahmen jener Sendung statt, in der über das Radio Mitfahrgelegenheiten für Tramper gesucht werden. In diesem Fall wenden sich zwei Studentinnen an Max Ménier, den Radiosprecher, um einen LKW-Fahrer zu finden, der sie nach Amsterdam mitnimmt. Diese

Situation ist sämtlichen Interaktionspartnern, vor allem natürlich dem Interviewer, den Studentinnen und natürlich auch den zuhörenden LKW-Fahrern, für die diese Sendung in erster Linie bestimmt ist, gegenwärtig. Aus dieser Perspektive ist die Frageintervention 5. für die Interaktionspartner absolut uninteressant, zentral ist demgegenüber die mit *est-ce que* formulierte Intervention 3., die Frage danach, was die beiden Mädchen in Amsterdam machen wollen. Auch hier sind ein die *est-ce que*-Frage vorbereitender Sprechakt *V'voulez partir pour Amsterdam* und eine rechtfertigende Intervention *Non, parce que à Amsterdam, tu sais, il y a des tas de choses à faire* auszumachen.

Man findet übrigens häufig den Konnektor "tu sais/vous savez" (vgl. Davoine 1981) zur Kennzeichnung der Rechtfertigungsfunktion und bisweilen Nebensätze (Temporal-, Kausal-, Konditionalsätze) zum Ausdruck der Vorbereitungsfunktion ("le préalable"), vgl.:

$$\left\{\begin{array}{c} Si \\ Quand \\ Puisque \end{array}\right\} \text{vous allez à Lyon pour faire vos courses, est-ce que ça vaut vraiment la peine?}$$

Im folgenden Gespräch (9) wird die abschließende Frage mit *est-ce que* formuliert, die aus der Sicht des Sprechers in gewissem Sinne die "Conclusio" enthält, die Frage nämlich nach dem Nachwuchs der französischen "Compagnons", die in den Hamburger Zimmerleuten ihre deutsche Entsprechung haben. Diese Frage ist in zweifacher Hinsicht brisant und problematisch, denn neben dem Aspekt des mangelnden Nachwuchses für Handwerker dieses besonderen Typs spielt die Frage der Berufsaussichten von fertig ausgebildeten Jugendlichen hier hinein.

(9) E: *Bonjour, vous êtes Compagnon du Tour de France, ça veut dire qu' vous avez fait un tour de France de combien d'années, ça?*
    A: *Bonjour Monsieur. Ben j'ai fait un tour de France de cinq ans et demi.*
    E: *Eh ben dites ...*
    A: *Euh ... en voyageant bien sûr de ville en ville.*
    E: *Et vous êtes passé par où en gros?*
    A: *Ben, j'ai commencé par Limoges.*
    E: *Oui?*
    A: *Et c'est de là qu'je suis parti et j'ai terminé à Tours.*
1. E: *Ah bon, ben c'est pour ça alors qu'vous avez un un nom d'compagnon assez extraordinaire, hein?*
    A: *Oui, assez extraordinaire, c'est ... j'ai mon nom d'province déjà, euh Limousin, puis mon nom de ... La Persévérance, ça veut dire*

     euh, c'est un trait d'mon caractère, quoi.
 2. E: *Oui, Limousin La Persévérance, c'est un peu l'symbole de l'art de vivre des compagnons, ça, non?*
   A: *Oui, ben oui, oui, oui.*
   E: *Mais pourquoi vous avez choisi d'être compagnon?*
   A: *Pourquoi j'ai choisi? Et ben ... ben disons que ... c'est un peu ... dans un sens euh ... j'voulais connaître beaucoup plus de choses, enfin ... beaucoup plus sur le ... sur l'métier d'charpentier, parce que j'étais menuisier avant, et ... je connaissais quand même pas mal mon métier, mais ... y avait quelque chose qui m'attirait dans la charpente, alors je l'ai fait, et puis avec la chance d'avoir trouvé des compagnons sur mon chemin, un jour, et puis d'être parti avec eux, quoi, et puis d'faire mon tour de France, après, comme compagnon.*
   E: *Oui, c'est la grande chaîne, quoi, entre vous?*
   A: *Oui, oui, c'est la grande chaîne.*
 3. E: *Vous avez une journée difficile, là, aujourd'hui?*
   A: *Oh, ben pas spécialement, non euh ... tout c'qui nous manque c'est du soleil, parce que ... on va au levage, ce matin, mais disons difficile, non euh ... c'est un travail heu d'tous les jours, quoi, euh, y a pas de ... c'est pas spécial, c'est de ... vraiment d'la charpente ... heu, classique, aujourd'hui.*
 4. E: *Et est-ce qu'il y a des jeunes, avec vous, qu'vous êtes en train de former?*
   A: *Oui, oui, heu ... j'en ai un, là, pour l'instant, il a ... 21 ans, il, c'est un garçon qui a de ... qui a le niveau du bac enfin ... en études,*
   E: *Oui*
   A: *et il a pas d'débouchés, alors, heu ... la charpente lui plaît, il heu, il est venu là, il a dit est-ce que vous, est-ce que vous pouvez me ... m'aider quoi, puis ... m'former.*
   E: *Et bien, bon courage, Monsieur, et puis j'en profite pour saluer tous les compagnons de France, car ... ce sont vraiment des gens pour qui j'ai beaucoup d'admiration - Salut à tous.*
   A: *Au revoir, Monsieur, merci.*
   E: *Au revoir.*

   (Bonjour la France)

Bei der Analyse von weiteren Telefongesprächen im Rahmen der Sendereihe "Bonjour la France" wurde festgestellt, daß der Interviewer jeweils nach einigen einleitenden Worten zu den Fragen überging und dabei jeweils oft die *erste* Frage mit *est-ce que* stellte. Die beiden folgenden Beispiele zeigen, daß mit Hilfe des fokussierenden *est-ce que* ein Thema bei Gesprächsbeginn angekündigt bzw. ein neues Thema angeschlagen werden kann (Themaankündigung und Themenwechselfunktion des *est-ce que*).

(10) 1. A: *Monsieur Cornet, bonjour, est-ce que le tourisme rural en Ile-et-Vilaine subit les contre-coups de, de la marée noire?*
   B: *Oui, aussi bizarre que cela puisse paraître .....*
   A: *Oui, c't'à-dire que vous aviez normalement beaucoup de, de touristes venant d'Allemagne, venant d'Belgique et venant d'Angleterre*

>   B: *C'est ça, notamment pour l'avant-saison* .....
>   2. A: *Oui, et les étrangers, là, sont en train d'bouder la Bretagne et la Bretagne intérieure?*
>   B: *Ils sont venus massivement pour s'inscrire* .....
>   A: *Et bien écoutez, vous allez en profiter pour lancer un appel à tous les auditeurs belges, et à tous ceux qui sont là ce soir au parc des Princes pour la, la coupe d'Europe pour le la grande finale, mais qu'est-ce que vous offrez en tant que gîte rural?*
>   B: *Ben, nous avons au niveau du département* .....
>   A: *Et quel est le coût pour une semaine, par exemple?*
>   B: *Et bien en avant-saison* .....
>   A: *Et avec tout l'confort, hein?*
>   B: *Avec tout l'confort, bien sûr*
>   3. A: *Tout vient d'être restauré?*
>   B: *Oui, tout a été restauré* .....
>   A: *Et on dit qu'il y même des, des presbytères, qui servent de gîtes
>   4. ruraux, maintenant, c'est vrai, ça?*
>   B: *Oui, oui, bien sûr c'est vrai* .....
>   5. A: *Et ce n'sont pas les distractions qui manquent, hein? En Ile-et-Vilaine, on peut faire pas mal de choses?*
>   B: *Mais non, bien sûr* .....
>   A: *Et bien j'espère, Monsieur, que votre appel sera entendu massivement non seulement pour le le printemps, mais aussi pour l'été. Au revoir et bonne chance!*
>
>   (Bonjour la France)

In diesem Fall ist *est-ce que* als Indikator für eine vorgreifende Fokuskonstituierung im Sinne von Rehbein (1976) und Kallmeyer (1978) zu analysieren. Der zentrale thematische Aspekt des gesamten Gesprächs wird hier vorweggenommen.

Mit dieser Themaankündigungsfunktion hängt es zusammen, daß das fokussierende *est-ce que* auch als Indikator für Themenwechsel funktionieren kann. Zu einer genaueren Untersuchung dieses Phänomens wären vor allem auch längere Gespräche mit mehreren Interaktionspartnern heranzuziehen. Da mir zur Zeit kein geeignetes Material vorliegt, beschränke ich mich zur Illustration der Themenwechselfunktion ebenfalls auf dialogische Gespräche. Es sei zur Verdeutlichung des Themenwechsels mit *est-ce que* in einem Dialog nur ein Beispiel aus dem Orléans-Corpus angeführt.- Wir müssen uns in diesem Fall aus Platzgründen auf die Fragen beschränken, die vom Interviewer im ersten Teil des Interviews O60 gestellt wurden.-

(11) 1. A: *Il y a longtemps que vous habitez ((à)) Orléans?*
        B: .....
     2. A: *Vous vous y plaisez?*
        B: .....
     3. A: *Vous comptez rester à Orléans?*

            B: .....
     4. A: *Et est-ce que est-ce que vous pourriez me raconter après qu'est-ce que ... qu'est-ce que vous faites un peu comme travail?*
            B: .....
     5. A: *Vous pouvez me raconter par exemple une journée de travail?*
            B: .....
         A: *Qu'est-ce qui compte le plus dans votre travail pour vous?*
            B: .....
     6. A: *Il y a rien qui vous déplaît enfin?*
            B: .....
         A: *Et si vous ne faisiez pas ce métier-là qu'est-ce que vous auriez aimé faire?*
            B: .....
         A: *Qu'est-ce que vous pensez enfin du travail des femmes?*

     (Orléans 060)

Nach einigen einleitenden Fragen zur Stadt, in der das Interview stattfindet, kommt ein neuer, für das ganze Gespräch aus der Sicht des Fragers und aus der Sicht der Befragten - es handelt sich um eine ältere Postangestellte, die im gehobenen Sekretariatsdienst arbeitet - zentraler Aspekt zur Sprache. Der neue Fokus, zu dem A mit Hilfe einer *est-ce que*-Frage überführt (Intervention 4.), ist der Beruf der Interviewten. Diesem thematischen Aspekt - einem von vielen im Kanon der Interview-Fragen des Orléans-Projekts - kommt gerade im Interview 060 eine herausragende Bedeutung zu. Die schriftlich fixierten Fragen der Interviewer, die diese übrigens in "gesprochene" Varianten übersetzen - *est-ce que*-Fragen und Inversionsfragen sind erheblich seltener, Intonationsfragen signifikant häufiger als in der "geschriebenen" Vorlage -, sind nach großen Themenbereichen gegliedert (Orléans, Beruf, Freizeit, Kindererziehung etc.). *Est-ce que*-Fragen sind gerade wie in unserem Beispiel beim Übergang zu neuen Großthemenbereichen zu beobachten, und wenn, wie hier, dieser Großthemenbereich aus der Sicht des Interviewten von besonderer Bedeutung ist, was der Interviewer beim Vorgespräch feststellen konnte. Hier wird deutlich, daß sich die Fokussierung im Sinne von Akzentuierung gewissermaßen mit der Themenwechselfunktion überlagern kann.

Aus der Analyse der Dialoge (5) bis (10) geht hervor, daß der Protagonist die für den Gesprächsverlauf zentrale Frage mit *est-ce que* formuliert. *Est-ce que* wird offenbar exakt an den Stellen des Dialogs eingesetzt, wo der Frager in gewissem Sinne "zum Punkt" kommt.

3. *Est-ce que*-Frage - Pseudo-Cleftsatz - indirekte Frage

Wir wollen nun ein Argument entwickeln, das für die These der Fokussierung mit Hilfe von *est-ce que* in den von uns untersuchten Texten spricht, und mit dem unseres Erachtens die Beziehung zwischen Grammatik und Interaktion besonders deutlich zum Ausdruck gebracht werden kann. Es gibt einen Satztyp, der häufiger als in den mir bekannten anderen Sprachen im Gesprochenen Französisch anzutreffen ist, den man *(Pseudo)-Cleftsatz* nennt. Mit Cleft-Formung meint man im Französischen die Umschreibung mit

$$c'est \ldots \begin{Bmatrix} que \\ qui \\ dont \\ etc. \end{Bmatrix} \text{ wie in (12a) und (13a):}$$

(12) *Cet échec lui a porté un coup* → (12a) *C'est cet échec qui lui a porté un coup*

(13) *Il craint beaucoup cet échec* → (13a) *C'est cet échec qu'il craint beaucoup*

Bestimmte Satzglieder mit nominalem Kern werden durch *c'est ... que* "umklammert". Die entsprechenden Pseudo-Cleftsätze wären (12b) und (13b):

(12b) *Ce qui lui a porté un coup c'est cet échec*
(13b) *Ce qu'il craint beaucoup c'est cet échec*

Sind die Satzglieder, die in Cleft-Formung gesetzt werden, durch *que*-Sätze oder Infinitivkonstruktionen besetzt, ist ausschließlich die syntaktisch etwas komplexere Pseudo-Cleft-Formung anwendbar, nämlich (14b), (15b), (16b) und (17b):

(14)   *Qu'il a raté son examen lui a porté un coup*
(14a) ⁎*C'est qu'il a raté son examen qui lui a porté un coup*
aber
(14b) *Ce qui lui a porté un coup c'est qu'il a raté son examen*

(15)   *Avoir raté son examen lui a porté un coup*
(15a) ⁎*C'est d'avoir raté son examen qui lui a porté un coup*
(15b) *Ce qui lui a porté un coup c'est d'avoir raté son examen*

(16)   *Il craint beaucoup qu'il ait raté son examen*
(16a) ⁎*C'est qu'il ait raté son examen qu'il craint beaucoup*
(16b) *Ce qu'il craint beaucoup c'est qu'il ait raté son examen*

(17)   *Il craint beaucoup d'avoir raté son examen*
(17a) ⁎*C'est d'avoir raté son examen qu'il craint beaucoup*
(17b) *Ce qu'il craint beaucoup c'est d'avoir raté son examen*

Mit Hilfe dieser Konstruktion oder dieses Satztyps können - und das ist aus der traditionellen Grammatik bekannt - Äußerungsteile "hervorgehoben" werden. Hier liegt also, wenn wir an unseren weiten Fokussierungsbegriff denken, durchaus eine gesteigerte Aufmerksamkeitszuwendung des Sprechers vor und ein Signal, das die besondere Aufmerksamkeit des Hörers anzieht. Ein Beispiel für Fokussierung im Sinne der Hervorhebung mit Pseudo-Cleft-Formung liefert (7). Das entscheidende "Verkaufs"-Argument des Investmentclub-Vertreters - daß Goldanlagen gewinnbringender seien als beispielsweise Aktien - wird mit einer Pseudo-Cleft-Konstruktion eingeleitet: *Ce qu'on peut dire malgré tout c'est que ...*

Während man der (Pseudo)-Cleft-Formung in der Regel die Fokussierungsfunktion zuschreiben kann, dient die Dislokation oder Segmentierung in erster Linie der thematischen Verknüpfung. Die (14 b) und (15 b) entsprechenden segmentierten Sätze würden lauten:

(14 c) *Ça lui a porté un coup qu'il a raté son examen*
(15 c) *Ça lui a porté un coup d'avoir raté son examen*

Diese unterschiedlichen, diametral entgegengesetzten kommunikativen Funktionen, die diese beiden Konstruktionen in der Mehrzahl der Fälle erfüllen, werden natürlich erst im textuellen Zusammenhang deutlich. Einen Vorgängersatz wie *D'ailleurs, Pierre n'est pas reçu à son bac* könnte man sich zwar gut vor (14 c) und (15 c) vorstellen, vgl. (18):

(18) *D'ailleurs, Pierre n'est pas reçu à son bac.*
      Ça lui a porté un coup d'avoir raté son examen.

Derselbe Satz als Vorgänger würde aber mit den b-Sätzen (14) bis (17) keinen kohärenten Text ergeben:

(18') ?*D'ailleurs, Pierre n'est pas reçu à son bac.*
       Ce qui lui a porté un coup c'est d'avoir raté son examen.

Für die b-Sätze (14) bis (17) würde vielmehr ein Vorgängersatz passen wie *Pierre ne semble pas avoir le moral en ce moment*, vgl. (19):

(19) *Pierre ne semble pas avoir le moral en ce moment.*
      Ce qui lui a porté un coup c'est d'avoir raté son examen.

In den b-Sätzen wird die Tatsache, daß er sein Examen verhauen hat, *fokussiert*, in den c-Sätzen wird dieselbe Tatsache lediglich *thematisiert*, wie (18) und (19) verdeutlichen. Mit Hilfe der Pseudo-Cleft-Formung wird also Fokussierung erreicht, mit Hilfe der Dislokation Verknüpfung an ein vorerwähntes Thema, d.h. Thematisierung. Noch genauer: Die in Pseudo-Cleftstellung (hinter *c'est*) gesetzten Elemente bilden den Fokus, die in Dislokation gesetzten Elemente sind vorerwähnt und leisten lediglich thematische Verknüpfung.

Warum haben wir an dieser Stelle (Pseudo)-Cleftsätze so ausführlich beschrieben und ihre wesentliche kommunikative Funktion in Erinnerung gerufen? Es ist uns jetzt möglich, in expliziter Weise die Verbindung zwischen Grammatik und Interaktion zu beschreiben. Die angenommene Fokussierungsfunktion von *est-ce que* kann nun vor dem Hintergrund der folgenden transformationell orientierten Analyse von Entscheidungsfragen mit *est-ce que* intersubjektiv überprüfbar gemacht werden. Diese Fragen sind nämlich von Pseudo-Cleftsätzen, die ihrerseits, wie wir gesehen haben, zur Fokussierung dienen, ableitbar. Die enge Verwandtschaft zwischen Pseudo-Cleft-Konstruktionen und dem gesprächsstukturierenden und gesprächsorganisierenden Indikator *est-ce que* ergibt sich aus der Tatsache, daß dieses *est-ce que* im Grunde als die invertierte Form des in Pseudo-Cleftsätzen anzutreffenden ... *c'est que* ... zu analysieren ist.

In ähnlich expliziter Weise, wie im ersten Abschnitt im Rahmen der transformationellen Analyse die Beziehung zwischen

    (4 a)   *Quand est-ce qu'il mange la soupe?*
und
    (4 b)   *Quand c'est qu'il mange la soupe?*
bzw.
    (4 c)   *C'est quand qu'il mange la soupe?*

nachgewiesen wurde, scheinen die Entscheidungsfragen mit *est-ce que* mit Pseudo-Cleftsätzen in Form von indirekten Fragesätzen vom Typ

    (20)   [*Ce qui est mis en question*] <u>*c'est que*</u> ...

in Verbindung zu bringen zu sein. (21a) wäre demzufolge von (21) abzuleiten:

(21 a) *Est-ce que les fonctionnaires gagnent assez d'argent?*
(21) *Ce qui est mis en question c'est que les fonctionnaires gagnent assez d'argent.*

Um zunächst den Wegfall des ersten Teilsatzes zu rechtfertigen, sei daran erinnert, daß Sätze wie (22) oder (23)

(22) *Les fonctionnaires seront augmentés.*
(23) *Que les fonctionnaires soient augmentés!*

über die Tilgung von Performativverben zu analysieren sind, die in (22 a) und (23 a) an der Oberfläche erscheinen:

(22 a) { *Je te promets / Je t'assure / Je crois / Je suppose* } *que les fonctionnaires seront augmentés*

(mit expletivem *que*)

(23 a) { *Je veux / J'ordonne* } *que les fonctionnaires soient augmentés*

Dabei drücken die performativen Verben jeweils den unterschiedlichen zugrundeliegenden Sprechakt in expliziter Weise aus. Entsprechend kann man sich die Tilgung des - allerdings nicht performativen - *Ce qui est mis en question* in (21) vorstellen. Der verbleibende Restsatz beginnt dann mit *c'est que*:

(21 b) [*C'est que les fonctionnaires gagnent assez d'argent*][1]

---

[1] Bei diesem *c'est que* handelt es sich übrigens um einen typischen Konnektor der Gesprochenen Sprache, von Gülich/Kotschi (1983) als Paraphrasen-Indikator analysiert ("Marqueur de la reformulation paraphrastique"). Vgl. das folgende Beispiel, wo *c'est que* gewissermaßen als "Spur" einer Pseudo-Cleftkonstruktion eine Selbstinitiierte Selbstparaphrase indiziert.

M: *bon, si on humidifie un petit peu plus,.. si on brumise un petit peu le feuillage des plantes'.. on a beaucoup moins.. d'attaques de*
A: *oui*
M: *d'araignées rouges, alors déjà si vous voulez ça c'est une méthode tout à fait primaire et naturelle'.. c'est que en maintenant une atmosphère un petit peu plus humide auprès des plan au-*
A: *hmhm*
M: *tour des plantes'. on est on évite des attaques d'araignées rouges.*
(Michel le jardinier: Les araignées rouges 2/32 - 3/1; zitiert aus: Gülich/Kotschi 1983)

In diesem Fall würde man ein "*Ce que je veux dire par là*" *c'est que* ... anzunehmen haben. In anderen Fällen kann man die rechtfertigende Funktion von *c'est que* als Konnektor erklären, indem man ein "*ce qu'il faut dire*" *c'est que* ... oder ein "*ce que vous ne savez pas*" *c'est que* ... zugrundelegt.

Über den bekannten Vorgang der Inversion würde schließlich (21a) entstehen (*c'est que* → *est-ce que*).

Die soeben vorgeführte Ableitung von direkten Fragesätzen aus indirekten ist im Prinzip nichts Neues. - Umformungen aus einer Frageform in die andere werden im französischen Grammatikunterricht häufig geübt. - Interessant ist aber gerade hier, daß durch diese Ableitung (Pseudo)-Cleftsätze und *est-ce que*-Fragen *auf explizite Weise* in Verbindung gebracht werden können. Da wir unabhängig von diesen letzten Überlegungen für *est-ce que*-Fragen eine Orientierungsfunktion im Sinne einer Zentrierung auf den wesentlichen Punkt in der Makrostruktur von Dialogen festgestellt haben, und da dieselbe Funktion durchaus auch satzintern oder in einem Minimaltext der (Pseudo)-Cleft-Formung zuzuschreiben ist, muß die vorgeschlagene, transformationell orientierte, rein satzlinguistische Analyse von *est-ce que*-Fragen als gewichtiges Argument für die Annahme der Fokussierungsfunktion des *est-ce que* angesehen werden. Auf diese Weise wird diese Annahme intersubjektiv überprüfbar, und wir konnten an einem konkreten Beispiel zeigen, daß die Ergebnisse text- bzw. pragmalinguistisch orientierter Untersuchungen an Wert gewinnen können, wenn man die "grammatische" Dimension nicht vernachlässigt.

Man kann vereinfacht sagen, daß der "présentatif" *c'est ... que*, dem man, wie aus dem Terminus hervorgeht, schon traditionell satzintern eine Hervorhebungsfunktion im Sinne unseres weiten Fokussierungsbegriffs zuschreibt, im dialogischen Zusammenhang in Gestalt des fokussierenden *est-ce que* in Fragen erscheint und in diesem seine Entsprechung hat. Die Untersuchung der Beziehungen zwischen der textuellen Globalstruktur und den lokalen Erscheinungen der Syntax, der Makrostrukturebene und der Ebene der Satzsyntax, ist eines der Ziele der Konversationsanalyse im Sinne von Kallmeyer/Schütze (1976). Daß eine Verbindung zwischen den beiden Ebenen gerade bei der Fokussierung deutlich zu machen wäre, vermutet Kallmeyer (1978: 191): "Es ist anzunehmen, daß die(se) satzinternen Strukturierungen in ihren Prinzipien den manifesten Orientierungsvorgängen [z.B. Fokussierungen in den Konversationen - D.S.] verwandt sind".

Angesichts der Hypothese der Ableitung von Entscheidungsfragen mit *est-ce que* aus indirekten Fragesätzen verwundert es übrigens nicht, daß bei der Analyse von Parlamentsreden festgestellt werden konnte, daß die Fokussierung häufig in Form von indirekten Fragen vorgenommen wird. Eine Seminararbeit unter der Leitung von M.-M. de Gaulmyn (Lyon) hat gezeigt, daß Redner, wenn sie zum zentralen Punkt ihres Beitrags kommen, "Fragen" verwenden wie

(24) *Alors, je me demande si ...*
Je me pose la question de savoir si ...
Ce que j'aurais voulu savoir c'est si ...
Ce qui pose un problème c'est que ...
J'aimerais savoir si ...
Ce qui est (mis) en question c'est que ...
(Persönliche Mitteilung von M.-M. de Gaulmyn)

Die Parallele dieser Form von "rhetorischen" indirekten Fragen mit der *est-ce que*-Frage hinsichtlich der *kommunikativen Funktion* wird in gewisser Weise durch die vorgeschlagene Analyse von Sätzen wie (4a) und (21a) zusätzlich gerechtfertigt.

4. *Est-ce que* in Dialogen, die nur aus einem "échange" bestehen

Es seien einige Dialoge einander gegenübergestellt, die nur aus einem "échange" bestehen, und deren dominierende initiative Intervention entweder eine *est-ce que*-Frage oder eine Intonationsfrage ist.[1]

(25) A: *Tu vas à Paris demain?*
B: *Oui. Je vais voir des amis.*

(26) A: *Est-ce que vous avez l'heure?*
B: *Oui, il est midi.*
A: *Merci.*

Aus der Sicht der klassischen Sprechakttheorie ist man versucht, den Unterschied bezüglich der Frageformulierung über die Opposition "Informationsfrage" (*question*) versus "Bitte" oder "Aufforderung" (*requête*) zu erklären. Es gibt nun aber einerseits Into-

---

1 Die folgenden Beispiele wurden größtenteils aus dem in dem Heft *Etudes de Linguistique Appliquée* 44, Seiten 4, 42, 43 und 52, und in Moeschler (1982: 154, 158, 160 und 206) natürlich mit einem anderen Untersuchungsziel analysierten Material übernommen oder in Anlehnung daran selbst gebildet.

nationsfragen, mit denen der Frager um etwas bittet (auffordernde Fragen)

(27) A: *Tu peux descendre la poubelle?*
     B: *Non, tu sais bien que je me suis cassé un bras.*
     C: *C'est vrai, je vais le faire.*

(28) A: *Vous pouvez me passer le pain?*
     B: *Volontiers.*
     A: *Merci.*

und andererseits *est-ce que*-Fragen, mit denen der Frager sich lediglich informiert (Informationsfragen)

(29) A: *Est-ce qu'il pleut toujours?*
     B: *Oui.*
     A: *Merci.*

(30) A: *Est-ce que tu pars demain?*
     B: *Non, je reste encore une semaine.*

Der Sprechakt "Informationsfrage" liegt wohl auch bei der Mehrzahl der Intonations- und *est-ce que*-Fragen in den Gesprächen (5) bis (11) zugrunde.

Entscheidend für den unterschiedlichen Gebrauch der beiden Frageformulierungen ist die nur aus dem Situationszusammenhang zu beantwortende Frage, ob der Sprecher fokussiert oder nicht, das heißt, entscheidend ist die "changing attention given to his own activity and to the activity of the other participant". Wenn beispielsweise eine Mutter nach dem Essen in die Küche kommt, um Geschirr abzustellen, und sieht, daß ihr Sohn etwas trinkt, würde sie nicht mit *est-ce que* fragen:

(31) A: *Tu as encore soif?*
     B: *Oui, ton cassoulet était un peu salé.*

Mit dieser Intonationsfrage wird keine für den gesamten Handlungszusammenhang aus der Sicht des Sprechers zentrale Frage gestellt, auf die er die spezielle Aufmerksamkeit des Interaktanten lenken will. Dies ist auch in (25),(27) und (28) nicht der Fall, wenn man sich die entsprechenden Situationen der Interaktanten (z.B. am Eßtisch oder beim Hausputz) vorstellt. Dagegen schenkt der Sprecher seinem eigenen Handeln sowie der Reaktion des Interaktanten besondere Aufmerksamkeit, wenn er beispielsweise seine Gäste im Eßzimmer im Anschluß an den Nachtisch fragt:

(32) A: *Est-ce que vous voulez boire un café?*
    B: *Oui. Volontiers.*

Entsprechend stehen in (26),(29) und (30) die Uhrzeit, das Wetter und die Pläne eines Bekannten im Zentrum der Aufmerksamkeit und des Interesses des Sprechers. Man kann sich vorstellen, daß dessen weiteres Handeln von der Beantwortung dieser Fragen in entscheidender Weise beeinflußt wird. Je nach dem, ob der Sprecher fokussiert oder nicht, formuliert er mit oder ohne *est-ce que*. Nur über die Annahme der Fokussierungsfunktion läßt sich erklären, warum wir (33) neben (34), (35) neben (36) etc. in authentischen Gesprächen antreffen können:

(33) A: *Tu viens au ciné ce soir?*
    B: *Non, j'ai pas le temps. Je dois finir mon article.*
(34) A: *Est-ce que tu viens au ciné ce soir?*
    B: *Non, j'ai pas le temps. Je dois finir mon article.*

oder

(35) A: *Tu peux nous faire un café?*
    B: *Oui. Volontiers.*
(36) A: *Est-ce que tu peux nous faire un café?*
    B: *Oui. Volontiers.*

Fragt man Franzosen nach der Nuance, die sie empfinden, wenn sie derartige "requêtes" mit oder ohne *est-ce que* hören, bekommt man bisweilen den Hinweis, daß die Formen mit *est-ce que* "intensiver" und zugleich "höflicher" wirken und "größere Entscheidungsmöglichkeiten eröffnen". "Intensiv" ist mit der Fokussierungsfunktion vereinbar. Was hat es mit dem Eindruck der "Höflichkeit" auf sich, der offensichtlich mit dem hinsichtlich der Reaktionsmöglichkeit des Partners "offeneren" Charakter der *est-ce que*-Frage zur Deckung zu bringen ist? Warum sind es in erster Linie die *est-ce que*-Fragen und nicht die Intonationsfragen, die als eine *höfliche* Ausdrucksmöglichkeit für andere initiative Sprechakte wie Bitten, Befehle, Aufforderungen, Angebote etc. gebraucht werden? - Da reine Informationsfragehandlungen, die *beide* Fragetypen ja ausdrücken können, gewöhnlich ausschließlich Reaktionen auf der Ebene der Konversation verlangen (lokale Obligationen) und nicht *auch* auf der Ebene der Handlung, zu der man den anderen verpflichtet (globale Obligationen), sind Sätze in Frageform generell geeignet, Aufforderungen usw. in höflicher

Form auszudrücken (vgl. Franck 1980: 57/58). Sie sind in geringerem Maß eine Zumutung für den anderen als globale Obligationen, wie sie beispielsweise durch Sätze im Imperativ ausgedrückt werden. Um die Tatsache, daß es sich *formal* um eine Frage handelt, zu betonen, könnte gerade hier der auf Anhieb als Frage erkennbaren *est-ce que*-Frage gegenüber der Intonationsfrage der Vorzug gegeben werden. Auf diese Weise könnte für das Zustandekommen des Eindrucks von besonderer Höflichkeit des mit *est-ce que* Formulierenden beim Interaktanten eine Erklärung gegeben werden, wenn dieser gerade über eine *est-ce que*-Frage darum gebeten oder gar aufgefordert wird, etwas zu tun. So ließe sich auch der beim Beobachter entstehende Eindruck der relativen Häufigkeit erklären, mit der den *est-ce que*-Fragen in alltäglichen Dialogen, die nur aus einem "échange" bestehen[1], Sprechakte zugrundeliegen, die keine Informationsfragen bilden.

Das Spezifische an (34) und (36) gegenüber (33) und (35) scheint mir jedoch neben dieser Nuance die Tatsache zu sein, daß der Initiator seiner Bitte noch mehr Bedeutung beimißt, und daß er sein Handlungsziel in gewissem Sinne fester im Auge hat. Der Sprechakt "requête" und die kommunikative Funktion Fokussierung überlagern sich, die "requête" (Bitte, Aufforderung) wird fokussiert. Der Angesprochene wird zwar höflich, *aber mit Nachdruck* dazu aufgefordert, eine Handlung auszuführen oder zumindest, auf der Ebene der Konversation, ebenso höflich und doch *vor allem nachdrücklich und fast insistierend* zu einer Stellungnahme verpflichtet, welcher Natur auch immer der initiative Sprechakt sei, der zugrundeliegt.

Übrigens sind auch in Dialogen, die nur aus einem "échange" bestehen, die für die Fokussierung charakteristischen vorbereitenden und/oder rechtfertigenden Akte oder Vorgänger- und/oder Nachfolger-Interventionen zu beobachten:

(37) A: *Je ne connais pas bien Genève;*
Est-ce que vous pouvez m'indiquer une bonne librairie?
Je cherche un bouquin sur Calvin

---

[1] Wir denken hier an kürzere Dialoge, beispielsweise zwischen Studenten oder Arbeitskollegen, in denen durch äußere Bedingungen die Gesprächsdauer eingeschränkt ist, z.B. Auskunft holen, und von denen meines Wissens keine umfangreicheren Materialsammlungen in transkribierter Form vorliegen.

>   B: *Vous en trouverez une en face de l'Université.*
>
>   (*Etudes de Linguistique Appliquée* 44, S. 4)
>
> (38) A: *J'ai quelque chose à te demander*
>   B: *Oui*
>   A: *Est-ce que tu peux me prêter cent balles?*
>
>   (*Etudes de Linguistique Appliquée* 44, S. 52)

In (38) fallen die interaktive Funktion Fokussierung und der Sprechakt "requête" in der *est-ce que*-Frage zusammen. Die Bitte (um Geld) wird in gewissem Sinne durch *est-ce que* fokussiert.

Die "requête"-Handlung kann selbstverständlich auch in längeren Dialogen den *est-ce que*-Fragen zugrunde liegen. Es seien hierzu noch zwei Dialoge angeführt, die jeweils *eine est-ce que*-Frage enthalten, die einerseits *den Sprechakt* "requête" ausdrückt und andererseits *zugleich* die *kommunikative Funktion* der Fokussierung wahrnimmt:

> (39) A: *Monsieur Adouard, bonjour*
>   B: *Bonjour Monsieur*
>   A: *Vous jouez dans ... dans le beffroi de l'Hôtel de Ville de Douai,*
> 1. *c'est vrai qu' c'est le plus grand carillon d'Europe?*
>   B: *Ah oui, c'est l'plus important, avec 62 cloches, c'qui r'présente 5 octaves chromatiques.*
> 2. A: *Dites-donc, et ça suppose une certaine formation, ça, non?*
>   B: *Ah, mais absolument euh ... il y a d'ailleurs des écoles de carillon et il y en a une à Douai euh qui est une classe du conservatoire.*
> 3. A: *Et vous avez fondé vous-même une école internationale, non?*
>   B: *Oui, c'est, c'est l'école française de carillon puisqu'il en ... il en existe deux autres, une en Belgique et une en Hollande*
>   A: *Vous donnez combien de concerts par an, à peu près?*
>   B: *Oh ... environ 200-250 euh dans ... dans toute l'Europe et aussi ... euh ... quelque fois des tournées aux Etats-Unis*
> 4. A: *Et quand vous jouez en France, c'est surtout à l'occasion de fêtes communales, de choses comme ça?*
>   B: *Ah oui alors là, là, je suis euh ... carillonneur municipal, puisque je suis d'ailleurs, euh ... c'est une très vieille fonction à Douai, je suis le 34ème carillonneur depuis 1391.*
> 5. A: *Eh ben dites-donc, ça fait une paille ça! C'est toujours le ... le symbole de la liberté, le fait de carillonner comme ça?*
>   B: *Absolument, les, les beffrois, c'est ... ont été le symbole des libertés communales, et le carillon, euh, surtout dans nos régions du Nord, c'est, c'est vraiment le symbole de la, de la vie de la ville, quoi, hein, de ... c'est l'âme de la cité en quelque sorte.*
> 6. A: *Mais dimanche, vous n'allez pas chômer, puisque vous allez donc recevoir le titre d'homme du Nord 78, mais en même temps vous allez faire la fête quelque part?*
>   B: *Ah oui, euh, comme je suis carillonneur également à Dunkerque et à Tourcoing, à Dunkerque il y a une grande fête flamande et évidemment le ... euh ... le carillon ouvrira ces ... ces festivi-*

```
            tés à 14 heures.
       A: Et bien j'espère qu'on pourra un jour avoir un enregistrement de
  7.      tout c'la. Est-ce que vous pourriez pas nous jouer un jour le ...
          notre générique au carillon? Ce s'rait possible, ça?
       B: Mais absolument, c'est ... au contraire, ce s'rait, (en)fin, ce
          s'rait même très bien pour ... surtout cette année, puis que nous
          lançons l'année du carillon, heu, la guilde des carillonneurs de
          France et la fédération mondiale du carillon euh ... que je pré-
          side d'ailleurs ...
       A: oui ...
       B: euh ... lancent l'année du carillon, et ce s'rait très indiqué
          d'avoir un indicatif carillonné à ... à France Inter
       A: Eh bien écoutez, je compte sur vous, je vous souhaite une excel-
          lente journée. Au revoir, Monsieur -

       ( Bonjour la France )

(40) L: Monsieur bonjour:
  1. C: Bonjour Monsieur, Est-ce que vous avez Contes et Nouvelles d'Oscar
        Wilde?
     L: Oscar Wilde ... En français?
     C: Heu ... oui
     L: Bon ...
     C: S'il vous plaît!
     L: Dans quelle collection?
     C: J'sais pas ... heu ... c'que vous avez.
     L: Bon (il cherche au rayon). Cher Monsieur, j'ai rien.
  2. C: Vous avez rien?
     L: Non, j'ai rien. Faut que j'vous commande.
     C: Hmm, ça va ...?
     ..... (Die Modalitäten der Bestellung werden besprochen.)
  3. L: Ok, j'le commande?
  4. C: Vous réservez comme ça?
     L: Oui.
     C: D'accord. Merci beaucoup.
     L: Au r'voir Monsieur, merci
     C: Au r'voir Monsieur. Ça va, ça ... environ m'faire, vers combien?
     L: Ça vous r'viendra, ou ça vous r'viendrait ... oufsfe ... quatre
        francs.
     C: Bon, d'accord alors. Merci.
     L: Au r'voir.
     C: Merci beaucoup.

       (Etudes de Linguistique Appliquée 44, S. 25/26)
```

Mit der *est-ce que*-Frage in (39)(mit 7. gekennzeichnet) haben wir die Zentrierung auf die eigentliche Tätigkeit und die Möglichkeiten des Glockenspielers und eine vom Interviewer beabsichtigte Konzentrierung von beiden Interaktanten auf ein beiden gemeinsames und für beide interessantes Handlungsziel: eine Aufnahme des Pausenzeichens von France-Inter, mit Glocken gespielt, anzufertigen. Zugleich ist die *est-ce que*-Frage als Aufforderung dazu zu verstehen. (40) ist ein Beispiel für vorweggenommene Fokuskonstituierung (Themaankündigung), wobei gleichzeitig die Aufforderung zum Verkauf eines Buches mitverstanden wird.

5. Überprüfung der Ergebnisse, Literaturauswertung und didaktischer Aspekt

Die hier aufgestellte Hypothese der Fokussierung mit *est-ce que* konnte in einem Test mit französischen "Native Speakers" zumindest ansatzweise überprüft und bestätigt werden. Grundlage für diesen Test bildeten die sechs längeren Dialoge in unserem Beispielmaterial ((5) bis (10)). Die gekennzeichneten Frage-Interventionen wurden den Testpersonen jeweils in den Transkriptionen *ohne est-ce que* vorgelegt. Es wurde vor jeder auf diese Weise als Intonationsfrage transkribierten Intervention eine Lücke gelassen.[1] Im Prinzip ist ja ohne Berücksichtigung der Makrostruktur jede dieser Fragen mit *est-ce que* formulierbar. Nach sorgfältiger Lektüre sollte diejenige Frage-Intervention angegeben werden, die man mit *est-ce que* formulieren würde, wenn man nur ein einziges *est-ce que* pro Dialog zur Verfügung hätte. Die Anweisung lautete:

> "Lisez les dialogues. S'il fallait mettre dans chaque dialogue *une seule question* avec *est-ce que*, ce serait laquelle selon vous?
> (Indiquez dans chaque dialogue *un seul trou* où vous mettriez *est-ce que*.)"

Die natürlich nur beschränkt "repräsentative" Testgruppe setzte sich aus 5 Lehrenden und 7 Studierenden der Universität Lyon II zusammen, die sich dem Test getrennt und "à tête reposée" unterzogen. 10 der 12 Testpersonen hatten 4 und mehr Treffer, 2 Studierende hatten nur 3 Treffer, in 3 Fällen wurde die höchstmögliche Trefferzahl 6 erreicht. Treffer bedeutet Übereinstimmung mit dem Original.[2] Wir konnten demzufolge als Resultat festhalten, daß die Testpersonen die *est-ce que*-Frage grosso modo an derselben Stelle des Gesprächs eingesetzt hätten, wo

---

[1] Dabei wurden die bisweilen Intonationsfragen abschließenden Signale *hein* und *non* weggelassen.
[2] In (5) wurde *est-ce que* bei der Intervention 5., in (6) bei der Intervention 3. als Treffer akzeptiert, da die jeweiligen Fragen mit den im Original mit *est-ce que* formulierten Interventionen 7. bzw. 2. inhaltlich eng verwandt sind und somit ebenfalls den Gesprächsfokus treffen.

die dialogführenden Sprecher *est-ce que* tatsächlich verwendet haben.

Natürlich spricht dieses Testergebnis zunächst einmal lediglich dafür, daß die Verteilung von *est-ce que* in Dialogen des untersuchten Typs kein Zufallsprodukt ist, sondern ein sprachliches Phänomen, das einer Erklärung bedarf. Wir haben in diesem Beitrag versucht zu zeigen, daß die Annahme der Fokussierung mit *est-ce que* ein möglicher Weg in Richtung auf eine Erklärung dieser Verteilung sein könnte.

Ein mir leider erst im Anschluß an diese Untersuchung bekanntgewordener Erklärungsversuch im Hinblick auf eine Unterscheidung von *est-ce que*-Fragen und Intonationsfragen auf der Textebene wurde von Weinrich (1982: 735 - 744) vorgenommen. Obwohl sich wichtige Charakterisierungen und Beobachtungen Weinrichs, der leider keine längeren Gesprächstexte als Beispiele zitiert, durchaus mit den hier erarbeiteten Ergebnissen zur Deckung bringen lassen, scheint mir die für ihn laut Kapitelüberschriften entscheidende Opposition "Anaphorische Assertionsfrage"[1] (Intonationsfrage) versus "Kataphorische Assertionsfrage" (*est-ce que*-Frage) weniger erklärungsadäquat als das Konzept der Fokussierung. Die Begriffe "Anapher" und "Kataphor" sind nützliche Termini der Textlinguistik zur Behandlung der Verweisproblematik, besonders zur Beschreibung von Proformen sowie zum Beispiel von Formen wie *voilà* gegenüber *voici* im Geschriebenen Französisch. Auch eine Übertragung dieser Opposition auf die Determinierer ist unseres Erachtens durchaus vertretbar, wie die "Artikeltheorie" Weinrichs zeigt. Wir können jedoch aufgrund unserer Arbeit und angesichts des hier zitierten Materials nicht aufrechterhalten, daß Intonationsfragen analog beispielsweise zu den anaphorischen Pronomen "rückwärtsverweisend" sind: "Sie (die Intonationsfrage) nimmt auf die Vorinformation Bezug. Deshalb nennen wir sie die anaphorische Assertionsfrage" (737). Man kann mit der Opposition "anaphorisch" versus "kataphorisch" wenig anfangen, wenn man beispielsweise die unterschiedliche Frageformulierung in den Interventionen 4. gegenüber 2. in (6), 5. gegenüber 3. in (8), 2. gegenüber 3. in (9)(das Gespräch hat am frü-

---

[1] Assertionsfrage = Entscheidungsfrage

hen Vormittag zwischen 7 und 9 Uhr stattgefunden), 6. gegenüber 7. in (39) sowie in den Kurzdialogen (25) gegenüber (26), (33) gegenüber (34) oder auch (35) gegenüber (36) erklären will. Ich kann hier keinen Unterschied bezüglich der Verweisrichtung, wie er aus den von Weinrich benutzten Termini zu entnehmen ist, feststellen. In einigen Fällen sind es sogar gerade die *est-ce que*-Fragen, die "auf die Vorinformation Bezug nehmen", insofern, als sich aus diesen Informationen die Fokussierung ergibt (wie z.B. in (6)), oder insofern, als ihnen ein vorbereitender Sprechakt oder vorbereitende Interventionen vorausgehen (wie z.B. in (5) oder (8)). Auch für die von Weinrich auf Seite 743 zitierten Beispiele für "kataphorische Assertionsfragen mit *est-ce que*"

(41) *et votre père, est-ce qu'il avait l'habitude de boire un coup de temps en temps?*

(42) *mais votre mère alors, est-ce qu'elle fumait beaucoup?*

lassen sich leicht "Vorinformationen" konstruieren, auf die sie in derselben Weise "Bezug nehmen" wie Intonationsfragen. Bei einer medizinischen Untersuchung könnte ein Arzt, nachdem er festgestellt hat, daß ein Patient schlechte Leberwerte und Schwierigkeiten mit der Atmung hat, fragen:

- *Vos parents sont encore en vie?*
- *Non.*
- *Et votre père, est-ce qu'il avait l'habitude de boire un coup de temps en temps?*
- *.....*
- *Mais votre mère alors, est-ce qu'elle fumait beaucoup?*
- *.....*[1]

Andererseits hat aber Weinrich, abgesehen von seiner im Hinblick auf die Anwendung irreführenden Terminologie, die unterschiedlichen Funktionen dieser beiden Fragetypen im Grunde durchaus auch im Sinne der Fokussierung mit *est-ce que* gesehen, wenn er einerseits mehrfach von "beiläufig gestellten" (737, 742) Intonationsfragen spricht, und andererseits von *est-ce que*-Fragen, die in "Situationen, in denen die Fragen besonderes Gewicht ha-

---

[1] Allein die Häufigkeit von Linksdislokationen in *est-ce que*-Fragesätzen, wie wir sie übrigens auch in (44)(weiter unten) beobachten können, spricht gegen die "Kataphorisierungs-Annahme", da Dislokationen oder Segmentierungen in erster Linie die Funktion der thematischen Verknüpfung wahrnehmen.

ben" (743) oder "mit größerem Nachdruck" (743) gestellt werden, wenn "über das nackte Ja oder Nein hinaus eine Information und Stellungnahme [...] gewünscht ist" (741). Auch für ihn handelt es sich um "zwei Arten [von] Assertionsfragen, die sich durch ihr Aufmerksamkeitsprofil unterscheiden" (736).

Obwohl die für unsere Fragestellung relevanten Ergebnisse der an sehr umfangreichem Fragenmaterial vorgenommenen Untersuchung von Behnstedt (1973) nicht überprüft werden können, da auch er seine Fragen nicht im Kontext (Makrostruktur) vorlegt, und obwohl auch hier eine Verbindung mit dem "présentatif" *c'est ... que* bzw. mit Pseudo-Cleftsätzen, wie sie eine satzinterne Analyse von *est-ce que*-Fragen nahelegt, nicht gesehen wird, stimmen auch seine Beobachtungen zumindest im Kern mit unseren Ergebnissen überein. Behnstedt schließt sich vor dem Hintergrund beeindruckender Mengen von *est-ce que*-Fragen und Intonationsfragen der Meinung von traditionellen Linguisten wie Le Bidois, Doppagne, Fromaigeat, Söll und Wandruszka an: "Die *est-ce que*-Frage wird unabhängig vom sozialen Kontext gebraucht. Vor allem in Opposition zur Intonationsfrage wird sie als Intensivform eingesetzt" (189). Vielleicht konnten wir hier etwas zur Präzisierung dieses verschwommenen traditionellen Begriffs der "interrogative intensity" (vgl. Söll 1971: 498) beitragen.

Vor dem Hintergrund der Ergebnisse unserer Untersuchung, d.h. grosso modo mit Hilfe des in erster Linie fokussierenden *est-ce que*, das bisweilen auch zur Themaankündigung bei Gesprächsbeginn oder zum Themenwechsel und auch zur höflichen Aufforderung dienen kann, läßt sich übrigens der von Behnstedt ermittelte hochsignifikant große Anteil der *est-ce que*-Frage in Rundfunksendungen (38,9 % gegenüber den 4,8 bis höchstens 10 % in seinem gesamten Korpus) erklären. In der aktuellen Sendung von J. Chancel "A qui ai-je l'honneur?" sind *est-ce que*-Fragen relativ häufig, da es für ihn darum geht, immer wieder neue Themenbereiche anzusprechen, um den in Politik, Kunst, Musik oder Show-Geschäft bekannten Prominenten, den er interviewt und dessen Stimme unkenntlich gemacht wurde, zu erraten.

Während hier offensichtlich die Themenwechselfunktion mit dem fokussierenden *est-ce que* im Vordergrund steht, läßt sich der

Gebrauch der *est-ce que*-Frage am Ende einer zur Zeit laufenden Frühsendung von France-Inter ausschließlich mit der Fokussierung erklären. Hier werden die Hörer um Stellungnahmen gebeten zu aktuellen Problemen des Tagesgeschehens. Eine Tagesmeldung über das Thema "künstliche Befruchtung" wird vom Sprecher verlesen und zum Anlaß genommen, die Problematik kurz aufzuzeigen. Er schließt dann ab mit:

> (43) ..... *Alors, je m'adresse à vous les hommes, est-ce que vous donneriez votre sperme à une banque de sperme?*

In einer weiteren Sendung am nächsten Tag wurde die Umweltschutzproblematik zunächst kurz angesprochen. Abgeschlossen wurde mit der Frage:

> (44) ..... *Vos arbres, est-ce qu'ils se portent bien?*

Die zur Erreichung des Ziels, möglichst viele Telefonanrufe zu bekommen, zentrale Frage wurde mit *est-ce que* formuliert. Die Hinführung zu diesen Fragen ist in beiden Fällen deutlich aus dem Kontext zu entnehmen. Die relative Häufigkeit von *est-ce que* in Rundfunksendungen wurde von Behnstedt - absolut vereinbar mit der hier herausgearbeiteten Fokussierungsfunktion - folgendermaßen erklärt:

> "[...] der hohe Anteil der *est-ce que*-Frage [erklärt sich] eben dadurch, daß in einem Interview im allgemeinen *gezielt* gefragt wird [...]. Im Interview ist die Frage *die Hauptsache* (auf Seiten des Interviewers), in der Alltagssprache ist sie nur ein Teil der Rede" (Behnstedt 1973: 190).

Wir wollen nun noch in gebotener Kürze, gewissermaßen als Zusammenfassung, auf den didaktischen Aspekt zu sprechen kommen. Erinnern wir uns, daß *est-ce que* nach unseren Ergebnissen in erster Linie der Fokussierung dient, daß dieses fokussierende *est-ce que* gelegentlich beim Gesprächsbeginn das Thema ankündigt bzw. einen Themenwechsel anzeigt, und daß dieses fokussierende *est-ce que* schließlich vor allem in Dialogen, die nur aus einem "échange" bestehen, häufig in höflicher Form Aufforderungen, Anliegen usw. ausdrückt. Wenn wir einmal die Themaankündigungs- bzw. Themenwechselfunktion unberücksichtigt lassen, können wir aus didaktischer Sicht die Tatsache ausnutzen, daß *est-ce que*-Fragen in der Regel zwischen untergeordneten Sprechakten oder zwischen Vorgänger- und Nachfolgerinterventionen des Fragers auftauchen, die ganz spezifische interaktive Funktionen haben: Die untergeordneten Sprechakte bzw. die Vorgänger- und Nachfolgerinterventionen schaffen einerseits die Voraussetzungen (Vorbereitungsfunktion, "le préalable") und liefern andererseits eine Rechtfertigung ("l'explication") für die Informationsfragen, Bitten, Aufforderungen oder auch Angebote, die mit *est-ce que* fokussiert werden. Bisweilen sind "préalable" und Rechtfertigung zugleich im Text vorhanden, sehr häufig aber nur entweder das eine oder das andere. Ein Inventar der möglichen formalen Realisierungen (Satztypen, Indikatoren, Konnektoren etc.) wäre zu erstellen. Innerhalb einer einzigen Intervention würde dies etwa zu einem Schema wie (45) führen:

(45)

Vorbereitung ("préalable")	Kernfrage (Fokus)	Rechtfertigung ("explication")
Je me pose la question *Voilà mon propos* *Ça me pose le problème* *Je me demande (vraiment)* ({ *Si* / *Quand* / *Puisque* / *Comme* / *Lorsque* })	*Est-ce que ...?*	(...) { *tu sais* / *vous savez* } (...) .... ({ *Parce que* / *Car* } .....) .....

( ) = fakultativ; .... = Proposition; (...) = Teil einer Proposition

Dieses Schema, das noch erweitert werden müßte, läßt sich beispielsweise bei der Analyse der Intervention von A in (37), bei der mit 3. gekennzeichneten Intervention von A in (7), bei der mit 3. gekennzeichneten Intervention von M in (8) und bei der mit 7. gekennzeichneten Intervention von A in (39) erkennen. Hier ist die *est-ce que*-Frage jeweils als dominierender *Sprechakt* zu analysieren. - Entsprechend könnte man sich ein Schema vorstellen, in dem die drei Schritte Vorbereitung - Kernfrage - Rechtfertigung *Interventionen* entsprechen, und die *est-ce que*-Frage als dominierende *Intervention* zu analysieren ist. Aus der Sicht des den Dialog führenden Sprechers wäre exakt diese Reihenfolge der Schritte (diesmal Interventionen) beizubehalten, es würden sich jedoch Interventionen des Partners dazwischenschieben. Ein solches, aus der Sicht des Protagonisten kaum zu modifizierendes Schema läßt sich beispielsweise bei der Analyse von (38) und (5), wo jeweils vorbereitende Interventionen der *est-ce que*-Frage vorausgehen, sowie von (6),(8) und (10), wo jeweils rechtfertigende Interventionen nachfolgen, erkennen.

Diese Schemata können jedoch nur eine zusätzliche Hilfe sein, die globale Anleitungen wie "Stelle in einem Dialog, in der Rolle des Gesprächsführers und Fragers, die Kernfrage mit *est-ce que*!" bzw. "Achte bei der Dialogtextanalyse besonders auf die zentralen *est-ce que*-Fragen!" ergänzen sollte. Auch eine weitere Anleitung wie "Willst du in einem Gespräch die Aufmerksamkeit des oder der Gesprächspartner in Form einer Frage auf ein neues Thema lenken, formuliere mit *est-ce que*!" wäre denkbar. Oder auch aufgrund der häufigen Kopplung von Sprechakten, die keine Informationsfragen bilden, mit dem fokussierenden *est-ce que* eine Anleitung wie: "Bitten, Aufforderungen, Angebote, Nachfragen, Anliegen und ähnliche Akte werden in Kurzdialogen häufig mit einer *est-ce que*-Frage ausgedrückt, besonders, wenn dies höflich, aber doch mit Bestimmtheit und Nachdruck geschehen soll".

Literatur

Ashby, W. J., 1977. "Interrogative Forms in Parisian French", in: *Semasia* 4, 35 - 52.

Behnstedt, P., 1973. *Viens-tu? Est-ce que tu viens? Tu viens? Formen und Strukturen des direkten Fragesatzes im Französischen*, Tübingen.

Davoine, J. P., 1981. "Tu sais! c'est pas facile", in: *Linguistique et Sémiologie: L'Argumentation*, Lyon, 109 - 124.

Franck, D., 1980. *Grammatik und Konversation*, Königstein/Ts.

Gülich, E., Th. Kotschi, 1983. "Les Marqueurs de la Reformulation Paraphrastique", in: *Cahiers de Linguistique Française* 5, 305 - 351.

Kallmeyer, W., F. Schütze, 1976. "Konversationsanalyse", in: *Studium Linguistik* 1, 1 - 28.

Kallmeyer, W., 1978. "Fokuswechsel und Fokussierungen als Aktivitäten der Gesprächskonstitution", in: R. Meyer-Hermann (Hg.), *Sprechen - Handeln - Interaktion*, Tübingen, 191 - 241.

Pike, K. L., 1954. *Language in Relation to a Unified Theory of the Structure of Human Behavior*, Part I, Glendale/Calif., Summer Institute of Linguistics.

Pike, K. L., 1964. "Towards a Theory of the Structure of Human Behavior", in: D. Hymes (Hg.), *Language in the Culture and Society*, New York, 54 - 62.

Pike, K. L., 1971. *Language in Relation to a Unified Theory of the Structure of Human Behavior*, The Hague.

Pohl, J., 1965. "Observations sur les formes d'interrogation dans la langue parlée et dans la langue écrite non littéraire", in: *Actes du Xe Congrès international de linguistique et philologie romanes, Strasbourg 1962*, Paris, 501 - 516.

Rehbein, J., 1976. *Planen I: Elemente des Handlungsplans. Planen II: Planbildung in Sprechhandlungssequenzen*, Trier (Linguistic Agency University of Trier), vervielfältigt.

Roulet, E., 1981. "Echanges, interventions et actes de langage dans la structure de la conversation", in: *Etudes de Linguistique Appliquée* 44, 7 - 39.

Seelbach, D., 1982. "Dislokation im französischen Satz und Text", in: *IRAL* XX/3, 193 - 216.

Seelbach, D., 1983. *Linguistik und französischer Grammatikunterricht. Eine Einführung für Lehrende und Studierende*, Tübingen.

Söll, L., 1971. "Der neufranzösische direkte Fragesatz in einem Corpus der Kindersprache", in: E. Coseriu und W.-D. Stempel (Hg.), *Sprache und Geschichte. Festschrift für Harri Meier zum 65. Geburtstag*, München, 493 - 506.

Söll, L., 1980. *Gesprochenes und geschriebenes Französisch*, Berlin.

Weinrich, H., 1982. *Textgrammatik der französischen Sprache*, Stuttgart.

Material:

Bonjour la France
    Eigene Aufnahmen von Frühsendungen des Senders France-Inter aus den Jahren 1978/1979.

Bufe, W., R. Batz, A. Kraif
    Le français chez les Français. Materialien zum Hörverstehen.
    Bonn/Frankfurt 1980 (Dokument 7)

Orléans
    Orléans-Corpus, vgl. Blanc, M., P. Biggs, "L'enquête sociolinguistique sur le français parlé à Orléans", in: *Le Français dans le Monde* 84, Déc. 1971, 16 - 25.

Mitschnitte von Telefongesprächen
    eines Investmentclub-Vertreters aus dem Jahre 1978.

Außerdem wurden Beispiele entnommen aus:

Etudes de Linguistique Appliquée 44, Paris 1981.

Moeschler, J., 1982. *Dire et contredire. Pragmatique de la négation et acte de réfutation dans la conversation*, Bern.

ZU DEN FRAGETYPEN IM FRANZÖSISCHEN
Koreferat zum Beitrag von Dieter Seelbach[1]

Harald Weydt

1. Im Französischen wie in den anderen Sprachen, die mir bekannt sind, gibt es zwei Fragetypen: die sogenannte "Entscheidungsfrage" und die "Bestimmungsfrage". Ihr gemeinsames Merkmal ist die Interrogativität: Sie stellen eine Aufforderung an den Gesprächspartner dar, eine vom Fragenden bezeichnete Informationslücke zu schließen. Diese Informationslücke ist in beiden Frageformen verschieden.

In der Bestimmungsfrage gibt es im propositionalen Gehalt selbst eine Lücke. Der propositionale Gehalt ist so formuliert, daß die Lücke einem Satzglied (außer dem Prädikat) entspricht. In diesem Satzteil wird sie durch ein pronominales, und zwar durch ein interrogativisch pronominales Element ausgedrückt. Der, an den die Bestimmungsfrage gerichtet ist, wird aufgefordert, die fehlende Information zu ergänzen. Es ist nicht zweifelhaft, "fraglich", ob der propositionale Gehalt zutrifft. Bei *Où vas-tu?* ist fraglich, *wohin* der Betreffende geht, nicht *daß* er geht.

In der Entscheidungsfrage dagegen besteht kein Informationsbedarf bezüglich des propositionalen Gehaltes; dieser ist vollständig und bedarf keiner Ergänzung. Was der Fragende wissen möchte, ist, ob das dem propositionalen Gehalt Entsprechende überhaupt zutrifft. Mit *Est-ce que tu viendras vendredi?* bittet man um eine Bestätigung für den genannten Sachverhalt. Man legt dem Gesprächspartner diesen sozusagen zur Ratifizierung vor.[2]

2. Im folgenden möchte ich mich auf die Erörterung der Entscheidungsfrage beschränken.

---

1   Für fruchtbare Diskussionen zu diesem Thema danke ich Elke Hentschel.
2   Zu diesem Unterschied siehe z.B. Hentschel/Weydt (1983: 267 ff.) und Weinrich (1982: 735 - 741).

Im Französischen gibt es für die Entscheidungsfrage drei typische Formen:

    a) die Intonationsfrage; sie gleicht syntaktisch und orthographisch dem entsprechenden Assertionssatz. Bei Weinrich wird sie die "Assertionsfrage" genannt (1982: 735): *Tu viens?* Beide Termini werden im folgenden synonym gebraucht.

    b) die durch *est-ce que* eingeleitete Frage *Est-ce que tu viens?*

    c) die Inversionsfrage, bei der die Reihenfolge Subjekt-Prädikat gegenüber dem Assertionssatz vertauscht ist.

In seiner Analyse geht Seelbach auf die Inversionsfrage nicht ein. Sie kommt auch in seinem Korpus nicht vor. Er beschäftigt sich also nur mit dem Gegensatz zwischen Intonations- und *Est-ce que*-Frage. Dabei stellt er die These ("Hypothese") auf, daß die *est-ce que*-Frage eine bestimmte Textfunktion erfülle, die der "Fokussierung". Er nimmt an, daß *est-ce que* dazu dient, den "dominierenden thematischen Aspekt des Gesprächs" zu zentrieren. Er möchte an Beispielen aufzeigen, daß das *est-ce que*-Morphem mit der "Wiederaufnahme dieser zentralen Frage" zusammenfällt, die "wesentlich für den gesamten Gesprächsverlauf" ist. Solche Fragen beträfen die Gesamtproblematik des Gesprächs. Die Richtigkeit dieser Behauptung soll an verschiedenen Dialogen wiederholt gezeigt werden.

Die Intonationsfrage, die weitaus häufiger ist, wird demgegenüber nicht charakterisiert; aus dem Gesagten geht hervor, daß sie für die "normale", nicht speziell "fokussierende" Form gehalten wird.

An dieser Stelle werden die Grenzen der Korpusanalyse und dessen deutlich, was man "empirisches Verifizieren von Hypothesen" nennen kann. Das Problem besteht zunächst darin zu erkennen, wann ein Korpus von mehreren Gesprächen repräsentativ für alle Gespräche ist. Kaum jemand, auch Seelbach nicht, wird allein auf die vorliegenden Gespräche (5) bis (11) und (39), (40) diese Behauptungen aufbauen. Eher haben sie den Status, als besonders eindrucksvolle Beispiele die intuitiv gewonnen Überzeugungen im allgemeinen plausibel zu machen. Der Linguist kennt Gespräche im Französischen im allgemeinen (und nicht nur diese neun) und vermutet, daß *est-ce que*-Fragen mit den zentralen Themen des Gesprächs zusammenhängen.

Eine zweite Schwierigkeit bei ausschließlicher Korpusanalyse besteht darin, daß man immer "hinter den Formen herjagt", ihnen nie "voraus ist". Hat man eine "Fokussierungsthese", so ist man leicht geneigt, die betreffende Stelle als im Gespräch zentral zu interpretieren. In den hier vorgeführten Gesprächen halte ich es in fast jedem Fall für zweifelhaft, daß die *est-ce que*-Frage mit dem Gesprächszentrum zusammenfällt. So kommt mir in (8) die Frage 3, *Est-ce que je peux vous demander*, keineswegs zentral vor, jede andere könnte mit mindestens gleichem Recht als zentral gelten. Auch 7 in (39) der Vorschlag, das Glockenspiel im Radio zu bringen, *Est-ce que vous pourriez pas nous jouer un jour le ... notre générique au carillon?*, ist von Seiten des Interviewers mehr aus Höflichkeit gesagt, als daß es sein Hauptanliegen darstellte. Der Interviewer scheint eher erleichtert, von diesem Vorschlag wieder wegzukommen. So kann man im Patt enden, wenn man diskutiert, ob in (6) nicht die Frage *Vous allez vous installer à la campagne?* zentraler ist als *Est-ce que vous allez abandonner votre métier en vous mariant?*.

Ergiebiger als diese Methode der nachvollziehenden Interpretation oder zumindest wichtig als Ergänzung ist es, das tatsächliche Wissen des Linguisten als eines Sprechers zu aktivieren. Dazu könnte man beispielsweise feststellen, daß an gewissen Stellen die *est-ce que*-Frage *nicht* stehen kann; z.B. nicht anstelle von *Ça vous intéresse pas?* in (7) (in der Funktion als Wiederholungsfrage), und man müßte versuchen, die Gründe dafür zu formulieren.

In einer Sprecherbefragung sieht Seelbach seine "Hypothese" von der Fokussierungsfunktion der *est-ce que*-Frage bestätigt: Sprecher haben (vgl. Abschnitt 6) *est-ce que*-Morpheme in die Texte, in denen diese Morpheme zuvor gelöscht worden waren, mit guter Treffsicherheit wieder da eingesetzt, wo sie ursprünglich gestanden hatten. Das ist insofern, als es beweist, daß die Frageformen nicht willkürlich, sondern nach sprachlichen Regeln gesetzt werden, ein interessantes Ergebnis. Es sagt aber nichts über die Richtigkeit der Fokussierungsthese aus, denn die taucht in dem Experiment gar nicht auf. Um sie zu überprüfen, hätte man anders vorgehen müssen: Man hätte zum Beispiel Informanten, die die These nicht kennen, fragen können, wo ihrer

Meinung nach das Wichtigste in dem Gespräch gesagt wird. Man hätte dann prüfen können, ob dort auch die *est-ce que*-Fragen auftauchen.

Auch wenn ein solches Experiment positiv ausgegangen wäre, wäre nicht bewiesen, daß es die Funktion des *est-ce que*-Morphems ist, zentrale Fragen zu kennzeichnen. Es mag nämlich sein, daß sich statistisch ergibt, daß *est-ce que*-Fragen häufiger an len Gesprächsstellen erscheinen als an anderen; das ist erwarten. Doch handelt es sich dabei nicht um einen direkten Kausalzusammenhang, sondern um einen indirekten: Die direkte Funktion der *est-ce que*-Frage ist nicht, die Fokussierung auszudrücken, sondern - wie noch zu zeigen ist - lediglich die, die Frage als Frage herauszustellen ("Fragemarkiertheit"). Dies kann dann innerhalb eines Gesprächs zur Kennzeichnung zentraler Punkte benutzt werden.

3. Zunächst soll aber noch auf die Auffassung von Harald Weinrich zum System der Frageformen im Französischen eingegangen werden (1982: 734 - 748). Für Weinrich sind die Fragetypen durch die Opposition "anaphorisch" vs. "kataphorisch" bestimmt. Die Intonationsfrage ist anaphorisch: Sie nimmt auf die Vorinformation Bezug; sie ist außerdem oft beiläufig, und der Sprecher erwartet eher eine bejahende als eine verneinende Antwort (737). Dagegen seien die Inversionsfrage und die *est-ce que*-Frage "kataphorisch". Sie treten besonders am Gesprächsanfang auf (im Unterschied zur Meinung Seelbachs, der die zentralen Gesprächsstellen für besonders häufige Stellen hält), zielen aber im Gegensatz zu der anaphorischen Frage auf mehr als nur ein nacktes *oui* oder *non* ab. Das Informationsdefizit soll durch eine längere Antwort "großzügig beseitigt" werden (742).

4. Was die rein statistisch in Texten feststellbaren Fakten betrifft, so möchte ich den Behauptungen der beiden Autoren nicht widersprechen. Nur glaube ich nicht, daß der Unterschied zwischen Intonationsfrage einerseits und *est-ce que*-Frage andererseits semantisch mit dem zwischen "anaphorisch" und "kataphorisch" oder zwischen "normal" (bzw. "marginal") und "zentral" identisch ist.

Eine gewisse statistische Korrelation zwischen *est-ce que*-Frage und Kataphorik oder zentraler Stelle und Intonationsfrage und Anaphorik mag sich indessen aus dem wirklichen Unterschied ergeben.

Ich möchte deshalb einen etwas anders lautenden Interpretationsvorschlag zum Verhältnis der Fragetypen im Französischen machen, kann ihn allerdings noch nicht durch empirische Untersuchungen absichern. In diesem Zusammenhang ist es von Interesse, das Deutsche mit zum Vergleich hinzuzuziehen. Ich beschränke mich dabei auf die Entscheidungsfrage.

Mir scheinen die Verhältnisse im Französischen anders zu liegen als im Deutschen. Zunächst lassen sich zwei Gruppen unterscheiden: die "unmarkierten" Fragen (Intonationsfragen oder Assertionsfragen), die syntaktisch dem Aussagesatz entsprechen, und die "markierten" Fragen (zu diesen gehören im Französischen die *est-ce que*-Fragen und die Inversionsfragen, im Deutschen nur die Inversionsfragen).

4.1 Wenn man die in Gesprächen vorkommenden Entscheidungsfragen nach der Wahrscheinlichkeit einteilt, mit der eine positivbestätigende Antwort erwartet wird, so lassen sie sich nach dieser Wahrscheinlichkeit auf einem Kontinuum verteilen. Dieses hat als einen Pol die feste Assertion (Wahrscheinlichkeit $p = 1$) und auf der anderen Seite die ganz offene Entscheidungsfrage, auf die ebenso sehr *ja* wie *nein* als Antwort erwartet wird (Wahrscheinlichkeit $p = 0,5$)[1]. Im Französischen wird - wenn ich mit meinen Beobachtungen recht habe - der gesamte Bereich von der Assertion bis zur völlig offenen Frage von der Assertionsform abgedeckt. Sätze, die, syntaktisch gesehen, Assertionssätze des Typs *Tu viens avec nous, C'est cher, Tu as bien compris ce que je dis* sind, können, je nach Kontext und mit entsprechender Intonation, als feste Assertionen, als leise zweifelnde Assertionen bis hin zu ganz offenen Entscheidungsfragen eingesetzt werden.

Im Deutschen kann die Assertionsform nur im Bereich der As-

---

[1] Das Kontinuum setzt sich über $p = 0,5$ hinaus fort bis zu $p = 0$. Dieser Bereich hat zwar auch seine sprachlichen Merkmale, ist jedoch für den hier behandelten Zusammenhang nicht relevant.

sertion, der hohen Wahrscheinlichkeit, eingesetzt werden, nicht im Bereich der offenen Frage. Man trifft deshalb die Assertionsfrage im Deutschen wie im Französischen in typischen Verwendungen, die dem Assertionsbereich entsprechen. Beispiele zu zwei typischen Verwendungsweisen:

- in Wiederholungsfragen:

    A: *Ça ne m'intéresse pas.*
    B: *Ça ne vous intéresse pas?* (Seelbach (7),1)

    Deutsche mögliche Entsprechung:

    A: *Das interessiert mich nicht.*
    B: *Das interessiert Sie nicht?*

- in "erstaunten" Entscheidungsfragen des Typs:

    Sie sind also der Dieter Seelbach?
    Was, du fährst nach China?
    Wie, du hast schon gegessen?

    Französische Entsprechungen:

    Alors, c'est toi, Dieter?
    Comment, tu vas en Chine?
    Ah, tu as déjà mangé?

Dabei sind in der erstaunten Entscheidungsfrage zwei gegenläufige Erwartungen impliziert, von denen die zweite für die Wahl der Assertionsfrage verantwortlich ist:

- eine ursprüngliche Erwartung, die dem Gegenteil des propositionalen Gehalts der Frage entspricht, und
- eine wie auch immer zustande gekommene Einsicht des Sprechers, daß es so ist, wie im propositionalen Gehalt ausgedrückt. Am Beispiel: Wenn ich mir Dieter Seelbach klein und zierlich vorgestellt habe und nun mit einem Hünen spreche, und er sagt mir, er sei Dieter Seelbach, dann kann ich erstaunt fragen: *Was, Sie sind der Dieter Seelbach?* Dazu kann die Assertionsfrage benutzt werden, weil mein Erstaunen bereits voraussetzt, daß ich das betreffende Faktum akzeptiert habe; sonst könnte ich nicht erstaunt sein.

Im offeneren Bereich läßt sich im Französischen weiterhin die Assertionsfrage verwenden, im Deutschen nicht: So kann man jemanden vor die Alternative stellen: *Alors, tu viens, oui ou non?* Die Assertionsfrage wird in diesem Kontext im Deutschen nicht eingesetzt: **Du kommst, ja oder nein?*; *Kommst du nun, ja oder nein?*[1]

---

1 Ich verwende ein *, wenn der Satz ungrammatisch ist, zwei **, wenn er im angegebenen Kontext nicht gesagt werden kann.

In einem Schema läßt sich der Unterschied zwischen dem Französischen und dem Deutschen folgendermaßen verdeutlichen:

Abb. 1

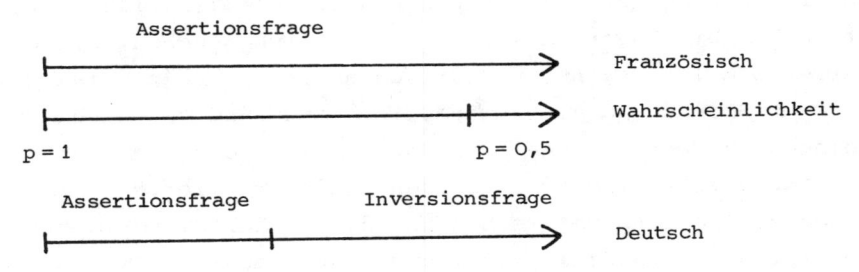

```
         Assertionsfrage
        |──────────────────────────>         Französisch
        |────────────────────|─────>         Wahrscheinlichkeit
       p = 1                p = 0,5
      Assertionsfrage   Inversionsfrage
        |───────────────|──────────>         Deutsch
```

Die markierten Fragen scheinen in dieser Hinsicht im Deutschen und im Französischen gleich strukturiert zu sein. Die beiden markierten Fragen (Inversionsfrage und *est-ce que*-Frage) werden im Französischen - ebenso wie die deutsche Inversionsfrage - nur eingesetzt, wenn keine feste Antworterwartung besteht, d.h., wenn deutlich eine Frageintention vorliegt. Deshalb wäre es im schon zitierten Beispiel von Seelbach

    A: *Ça ne m'intéresse pas.*
    B: *Ça ne vous intéresse pas?*

kaum möglich, die Assertionsfrage durch eine markierte Frage zu ersetzen:

    B: ✗ *Est-ce que cela ne vous intéresse pas?* oder
       ✗ *Cela, ne vous intéresse-t-il pas?*

Wenn man die markierten Fragen mit einbezieht, sieht das vergleichende Schema des Französischen und des Deutschen folgendermaßen aus:

Abb. 2

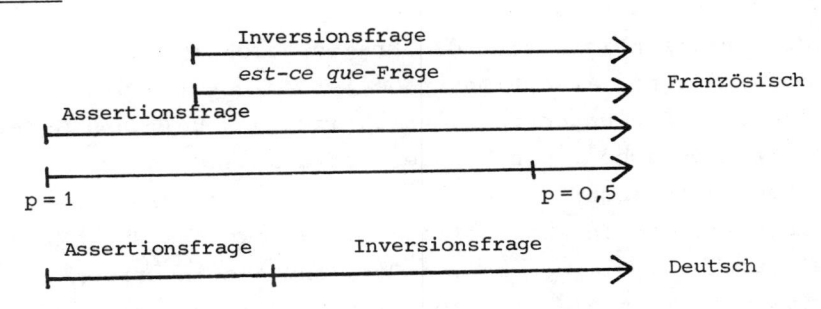

```
                  Inversionsfrage
              |──────────────────────>
              est-ce que-Frage
              |──────────────────────>         Französisch
        Assertionsfrage
        |────────────────────────────>
        |────────────────────|───────>
       p = 1                p = 0,5
      Assertionsfrage   Inversionsfrage
        |───────────────|────────────>         Deutsch
```

Der Unterschied zwischen dem Französischen und dem Deutschen besteht also darin, daß im Französischen für den "offenen" Bereich drei Formen zur Verfügung stehen, im Deutschen nur eine.

Die drei Formen des Französischen unterscheiden sich u.a. in der Stilhöhe. Die Inversionsform ist deutlich gehoben, die unmarkierte Form ihr gegenüber deutlich niedrig, während die *est-ce que*-Form der Stilhöhe gegenüber indifferent ist und in beiden Bereichen eingesetzt werden kann. Ein Unterschied bezüglich der Antworterwartung läßt sich zwischen den beiden markierten Formen nicht feststellen. Schematisch sehen die Verhältnisse im offenen Bereich für das Französische folgendermaßen aus:

Abb. 3

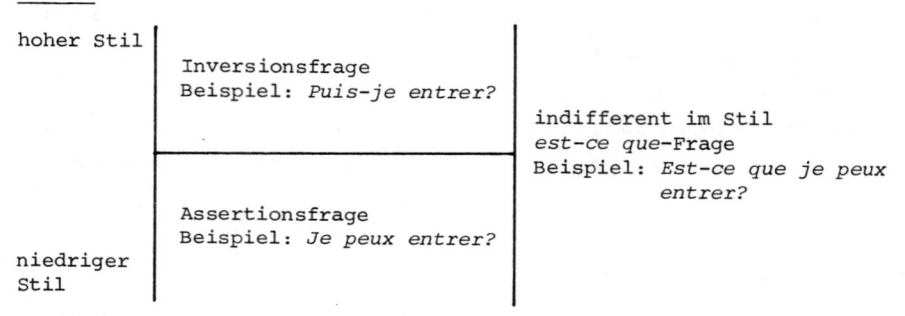

hoher Stil	Inversionsfrage Beispiel: *Puis-je entrer?*	indifferent im Stil *est-ce que*-Frage Beispiel: *Est-ce que je peux entrer?*
niedriger Stil	Assertionsfrage Beispiel: *Je peux entrer?*	

Die Beispiele erklären auch, warum eine Inversionsfrage ** *Peux-je entrer?* und eine Intonationsfrage ** *Je puis entrer?* nicht möglich sind: Die Inversionsfrage gehört zu einer hohen Stillage; sie verlangt die Wahl einer damit verträglichen Verbvariante. Die Assertionsfrage gehört entsprechend zu einer niedrig anzusiedelnden Form. Das erklärt auch, warum in den von Seelbach untersuchten, betont "lockeren" Radiogesprächen keine Inversionsfragen vorkommen und es lediglich um die Opposition *est-ce que*-Frage vs. Assertionsfrage geht.

Außerdem unterscheiden sich die Fragen durch ihren "interrogativen Aufwand". Die Assertionsfrage ist am unaufwendigsten und unauffälligsten. Sie entspricht syntaktisch der üblichen S-V-(O)-Folge des Französischen. Ein höherer Aufwand wird in den markierten Typen getrieben: Die *est-ce que*-Frage hat das einleitende Fragemorphem, die Inversionsfrage die ungewohnte Subjekt-Prädikat-Vertauschung. Die *est-ce que*-Form und die Inversion werden dann eingesetzt, wenn die Interrogativität unterstrichen werden soll. Dadurch wird die Frage in ihrem Charakter als Aufforderung zur Antwort hervorgehoben.

4.2 Das erklärt auch die Fakten, die den Thesen von Seelbach (Fokussierungsfunktion) und Weinrich (Kataphorik der *est-ce que*-Frage, Anaphorik der Assertionsfrage) zugrunde liegen. Beide Thesen betreffen nur Korrelationen von beobachtbaren und mittelbar zusammenhängenden Phänomenen; sie dringen nicht bis zu deren unmittelbarem Zusammenhang vor.

Fokussierung: Die "zentralen" Punkte eines Gesprächs gehören zu den Stellen, an denen man stark markierte Fragen einsetzen kann. Jedoch können markierte Fragen auch an anderen Stellen vorkommen. Weinrich erwähnt im Gegensatz zu Seelbach als bevorzugten Platz der *est-ce que*-Frage den Gesprächsbeginn. Fragen können sehr drängend sein, ohne "zentral" in bezug auf das Gesprächsthema zu sein. In manchen Gesprächen mag es mehrere Zentren geben, und es kann durchaus zentrale Fragen geben, die nicht markiert sind.

Die Gleichsetzung von *est-ce que*-Fragen und kataphorischen Fragen einerseits und Assertionsfragen und anaphorischen Fragen andererseits trifft desgleichen allenfalls eine Korrelation. Weinrich teilt mit seiner Unterscheidung die Fragen in solche ein, in denen das Vorhergehende dominiert (Anaphorik), und solche, in denen außerdem der kataphorische Bezug spürbar ist. Das ist etwas irreführend, denn jede Frage hat anaphorische und kataphorische Elemente: Alle entspringen zeitlich vorhergehenden Kontextteilen und zielen auf ihnen folgende Kontextteile. In allen Fragen bemüht sich der Sprechende, die folgenden Teile vorzustrukturieren. Ein scharfes *Entweder - Oder* ist so nicht gegeben. Eine dieser Unterscheidung entsprechende statistische Verteilung der Fragetypen wird durch ihre Struktur in der Tat begünstigt. Die Fragen im Bereich hoher p-Werte zielen im allgemeinen nicht intensiv auf eine Antwort ab; oft stellen sie vor allem Reaktionen auf Vorhergehendes dar:

C'est comme ça qu'on travaille?!? (als Vorwurf).

Andererseits eignen sich die *est-ce que*-Fragen aufgrund ihrer besonderen Markiertheit dazu, wichtige Fragen zu stellen; und diese verlangen natürlich oft ausgiebige Antworten.

In einer Tabelle seien noch einmal die Merkmale der drei Formen von Entscheidungsfragen zusammengefaßt:

	Stilhöhe	Fragemarkiertheit	besonderer syntaktischer Aufwand	positive Antworterwartung
Assertionsfrage	niedrig (nur im offenen Bereich)	-	nein	hoch
est-ce que-Frage	indifferent	+	Fragemorphem	"offen"
Inversionsfrage	hoch	+	P-S-Folge	"offen"

Diesem komplizierten System des Französischen entspricht im Deutschen nur eine Opposition: positive Antworterwartung (ausgedrückt durch Assertionsfragen) vs. offene Fragehaltung (Inversionsfrage).

Literatur

Hentschel, E., H. Weydt, 1983. "Der pragmatische Mechanismus: denn und *eigentlich*", in: Weydt, H. (Hg.), *Partikeln und Interaktion*, Tübingen, 263 - 273.

Weinrich, H., 1982. *Textgrammatik der französischen Sprache*, Stuttgart.

ENFIN, J'AI ÉVALUÉ ÇA, VOUS SAVEZ, À QUELQUE CHOSE PRÈS, QUOI[1]

Klaus Hölker

1. Vorbemerkung, die eigentlich eine Nachbemerkung ist

Auf dem Romanistentag 1983 in Berlin, in der Sektionsdiskussion über mein Papier "*quoi* als diskursorganisierende Partikel im gesprochenen Französisch"[2], aber auch in Gesprächen mit Kolleginnen und Kollegen in Konstanz[3], habe ich eine ganze Reihe von kritischen Anregungen zur Analyse von *quoi* und von Marqueurs überhaupt bekommen. Teilweise beruhte diese Kritik aber auch auf Mißverständnissen, die wohl meinen knappen und manchmal auch vagen Formulierungen zuzuschreiben sind. Bei diesem gegenwärtigen Stand der Diskussion erscheint es mir dennoch wenig sinnvoll, den Artikel völlig neu zu bearbeiten, weil die Berücksichtigung der Anregungen im wesentlichen zu einer Bereicherung um Details führen würde, z.B. zu einer genaueren Darstellung der Syntax von *quoi* oder spezieller kontextabhängiger Verwendungen von *quoi* (In welchen Kontexten bedeutet X + *quoi* soviel wie 'X ist der Punkt, den ich machen wollte/will'? u.a.m.), was aber nichts grundlegend Neues zur Klärung der Funktionsweise(n) von *quoi* beitragen würde. Denn trotz aller Kritik halte ich meine Analyse nach wie vor für zutreffend. Es ist deshalb sinnvoller, so denke ich, einige Klärungen zu bringen, um die erwähnten Mißverständnisse auszuräumen. Dies soll hier in der Form geschehen, daß ich meine Überlegungen mit denen in E. Gülich (1970) und B. Thielmann (1982)[4] vergleiche.[5]

---

[1] Ich danke allen, die sich für mich mit *quoi* beschäftigt haben, insbesondere Pierre Bange (Lyon II) und Christoph Schwarze (Konstanz), die mir durch ihre Kritik bei der Erstellung dieses Aufsatzes sehr geholfen haben.
[2] Der Aufsatz ist inzwischen erschienen in: *Linguistische Berichte* 92 (1984), 46 - 59.
[3] Ich danke insbesondere Anna Zenone für ihre ermutigende Kritik.
[4] Ich danke Barbara Thielmann und Thomas Kotschi dafür, daß sie mir ein Exemplar der Arbeit überlassen haben.
[5] Siehe Abschnitt 10: Nachlese.

2. Ziel

Daß es eine Verwendung von *quoi* als diskursorganisierende Partikel im Französischen gibt, ist nicht neu. Dies läßt sich mit etwas Einfallsreichtum sogar feststellen, wenn man gute Wörterbücher wie z.B. den "Grand Robert" (Robert 1959 - 1964) aufschlägt. Ferner hat Gülich (1970) zu *quoi* gezeigt, daß es als Schlußpartikel fungiert; nur nennt sie sie nicht "diskursorganisierende Partikel", sondern spricht von einem "Gliederungssignal (in der Makrosyntax)". Es wäre daher müßig, noch einmal zu zeigen, daß *quoi* als diskursorganisierende Partikel im Französischen verwendet wird. Ich werde hier vielmehr versuchen aufzuzeigen, wie *quoi* als Schlußpartikel funktioniert.[1] Als ein m.E. nicht unwichtiges Nebenprodukt wird dabei eine etwas präzisere Verwendungsregel für *quoi* abfallen, als man sie in Lexika findet.

3. Vorgehensweise

Einmal auf das häufige Vorkommen von *quoi* aufmerksam geworden, habe ich zunächst in Wörterbüchern und Grammatiken nachgeschlagen, denn das schien mir der normale Weg zu sein, um etwas über die Verwendungen von Wörtern herauszubekommen. Das Resultat war, daß Grammatiken und Lexika *quoi* als diskursorganisierende Partikel oft gar nicht erwähnen.

Aus den Erklärungen, die ich dann schließlich in einigen Wörterbüchern[2] gefunden habe, bin ich nicht so recht schlau geworden. Normalerweise hätte ich es dabei bewenden lassen. Da *quoi* aber im gesprochenen Französisch[3] sehr oft verwendet wird, und

---

[1] Ein weiteres Ziel, das ich bei der Analyse von *quoi* verfolgt habe, war zu sehen, wie man ein Korpus gesprochener Dialoge einsetzen kann, wie hilfreich oder wie hinderlich ein solches Korpus bei der Beobachtung eines Phänomens in der gesprochenen Sprache sein kann, über das man erst wenig weiß.

[2] Siehe Abschnitt 5: Wörterbücher.

[3] Das gesprochene Französisch wird teilweise dem literarischen Französisch gegenübergestellt und daraus die Konsequenz gezogen, die Beschäftigung mit dem gesprochenen Französisch sei irrelevant für den literarisch Interessierten. Nur frage ich mich, wie man Texte von Aragon oder Céline lesen will, wenn man keine Kompetenz im gesprochenen Französisch besitzt. Hier scheint mit ein Umdenken dringend erforderlich, ein Umdenken, das sich

zwar nicht nur auf einem familiären Sprachniveau, wie die Wörterbücher meinen, und mich dieses Phänomen während eines Aufenthaltes in Frankreich stark verunsichert hat, wollte ich's wissen.

Ich habe dann die Lexikoneinträge für *quoi* mit den Vorkommen von *quoi* in einem zehn Stunden langen Korpus von Arzt-Patient-Gesprächen verglichen, das in einer nord- und einer südfranzösischen Stadt zusammengestellt worden ist, und habe die Vorkommen untereinander verglichen. Dadurch ist es mir, so glaube ich, gelungen, etwas klarer zu sehen, wie *quoi* als Partikel funktioniert.

Um schließlich Klarheit über strittige Fälle zu gewinnen und zu einer möglichst präzisen Beschreibung der Verwendungsbedingungen zu kommen, habe ich Vorkommen von *quoi* mit konstruierten sprachlichen Kontexten Französinnen und Franzosen vorgelegt mit der Bitte, Situationen anzugeben, in denen solche Äußerungen möglich sind. Auf diese Weise habe ich z.B. eine Entscheidung darüber herbeiführen können, ob *quoi* beliebige Aufzählungen abschließen kann, wie es der Petit Robert nahelegt[1], oder ob diese Aufzählungen nicht eine bestimmte Struktur aufweisen müssen.

4. Zum Konzept der diskursorganisierenden Partikel

Mit "diskursorganisierend" beziehe ich mich auf eine bestimmte Funktion, die sprachliche Einheiten in Texten haben können, und zwar auf die Funktion, Textabschnitte oder die Position von Textkonstituenten relativ zum Gesamttext oder lokal zu Textabschnitten zu kennzeichnen.

In der gegenwärtigen französisch-sprachigen linguistischen Literatur fallen diskursorganisierende Einheiten unter die sogenannten "marqueurs"/"marqueurs pragmatiques", wobei "pragmatiques" andeuten soll, daß sie die Funktion haben, die Rolle von Äußerungen in sprachlichen und nicht-sprachlichen Kontexten zu kennzeichnen.[2] Fast alle diese Marqueurs können auch rein se-

---

erfreulicherweise seit Beginn der siebziger Jahre in der Fremdsprachendidaktik allmählich vollzieht.
1 Siehe Abschnitt 5: Wörterbücher.
2 Siehe z.B. de Spengler (1980) und Roulet (1980), auf die ich mich in diesem Abschnitt global stütze.

mantische Funktionen erfüllen wie z.B. *et puis* in:

(1) *Pierre a ouvert la porte, et PUIS il est entré.*

In:

(2) *---, je fumais deux paquets de cigarettes, de Gitanes, par jour. Ben, je n'en ai pas retouché une, j'ai tout arrêté, et j'ai rien pris. J'y ai arrêté ... c'est tout. ET PUIS, j'en ai pas retouché une ... ET PUIS, je ne remettrai pas le nez dedans, c'est fini, hein?*

bedeutet das erste Vorkommen von *et puis* jedoch nicht soviel wie temporales *und dann* wie in (1), und hier liegt auch nicht die zweite mögliche Bedeutung von *et puis* vor, nämlich die, in der es durch *en plus*, *d'ailleurs*, *et en outre* oder *et surtout* substituierbar ist. Die Funktion, die *et puis* in (2) hat, motiviert seine Klassifikation als pragmatischer Marqueur.

Bei vielen Marqueurs ergibt sich ihre kennzeichnende Funktion erst aus ihrer semantischen Funktion. Das ist z.B. bei *or*, *donc* und *mais* der Fall. Andere Marqueurs lassen dagegen keinen oder kaum einen Bezug zu einer konzeptuellen Bedeutung erkennen. Hierher gehören z.B. *hein*, *quoi*, *eh bien*, *dis-donc/dites donc*, *écoute/écoutez*.

Formbezogen stellen die Marqueurs eine sehr heterogene Klasse dar, denn es kann sich dabei um prosodische oder syntaktische Strukturen, um Morpheme und Wörter ganz unterschiedlicher syntaktischer Kategorien handeln: hauptsächlich Verben, Adverben, Konjunktionen und Interjektionen. Selbst kurze Sätze können als Marqueurs fungieren wie z.B. *dis-donc/dites-donc*, *tu vois* und *voyez-vous*. "Partikel" nenne ich nun diejenigen Marqueurs, die sich nicht in die syntaktische Struktur von Sätzen integrieren, also vor allem die Marqueurs, die man traditionell "Interjektionen" nennt: *eh ben*, *ah ben*, *ben*, *quoi* u.a.m.

Bezüglich ihrer Funktion lassen sich pragmatische Marqueurs in mindestens zwei Klassen einteilen:

[1] Marqueurs mit der Funktion, die illokutionäre Rolle einer Äußerung zu kennzeichnen,

[2] Marqueurs mit diskursorganisierender Funktion.

Dabei gibt es auch Marqueurs, die beide Funktionen haben können. Zur Klasse [1] gehören insbesondere die performativen Verben.

Ein Marqueur hat, wie gesagt, diskursorganisierende Funktion, wenn er Textabschnitte kennzeichnet oder die Rolle einer Äußerung im Gesamttext oder einem Textabschnitt.

Innerhalb der Klasse der diskursorganisierenden Marqueurs lassen sich wiederum Klassen von Marqueurs mit spezielleren Funktionen unterscheiden. Hier seien die folgenden genannt:

[1] Marqueurs mit argumentativer Funktion
[2] Marqueurs mit topographischer Funktion
[3] Marqueurs mit interaktiver Funktion

Auch hier gibt es Marqueurs, die mehrere Funktionen haben können.

Ein Marqueur hat argumentative Funktion, wenn er dazu dient, die Rolle von Äußerungen in rhetorisch bedingten Strukturen zu kennzeichnen, also dann, wenn er dazu dient, eine Beziehung zwischen Äußerungen in Texten zu kennzeichnen, in denen die Absicht zu überzeugen oder zu überreden eine Rolle spielt. Hierher gehören z.B. *certes, mais, en fait, car, or, donc, d'ailleurs*.

Ein Marqueur hat topographische Funktion, wenn er dazu dient, die Rolle von Äußerungen in thematisch oder handlungsmäßig bedingten Strukturen zu kennzeichnen, also dann, wenn er dazu dient, thematisch oder handlungsmäßig bedingte Textabschnitte, eine thematische Beziehung zwischen Äußerungen oder eine Beziehung zwischen Handlungen zu kennzeichnen. Hierher gehören z.B. *et, et puis, à propos, ben, bref, voilà, maintenant*.

Ein Marqueur hat interaktive Funktion, wenn er eine Äußerung als eine bestimmte Reaktion oder "Präaktion" auf eine Äußerung des Sprechpartners kennzeichnet. Hierher gehören z.B. Marqueurs wie *oui, si* oder *non* als Reaktionen auf Fragen oder Behauptungen und Marqueurs wie *n'est-ce pas*, die den Adressaten in seiner Reaktion stärker einschränken als dieselbe Äußerung ohne diese Partikel.

Das Ziel dieses Aufsatzes läßt sich nun beschreiben als das Aufzeigen der topographischen Funktionen von *quoi*.

5. Wörterbücher

"Grand Robert" (1959 - 1964) — *Fam. Quoi, accompagnant une explication (avec une nuance d'impatience). "Je sers au régiment d'étranger. — Au*

	régiment? ... - A la Légion (cit. 7), quoi!" (Cf. aussi Poulet, cit. 6).
	- Fam. Quoi, accompagnant un mot qui résume une idée, une énumération (Cf. Indulgent, cit. 9). "Un peuple de candidats à la bourgeoisie, un peuple d'aspirants à la bedaine. Les pantouflards (cit. 6), quoi!" (V. Larbaud).
	"... tout ce qu'ils possédaient, leur campagne, les charrettes, brancards en l'air, leurs champs, leurs enclos, la route, les arbres et même les vaches, un chien avec sa chaîne, tout, quoi." Céline, Voyage au bout de la nuit, p. 18.
	Poulet, cit. 6: "Je dois t'avertir que le 'barrio chino', le quartier chinois, quoi, est plein d'indicateurs et de poulets des deux sexes et de toutes les nationalités ...". (Mac Orlan, La Bandera I).
"Petit Robert" (1982)	V. Comment. "Quoi! passés pour jamais? quoi! tout entiers perdus?" (Lamart.).
	- Fam. (Achevant une explication, une énumération) "- Je sers au régiment étranger. - Au régiment? ... - A la Légion, quoi!" (Bernanos). "Tout ce qu'ils possédaient ... leurs champs, les arbres et même les vaches, un chien avec sa chaîne, tout, quoi." (Céline).
"Großer Langenscheidt" (Weis 1979)	3. in Ausrufen -! vous partez? was! ...; wie! ...; F am Ende einer Erklärung ... une vie monotone, - ... ein eintöniges Dasein also, eben;
"Langenscheidts Taschenwörterbuch"(Lange/Kowal 1956; 1964)	"F advt.: 1. bekräftigend: une affreuse journée, - ein schrecklicher Tag, irgendwie; 2. als Ausdruck der Ungeduld: selbstverständlich!, natürlich!"

Im folgenden beschränke ich mich auf die Analyse von nachgestelltem *quoi*. Das vorangestellte *quoi* ist ebenfalls eine Partikel mit diskursorganisierender Funktion, funktioniert im Detail aber anders als das nachgestellte *quoi*.

Das Problem mit diesen Lexikoneinträgen ist nun, daß sie alle irgendwie etwas Richtiges zum Gebrauch von *quoi* sagen, daß man aber schließlich doch nichts über seine Verwendung lernt.

So sagen sie zum Beispiel nichts über die Aussprache. *quoi* wird in der hier interessierenden Verwendung stets mit fallender oder neutraler Intonation gesprochen. Dadurch unterscheidet es sich von *quoi?* als Frage oder in Echofragen, das stets mit steigender Intonation artikuliert wird.

Eine zweite wichtige Information, die in den Wörterbüchern fehlt, ist die, daß das hier interessierende *quoi* nur nach Sätzen stehen kann, die die syntaktische Struktur von Deklarativsätzen haben, oder nach Phrasen, die kontextuell solche Deklarativsätze vertreten können.

Vergleichen wir jetzt folgende Stelle aus dem bereits genannten Korpus mit den Informationen in den Lexika:

(3) ---, *mais j'ai bien perdu un demi-litre, un litre et demi de sang, ... en tout, ... euh, en deux jours, hein? Enfin, j'ai évalué ça, vous savez, à quelque chose près, QUOI,* ---

In dem Sinn, der in den Lexika durch die Beispiele nahegelegt wird, handelt es sich bei der Antwort des Patienten wohl weder um eine Erklärung noch um eine Aufzählung. Die Frage, die sich erhebt, ist die, was mit "Erklärung", "explication", "Aufzählung", "énumération" gemeint ist. Ebenso unklar ist es angesichts des Gesprächsausschnitts unter (3), was mit "bekräftigend" und "Ungeduld" gemeint sein könnte.

Dagegen trifft die Beschreibung von *quoi* im "Grand Robert", wonach es ein Wort begleitet, das einen Gedanken zusammenfaßt, auf viele Vorkommen im Korpus zu. Nur steht *quoi* nicht nur nach Wörtern, sondern im allgemeinen nach komplexeren Syntagmen, ja sogar ganzen Sätzen. Im Beispiel, das der "Grand Robert" selbst gibt, ist ja *Les pantouflards* auch nicht nur ein Wort. Ich werde auf die Idee des Resümees weiter unten zurückkommen.

Schließlich scheint mir der Versuch, Übersetzungen von *quoi* ins Deutsche anzugeben, von vornherein zum Scheitern verurteilt zu sein, jedenfalls dann, wenn - wie hier - die begleitenden Kontextcharakterisierungen schon sehr vage sind. Betrachten wir dazu den Gesprächsausschnitt unter (4):

(4) A: *Et dans les jours qui ont précédé ce malaise, vous étiez en bonne santé?*
P: *Oui, ça allait ... Pas fatigué, j'avais ..., j'avais un peu la grippe, QUOI, j'avais une bonne grippe, ...*

Hier kann wohl *quoi* weder mit nachgestelltem *also* noch *eben* übersetzt werden. *Selbstverständlich* und *natürlich* wären völlig unverständlich. *Irgendwie* wäre vielleicht passend, aber was bekräftigt es hier?

Bevor meine Wörterbuchanalyse in eine besserwisserische Nörgelei abgleitet, möchte ich sie hier abbrechen. Es ist natürlich klar, daß Verwendungsbedingungen, um die es hier geht, nur schwer in der kondensierten Form von Einträgen gegenwärtiger Gebrauchslexika gegeben werden können. Der richtige Platz dafür wären eher Grammatiken; aber da habe ich gar nichts gefunden.

6. Material

(5) A: *Bon. Alors, qu'est-ce qui vous est arrivé?*

P: *Alors, euh, j'étais dans un car, je discutais avec le chauffeur, et ... mh, j'ai absolument rien senti, euh, je discutais avec lui, et d'un seul coup, euh ..., il m'a demandé, il m'a dit: "Mais qu'est-ce qu'y a? Ça va pas?" et à partir de ce moment-là, je me rappelle de, de plus rien, ..., ce, euh ..., d'après c'qu'il m'a dit, après, le chauffeur, que ... je tenais une barre ... vraiment serré là il n'arrivait pas à me ... sortir les doigts d'la barre, ..., moi, je me suis pas, pas senti mal avant le malaise ça allait très bien, le matin, je m'étais levé, j'avais déjeuné normalement, j'avais déjà travaillé, ...*

A: *C'est la première fois que ça vous arrive?*

P: *C'est la première fois. Je ... jusqu'à maintenant, j'ai vingt-sept ans, j'ai jamais eu de malaise, j'ai jamais ..., j'ai jamais rien eu, QUOI.*

A: *Et où avez-vous repris connaissance?*

P: *En arrivant à ... Grange-Blanche, à peu près ... vingt minutes après. Mais avant, euh ..., soi-disant, j'ai perdu connaissance à peu près cinq minutes, parce que ... les pompiers, tout ça, m'ont posé des questions, j'ai répondu, mais moi, je m'en rappelle, euh ..., absolument pas. Moi, je me rappelle que quand j'suis arrivé à Grange-Blanche. C'est tout. ...*

A: *Est-ce que vous vous êtes agité pendant votre malaise, est-ce que des témoins vous l'ont dit?*

P: *Un petit peu, je crois, oui. J'ai ... bougé ..., j'avais ..., j'avais froid, il paraît, moi, j'm'en rappelle pas. ...*

A: *Est-ce que vous vous êtes blessé?*

P: *Non, pas du tout. J'suis pas tombé d'ailleurs. Je ... je me tenais à cette barre, vraiment serré, j'ai pas tombé, j'ai penché un peu la tête en arrière, j'regardais en l'air, j'avais les yeux ..., euh ..., un peu en l'air, QUOI, mais ... je suis pas tombé par terre, j'me suis pas cogné, ni coupé, ni mordu la langue ...,...*

A: *Et dans les jours qui ont précédé ce malaise, vous étiez en bonne santé?*

P: *Oui, ça allait ... Pas fatigué, j'avais ..., j'avais un peu la grippe, QUOI, j'avais une bonne grippe, je, j'avais pris des aspirines, tout ça, mais ... ça allait, QUOI. ...*

A: *Vous n'aviez pas fait d'excès de boissons ou autres?*

P: *Non, pas du tout. Mangé normalement, comme, comme d'habitude, QUOI.*

40 A: *Est-ce que vous êtes un buveur habituel, ou bien si vous ne buvez pas du tout?*

   P: *Non, normalement, bah, normalement, QUOI, en mangeant, du vin, autrement, j'bois pas. ...*

   A: *Bien. Et quels sont les examens qu'on vous a faits à l'Hôpital*
45 *Edouard Herriot où vous êtes arrivé?*

   P: *On m'a fait tout de suite une radio, euh ..., d'la tête, ils savaient pas, eux, si ..., si j'étais tombé, si je m'étais tapé ou cogné, ils ont, 's ont rien décelé, tout ça, et d'Edouard Herriot, j'ai été envoyé à l'Hôtel-Dieu, tout de suite après, après une*
50 *heure, une heure après.*

   A: *Et maintenant, vous vous sentez bien?*

   P: *Ça va, oui.*

   A: *Bon, mais c'est parfait, je vous remercie.*

Korpusbeispiele[1]

(3) [Schilderung der Entdeckung von Blutungen]	---, mais j'ai bien perdu un demi-litre, un litre et demi de sang, ... en tout, ... euh, en deux jours, hein?	Enfin, j'ai évalué ça, vous savez, à quelque chose près,	quoi, ---
(6) *Oui, ça allait ...*	Pas fatigué, j'avais ..., j'avais un peu la grippe, QUOI, j'avais une bonne grippe, je, j'avais pris des aspirines, tout ça, mais ...	ça allait,	quoi.
(7) ---, *et j'ai ... des maux de tête, alors, euh, ... ---*	Ben, je les ai cassé(e)s jeudi matin. Alors, j'ai téléphoné tout de suite, enfin, bon ben, là, j'ai été un peu malade, j'suis arrêté, alors, donc comme j'suis, j'fais des travaux de bureau, euh, T, ...,	ça m'a fait mal aux yeux,	quoi.
X_1	X_2	X_3	

---

1 Die Beispiele sind folgendermaßen zu lesen: Jede durch eine Ziffer gekennzeichnete Äußerung ist in drei Teile zerlegt, die durch "X_1","X_2" und "X_3" bezeichnet sind. Die Reihenfolge X_1, X_2, X_3 entspricht derjenigen in den Originaläußerungen.

(8)	*Non,*	*j'avais fait modifier ... mes yeux l'année dernière, et ... puis ..., le docteur m'avait dit: oh ben, j'pense que dans six mois ce sera nécessaire. Et enfin, c'était pas vraiment nécessaire l'année dernière. F, puis en fait de six mois j'ai traîné,*	j'ai fait ça au bout d'un an,	quoi.
(9)	*C'est la première fois.*	*Je ... jusqu'à maintenant, j'ai vingt-sept ans, j'ai jamais eu de malaise,*	j'ai jamais ..., j'ai jamais rien eu,	quoi.
(10)	*Bon, je vous vois, parce que j'ai mon œil gauche qui me lance énormément, ...,*	*autrement, j'ai une bronchite assez accentuée, j'ai des maux de tête, tout ça, mais habituellement il me lance, et j'ai assez souvent la vue trouble*	Enfin ..., F, c'est pas ça,	quoi.
(11)	*Non,*	*normalement, bah,*	normalement,	quoi, ---
(12)	*Non, pas du tout.*	*Mangé normalement,*	comme, comme d'habitude,	quoi.
(13)	*Non, pas du tout.*	*J'suis pas tombé d'ailleurs. Je ... je me tenais à cette barre, vraiment serré, j'ai pas tombé, j'ai penché un peu la tête en arrière, j'regardais en l'air,*	j'avais les yeux ..., euh ..., un peu en l'air,	quoi, ---
(4)	*Oui, ça allait ...*	*Pas fatigué,*	j'avais ..., j'avais un peu la grippe,	quoi, ---

Wörterbuchbeispiele

(14)		*Un peuple de candidats à la bourgeoisie, un peuple d'aspirants à la bedaine.*	Les pantouflards,	quoi!
	x_1	x_2	x_3	

(15)	... tout ce qu'ils possédaient	leur campagne, les charrettes, brancards en l'air, leurs champs, leurs enclos, la route, les arbres et même les vaches, un chien avec sa chaîne,	tout,	quoi.
(16)		Je sers au régiment étranger.	A la Légion,	quoi!
(17)		Je dois t'avertir que le "barrio chino",	le quartier chinois,	quoi, ---
	X_1	X_2	X_3	

7. Analyse

Im Beispieltext unter (5) weisen die meisten Antworten des Patienten eine ganz auffällige Struktur auf. Zunächst gibt er eine Kurzantwort auf die Frage des Arztes, dann expandiert er diese, und in einigen Antworten, so auch in jenen, in denen *quoi* vorkommt, formuliert der Patient nach der Expansion eine Art Coda. In der Gegenüberstellung der Beispiele habe ich nun versucht, einige Beispielkontexte für *quoi* aus dem Korpus und aus den Wörterbüchern auf diese Form zu bringen. Um jeweils die Coda (X_3) vom vorausgehenden Text zu trennen, habe ich das Kriterium der Einsetzbarkeit von *enfin* verwendet, das oft mit *quoi* kombiniert wird, so zum Beispiel in (3) und (10). Als Kurzantworten (X_1) habe ich solche Äußerungen gewählt, die die vorausgehende Frage direkt und vollständig beantworten und tatsächlich im Text vorkommen, oder solche Äußerungen der Patienten, die an der jeweiligen Stelle hätten als Kurzantworten stehen können. Bei den Lexikonbeispielen bleibt die Kurzantwortstelle im allgemeinen leer, weil dort nur kurze Kontexte für *quoi* angegeben werden.

Alle Beispiele bekommen so die Struktur $X_1 + X_2 + X_3 + $ *quoi*. Ein Test zeigt nun, daß in fast keinem der Beispiele X_3 fehlen darf[1], und daß immer entweder X_1 oder X_2 vorhanden sein muß,

---

[1] Nur in (9) könnte X_3 fehlen. Dies liegt, wie weiter unten deutlich werden wird, daran, daß zwischen X_1 und X_2 dieselbe semantische Relation besteht

damit *quoi* vorkommen kann. Folgende Strukturen sind also möglich:

$$\left\{ \begin{array}{c} X_1 + (X_2) \\ (X_1) + X_2 \end{array} \right\} + X_3 + quoi\,^1$$

Auch die Reihenfolge von X_1, X_2 und X_3 ist festgelegt. Nur in wenigen Fällen ist es möglich, von dieser Reihenfolge abzuweichen.[2]

Diese Beobachtungen zeigen, daß das Vorkommen von *quoi* von einer bestimmten Struktur der vorangehenden Äußerung abhängig ist, und zwar nicht von einer Satzstruktur, sondern von einer Textstruktur. Dies ist teilweise die Motivation dafür, *quoi* als *diskurs*organisierend zu betrachten. Die Frage ist nun, um welche Struktur(en), die das Vorkommen von *quoi* bedingt/bedingen, es sich handelt.

Die allen Beispielen gemeinsame Struktur, die ich entdecken kann, ist die der wiederholten Referenz, eines mindestens zweimaligen Nennens eines Individuums oder Faktums. In X_3 wird auf ein Objekt referiert, auf das der Sprecher in X_1 oder X_2 schon einmal referiert hat. Dabei kann die wiederholende Referenz unterschiedliche Formen annehmen:

[1] wörtliche Wiederholung - (6), (11), (15);
[2] kontextuell synonymer Ausdruck - (9), (12), (16), (17);
[3] explizite kontextuelle Folgerung - (8), (3), (10), (14);
[4] Ausdruck, aus dem sich kontextuell etwas folgern läßt,
    was der Sprecher in X_1 oder X_2 schon gesagt hat - (7), (13), (4).

Die Verwendungsregel, die ich tentativ für *quoi* formulieren möchte, ist also die, daß *quoi* unmittelbar nach einem Deklarativsatz (Ausdruck, der einen Deklarativsatz kontextuell vertritt)

---

wie zwischen X_2 und X_3 bzw. zwischen X_1 und X_3 und es gerade diese semantische Relation ist, die das Vorkommen von *quoi* bedingt.

1 Von diesen Möglichkeiten ist $X_1 + X_2 + X_3 + quoi$ also sozusagen die Normalform, auch die normale Form, d.h. die am weitesten verbreitete Form.

2 Veränderungen der Reihenfolge sind möglich in (9), (6), (11), (12) und (15). Wie weiter unten deutlich werden wird, würden solche Veränderungen nicht die Struktur tangieren, die das Vorkommen von *quoi* bedingt. Die Veränderungen kämen nämlich durch Austausch (kontextuell) synonymer Ausdrücke zustande.

vorkommen kann, mit dem der Sprecher auf etwas referiert, worauf er oder der Gesprächspartner kurz zuvor schon referiert hat.[1]

Diese Regel erklärt nun zwar, wie *quoi* auf Diskursstrukturen bezogen ist, aber nur teilweise, inwiefern es diskurs*organisierend* fungiert. Um das vollständig zu sehen, muß man die pragmatischen Funktionen von wiederholenden Referenzen betrachten. Soweit ich sehen kann, haben die genannten Wiederholungen vor *quoi* jeweils mindestens eine der beiden folgenden Funktionen:

[1] Selbstkorrektur,
[2] terminierende Funktion.

Der Terminus "Selbstkorrektur" wird hier im weitesten Sinne gebraucht. Ich verstehe darunter den Vorgang, bei dem ein Ausdruck dazu verwendet wird, eine vorausgegangene Formulierung zu verbessern. Das bedeutet nicht, daß der Sprecher vorher einen Formulierungsfehler begangen haben muß. Im allgemeinen ist es so, daß der Sprecher glaubt, daß ein anderer Ausdruck relativ zur Sprechsituation verständlicher oder natürlicher, kurz, adäquater ist. Oft nimmt eine Selbstkorrektur folgende Struktur an: "*enfin* + Y_1 + Y_2 + *quoi*", wobei Y_1 der zu korrigierende Ausdruck ist. *Enfin* und *quoi* können aber auch fehlen. Wenn sie verwendet werden, kann man sagen, daß sie der Korrekturbeziehung zwischen Y_1 und Y_2 Relief geben. Dies ist einer der Fälle, wo *quoi* topo-

---

[1] Diese Verwendungsregel ist als die Formulierung der notwendigen und hinreichenden Bedingung für die Möglichkeit des Vorkommens von *quoi* zu verstehen. Der Zusatz "oder der Gesprächspartner" ist notwendig, weil es auch Verwendungen von *quoi* wie z.B. die folgende gibt: *Ah, tu veux du pain, QUOI*, wo der Sprecher die vorausgegangene Bezugnahme des Gesprächspartners auf Brot nicht verstanden hat. Solche Verwendungen kommen im Korpus nicht vor.
Das "kurz zuvor" in der Verwendungsregel bedürfte einer eingehenden Diskussion. Hierbei müßten Erwägungen eine Rolle spielen, die die Annahmen des Sprechers über das betreffen, was (noch) "on the addressee's mind" ist. In dem Zusammenhang bedürfte es auch der weiteren Klärung der Formen wiederholender Referenz, z.B. unechte Wiederholungen. Das vorliegende Korpus macht eine solche Diskussion allerdings nicht notwendig, worin sich natürlich eine schon oft bemerkte Schwäche der Korpusarbeit zeigt. *Quoi* scheint einen weiten "Hof" von Verwendungen zu haben, die durch die genannte Verwendungsregel erst im Ansatz erfaßt sind. Es gibt z.B. Sprecher, die in bestimmten Kontexten fast jeden Satz mit *quoi* abschließen. Davon ist allerdings die "tickhafte" Verwendung von *quoi* zu unterscheiden. Eine solche gibt es auch für andere Marqueurs.

graphische Funktion hat. Die Beispiele (9), (13), (4), (16) und (17) gehören hierher. Die Wörterbücher sprechen hier von "Erklärung"/"explication", eine Beschreibung, die viel zu weit ist, weil echte Erklärungen, z.B. eine Erklärung, wie ein Fahrrad funktioniert, nicht als solche mit *quoi* abgeschlossen werden können.

In den anderen oben aufgeführten Beispielen haben die Wiederholungen terminierende Funktion. Dies sind jene Fälle, in denen der Sprecher bewußt gegen die Konversationsregel verstößt, informativ zu sein, um damit dem Adressaten mitzuteilen, daß er zum anstehenden Thema/Subthema nichts mehr sagen will/kann. Oft trifft man hier auch folgende Struktur an: "Y_1 + *enfin* + Y_2 + *quoi*", wobei Y_2 terminierende Funktion hat. *Enfin* und *quoi* können auch hier wieder fehlen. Auch hier haben *enfin* und *quoi* topographische Funktion, wenn sie vorkommen, insofern, als sie der terminierenden Funktion von Y_2 bezüglich des Beitrags Y_1 des Sprechers Relief geben. Hier sprechen die Wörterbücher davon, Y_2 habe resümierende Funktion. Die Beispiele zeigen aber m.E., daß diese Charakterisierung zu eng ist. Resümees stellen nicht die einzige Möglichkeit dar, einen Gesprächsbeitrag durch Wiederholung zu beenden. Wörtliche Wiederholungen von Teilen des Beitrags können zum Beispiel dieselbe Funktion haben.[1]

---

1 Eine weitere Funktion von Wiederholungen kann die des Insistierens sein. In solchen Kontexten kommt *quoi* tatsächlich vor. Ich habe zwar keine eindeutigen Beispiele dafür in meinem Korpus gefunden (evtl. ist das Vorkommen von *quoi* unter (11), Zeile 42, im Dialog unter (5) ein Beispiel für ein *quoi*, das der insistierenden Funktion von Wiederholungen Relief gibt), bin aber in anderen Zusammenhängen auf diese Verwendung von *quoi* gestoßen:

    (24) *Tu vas faire ça, QUOI.*
    (25) *Mais je veux une sucette, QUOI.*

In (24) wird auf einem Sollen des Adressaten insistiert und in (25) auf einem Wollen des Sprechers. In beiden Fällen muß ein Disput zwischen Sprecher und Adressaten vorausgegangen sein, in dem der Sprecher das Sollen bzw. das Wollen schon einmal bekundet hat, in dem der Adressat sich aber dem Sollen bzw. Wollen widersetzt hat. In (24) widersetzt sich vielleicht der Sohn der Aufforderung der Mutter, die Schuhe der Familie zu putzen, und in (25) hat vielleicht die Mutter ihrem Kind gerade erklärt, wie ungesund Süßigkeiten sind, oder hat sich sonstwie ablehnend verhalten, nachdem das Kind einen Lutscher verlangt hat. Wie in anderen Fällen ist *quoi* auch hier mit *enfin* kombinierbar: Y_1 + *enfin* + Y_2 + *quoi*.
Hier hat *quoi* eher interaktive Funktion, insofern, als es Y_2 als eine bestimmte Reaktion auf eine Handlung des Adressaten kennzeichnet. Die Lexi-

8. *Quoi* und andere Partikel

Ich habe schon mehrfach darauf hingewiesen, daß *quoi* sich mit *enfin* kombinieren läßt. Diese Kombinationsmöglichkeit besteht immer. Auch *enfin* vor dem wiederholenden Syntagma allein, also ohne *quoi* am Ende des Syntagmas, ist möglich, ohne daß ein funktionaler Unterschied zu den Verwendungen von *quoi* feststellbar wäre. *Enfin* hat also alle Funktionen von *quoi*. In terminierenden Kontexten ist *enfin* durch *bref* oder *en un mot* ersetzbar.

Enfin kann *quoi* auch ersetzen, also am Ende des wiederholenden Syntagmas stehen, wo es ebenfalls dieselben Funktionen wie *quoi* haben kann. *Quoi* ist schließlich nicht nur durch *enfin*, sondern auch durch *tu sais/vous savez* ersetzbar, allerdings nur im Kontext einer Selbstkorrektur (vgl. Davoine 1981).

Im Kontext einer Selbstkorrektur und in terminierenden Kontexten, also bei jenen Verwendungen, die ich "topographisch" genannt habe, ist *quoi* expandierbar zu *tu sais/vous savez (bien), quoi*.

9. Noch einmal: "diskursorganisierende Partikel" und "Marqueurs"

Ich habe davon gesprochen, daß diskursorganisierende Partikel oder diskursorganisierende Marqueurs Strukturen oder deren Funk-

---

ka sprechen in diesem Zusammenhang vom Ausdruck der Ungeduld. Sicher, es ist leicht vorstellbar, daß der Sprecher in solchen Situationen ungeduldig ist. Die Ungeduld allein dürfte aber für das Vorkommen von *quoi* nicht entscheidend sein.
Auch die in Anm.1, S. 335 erwähnte Verwendung von *quoi* in *Ah, tu veux du pain, QUOI* ist hier nicht mitberücksichtigt. Es ist nicht ganz klar, wie dies zu geschehen hat. Man könnte natürlich eine vierte Funktion von wiederholenden Referenzen beschreiben. Diese Funktion scheint aber eng mit der der Selbstkorrektur zusammenzuhängen, so daß sich die Möglichkeit anbietet, die Funktion im Kontext der Selbstkorrektur und die Funktion im Kontext des Nicht-Verstehens unter einer gemeinsamen Funktion zusammenzufassen, denn in beiden Fällen geht es ja um adäquatere Formulierungen, im ersten Fall, um eine adäquate Reformulierung eines eigenen Beitrags und im zweiten, um das Angebot einer adäquaten Reformulierung eines Beitrages des Gesprächspartners.
Die geschickteste Lösung wäre natürlich die, alle drei oder vier Funktionen kontextuell aus einer Grundverwendung abzuleiten. Es ist allerdings nicht klar, wie dies bei Wiederholungen und bei *quoi* zu geschehen hat.

tionen kennzeichnen oder ihnen Relief geben. Andere sprechen vom "Signalisieren" oder "Indizieren". Der Terminus "diskursorganisierend" bedeutet hier also nicht, daß die so bezeichneten Einheiten notwendigerweise bestimmte Strukturen oder Funktionen erst einführten, die ohne sie nicht da wären. Ich habe sogar zu zeigen versucht, daß ein Vorkommen von *quoi* ganz und gar durch eine Struktur bedingt ist, die ihre Funktion auch dann hat, wenn *quoi* fehlt. Traditionell würde man dies wohl die "verstärkende Funktion" von *quoi* nennen. Aber die Redeweise vom "Verstärken" oder auch von der "phatischen Funktion" von Marqueurs kaschiert eher ein Unwissen über die Funktion(en) solcher Marqueurs. Dasselbe gilt für das "Kennzeichnen", "Reliefgeben", "Signalisieren", "Indizieren" oder "Markieren", solange diese Konzepte nicht in einer semantisch-pragmatischen Theorie präzisiert worden sind. Erst dann wird man auch sehen können, inwieweit diskursorganisierende Partikel eine eigenständige, distinktive Funktion haben können oder aber lediglich redundante Einheiten sind, wie es *quoi* zunächst zu sein scheint, bei dessen Verwendung die vorangehende Wiederholungsstruktur die eigentliche diskursorganisierende Aufgabe erfüllt.

Einen Versuch, die Funktionen von Marqueurs, die die illokutionäre Rolle von Äußerungen kennzeichnen, zu klären, hat E. Roulet (1980) unternommen. Er klassifiziert solche Marqueurs nach Goffmanschen (1973; 1974) Typen von Interaktionsstrategien und Griceschen (1979) Kommunikationsmodi. Ich beschränke mich hier darauf, Roulets (1980: 87) Charakterisierung der Marqueurs durch Gricesche Kommunikationsmodi zu skizzieren.

Roulet (1980: 84 - 88) wendet diese Differenzierungen auf die Marqueurs, die die illokutionäre Rolle einer Äußerung kennzeichnen, folgendermaßen an:

[1] Zur expliziten Kommunikation werden solche Marqueurs verwendet, die eine bestimmte illokutionäre Rolle direkt nennen, wie z.B. die performativen Verben.

[2] Der impliziten konventionellen Kommunikation dienen die Marqueurs, die eine illokutionäre Rolle lediglich indizieren, wie z.B. *certes* für das Zugeben/Konzedieren.

[3] Dem Typ der impliziten konversationellen generalisierten Kommunikation entsprechen die Marqueurs, die eine bestimmte illokutionäre Rolle als mögliche zulassen, wie z.B. *pouvez-vous* beim Versuch, eine Aufforderung zu realisieren.

[4] Implizite konversationelle partikuläre Kommunikation ist durch völliges Fehlen von Marqueurs charakterisiert. Dabei ist die Bestimmung der illokutionären Rolle einer Äußerung ganz von der Kommunikationssituation abhängig.

Eine konventionelle Implikatur unterscheidet sich von einer konversationellen Implikatur dadurch, daß sie von der besonderen Konversationssituation unabhängig ist und nicht annulliert werden kann.

Eine konversationelle generalisierte Implikatur unterscheidet sich von einer konversationellen partikulären Implikatur dadurch, daß sie an den Gebrauch "gewisser sprachlicher Mittel" gebunden ist, während eine Implikatur des zweiten Typs ganz vom Kontext abhängig ist.

Auch bei diskursorganisierenden Marqueurs lassen sich nun m.E. Explizitheitsgrade unterscheiden. Ich möchte mich hier jedoch darauf beschränken, unter diesem Aspekt kurz auf *quoi* einzugehen. Die Wiederholungsstruktur, die *quoi* vorausgeht, kann, wie oben ausgeführt, Selbstkorrektur, Terminieren oder Insistenz implizieren. Wenn *quoi* nun fehlt, sind diese Implikaturen annullierbar. Dies ist besonders beim Terminieren deutlich. Wenn *quoi* fehlt, kann der Sprecher unmittelbar anschließend weitere Informationen zum anstehenden Thema liefern, obgleich er ein wiederholendes Syntagma verwendet hat. Wenn er in diesem Zusammenhang *quoi* verwendet, wäre eine Fortsetzung des Redebeitrags zumindest bizarr. Es läßt sich daher vermuten, daß *quoi* die Funktion hat, die oben genannten Implikaturen von wiederholenden Strukturen expliziter zu machen, aus ihnen konventionelle Implikaturen zu machen, während sie ohne *quoi*, also lediglich an die wiederholende Struktur gebunden, konversationelle Implikaturen sind. Dies präziser zu fassen, muß aber einer anderen Arbeit vorbehalten bleiben.

10. Nachlese

Gülich (1970: 9) unterscheidet innerhalb der Klasse der Gliederungssignale zwischen Eröffnungssignalen und Schlußsignalen. Ein Eröffnungssignal "eröffnet eine Äußerung", und ein Schlußsignal "schließt eine Äußerung ab". *Quoi* wird ausschließlich als Schlußsignal klassifiziert (11; 203). "Formal" kennzeichnen *quoi* und einige andere Signale "das Ende eines Aussagesatzes" (228), und *quoi*, wie auch *enfin* in einer bestimmten Verwendung, gibt "nur die Information, daß eine Äußerung abgeschlossen ist" (212). Ein Schlußsignal, das also eine Äußerung abschließt, ist aber definitorisch nicht dasselbe wie ein Signal mit "abschließender Funktion". Dies geht aus ihren folgenden Bemerkungen zu *enfin* hervor: "Wir hatten oben festgestellt, daß *enfin*, wenn es formal als Eröffnungssignal gebraucht wird, inhaltlich gesehen resümierende oder abschließende Funktion hat. Paradoxerweise trifft letzteres für die Verwendung von *enfin* als Schlußsignal nicht zu" (204). "In diesen Beispielen markiert *enfin* in Kombination mit prosodischen Schlußsignalen, fallender Melodie und folgender Pause ... jedesmal das Ende einer Äußerung. Aber diese abschließende Funktion liegt nur auf formaler Ebene; ein inhaltlicher Abschluß, der der oben beschriebenen Funktion von *enfin* als Eröffnungssignal mit resümierender Funktion vergleichbar wäre, wird durch *enfin* als Schlußsignal nicht bewirkt. Es scheint nicht so zu sein, daß *enfin* durchgängig das Ende eines Abschnitts oder eines Themas oder einer anderen inhaltlich bestimmbaren Einheit bezeichnet" (205).

Ich habe in meinem Papier die von Gülich eingeführte Terminologie nicht benutzt, weil sie mir nicht immer so ganz klar erschien. Dennoch sind die beiden Terminologien nicht so weit voneinander entfernt, daß sie nicht miteinander vergleichbar wären: Der Terminus "Gliederungssignal" entspricht in etwa "diskursorganisierende Partikel"/"diskursorganisierender Marqueur"[1], und mit "terminierende Funktion"[2] ist annähernd Gülichs "abschließende Funktion" gemeint. Mein Gebrauch von "terminierende Funktion" soll keineswegs implizieren, daß der Sprecher mit einem Marqueur in einem terminierenden Kontext seinen Turn abschließen will, obgleich die Beispiele, die ich bringe, dies nahelegen. Aber das ist natürlich eine Frage des Korpus, mit dem ich arbeite. Was durch *quoi* in einem terminierenden Kontext abgeschlossen wird, ist eher ein Thema/Subthema. Um eine Turnabgabe zu markie-

---

1 Siehe Abschnitt 4: Zum Konzept der diskursorganisierenden Partikel.
2 Siehe Abschnitt 7: Analyse.

ren, genügt das Vorkommen von *quoi* allein nicht, sondern *quoi* muß dann mit einer nachfolgenden Sprechpause kombiniert sein und /oder zusammen mit seiner Umgebung bestimmte syntaktische Bedingungen erfüllen. Auf jeden Fall kann der Sprecher, auch wenn er *quoi* in einem terminierenden Kontext geäußert hat, weitersprechen, nur muß es einen "thematischen Sprung" von einem Subthema zu einem anderen geben, wie dies im folgenden Beispiel der Fall ist (Gülich 1970: A 2, 61 - 66):

(18) D: *A titre de quoi est-il en France?*
M: *Boursier. Il a reçu une bourse de la France et il a vingt-mille francs par mois, je crois. Non, c'est un type ... un type formidable, QUOI. Il a fait des tas d'articles déjà, il a fait une conférence sur Nâzım Hikmet, une sur Pablo Neruda etc., enfin, il a introduit des tas de gens en Italie.*

Zugegeben, wie man das Konzept des thematischen Sprungs so definieren kann, daß sich im gegebenen Fall entscheiden läßt, ob ein solcher vorliegt, ist nicht so ganz klar.

Was die Unterscheidung zwischen Eröffnungs- und Schlußsignalen betrifft, so habe ich in meinem Aufsatz auf diese Differenzierung verzichten können, weil ich nur ein Schlußsignal behandle, und weil mir die Explikationen dieser Termini nicht klar sind. Gülich (s.o.) will sie formbezogen definiert wissen, liefert aber m.E. keine gut verwendbaren formalen Kriterien. Man könnte folgende Definitionen versuchen:

[1] Ein Eröffnungssignal ist ein Signal, mit einem vorwärts/nach rechts gerichteten Skopus.
[2] Ein Schlußsignal ist ein Signal mit einem rückwärts/nach links gerichteten Skopus.

Diese Definitionen erfassen allerdings nicht die Signale mit vorwärts-rückwärts/rechts-links gerichtetem Skopus. Deshalb sind "pragmatico-syntaktische" Definitionen der beiden Termini vielleicht brauchbarer:

[3] Ein Eröffnungssignal ist ein Signal, nach dem der Sprecher weiterreden will/muß.
[4] Ein Schlußsignal ist ein Signal, nach dem der Sprecher zu reden aufhören kann.

Demnach wäre

(19) *QUOI! passés pour jamais? QUOI! tout entiers perdus?*

ein Beispiel für *quoi* als Eröffnungssignal, und die in meinem Aufsatz genannten Vorkommen von *quoi* in terminierenden Kontexten wären Beispiele für Schlußsignale. Um auch alle Verwendungen von *quoi* bei Selbstkorrekturen erfassen zu können, müßte die Definition [4] erweitert werden zu:

> [5] Ein Schlußsignal ist ein Signal, nach dem der Sprecher zu reden aufhören kann, vorausgesetzt, daß die Äußerung kontextuell syntaktisch vollständig ist.

Eine ausführlichere Besprechung von *quoi* als in Gülich (1970) findet sich in Thielmann (1982: 26 - 48), und zwar untersucht die Autorin die Funktionen von *quoi* in argumentativen Texten. In solchen Texten ist *quoi* nach Meinung der Autorin nicht nur diskursorganisierende, sondern auch Modal-/abtönende Partikel. Sie stellt folgende Funktionen fest:

[1] (Quasi-) Kommentar (30 - 31)
[2] Wiederaufnahmehinweis (32 - 33)
[3] Zustimmungserheischung (34 - 37)
[4] Hinweis auf Herleitung des Gesagten aus dem Vortext (37 - 39)
[5] Hinweis auf Voraussetzungen, die dem Alltagswissen angehören (40 - 45)
[6] Andeutung einer impliziten Schlußregel (45 - 46)

In der Zusammenfassung bemerkt sie: "Der Vielzahl unterschiedlicher Verwendungen liegt eine konstante Basisfunktion oder -bedeutung zugrunde, die sich umschreiben läßt als Ausdruck der *Annahme, der Hörer verstehe/akzeptiere das Gemeinte, habe das Gesagte erwartet/erwarten können*" (46).

Was Thielmann "(Quasi-)Kommentar" nennt, entspricht in etwa dem, was ich "Selbstkorrektur"[1] nenne, und was sie "Wiederaufnahmehinweis" nennt, ist verwandt mit meinem "Insistieren"[2], wobei "Wiederaufnahme" das bezeichnet, was ich "wörtliche Wiederholung"[3] nenne.

Daß *quoi* zustimmungserheischende Funktion haben kann, halte ich für falsch. Die Autorin gibt dafür auch keine Beispiele. Diese Funktion läßt sich weder durch "die Appellfunktion von Schlußsignalen im allgemeinen" (36) noch durch den "eigentlich

---

1 Siehe Abschnitt 7: Analyse.
2 Siehe Anm. 1, S. 336.
3 Siehe Abschnitt 7: Analyse.

interrogativen Charakter von *quoi*" belegen. Da nützt auch der
Hinweis nichts, daß auf *quoi* "mit einer gewissen Regelmäßigkeit
die Hörerzustimmung *oui* erfolgt", denn man müßte erst einmal ab-
klären, ob dieses *oui* nach *quoi* wirklich Zustimmung zum Gesagten
bedeutet. Eine häufige Verwendung von *oui* ist nämlich die, die
es im folgenden Beispiel hat:

>   (20) P: --- *Ben, c'est parce que je suis myope, enfin, je le sais,
>   mais ...*
>   Ä: *Oui.*

Wozu stimmt Ä hier zu?

Was die Funktionen [4] - [6] betrifft, so würde ich die Beispiele, die sie liefert, als Vorkommen wiederholender Referenz
der Formen[1]

>   1. kontextuell synonymer Ausdruck,
>   2. explizit kontextuelle Folgerung,
>   3. Ausdruck, aus dem sich kontextuell etwas folgern läßt, was der
>   Sprecher in X_1 oder X_2 schon gesagt hat

betrachten und sagen, daß *quoi* hier in terminierenden Kontexten
vorkommt. Die Kontextrestriktionen für *quoi* sind ja zunächst
einmal nur Teil seiner Verwendungsbedingungen und sagen noch
nichts über die Funktion(en) von *quoi* aus. Wenn nun Thielmann
quoi u.a. die Funktion zuschreibt, auf diese Teile der Verwendungsbedingungen "hinzuweisen", so müßte sie dies extra begründen. Ich habe versucht, das Konzept des Hinweisens, Markierens
u.a.m. zu klären, und in diesem Zusammenhang zu zeigen versucht,
daß die Funktion von *quoi* in den Kontexten 1 bis 3 die ist, die
Implikatur des Terminierens von wiederholenden Strukturen expliziter zu machen, aus ihnen konventionelle Implikaturen zu machen.[2] Ferner müßte Thielmann die Unterscheidung der drei Funktionen [4] - [6] rechtfertigen: Warum lassen sich [5] und [6]
nicht unter [4] subsumieren? Nehmen wir an, wie ich glaube, daß
diese Subsumtion möglich ist, so bleibt die Funktion des Hinweisens auf Herleitung des Gesagten aus dem Vortext. Diese Funktion
haben in argumentativen Kontexten zum Beispiel *donc* und *alors*.
Ersetzt man nun Strukturen mit *quoi* durch solche mit *donc* oder

---

1   Siehe Abschnitt 7: Analyse:
2   Siehe Abschnitt 9: Noch einmal - "diskursorganisierende Partikel" und
    "Marqueurs".

alors, dann sieht man, daß jene nicht dieselbe Bedeutung haben wie diese:

(19) *Alors après déjeuner, on essuyait les services, on faisait les épluchages, des petites choses - c'étaient surtout les grandes - puis on n'en avait pas pour longtemps, on leur demandait pas de grands services, QUOI.*[1]

(20) *---, {alors/donc}, on leur demandait pas de grands services.*

(21) *---, on leur demandait {alors/donc} pas de grands services.*

(22) *---, on leur demandait pas de grands services, {alors/donc}.*

Der Umstand der Kombinierbarkeit mit/Substituierbarkeit durch *enfin*, *bref*, *en un mot* und *tu sais/vous savez* weist schließlich darauf hin, daß es sich bei solchen Vorkommen eher um *quoi* in terminierenden Kontexten handelt.[2]

Was Thielmann die Basisfunktion/-bedeutung von *quoi* nennt, scheint mir zwar eine notwendige Bedingung für das Vorkommen von *quoi* zu sein, aber keine hinreichende. Wenn jemand annimmt, der Adressat habe erwartet, daß man ihm erzählt, daß Peter krank ist, dann kann er zum Beispiel einen Bericht über Peters Krankheit nicht einfach mit

(23) *Pierre est malade, QUOI.*

beginnen. Was den Kontexten mit der Struktur "$X_1 + X_2 + X_3 + quoi$" gemeinsam ist, ist die wiederholende Referenz von X_3. Pragmatisch gesehen können solche Wiederholungen ganz unterschiedliche Funktionen haben. Daß es so etwas wie eine Grundfunktion/-verwendung von *quoi* gibt, aus der sich alle anderen Funktionen/Verwendungen kontextuell ableiten lassen, glaube ich inzwischen nicht mehr, denn was sollte die gemeinsame Funktion von Wiederholungen sein?[3]

Schließlich noch eine Bemerkung zu *quoi* in argumentativen Texten. Was passiert, wenn ein Marqueur wie *quoi*, der primär topographische Funktion hat, in argumentativen Texten vorkommt? Die Arbeit von Thielmann zeigt m.E. nicht, daß *quoi* in rhetorisch

---

[1] Dieses Beispiel stammt aus Gülich (1970: A 21); vgl. auch Thielmann (1982: 38).
[2] Siehe Abschnitt 8: *Quoi* und andere Partikel.
[3] Siehe Anm. 1, S. 336.

bedingten Strukturen interessante zusätzliche Eigenschaften bekäme, die es nicht auch als Marqueur mit topographischer Funktion in anderen Zusammenhängen hätte, denn die Funktionen, die sie nennt, können und sollten m.E. durch die topographische Funktion von *quoi* erklärt werden. Dies habe ich zu zeigen versucht. *Quoi* kann aber sekundär argumentative Funktion annehmen. Um zu sehen, wie das funktioniert, muß man untersuchen, welche sekundären Funktionen Wiederholungen in argumentativen Texten haben können. Eine Wiederholung kann zum Beispiel dazu dienen, den zentralen Punkt einer Argumentation hervorzuheben. In einem solchen Fall würde *quoi* dies kennzeichnen und hätte somit auch sekundär argumentative Funktion. *Quoi* ließe sich in solchen Zusammenhängen vielleicht umschreiben durch *Das ist der Punkt, den ich machen wollte/will*. Wie solche kontextuellen Funktionsveränderungen stattfinden, müßte jedoch noch genauer untersucht werden.

Literatur

Davoine, P., 1981. "Tu sais! C'est pas facile", in: *L'argumentation*, Lyon, 109 - 124.

Goffman, E., 1973. *La mise en scène de la vie quotidienne*, Bd. 2, Paris.

Goffman, E., 1974. *Les rites d'interaction*, Paris.

Grice, P., 1979. "Logique et conversation", in: *Communications* 30, 57 - 72.

Gülich, E., 1970. *Makrosyntax der Gliederungssignale im gesprochenen Französisch*, München.

Lange-Kowal, E. E., ²1964. *Langenscheidts Taschenwörterbuch Französisch/Deutsch*, Berlin/München, ¹1956.

Robert, P., 1959 - 1964. *Dictionnaire alphabétique et analogique de la langue française*, Paris ("Grand Robert").

Robert, P., 1982. *Dictionnaire alphabétique et analogique de la langue française*, Paris ("Petit Robert").

Roulet, E., 1980. "Stratégies d'interaction, modes d'implication et marqueurs illocutoires", in: *Cahiers de linguistique française* 1, Genf, 80 - 103.

de Spengler, N., 1980. "Première approche des marqueurs d'interactivité", in: *Cahiers de linguistique française* 1, Genf, 128 - 148.

Thielmann, B., 1982. *Modalpartikeln und stereotype Wendungen. Untersuchungen zu Vorkommen und argumentativer Funktion von französischen Texten aus mündlicher Kommunikation*, Unveröffentlichte Magisterarbeit, Freie Universität Berlin.

Weis, E. (Hg.), 1979. *Langenscheidts Großwörterbuch Französisch/Deutsch*, Berlin/München.

QUOI ALS PRAGMATISCHER INDIKATOR
Koreferat zum Beitrag von Klaus Hölker

Thomas Kotschi

0. - In seinem Beitrag über *quoi* und seine Verwendung als "diskursorganisierende Partikel" im gesprochenen Französisch verbindet Hölker einige grundsätzliche Überlegungen zur Problematik pragmatischer Indikatoren (Hölker spricht von "marqueurs") im allgemeinen mit einer - vorwiegend korpusbezogenen - Analyse und Interpretation derjenigen Form von *quoi*, die nachgestellt und mit fallender oder neutraler Intonation verwendet wird. Dabei geht es ihm insbesondere um den Versuch zu zeigen, in welcher Weise *quoi* auf Diskursstrukturen bezogen ist und wie seine diskurs*organisierende* Funktion spezifiziert werden kann. Vor allem auf diesen Teil der Fragestellung will ich - da sie auch im Zentrum von Hölkers Beitrag steht - im Rahmen dieses Koreferats etwas näher eingehen. Die Konzentration auf *quoi* erzwingt dabei eine weitgehende Vernachlässigung anderer von Hölker erwähnter Indikatoren und Klassen von Indikatoren. Verzichten muß ich insbesondere auf eine Erörterung allgemeiner, die Gesamtheit der pragmatischen Indikatoren betreffenden Aspekte.

1. - Hölker subklassifiziert die pragmatischen Indikatoren in der folgenden Weise nach ihrer Funktion. In einem ersten Schritt unterscheidet er:

[1] Indikatoren "mit der Funktion, die illokutionäre Rolle einer Äußerung zu kennzeichnen";
[2] Indikatoren "mit diskursorganisierender Funktion".

Die Klasse [2] wird dann untergliedert in:

[3] Indikatoren "mit argumentativer Funktion";
[4] Indikatoren "mit topographischer Funktion";
[5] Indikatoren "mit interaktiver Funktion".

Bezüglich der Indikatoren mit topographischer Funktion spricht Hölker schließlich noch von zwei spezielleren Funktionen, die er zwar vor allem für *quoi* postuliert, darüber hinaus jedoch auch im Zusammenhang mit anderen Indikatoren erwähnt, so daß davon ausgegangen werden kann, daß seine Annahmen ferner eine Differenzierung der Indikatoren mit topographischer Funktion in

[6] Indikatoren mit der Funktion, eine "Selbstkorrektur" zu kennzeichnen, und

[7] Indikatoren mit "terminierender Funktion"

umfassen.

Im vorliegenden Zusammenhang ist vor allem die Klasse der Indikatoren mit "topographischer Funktion" von Interesse. Ein Indikator hat für Hölker

> topographische Funktion, wenn er dazu dient, die Rolle von Äußerungen in thematisch oder handlungsmäßig bedingten Strukturen zu kennzeichnen, also dann, wenn er dazu dient, thematisch oder handlungsmäßig bedingte Textabschnitte, eine thematische Beziehung zwischen Äußerungen oder eine Beziehung zwischen Handlungen zu kennzeichnen. Hierher gehören z.B *et*, *et puis, à propos, ben, bref, voilà, maintenant* (S. 327).

Indikatoren mit dieser Funktion sind bisher erst ansatzweise untersucht worden. Im Rahmen der Genfer Arbeiten zur Beschreibung von Dialogen mit Hilfe eines hierarchischen und funktionalen Modells der Konversation (Roulet 1981; Moeschler, in diesem Band), auf die Hölker sich pauschal bezieht, sind vor allem die Indikatoren mit argumentativer Funktion auf Interesse gestoßen (vgl. Roulet 1984); Indikatoren mit topographischer Funktion sind im wesentlichen nur von Auchlin (1981) behandelt worden, der jedoch eine Reihe von richtungsweisenden Überlegungen anstellt und aufschlußreiche Analysevorschläge macht.[1]

In der zitierten Bestimmung der topographischen Funktion von Indikatoren kommt vor allem dem Begriff des "Thematischen" dis-

---

[1] Die von Auchlin untersuchten "marqueurs de structuration de la conversation" fallen jedoch nicht vollständig mit der Klasse der Indikatoren mit topographischer Funktion zusammen. Einige dieser "marqueurs" haben den Charakter von Gliederungssignalen, deren primäre Funktion es ist, bestimmte Zäsuren zwischen syntaktisch-semantischen Einheiten des *discours parlé* zu kennzeichnen (vgl. auch Luzzati 1982 und Vincent 1983). Diese Funktion können Indikatoren mit topographischer Funktion (ebenso wie Indikatoren mit weiteren diskursorganisierenden Funktionen im Sinne von Hölker) natür-

tinktive Funktion zu. Da eine Explikation dieses Begriffes bei
Hölker fehlt, sollte hier präzisiert werden, daß er auf Eigenschaften von Texten zu beziehen ist, die zu den Bereichen der
Kohärenz (in einem weiten Sinn) und der thematisch-rhematischen
Artikulation gehören. Beide Erscheinungen bestehen unabhängig
von der Unterscheidung dialogisch-monologisch, sie gehören zu
einer dieser Unterscheidung übergeordneten Ebene der Textstruktur. Im vorliegenden Zusammenhang der Indikatorenproblematik
sind vor allem Phänomene der Kohärenz von Bedeutung.[1]

Bezüglich der Kohärenz von Texten können mit Daneš (1983)
drei Typen von Relationen unterschieden werden: die "interpropositionalen Relationen", die "Kompositionsrelationen" und die
"Isotopierelationen".[2] Während die interpropositionalen Relationen "(unartikulierte) Propositionen [verbinden] und [...] im
Grunde genommen Abbilder der allgemeinen Beziehungen zwischen
Sachverhalten der Wirklichkeit [darstellen]" und die Isotopierelationen die Grundlage für das Erkennen von "schon bekannten
Redegegenständen" durch den Textrezipienten bilden, enthält

> die Klasse der Kompositionsbeziehungen [...] Relationen zwischen *inhaltlichen Teilen* eines Textes [...] oder zwischen Komplexen (Blöcken) dieser Einheiten. Es handelt sich also um Beziehungen zwischen Teilnachrichten über die Welt, wobei diese Beziehungen vom (hierarchischen) Organisationsplan (oder -entwurf) der globalen Nachricht (= Text) bestimmt
werden (Daneš 1983: 4).

Als Beispiele für Kompositionsrelationen führt Daneš an: 'Spezifizieren','Illustrieren','Explizieren','Ergänzen','Kommentieren'.
Als ein besonders häufig verwendetes Verfahren ist außerdem das
'Paraphrasieren' zu erwähnen. An anderer Stelle wurde gezeigt,
daß alle diese Kompositionsrelationen als Ergebnis des Vollzugs
bestimmter Textkonstitutionshandlungen interpretierbar sind
(vgl. Gülich/Kotschi 1985), die durch eine (im Prinzip offene)

---

lich auch immer mit übernehmen. Umgekehrt gibt es aber sprachliche Einheiten, die ausschließlich Gliederungsfunktion haben. Im einzelnen sind
die Zusammenhänge jedoch noch keineswegs hinreichend geklärt.
1 Natürlich können auch Aspekte der Thema-Rhema-Gliederung durch Indikatoren gekennzeichnet werden, z.B. *eh bien* bzw. *ben* (vgl. Auchlin 1981: 93;
Luzzati 1982). Die Möglichkeiten, bestimmte Kohärenzerscheinungen durch
Indikatoren zu kennzeichnen, sind jedoch weitaus vielfältiger.
2 Vgl. auch die ganz knappen Hinweise bei Auchlin (1981: 89 f.).

Klasse von Indikatoren gekennzeichnet werden können.

Versteht man Hölkers Formel von der "thematisch bedingten Textstruktur" im Sinne dieser Kompositionsrelationen, so erhält der Terminus "topographisch" einen präziseren Sinn. Zugleich sind damit Hinweise darauf gegeben, in welcher Weise die Indikatoren mit topographischer Funktion über die von Hölker erwähnten Funktionen 'Selbstkorrektur' und 'Terminieren' hinaus subspezifiziert werden können.[1]

2. - Zu den Indikatoren mit topographischer Funktion gehört auch die eingangs genannte Variante der französischen Partikel *quoi*. Mit ihrer Beschreibung wirft Hölker einige Fragen auf, die ich hier kommentieren möchte, weil sie, wie ich glaube, auch für die Untersuchung anderer Indikatoren von Relevanz sind und insofern wenigstens zum Teil etwas grundsätzlichere Bedeutung haben.

2.1 - In seinem Beitrag geht es Hölker vor allem darum zu zeigen, daß bestimmte Funktionen, die durch im Text vorfindbare Strukturen bereits impliziert sind, im vorliegenden Fall die Funktionen des Terminierens und der Selbstkorrektur durch die Verwendung von *quoi* explizit gemacht werden. Mit anderen Worten: *quoi* hat die Funktion, aus konversationellen Implikaturen bestimmter Textstrukturen konventionelle Implikaturen (im Sinne von Grice) zu machen. Dabei handelt es sich um einen zentralen Punkt, der zwar als Ergebnis einer Analyse des Vorkommens von *quoi* präsentiert wird, der jedoch - natürlicherweise - auch die Interpretation des untersuchten Korpus schon in gewissem Ausmaß determiniert haben dürfte. Die damit angesprochene Problematik stellt sich wie folgt dar.

Mit der Annahme, daß *quoi* in dieser Weise funktioniert, wird

---

[1] Unter dem Aspekt dieser Subspezifizierung als solcher kann man zunächst davon ausgehen, daß sowohl 'Selbstkorrektur' als auch 'Terminieren' zu derselben Funktionsebene gehören wie 'Spezifizieren','Illustrieren','Explizieren' etc. Hinsichtlich der Analyse einzelner Indikatoren wie z.B. *quoi* kann es sich jedoch als notwendig erweisen, das 'Terminieren' als die allgemeinere, der 'Selbstkorrektur' übergeordnete Funktion anzusehen (siehe unten, Seite 359/60).

die Frage nach einer entsprechenden, möglicherweise allgemeinen Eigenschaft diskursorganisierender Indikatoren aufgeworfen. Diesbezüglich kann man Hölkers vorsichtiger Einschätzung sicher zustimmen, daß beim derzeitigen Forschungsstand noch nicht erkennbar ist, "inwieweit diskursorganisierende Partikeln eine eigenständige, distinktive Funktion haben können oder aber lediglich redundante Einheiten sind", bei deren Verwendung unabhängig bestehende Textstrukturen "die eigentlich diskursorganisierenden Aufgaben" erfüllen (S.338). Die dabei thematisierte Alternative "distinktiv" vs. "redundant" darf m.E. jedoch nicht (jedenfalls nicht generell) so verstanden werden, daß bestimmte Indikatoren möglicherweise "eigenständige, distinktive" Funktionen haben, während andere (und zu diesen möchte Hölker offenbar *quoi* zählen), "lediglich redundante Einheiten sind". Es findet sich vielmehr eine ganze Reihe von Indikatoren, die je nach Verwendungskontext einmal in stärkerem, ein anderes Mal in schwächerem Maße eine eigenständige Rolle in dem Sinne spielen, daß sie eine Funktion, die durch die Textstruktur noch nicht impliziert ist, erst selbst einführen. Ein Beispiel dafür ist ein Paraphrasen-Indikator wie *c'est-à-dire*, der einerseits Ausdrücke miteinander verbindet, die aufgrund ihrer semantischen Eigenschaften bereits in der Relation einer Paraphrase zueinander stehen, der andererseits aber auch so verwendet werden kann, daß die Paraphrasen-Relation erst durch ihn "geschaffen" wird; in diesem Fall wird durch seine Verwendung "Identität" erst "prädiziert" (vgl. Gülich/Kotschi 1983: 326). In ähnlicher Weise kann ein Sprecher durch die Verwendung von *au contraire* einen Kontrast auch zwischen solchen Textteilen "schaffen", die keine entsprechenden semantischen Eigenschaften aufweisen (vgl. Danjou-Flaux 1983: 281 ff.).[1] Ein drittes Beispiel (diesmal aus dem Bereich der Indikatoren mit argumentativer Funktion): Es gibt Textabschnitte, deren Struktur allein nicht erkennen läßt, ob eine Einheit p als Argument für eine Einheit q und diese folglich als Konklusion zu interpretieren ist, oder ob q umge-

---

1 Vgl. auch den Hinweis Auchlins (1981: 97) zu *au fait* und *à propos*.

kehrt als Argument für p verstanden werden soll.[1] Die intendierte Interpretationsrichtung wird in solchen Fällen erst durch die Verwendung eines Indikators (zum Beispiel von *donc*) zum Ausdruck gebracht.

Es besteht daher zunächst wenig Anlaß, in *quoi* generell eine "redundante", lediglich "reliefgebende" Einheit zu sehen, so daß der Frage nachzugehen ist, auf welche Weise Hölker zu dem Ergebnis kommt, "daß ein Vorkommen von *quoi* ganz und gar durch eine Struktur bedingt ist, die ihre Funktion auch dann hat, wenn *quoi* fehlt" (S. 338).

2.2 - Ausgehend von der Untersuchung seines aus Arzt-Patient-Gesprächen bestehenden Korpus kommt Hölker zu dem Ergebnis, das Vorkommen von *quoi* sei von einer dreigliedrigen Textstruktur der Form

$$(\mathrm{I}) \quad \left\{ \begin{array}{c} X_1 + (X_2) \\ (X_1) + X_2 \end{array} \right\} + X_3$$

abhängig, wobei X_1 als "Kurzantwort", X_2 als "Expansion" und X_3 als "Coda" charakterisiert werden. Ferner ist nach Hölker die Beziehung zwischen diesen drei Konstituenten dadurch charakterisiert, daß entweder zwischen X_3 und X_2 oder zwischen X_3 und X_1 "wiederholte Referenz" vorliegt (S. 334). Diese zentrale Annahme, auf der die in 2.1 erwähnte Charakterisierung von *quoi* als eines "redundanten" Elementes beruht, erscheint mir jedoch in dreierlei Hinsicht problematisch.

2.2.1 - Zunächst bleibt bei genauerer Betrachtung ungeklärt, in welcher Weise die Ergebnisse, zu denen Hölker gelangt, auf das von ihm ausgewählte Korpus zu beziehen sind. Zwar behauptet Hölker nicht, daß die Struktur (I) als für alle Vorkommen von *quoi* determinierend angenommen werden könne (in der Tat spricht er in der zweiten Hälfte seines Beitrags dann eher unbestimmt

---

[1] Ein aufschlußreicher Beleg sind zwei verschiedene Interpretationen ein- und derselben Textstelle in Roulet (1982: 72) und Roulet (1984: 37).

von "Wiederholungsstruktur" und formuliert eine Verwendungsregel, für die die Struktur (I) gar nicht benötigt wird). Aus seinen Ausführungen ist jedoch die Tendenz herauszulesen, die Struktur (I) als "Normalform" hinsichtlich des Vorkommens von *quoi* auch in anderen Texten zu betrachten. Diese Tendenz wird nicht zuletzt an dem (m.E. mißglückten) Versuch deutlich, auch andere als die Korpusbeispiele, zum Beispiel solche aus Wörterbüchern, auf diese Normalform zu bringen (vgl. S.332/333). Dadurch bleibt hinsichtlich einer für die generelle Beschreibung von *quoi* möglicherweise zentralen Annahme eine etwas unbefriedigende Ambiguität bestehen. Sie hätte sich - ohne daß das Prinzip der "Korpusarbeit" als solches in Frage zu stellen gewesen wäre - zum Beispiel dadurch vermeiden lassen, daß ein "gemischtes" Korpus mit Texten aus ganz verschiedenen Situationen mündlicher Kommunikation zugrunde gelegt worden wäre. Eine Sammlung von Ausschnitten aus Arzt-Patient-Gesprächen ist hingegen zumindest als Korpus für die Untersuchung von *quoi* nicht in spezieller Weise geeignet.

2.2.2 - Aber auch wenn man annimmt, es sei Hölkers Ziel gewesen, Vorkommen und Funktion von *quoi* in Frage-Antwort-Sequenzen zu untersuchen (wofür das gewählte Korpus eine angemessene Ausgangsbasis wäre), so verbleiben einige grundsätzliche Fragen, die eine kurze Betrachtung verdienen.

Nach Hölker ist, wie bereits erwähnt, das Vorkommen von *quoi* in den von ihm untersuchten Beispielen durch die Textstruktur (I) bedingt, wobei diese Struktur "ihre Funktion auch dann hat, wenn *quoi* fehlt" (S. 338). Eins von Hölkers Beispielen (bei ihm Nr. (9)) lautet:

(1) *C'est la première fois.*   *Je ... jusqu'à maintenant, j'ai vingt-sept ans, j'ai jamais eu de malaise,*   *j'ai jamais ..., j'ai jamais rien eu,*   *quoi.*

X_1 X_2 X_3

Denkt man Hölkers Ansatz ein Stück weiter und berücksichtigt dabei einige der Aussagen, die er über die Struktur (I) macht (zum Beispiel, daß "die Reihenfolge von X_1, X_2 und X_3 [...] festgelegt" ist und "daß in fast keinem der Beispiele X_3 fehlen darf"), so ist man gehalten, konsequenterweise anzunehmen, daß die Struktur (I) als irgendwie bestimmbare Konstituente einer übergeordneten Textstruktur oder -passage aufgefaßt werden muß, so daß sie als Teil einer (auf Textebene operierenden) Erzeugungsregel etwa der Form

$$(II) \quad X_o \rightarrow \begin{Bmatrix} X_1 + (X_2) \\ (X_1) + X_2 \end{Bmatrix} + X_3 + (quoi)$$

interpretierbar ist. X_o würde dann durch (I) strukturell definiert, bekäme seine funktionellen Eigenschaften durch die zwischen X_1, X_2 und X_3 bestehenden Beziehungen der wiederholten Referenz und erhielte - weiterhin im Rahmen von Hölkers Erklärungsansatz - das Merkmal 'Konstituente, innerhalb derer X_3 bezüglich X_1 und/oder X_2 terminierend ist'.[1] An diesem Punkt würde sich dann allerdings die Frage stellen, ob die Beziehung der wiederholten Referenz ausreicht, um die terminierende Funktion von X_3 innerhalb von X_o zu markieren. Denn es ist davon auszugehen, daß wiederholte Referenz, so wie sie von Hölker definiert wird, auch andere Funktionen haben kann, so zum Beispiel die des Spezifizierens, des Explizierens, des Paraphrasierens. Wenn dies aber der Fall ist, wäre es wenig plausibel anzunehmen, daß *quoi* in (II) lediglich reliefgebend oder redundant ist; vielmehr spräche einiges dafür, daß *quoi* dann gerade die "eigenständige, distinktive" Funktion hat anzuzeigen, daß X_3 terminiert, nicht hingegen expliziert u.ä. Die entgegengesetzte These, nach der *quoi* lediglich aus einer konversationellen eine konventionelle Implikatur macht, verliert also gerade auch unter der Annahme an Plausibilität, *quoi* sei - zumindest in bestimmten Texttypen - von einer Struktur wie (I) *abhängig*.

Es erscheint jedoch angebracht, in der kritischen Einschätzung noch einen Schritt weiter zu gehen und in Frage zu stellen, ob für die Beschreibung der Funktionen von *quoi* überhaupt das Vorkommen einer dreigliedrigen Struktur wie (I) postuliert wer-

---

1 Zur terminierenden Funktion vgl. Abschnitt 3.

den muß. Wenn die Struktur (I) unabhängig von *quoi* in Texten vorkommen und in diesen auffindbar sein soll, so müßten die Eigenschaften, aufgrund derer X_1, X_2 und X_3 als distinktive Einheiten erkannt werden können, in Form struktureller Merkmale angebbar sein. Hölkers Versuch, dies mit Hilfe der Kategorien "Kurzantwort", "Expansion" und "Coda" zu leisten, hält jedoch nicht Stand, zum einen weil wenigstens die Kategorie "Coda" nicht hinreichend expliziert ist[1], zum anderen weil X_2 in einer Reihe von Beispielen gar nicht als "Expansion" interpretiert werden kann (vgl. Hölkers Beispiele (4), (11), (12)). Wenn es aber nicht möglich ist, strukturelle Merkmale zu definieren, mit Hilfe derer generell zwischen den Konstituenten X_1, X_2 und X_3 unterschieden werden kann, dann läßt sich auch der Unterschied zwischen den beiden von (I) vorgesehenen Varianten $X_1 + X_3$ und $X_2 + X_3$ nicht mehr generell angeben, so daß die Struktur (I) letztlich zu

$$(I') \qquad X_{1/2} + X_3$$

reduziert werden kann.

Die Annahme einer zwei- anstelle einer dreigliedrigen Textstruktur als "Vorkommenskontext" von *quoi* ist auch mit der folgenden, den *discours parlé* in grundsätzlicher Weise betreffenden Überlegung eher kompatibel. Soll dem Prozeßcharakter der Rede angemessen Rechnung getragen werden, so erscheint es unverzichtbar, zumindest im Sinne einer prinzipiellen Möglichkeit davon auszugehen, daß ein Sprecher durch Äußerung von X + *quoi* "rückwirkend" ein $X_{1/2}$ festlegt bzw. "schafft" (und dadurch das dem *quoi* unmittelbar vorausgehende X zum X_3 im Sinne Hölkers "macht"), und zwar derart, daß dabei durch X_3 und *quoi* auch die entsprechende semantische Beziehung etabliert wird. Entsprechend ist es wenig plausibel, umgekehrt davon auszugehen, daß ein Sprecher generell zunächst eine terminierende Struktur $X_1 + X_2 + X_3$ produziert (eine Vorstellung, die wohl zu sehr am Modell der Satzerzeugung orientiert ist) und dieser Struktur dann entweder (durch

---

[1] Zu erörtern wäre zum Beispiel, inwiefern die in der soziolinguistischen Erzählforschung (vgl. Labov/Fanshel 1977: 109) verwendete Kategorie auch für die Beschreibung nicht-narrativer Texte verwendbar ist.

die Hinzufügung von *quoi*) Relief gibt oder (durch Nicht-Verwendung von *quoi*) dies auch nicht tut. Es erscheint also notwendig, von vornherein einen Beschreibungsansatz zu suchen, der gerade auch den Fällen Rechnung trägt, in denen der Sprecher durch die Äußerung von $X_3 + quoi$ (als einer auch intonatorisch und satzmelodisch markierten Einheit) dem Geäußerten (X_3) terminierende Funktion bezüglich einer vorangehenden Einheit gibt.

2.2.3 - Die hier etwas abstrakt und ansatzweise in theoretischer Hinsicht geäußerte Kritik an Hölkers These von der Dreigliedrigkeit der das Vorkommen von *quoi* bedingenden Struktur kann durch den Hinweis auf einige der von Hölker selbst angeführten Beispiele gestützt werden, deren Analyse sich nicht in allen Fällen mit den hier diskutierten Annahmen vereinbaren läßt. Die revidierte Interpretation einiger Beispiele kann zugleich zum Anlaß genommen werden, in Abschnitt 3 die Akzente bei der Beurteilung der verschiedenen Funktionen von *quoi* etwas anders zu setzen.

Eine anders geartete Interpretation läßt vor allem Hölkers Beispiel (13) zu. Es lautet:

(2) *Non, pas du tout. J'suis pas tombé d' ailleurs. Je ... je me tenais à cette barre, vraiment serré, j'ai pas tombé, j'ai penché un peu la tête en arrière, j'regardais en l'air,*   *j'avais les yeux ..., euh ..., un peu en l'air,*   *quoi,*

$\quad\quad X_1 \quad\quad\quad\quad\quad\quad X_2 \quad\quad\quad\quad\quad\quad X_3$

Wie der Textzusammenhang zeigt, den Hölker auf Seite 330 in (5) gibt, ist *non, pas du tout* der Beginn einer Antwort, die der Patient auf die Frage des Arztes *Est-ce que vous vous êtes blessé?* gibt. In der Fortsetzung der Antwort hat nun der Indikator *d'ailleurs* (am Anfang von X_2) eine Schlüsselfunktion. Er kennzeichnet ein (hinsichtlich anderer denkbarer, aber nicht genannter Argumente) zusätzliches Argument zugunsten der Konklusion *non, pas du tout* (= *je ne me suis pas blessé du tout*).[1] Dieses

---

1 Zur Funktion von *d'ailleurs* vgl. Ducrot (1980).

Argument umfaßt den ganzen Rest des Beispiels (und reicht noch
darüber hinaus bis zum Ende des Redebeitrags), schließt also
auch das auf X_3 folgende *quoi* mit ein. Ausgehend von dieser Analyse ist es nun das Nächstliegende anzunehmen, daß die Bezugsstruktur von *quoi* als Ganze in das genannte Argument eingebettet
ist, derart daß *non, pas du tout* außerhalb der "Reichweite" von
quoi läge. In der Tat entspricht die Struktur des Beispiels dieser Analyse in auffälliger Weise, und es gibt dafür - unter Berücksichtigung des von Hölker angeführten Kriteriums der wiederholten Referenz - sogar zwei Möglichkeiten der Interpretation,
nämlich

(2 a) *j'ai penché un peu   j'regardais en   j'avais les yeux   quoi,*
      la tête en arrière   l'air   ..., euh ..., un
                                                  peu en l'air,
        X_1 X_2 X_3

und (wenn man von einer Zweigliedrigkeit der Bezugsstruktur ausgeht)

(2 b) *J'suis pas tombé   j'ai penché un peu   quoi,*
      d'ailleurs. Je ...   la tête en arrière,
      je me tenais à   j'regardais en l'air,
      cette barre, vrai-   j'avais les yeux ...,
      ment serré, j'ai   euh ..., un peu en
      pas tombé,   l'air
        X_1 X_2/X_3

In beiden Fällen[1] ist die wiederholte Referenz eindeutiger als
diejenige zwischen X_3 und X_1 in (2).

Auch Hölkers Beispiel

(3) [Schilderung der   *---, mais j'ai bien   Enfin, j'ai évalué   quoi,*
      Entdeckung von   *perdu un demi-litre,   ça, vous savez, à*
      Blutungen]   *un litre et demi de   quelque chose près,*
                                  sang, ... en deux
                                  jours, hein?
        X_1 X_2 X_3

ist einer anderen Interpretation zugänglich: X_3, das durch *vous
savez* gegliedert ist[2], enthält bereits zwei Konstituenten, die

---

1   Die Alternative (2 b) stünde mit der Annahme im Einklang, daß *quoi* auch
    den einräumenden Teil einer konzessiven Struktur kennzeichnen kann (vgl.
    dazu Abschnitt 3.2).
2   Daß *quoi* nicht nur zusammen mit *enfin*, sondern auch mit *tu sais/vous sa-*

in der Beziehung der wiederholten Referenz zueinander stehen: *à quelque chose près* wiederholt das semantische Merkmal 'approximativement' von *évaluer*. Die Struktur

(3 a) Enfin, j'ai évalué   à quelque chose   quoi,
       ça, vous savez,   près,
       $x_1/_2$ x_3

ist daher nicht weniger plausibel.

Schließlich findet sich unter Hölkers Beispielen das folgende:

(4)   Oui, ça allait ...   pas fatigué,   j'avais ...,   quoi,
                                             j'avais un peu
                                             la grippe,
       x_1 x_2 x_3

In diesem Beispiel sind X_1, X_2 und X_3 nicht als Konstituenten erkennbar, die durch wiederholte Referenz miteinander verbunden sind.[1] Insofern kommt *quoi* hier (im Gegensatz zu den beiden im Vorangehenden kommentierten Beispielen) keine terminierende Funktion[2] zu (weshalb der Sprecher im Anschluß an *quoi* - das Thema beibehaltend - auch mit *j'avais une bonne grippe, j'avais pris des aspirines* ... fortfahren kann, vgl. Hölkers Beispiel (6)). Auch Beispiele dieser Art liefern somit keine Motivation für einen auf eine Struktur wie (I) gegründeten Beschreibungsansatz.

2.3 - Sowohl grundsätzliche Überlegungen als auch die Suche nach anderen Interpretationsmöglichkeiten für eine Reihe der an-

---

vez vorkommt, erwähnt Hölker an anderer Stelle selbst (vgl. S.337). Im vorliegenden Beispiel kommt daher das in großer Nähe zu *quoi* stehende *vous savez* für die Kennzeichnung von X_3 als unmittelbarem Bezugsausdruck von *quoi* eher in Frage als *enfin*. Dies um so mehr, als *enfin* in diesem Beispiel Träger einer zusätzlichen Funktion sein kann: im Sinne von Cadiot et al. (1985)(vgl. dazu auch Abschnitt 3.1.2) versucht der Sprecher damit, *eine* Fortsetzung des *discours* zu verhindern, und zwar hier den möglicherweise auf X_2 zu richtenden Einwand, woher der Sprecher denn wisse, daß es eineinhalb Liter Blut waren. Die terminierende Funktion von *enfin* und von *quoi* wäre damit eine jeweils andere.

[1] Hölker führt für diesen Fall als spezielle Form der wiederholten Referenz an: "Ausdruck, aus dem sich kontextuell etwas folgern läßt, was der Sprecher in X_1 oder X_2 schon gesagt hat". Abgesehen davon, daß die Bedingungen einer kontextuellen Folgerbarkeit im Fall dieses Beispiels besonders schwer zu bestimmen sind, muß man sich auch fragen, wie weit das Konzept der "wiederholten Referenz" gefaßt werden darf, ohne daß es seine Abgrenzungs-Leistung verliert.

[2] Zur Funktion von *quoi* in Verwendungen wie diesen vgl. Abschnitt 3.2.

geführten Beispiele sprechen dafür, die Beschreibung der Vorkommensbedingungen und Funktionen von *quoi* nicht auf die Annahme einer dreigliedrigen Textstruktur zu gründen, sondern vielmehr von einer Zweigliedrigkeit auszugehen. Darüber hinaus erscheint es geboten, auch Fällen Rechnung zu tragen, in denen die beiden Konstituenten der Bezugsstruktur von *quoi* nicht durch wiederholte Referenz charakterisiert sind. In der Folge dieser Ergebnisse wird auch die Motivation für die Annahme hinfällig, das Vorkommen von *quoi* sei grundsätzlich abhängig von einer bestimmten vorgängig produzierten Textstruktur. Schließlich ergeben sich unter den neuen Prämissen andere Konsequenzen für die in 2.2.1 angesprochene Korpusfrage: Verallgemeinerungen der aus der Analyse von Texten eines einzigen Texttyps gewonnenen Ergebnisse über Vorkommen und Funktion von *quoi* sind eher möglich, als unter den von Hölker genannten, stark texttyp-abhängigen Annahmen.

3. - Was die Funktionen von *quoi* betrifft, so kann man Hölker insofern weitgehend zustimmen, als *quoi* in vielen (wenn auch nicht in allen) Fällen topographische Funktion hat. Einige ergänzende Vorschläge dazu sollen im folgenden erörtert werden (3.1). Außerdem erscheint es angebracht, neben der topographischen eine weitere diskursorganisierende Funktion für *quoi* anzunehmen (3.2).

3.1 - Im Zusammenhang der Beschreibung von *quoi* nennt Hölker zwei topographische Funktionen, das 'Terminieren' und die 'Selbstkorrektur'(in einer Anmerkung wird dazu noch das 'Insistieren' angeführt). Dies läßt sich zweifellos mit einer großen Zahl von Beispielen belegen. Problematisch erscheint mir hingegen, diese beiden Funktionen als gleichrangig zu betrachten. Daß es beim 'Terminieren' im Gegensatz zur 'Selbstkorrektur' um eine Funktion auf sehr allgemeiner Ebene geht, legen die Ausführungen Hölkers selbst nahe (3.1.1); dies kann auch durch eine Betrachtung der (von Hölker ebenfalls erwähnten) Affinitäten zwischen *quoi* und *enfin* gestützt werden (3.1.2).

3.1.1 - Die Funktion des 'Terminierens' bringt Hölker mit zwei der allgemeinsten Konversationsmaximen von Grice ("Mache deinen Beitrag so informativ wie erforderlich/nicht informativer als erforderlich") in Verbindung: durch die Verwendung von *quoi* in dieser Funktion kann der Sprecher dem Adressaten mitteilen, "daß er zum anstehenden Thema/Subthema nichts mehr sagen will/kann" (S.336). Wenn ein Sprecher nun demgegenüber eine eigene Äußerung korrigiert (und zur Markierung dieser Selbstkorrektur den Indikator *quoi* verwendet), so wird damit immer *auch* im genannten Sinne terminiert, während das Umgekehrte nicht gilt. Es fragt sich daher, ob die beiden Funktionen des 'Terminierens' und der 'Selbstkorrektur' (bzw. genauer: des Indizierens des terminierenden bzw. korrigierenden Charakters des Bezugsausdruckes) nicht eher in einer hierarchischen *Indem*-Beziehung zueinander stehen. Dasselbe dürfte dann auch für andere, bezogen auf das 'Terminieren' speziellere Funktionen gelten: für das 'Insistieren' ebenso wie für das 'Kommentieren','Paraphrasieren' und andere. Es ist zu vermuten, daß sich eine Vielzahl derartiger Einzelfunktionen ermitteln läßt[1], die sich zum Teil auch bei ein und derselben Verwendung von *quoi* überlagern können. So ist beispielsweise das *quoi* im folgenden Beispiel durchaus multifunktional[2]:

>   (5) B: et ben je me suis toujours ennuyé de mon clocher ça c'est
>   peut-être euh .. euh: spécial peut-être .. m'enfin j'avais
>   toujours plaisir à retrouver ma ville
>   (...)
>   j'étais trois ans à peu près absent de chez moi .. puis je
>   suis revenu travailler à Orléans euh .. parce que: Orléans
>   m'attirait et il fallait que je revienne à Orléans
>   OU: oui
>   B: je m'en-
>   nuyais de mon clocher quoi
>   OU: et vous comptez rester à Orléans
>
>   (Orléans 001/5 und 7)

---

1 Vgl. vor allem die bei Thielmann (1982: 28 ff.) genannten Funktionen '(Quasi-) Kommentar','Wiederaufnahmehinweis' (identisch mit 'Paraphrasierung'),'Hinweis auf Herleitung des Gesagten aus dem Vortext','Hinweis auf Voraussetzungen, die dem Alltagswissen angehören','Andeutung einer Schlußregel'.
2 Die Beispiele (5) und (6) sind dem "Orléans-Korpus" entnommen, vgl. *Etudes* (1974) und Thielmann (1982).

Quoi indiziert hier zunächst eine Paraphrasenrelation zwischen zwei stark äquivalenten Ausdrücken. Insofern, als die Prozedur des Paraphrasierens mit *je m'ennuyais de mon clocher* abgeschlossen wird (der Interview-Partner fährt im Anschluß an diese Stelle mit einer thematisch weiterführenden Frage fort), ist das Paraphrasieren hier zugleich terminierend. Als weitere - und der Paraphrasen-Indikation gegenüber dominante - Funktion von *quoi* in diesem Beispiel ist erkennbar: die Indikation, daß der Sprecher sich mit der Bezugsäußerung auf einen allgemein bekannten Sachverhalt bezieht (vgl. Thielmann 1982: 40 f.). Mit *je m'ennuyais de mon clocher* möchte der Sprecher hier die Rückkehr in seine Heimatstadt rechtfertigen und beruft sich bei dem von ihm erhobenen Anspruch auf Geltung dieser Rechtfertigung auf die mit der feststehenden sprachlichen Form zusammenhängende allgemeine Bekanntheit und Akzeptiertheit des benannten Sachverhaltes. Damit macht der Sprecher *zugleich* deutlich, daß er mögliche Nachfragen oder Einwände des Gesprächspartners nicht für angebracht hält: auch in diesem Sinne ist die Verwendung der Bezugsäußerung von *quoi* also terminierend.

Für eine detailliertere Beschreibung von *quoi* ergibt sich somit als vorläufige Ausgangssituation: Eine Anzahl spezieller Funktionen (zu denen auch die 'Selbstkorrektur' gehört) ist zurückführbar auf die generelle Funktion, den terminierenden Charakter des Bezugsausdruckes zu indizieren, derart, daß die Realisierung einer der speziellen Funktionen immer auch die Realisierung der generellen Funktion beinhaltet.[1]

3.1.2 - Eine Bestätigung für die im vorangehenden Abschnitt geäußerte Ansicht findet sich in einer neueren Beschreibung des Indikators *enfin*, der - was auch von Hölker berücksichtigt wird - in funktioneller Hinsicht eng mit *quoi* verwandt ist.[2] Cadiot/

---

[1] Insofern besteht auch keine Veranlassung, die bei Thielmann genannten Funktionen durch Uminterpretation oder Korrektur auf die bei Hölker diskutierten Funktionen zu projizieren (vgl. Hölker, in diesem Band, S. 342).

[2] Zu weitgehend und nicht haltbar scheint mir jedoch Hölkers Aussage, daß *quoi* sich immer mit *enfin* kombinieren lasse, und daß *enfin* alle Funktionen von *quoi* habe. Daß die Problematik viel komplizierter ist, dürfte unter anderem auch damit zusammenhängen, daß die Variante von *quoi*, die

Ducrot/Fragin/Nguyen (1985) haben zu zeigen versucht, daß dem Indikator *enfin* eine allgemeine Funktion zuerkannt werden kann, auf die sich die Funktionen aller Typen seiner Einzelvorkommen als Spezialfälle beziehen lassen. Die Autoren sprechen dort zum Beispiel vom "*enfin de résignation*", vom "*enfin de soulagement*", vom "*enfin de protestation*", vom "*enfin de connivence*", vom "*enfin de rature*" u.a. Alle in diesen Verwendungen realisierten Spezialfunktionen (die hier nicht weiter besprochen zu werden brauchen) sind danach Ausdruck einer einzigen generellen Funktion, die von ihren Autoren sinngemäß so charakterisiert wird:

> Durch die Äußerung von *enfin* gibt der Sprecher zu verstehen, daß der Bezugsausdruck X von *enfin* einem X vorangehenden Textteil Z ein Ende setzen soll, insofern als eine vor der Äußerung von X erwartbare Fortsetzung Y von Z vom Sprecher als unangebracht oder unerwünscht beurteilt wird (vgl. Cadiot et al. 1985).

Ohne auf die Bedeutung und die vielfältigen Implikationen dieser These eingehen zu können, meine ich, daß die von Cadiot et al. vorgeschlagene Charakterisierung der generellen Funktion von *enfin* dem entspricht, was in 3.1.1 - bezüglich *quoi* - noch etwas vage als allgemeine Funktion des 'Terminierens' bestimmt wurde. Soweit ich sehe, reicht die funktionale Verwandtschaft zwischen *enfin* und *quoi* aus, um die zur Beschreibung von *enfin* vorgeschlagene allgemeine Formel auch auf die Beschreibung von *quoi* (sofern es topographische Funktion hat) übertragen zu können. Natürlich müßte die Beziehung der jeweiligen spezielleren Funktion zu der in dieser Weise präzisierten generellen Funktion des Terminierens für die verschiedenen Vorkommenstypen von *quoi* im einzelnen aufgezeigt werden. Da dies hier nicht geschehen kann, beschränke ich mich auf die Illustration an einem einzigen Beispiel.[1]

Die Sprecher in diesem Beispiel (das Ehepaar T und F) berichten über den schwierigen Versuch, ein Lebensmittelgeschäft zu betreiben:

---

hier zur Debatte steht, im Gegensatz zu *enfin* ausschließlich in Texten aus mündlicher Kommunikation erscheinen kann.

1 Das Beispiel und Teile seiner Interpretation sind Thielmann (1982: 43) entnommen.

(6) T: *mais ce commerce .. ne faisant plus suffisamment de chiffres*
          d'affaires .. ((surtout)) dans un petit pays ...
    JR: mm
    T: *alors la société .. l'a a ∷ .. fermé*
          (...)
    F: *maintenant ça va mieux ça va beaucoup mieux m'enfin point de*
          vue commerce c'est un peu comme ici
    JR: *ah bon*
    T: mm
    JR: *m hm mais*
    F: *(les)*
          petits commerces tendent à disparaître quoi
          (Orléans 11/2 - 3)

Die Position von X, des Bezugsausdrucks von *quoi*, nimmt hier *les petits commerces tendent à disparaître* ein; der X vorangehende Textteil Z endet mit *point de vue commerce c'est un peu comme ici*, er beinhaltet den Bericht über das individuelle Schicksal des Ladens; einer danach erwartbaren oder auch nur möglichen Fortsetzung Y (zum Beispiel auf Z gerichtete skeptische Bemerkungen oder Fragen des Gesprächspartners) soll durch X + *quoi* entgegengetreten werden. Die Sprecherin signalisiert, daß sie sich auf weitere Details zu ihrem Fall nicht einlassen will.[1] Dieses "Nicht-Zulassen" von Y (im Sinne der Formel von Cadiot et al.) wird im vorliegenden Einzelfall durch die Realisierung einer spezielleren Funktion erreicht, nämlich durch den oben bereits erwähnten Hinweis des Sprechers auf Bekanntheit: *quoi* indiziert, daß mit der Äußerung von *les petits commerces tendent à disparaître* eine allgemein bekannte und akzeptierte Tatsache benannt wird; es wird der Anspruch erhoben, eine unabänderliche und unbestreitbare ökonomische Gesetzmäßigkeit wiederzugeben (so daß die schlechte Situation des Sprechers nicht als von ihm selbst verschuldet, sondern auf objektiven Gründen beruhend erscheint). Mit dem Hinweis auf das allgemein Bekannte "beendet" die Sprecherin also die Behandlung des sie und ihren Mann als Individuen Betreffenden.

---

[1] Das vorliegende Beispiel ist wegen des Vorkommens von *m'enfin* allerdings etwas komplexer. Mit *m'enfin* setzt die Sprecherin dem mit *maintenant ça va mieux* begonnenen neuen Teilthema bereits wieder ein Ende, um zum vorangehenden Thema ('schwierige Lage') zurückzukommen.

3.2 – Eine weitere Funktion von *quoi* soll an dieser Stelle noch erwähnt werden; sie ist für einige der Fälle zu ermitteln, in denen die beiden Konstituenten der Bezugsstruktur von *quoi* nicht durch wiederholte Referenz charakterisiert sind. In diesen Fällen hat *quoi* infolgedessen auch keine topographische Funktion. Vielmehr spielt *quoi*, wie sich deutlich erkennen läßt, dann primär eine Rolle als Indikator mit argumentativer Funktion. Ein Beispiel hierfür findet sich sogar unter den von Hölker selbst genannten Korpusbelegen (vgl. Hölker, S. 331 sowie Abschnitt 2.2.3, Beispiel (4)):

(7) A: *et dans les jours qui ont précédé ce malaise, vous étiez en bonne santé?*
    B: *Oui, ça allait ... pas fatigué, j'avais ..., j'avais un peu la grippe, quoi, j'avais une bonne grippe, je, j'avais pris des aspirines, tout ça, mais ... ça allait, quoi.*

Was die beiden Konstituenten der Bezugsstruktur des ersten *quoi* (und nur dieses steht hier zur Debatte), nämlich *pas fatigué* und *j'avais ... j'avais un peu la grippe*, betrifft, so läßt sich sicher sagen, daß eine Beziehung der wiederholten Referenz zwischen ihnen nicht besteht.[1] Sie bilden jedoch in anderer Weise eine Einheit, nämlich insofern, als sie als Argument für die Konklusion *oui, ça allait* gelten können, und zwar als ein Argument, das eine *konzessive* Struktur aufweist ('ich war nicht müde, hatte allerdings etwas Grippe' → 'ich hatte zwar etwas Grippe, aber müde war ich nicht'). Dabei indiziert *quoi* – gewissermaßen über den Umweg einer "Bagatellisierung"[2] – den einräumenden Teil dieser Struktur (die im übrigen – chiastisch variiert – im folgenden wiederholt wird) und hat somit primär argumentative Funktion.[3]

---

1   Selbst wenn man mit Hölker und gegen die hier vorgetragenen Argumente *oui, ça allait* zur Bezugsstruktur hinzurechnen wollte, so müßte plausibel gemacht werden, inwiefern sich aus *j'avais ..., j'avais un peu la grippe* "kontextuell [das] folgern läßt, was der Sprecher" mit *oui, ça allait* "schon gesagt hat"(vgl. Hölker, S. 334). Zumindest dürfte es schwierig sein, im vorliegenden Beispiel darauf die Dominanz der topographischen gegenüber der argumentativen Funktion zu gründen (vgl. auch S.333,Anm. 1).
2   Vgl. dazu Thielmann (1982: 48). In diesem Zusammenhang ist auch aufschlußreich, daß, wie Thielmann (ebd.) feststellt, *quoi* sich vor allem in den begründenden/rechtfertigenden Teilen von Argumentationen findet.
3   Vgl. entsprechende Hinweise zu *bon* in Auchlin (1981: 98) und de Spengler (1980: 133).

4. - Eine auf detaillierteren Untersuchungen basierende Beschreibung von *quoi* (und anderen verwandten Indikatoren) wird somit davon auszugehen haben, daß *quoi* sowohl topographische als auch argumentative Funktion haben kann. Von diesen ist die topographische offenbar die häufigere. Wird sie realisiert, so indiziert *quoi* den terminierenden Charakter seines Bezugsausdrucks (wobei "terminierend" in dem in 3.1.2 präzisierten Sinne verstanden werden kann). Diese generelle Funktion des Terminierens wird - je nach Verwendungstyp - durch eine (oder auch mehrere, sich überlagernde) speziellere Funktion(en) realisiert. Argumentative Funktion hat *quoi* insofern, als es den einräumenden Teil einer konzessiven Struktur indizieren kann. Topographische ebenso wie argumentative Funktion von *quoi* können - im Sinne von nicht lediglich für ein spezielles Korpus gültigen Ergebnissen - adäquater beschrieben werden, wenn man statt einer dreigliedrigen Bezugsstruktur (mit bestimmten semantischen Eigenschaften) lediglich eine zweigliedrige annimmt und darüber hinaus auch die Annahme zuläßt, daß durch die Verwendung von *quoi* etwas zum Ausdruck gebracht werden kann (zum Beispiel der terminierende Charakter des Bezugsausdrucks), was ohne *quoi* in der Textstruktur nicht angelegt ist, bzw. daß *quoi* sich seine Bezugsstruktur unter Umständen sogar selbst "erzeugen" kann.

Literatur

Auchlin, A., 1981. "Réflexions sur les marqueurs de structuration de la conversation", in: *Etudes de Linguistique Appliquée* 44, 88 - 103.

Cadiot, A., O. Ducrot, B. Fradin, T.-B. Nguyen, 1985. "*enfin*, marqueur métalinguistique", in: *Journal of Pragmatics* 9.

Daneš, F., 1983. "Welche Ebenen der Textstruktur soll man annehmen?" in: Daneš, F., D. Viehweger (Hg.), *Ebenen der Textstruktur* [Linguistische Studien des ZISW 112], Berlin, 1 - 11.

Danjou-Flaux, N., 1983. "*Au contraire*", in: *Cahiers de Linguistique Française* 5, 275 - 304.

Ducrot, O., 1980. *Les mots du discours*, Paris.

Etude sociolinguistique sur Orléans. Catalogue des enregistrements, 1974, Colchester (Orléans Archive).

Gülich, E., Th. Kotschi, 1983. "Les marqueurs de la reformulation paraphrastique", in: *Cahiers de Linguistique Française* 5, 305 - 351.

Gülich, E., Th. Kotschi, 1985. "Reformulierungshandlungen als Mittel der Textkonstitution. Untersuchungen zu französischen Texten aus mündlicher Kommunikation", in: Motsch, W. (Hg.), *Satz, Text, sprachliche Handlung* [Studia grammatica XXV], Berlin/DDR (im Druck).

Labov, W., D. Fanshel, 1977. *Therapeutic Discourse, Psychotherapy as Conversation*, New York.

Luzzati, D., 1982. "*Ben*, appui du discours", in: *Français moderne* 50, 3, 193 - 207.

Moeschler, J. (in diesem Band). "Structure de la conversation et connecteurs pragmatiques. Rapport sur le groupe de recherche de l'Unité de linguistique française de l'Université de Genève".

Roulet, E., 1981. "Echanges, interventions et actes de langage dans la structure de la conversation", in: *Etudes de Linguistique Appliquée* 44, 7 - 39.

Roulet, E., 1982. "De la structure dialogique du discours monologal", in: *Langues et linguistique* 8, 1, 65 - 84.

Roulet, E., 1984. "Speech Acts, Discourse Structure, and Pragmatic Connectives", in: *Journal of Pragmatics* 8, 31 - 47.

de Spengler, N., 1980. "Première approche des marqueurs d'interactivité", in: *Cahiers de linguistique française* 1, 128 - 148.

Thielmann, B., 1982. *Modalpartikeln und stereotype Wendungen. Untersuchungen zu Vorkommen und argumentativer Funktion von französischen Texten aus mündlicher Kommunikation*, Unveröffentlichte Magisterarbeit, Freie Universität Berlin.

Vincent, D., 1983. *Les ponctuants de la langue*, Diss., Université de Montréal, Département d'Anthropologie, Faculté des Arts et des Sciences.

STRUCTURE DE LA CONVERSATION ET CONNECTEURS PRAGMATIQUES.
Rapport sur le groupe de recherche de l'Unité de linguistique française de l'Université de Genève

Jacques Moeschler

0. Introduction

Depuis quatre ans, un groupe de recherche, financé par le Fonds national suisse de la recherche scientifique, et dirigé par Eddy Roulet, travaille à une analyse pragmatique de la conversation. L'originalité des recherches et des travaux - publiés dans les *Cahiers de Linguistique Française (CLF)*, le numéro 44 des *Etudes de Linguistique Appliquée (ELA)*, ma propre thèse (Moeschler 1982), ainsi que Moeschler (1985; à paraître) et Roulet et al. (1985) - tient essentiellement dans le fait que la recherche sur le discours authentique n'a pas été complètement subordonnée à la diversité, complexité des données, mais a été au contraire contrainte du point de vue théorique. Les références théoriques dont il est question ici peuvent être définies d'une part par l'idée d'un *modèle hiérarchique et fonctionnel de la conversation* (plus rapidement une grammaire conversationnelle ou du discours) et d'autre part par la *théorie de l'argumentation* développée par Anscombre et Ducrot (cf. Ducrot 1980, Ducrot et al. 1980, Anscombre et Ducrot 1983). J'exposerai rapidement les principes de ces deux cadres théoriques avant de présenter quelques phénomènes liés à l'interaction entre problèmes conversationnels et problèmes argumentatifs, notamment en relation au rôle des connecteurs pragmatiques dans la conversation.

Avant d'entrer dans le vif du sujet, je tiens à préciser que cette présentation procède inévitablement de ma propre perspective et de mes propres intérêts. Bien que je pense donner une image relativement fidèle des travaux en cours à Genève, ma présentation excluera, pour des raisons de place et de compétence, des recherches plus spécifiques comme celles sur la structure monologique/dialogique/diaphonique du discours (cf. Roulet 1984 et Roulet et al. 1985, chapitre 1), ou sur l'analyse détaillée de certains connecteurs comme *finalement*, *au fond*, *en somme*, *de toute façon*, *donc*, *alors* (cf. les travaux de M. Schelling et A. Zenone dans *CLF* 4 et 5), ou encore sur le rôle des marqueurs de structuration de la conversation dans la structure de l'échange (cf. les études de A. Auchlin dans *CLF* 2; *ELA* 44; Roulet et al. 1985, chapitre 2). De plus, je ne tiendrai pas la gageure de présenter l'analyse de données authentiques, préférant me centrer sur les grandes lignes de notre recherche.

1. Un modèle hiérarchique et fonctionnel de la conversation

L'idée de développer un modèle hiérarchique et fonctionnel de la conversation est née des nécessités liées à une première recherche sur les modes d'interprétation des énoncés en contextes (cf. *Cahiers de Linguistique Française* 1). Or il est apparu très rapidement que ce qui déterminait l'interprétation des actes de langage dans le discours authentique étaient, autant que ses propriétés *contextuelles* et ses propriétés *formelles* (présences de marqueurs pragmatiques), ses propriétés *structurelles*: selon que l'acte de langage avait telle place dans la structure de la conversation, il était possible de lui assigner telle interprétation, telle fonction.

L'idée de développer un modèle hiérarchique et fonctionnel de la conversation répond donc à la double question suivante:

(i) quelle est la nature conversationnelle du constituant à interpréter?
(ii) quelle est sa fonction discursive?

Le modèle hiérarchique et fonctionnel est basé sur deux grands *principes de composition* (par principe de composition, j'entends les règles qui rendent compte de l'organisation complexe du discours conversationnel):

(a) un principe de composition *hiérarchique*, indiquant que tout constituant de rang supérieur est composé de constituants de rang inférieur, les unités de rang pertinentes pour l'analyse conversationnelle étant l'*échange*, l'*intervention* et l'*acte de langage*.[1]

---

[1] Je n'examinerai pas ici les critères de définition ni les principes de dé-

Ce premier principe indique donc que l'échange (E) est composé d'interventions (I), l'intervention composée d'actes de langage (A). Provisoirement, l'échange (1) peut être représenté par la structure (2) suivante:

(1) A (I 1): *Excusez-moi* (a)
           Est-ce que vous avez l'heure? (b)
    B (I 2): *Bien sûr* (c)
           Il est six heures (d)
    A (I 3): *Merci* (e)

(2)
```
              E
         /    |    \
       I 1   I 2   I 3
       / \   / \    |
      a   b c   d   e
```

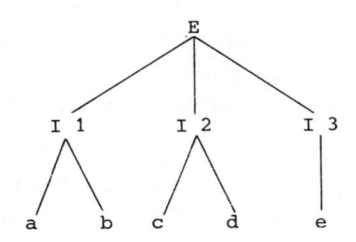

Mais une telle analyse ne rend pas compte de deux faits importants: d'une part, tous les actes de langage n'ont pas la même importance (certains semblent accompagner, justifier d'autres); d'autre part la conversation peut être structurée de façon plus complexe. Par exemple, le principe de composition hiérarchique n'explique nullement la structure (4) de l'interaction (3):

(3) A 1: *Excusez-moi. Vous avez l'heure?*
    B 1: *Vous n'avez pas de montre?*
    A 2: *Non.*
    B 2: *Il est midi.*
    A 3: *Merci.*

(4)
```
                E 1
          /      |      \
        I 1     I 2     I 3
         |      / \      |
        A 1   E 2  B 2  A 3
              / \
            I 1  I 2
             |    |
            B 1  A 2
```

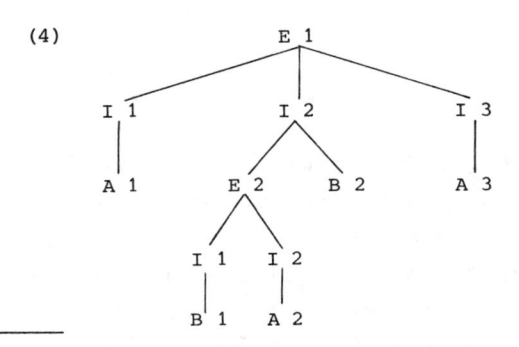

limitation des unités conversationnelles. Je dirai simplement que l'échange est la plus petite unité dialogique, l'intervention la plus grande unité monologique et l'acte de langage la plus petite unité monologique.

où l'échange E 2 (B 1 - A 2) est à interpréter comme faisant partie de l'intervention de réponse (I 2). Il est dès lors nécessaire de distinguer un deuxième principe de composition:

> (b) le principe de composition *fonctionnelle*, indiquant le mode de combinaison des constituants complexes non plus en termes *catégoriels*, mais en termes *fonctionnels*.

Ce principe de composition fonctionnelle indique donc que l'échange est composé de constituants à fonctions *illocutoires* (les interventions) et l'intervention de constituants entretenant entre eux des relations *interactives*. De façon imagée, il est possible de considérer les fonctions illocutoires comme linéaires (on distinguera les fonctions illocutoires *initiatives, réactives-initiatives* et *réactives*) et les fonctions interactives comme hiérarchiques (on distinguera l'acte *directeur* d'une intervention de ses constituants *subordonnés*). La structure hiérarchique de l'échange (3) peut être représentée de la façon suivante (où AD = acte directeur, AS = acte subordonné et ES = échange subordonné):

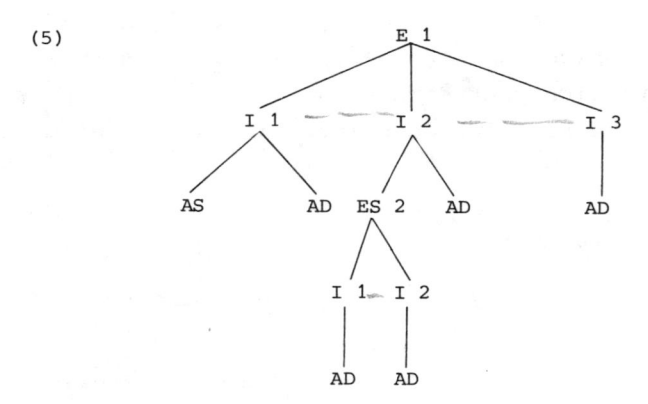

(5)
```
                     E 1
            ┌─────────┼─────────┐
           I 1       I 2       I 3
          ┌──┐    ┌───┼───┐     │
         AS  AD  AD  ES 2  AD  AD
                    ┌──┴──┐
                   I 1   I 2
                    │     │
                   AD    AD
```

L'analyse fonctionnelle, qui assigne donc à chaque nœud catégoriel une fonction illocutoire ou interactive, donne une interprétation de l'échange conversationnel. Parmi les spécifications fonctionnelles pertinentes pour la caractérisation du sens des énoncés, on notera les *fonctions interactives*, beaucoup moins connues que les *fonctions illocutoires*.

Elles sont d'autant plus intéressantes qu'elles sont généralement indiquées par les connecteurs pragmatiques comme *mais*, *pourtant*, *donc*, *alors* etc. C'est donc en tant que marqueurs interactifs que ces connecteurs - qualifiés souvent par Ducrot d'argumentatifs - retiendront notre attention. Mais avant d'examiner leur fonction interactive, il me faut exposer rapidement leur fonction argumentative.

2. La fonction argumentative des connecteurs pragmatiques

L'idée essentielle défendue par Ducrot est que les *connecteurs pragmatiques* - ou tout au moins la sous-classe des *connecteurs argumentatifs* - ont pour fonction de permettre la réalisation d'actes (illocutoires) d'argumentation. Par acte d'argumentation, il faut entendre *un acte présentant un argument comme destiné à servir une certaine conclusion*. La conclusion peut être explicitement présentée, comme dans le cas de *donc*, ou implicitée comme dans le cas de *mais*:

(6) *Le baromètre a baissé: il va donc pleuvoir*
(7) *Le baromètre a baissé, mais la météo a annoncé le beau temps*

En (6), *donc* indique qu'un certain argument est destiné à servir une conclusion, alors que *mais* présente deux argumentations implicites (pour le mauvais temps et pour le beau temps) en indiquant que la deuxième est plus forte que la première. Ce qu'il est important de souligner ici, c'est la fonction des connecteurs comme *marqueurs d'implicitation conventionnelle*: tel connecteur implicite conventionnellement tel type de conclusion (positive ou négative) ou, formulé en d'autres termes, nous donne des *instructions* sur la façon de comprendre l'argumentation (c'est-à-dire nous indique quel type de conclusion aller chercher).

Il est bien clair que la classe des connecteurs argumentatifs ne doit pas être privilégiée à cause du caractère manifeste vs. implicite de la relation argumentative qu'ils présentent. Une de leurs caractéristiques - en tout cas pour les connecteurs articulant des constituants coorientés - est leur *supprimabilité*. Ce qui me semble plus important, c'est au contraire, d'un côté la façon dont *l'argumentation contraint la conversation* et de l'autre la façon dont *la conversation contraint l'argumentation*. J'illustrerai successivement ces deux phénomènes.

3. L'argumentation dans la conversation

Afin d'éviter tout malentendu, j'admettrai que la *logique argumentative*, bien que non formulable en termes bivalents comme le vrai et le faux, possède un principe général de *non-contradiction*. Ce principe implique qu'il n'est pas possible d'une part de défendre deux conclusions opposées avec le même argument et d'autre part que deux arguments opposés ne peuvent servir la même conclusion. Ceci dit, c'est une propriété générale des argumentations en langue naturelle que de mettre en défaut, apparemment, ce principe. Mais ceci concerne uniquement les hypothèses externes (permettant de formuler des observables) et non les hypothèses internes (liées au modèle explicatif devant rendre compte des observables) auxquelles appartient le principe de non-contradiction. Ainsi, on admettra volontiers que le locuteur en (8) présente une contradiction - une conclusion implicite introduite par un argument et sa contradictoire - de même qu'en (9), il présente l'utilisation possible, contradictoire, d'un argument au service de deux conclusions opposées:

(8) *Je n'ai pas le temps, mais je prends quand même un café*
(9) A: *Paul est un imbécile: il m'a laissée tomber pour Julie.*
    B: *Justement!*

Admettre d'une part un principe de non-contradiction régulant les relations argumentatives et d'autre part faire l'hypothèse que l'argumentation contraint la conversation revient à poser que *la conversation est régie par le principe de non-contradiction*. Rien ne paraît de prime abord plus contre-intuitif que cette proposition. La conversation est faite d'opposition, de polémique, c'est en fait le lieu privilégié de la manifestation de la contradiction. La proposition que je fais ici doit être quelque peu amendée: d'une part elle concerne les hypothèses internes sur la nature des constituants complexes, d'autre part elle décrit une condition à de tels processus de composition. L'idée est donc la suivante:

(i) Tout d'abord, toute intervention ne peut contenir des *constituants contradictoires* par rapport à leur acte directeur. Ceci signifie d'une part que les relations interactives doivent contenir des termes en relation argumentative et d'autre part que ces termes doivent être coorientés argumentativement. Ainsi, si l'intervention (10) peut recevoir une interprétation, c'est que *il pleut* doit être lu comme orienté en faveur de la conclusion *je vais sortir*:

   (10) *Il pleut; je vais donc sortir*

   De façon analogue, les interventions contenant des arguments anti-orientés (les énoncés concessifs par exemple) satisfont le principe de non-contradiction dans la mesure où, par implicitation, la contradiction est résolue à l'intérieur de l'intervention (l'une des conclusions étant plus forte que l'autre):

   (11) *Il fait beau, mais je suis fatigué* (donc je ne sortirai pas)

   Dans la terminologie genevoise, je dirai que l'*intégration fonctionnelle* des constituants de l'intervention présuppose leur *intégration argumentative*.

(ii) Mais une telle contrainte sur la constitution des unités conversationnelles peut également être formulée pour l'échange. Ici, la chose semble encore plus contre-intuitive, car il semble difficile d'admettre que l'accord entre protagonistes soit une condition nécessaire pour sa clôture. Or il apparaît que le seul critère permettant de définir les processus de clôture de l'échange (ou plus spécifiquement les stratégies de résolution de l'échange) concerne les propriétés argumentatives des interventions. Je dirai que la *coorientation* des interventions permet (i.e. est une condition *suffisante* pour) la clôture de l'échange et que les stratégies de résolution visent à rechercher une telle coorientation.[1]

En d'autres termes, la structure de la conversation (ses domaines de même que son déroulement) est contrainte par les principes gouvernant les relations argumentatives.

4. La conversation dans l'argumentation

Mais c'est à mon avis le phénomène converse, c'est-à-dire l'hypothèse de contraintes posées par la conversation sur l'argumentation, qui permet le mieux de préciser le rôle des connecteurs argumentatifs dans la conversation et l'intérêt d'une part de posséder des descriptions précises de ces connecteurs argumenta-

---

1 Pour nuancer quelque peu cette position, je dirai qu'il existe des stratégies de résolution par blocage qui interviennent lors des répétitions des orientations argumentatives. Je renvoie à Moeschler (1982) pour une discussion de détail de ces stratégies.

tifs pour l'analyse conversationnelle et d'autre part de posséder un modèle d'analyse conversationnelle précis pour expliquer le comportement conversationnel des connecteurs. De plus, il apparaîtra que la catégorie de l'interactivité n'est nullement redondante par rapport à celle d'argumentation.

L'argument est le suivant: l'analyse conversationnelle nous a permis de mettre à jour deux grands types de *contraintes* sur la formation des constituants conversationnels: d'une part les *contraintes structurelles* (externes) et d'autre part les *contraintes d'enchaînement* (internes).

(i) Les contraintes structurelles sont des contraintes posées par la conversation elle-même et imposent à tout protagoniste d'une part de *clore* et d'autre part de *poursuivre* la conversation. Chaque participant à la conversation se voit donc, lors d'une prise de parole, confronté au dilemme suivant: vais-je aller dans le sens de la clôture ou dans le sens de la poursuite de la conversation (ou de l'échange)?

(ii) A l'opposé, les contraintes d'enchaînement imposent à tout constituant conversationnel d'une part de satisfaire des contraintes séquentielles imposées par le constituant adjacent, et de satisfaire des contraintes interprétatives (l'interprétation étant vue ici sous un angle dialogique, i.e. comme inférable des indications d'un constituant réactif à un constituant initiatif).

En indiquant en quoi l'argumentation contraignait la conversation, je faisais bien sûr allusion aux contraintes d'enchaînement. Dans le cas de figure qui nous intéresse ici, ce sont les contraintes structurelles qui vont intervenir. Je dirai à cet effet que les contraintes structurelles, c'est-à-dire l'obligation de choisir entre la poursuite ou la clôture de l'échange, déterminent l'*interprétation de certaines interventions*, notamment lorsqu'elles sont introduites par des connecteurs pragmatiques comme *pourtant*, *mais* etc. La réponse en (12) est en effet ambiguë, car *pourtant* peut être interprété comme introduisant une *réfutation* ou une *concession* (dans le premier cas, B pose un contre-argument à A falsifiant A, dans le second il pose un fait reconnu généralement comme incompatible - quoique non contradictoire - à A):

(12) A: *Paul a beaucoup travaillé ces temps-ci*
B: *Il a pourtant échoué à ses examens*

Je ferai donc l'hypothèse - plutôt que de recourir à un artifice

descriptif visant à distinguer autant de *pourtant* qu'on peut lui
assigner de fonctions - d'associer la lecture réfutative au choix
"clôture de la conversation" et la lecture concessive au choix
"poursuite de la conversation". Dès lors on comprend mieux le
type de relations entre d'une part *connecteurs pragmatiques* (et
argumentatifs) et d'autre part *conversation*. L'argumentation impose des conditions générales sur la bonne formation (plus généralement la cohésion) argumentative du discours - et indique ces
contraintes à l'aide des connecteurs -, et de son côté la conversation impose des contraintes liées au mode de fonctionnement
de l'échange sur l'interprétation des constituants. On voit donc
que la notion d'interactivité, régissant les relations de nature
hiérarchique, n'est pas synonyme de la notion d'argumentation.
Tout connecteur pose une relation de nature argumentative - impliquant donc une structure argumentative complexe de type arguments-conclusion - mais n'introduit pas nécessairement un constituant à fonction interactive. Le *pourtant* de concession est
bien un marqueur interactif (la concession relevant du monologique), alors que le *pourtant* de réfutation est plutôt un marqueur
illocutoire (la réfutation relevant du dialogique).

5. Conclusion

Il est bien clair que de telles hypothèses sur les interactions
entre conversation et argumentation ont besoin d'être étayées
d'une part par des descriptions précises des connecteurs - et en
particulier un travail typologique permettant de distinguer des
grandes classes comme les consécutifs (*donc*, *alors*), les contre-argumentatifs (*mais*, *quand même*), les réévaluatifs (*finalement*,
en somme) et d'autre part par l'examen attentif des stratégies
interactives et interactionnelles rendues possibles par la conversation et par ces connecteurs pragmatiques. C'est à ce type
de problème que le groupe de recherche de l'Unité de linguistique française de l'Université de Genève a travaillé ces deux
dernières années et dont les résultats sont présentés dans Roulet et al. (1985).

Bibliographie

Anscombre, J. C., O. Ducrot, 1983. *L'argumentation dans la langue*, Bruxelles.

Cahiers de Linguistique Française 1, 1980. *Actes de langage et structure de la conversation*, Université de Genève.

Cahiers de Linguistique Française 4, 1982. *Concession et consécution dans le discours*, Université de Genève.

Cahiers de Linguistique Française 5, 1983. *Connecteurs pragmatiques et structure du discours*, Université de Genève.

Ducrot, O., 1980. *Les échelles argumentatives*, Paris.

Ducrot, O. et al., 1980. *Les mots du discours*, Paris.

Etudes de Linguistique Appliquée 44, 1981. *L'analyse de conversations authentiques*.

Moeschler, J., 1982. *Dire et contredire. Pragmatique de la négation et acte de réfutation dans la conversation* [Sciences pour la Communication no. 2], Berne.

Moeschler, J., 1985 (à paraître). *Argumentation et conversation. Eléments pour une analyse pragmatique du discours* (LAL), Paris.

Roulet, E., 1984. "Speech Acts, Discourse Structure and Pragmatic Connectives", in: *Journal of Pragmatics* 8/1, 31 - 47.

Roulet, E. et al., 1985. *L'articulation du discours en français contemporain* [Sciences pour la Communication], Berne.

LA COMPÉTENCE DE COMMUNICATION BILINGUE.
ÉTUDE FONCTIONNELLE DES CODE-SWITCHINGS DANS LE DISCOURS DE MIGRANTS ESPAGNOLS ET ITALIENS À NEUCHÂTEL (SUISSE)

Francine del Coso-Calame
François de Pietro
Cecilia Oesch-Serra

1.   Présentation

L'objectif de cet article est de contribuer à une meilleure compréhension de certains éléments spécifiques à la communication entre des locuteurs bilingues. Ce texte représente une étape intermédiaire d'une recherche, dirigée par les professeurs G. Lüdi et B. Py, sur le bilinguisme des trois populations migrantes les plus représentatives de la migration à Neuchâtel: italienne et espagnole (migration d'origine externe) et suisse alémanique (migration d'origine interne). Notre matériel est constitué de 15 interviews (environ 1'000 pages de transcription) réalisées à l'intérieur de familles - regroupant des migrants de première et de deuxième génération - par des équipes de deux enquêteurs eux-mêmes bilingues. Les entrevues consistaient en entretiens semi-directifs, ouvertement enregistrés.[1] Nos analyses portent simultanément sur les aspects formels du discours et sur son contenu qui concerne principalement le vécu migratoire de ces familles, leurs attitudes et comportements linguistiques (choix de langues, ...) et leur compétence dans les langues en présence.[2]

La communication entre des locuteurs bilingues comporte souvent des passages d'une langue à l'autre, des traces d'une langue dans l'autre, qui lui donnent son caractère particulier et qui sont constitutifs d'un parler 'bilingue' (Grosjean 1982). Voici un exemple de notre corpus:

---

1 Pour notre méthodologie d'enquête, voir C. Oesch-Serra et al. (1981).
2 Pour plus de précision sur les différents aspects de notre recherche, voir notamment Lüdi et Py (1983 a), Lüdi et Py (1983 b) et Tranel 4 (1982).

(1) A: *si pure per me è cosí*
   B: (rire) *ah mais lui poi è quello che la sorella fanno lo stesso cammino* (rire) *robba da matti questi due eh! ah si!*
   C: *ah si sono legati*
   D: *attaccatissimi*
   B: *lo stesso cammino ... quella lí si butta nel lago l'autre fa la même chose* (rire)
   D: *c'est normal* (rire)

Dans ce fragment, tiré d'une interview dans une famille napolitaine, nous pouvons observer divers prénomènes. Tout d'abord, les deux expressions *lo stesso cammino* et *si butta nel lago* représentent des calques de formules françaises pas ou peu utilisées en italien sous cette forme.[1] Ensuite, ce passage comporte un changement de langue puisque la dernière réplique est de base française. Finalement, nous avons ici un magnifique exemple de code-switching ou, en français, d'alternance codique: *(...) quella lí si butta nel lago L'AUTRE fa LA MÊME CHOSE*. Pour nous, tous ces éléments, auxquels il faudrait dans certains cas ajouter l'emprunt, constituent ce que nous appelons des *marques transcodiques*, c'est-à-dire des marques dans le discours qui renvoient d'une manière ou d'une autre à la rencontre de deux - ou plus - systèmes linguistiques et à cet égard significatives de processus propres aux locuteurs bilingues. Ces marques ont été diversement reconnues et traitées par les différentes écoles linguistiques. Gumperz (1982: 11) constate, à juste titre, qu'il ne leur a été que rarement octroyé un véritable statut: on les considérait soit comme un phénomène transitoire, soit comme un phénomène involontaire, parasitaire - l'interférence -, et situé par conséquent hors de l'objet d'étude. Ces dernières années, la socio-linguistique a remis en question ces affirmations, montrant par exemple que les changements de langue dépendaient de divers paramètres (Fishman 1971), que les code-switchings pouvaient influencer de manière non négligeable la signification des actes de communication (Blom et Gumperz 1972). Notre étude s'inscrit, en partie du moins, à l'intérieur de ces tendances.

   Parmi l'ensemble des marques observées, nous nous limiterons

---

[1] La première de ces expressions n'est pas utilisée en italien avec cette acception métaphorique; quant à la seconde, à Naples, ville d'origine de ce locuteur, on dit plutôt *si butta a mare*.

généralement à l'analyse de code-switchings, car ceux-ci apparaissent dans notre corpus comme la marque la plus saillante d'une spécificité discursive. Provisoirement, nous définirons le code-switching comme

> la juxtaposition, à l'intérieur d'un même échange conversationnel, de fragments de discours appartenant à deux systèmes, ou sous-systèmes, grammaticaux différents (Gumperz 1982: 59).

Mais, de manière générale, notre travail concerne surtout le statut qu'il faut accorder aux marques transcodiques au sein de la compétence du locuteur bilingue ainsi que la description de leur fonctionnement.

2. Code-switchings, cohérence du discours et compétence bilingue

Tout discours manifeste, de manière plus ou moins forte, une cohérence qui est de nature à la fois linguistique, argumentative, sociale, etc.[1] La faculté de produire un discours cohérent sur tous les plans simultanément appartient à la compétence communicative des locuteurs. Pourtant, cette cohérence est, en apparence du moins, fréquemment violée ou mise entre parenthèses par divers éléments qui semblent ainsi remettre en question la transparence même du discours. Cependant, Grice (1979) a montré que, souvent, la violation de ces règles - ou maximes - appelait à un niveau supérieur un rétablissement, par l'intermédiaire d'une inférence conversationnelle, de la cohérence primitive que les interlocuteurs présupposent nécessairement lorsqu'ils cherchent véritablement à communiquer entre eux. C'est par une démonstration semblable que Gumperz (1982) rend compte des effets pragmatiques obtenus par l'alternance codique, en insistant sur le rôle que joue la forme elle-même de l'énoncé dans ce processus. Par exemple, il est clair que la réitération d'un fragment de discours dans l'autre code représente une violation des maximes de quantité et de manière (Grice 1979):

---

[1] A titre d'exemple, nous pouvons citer les règles de co-occurrence et de co-alternance décrites par Ervin-Tripp (1972) et les règles de cohérence et de cohésion de Widdowson (1981).

>   (2) *(...) o sea C'EST-À-DIRE o sea yo soy nacida en Extremadura pero he vivido en Madrid*

Selon Gumperz, cette violation appelle à un rééquilibrage et fonctionne comme le signal d'une inférence que l'interlocuteur doit effectuer:

> As a signalling mechanism then code-switching contributes to interpretation by signalling information about what the direction of the argument is to be (1982: 97).

Cependant, le problème est plus complexe: quelle est en effet la norme de référence utilisée lorsque nous parlons de règles de co-occurrence, de cohérence du discours? Il est tout à fait permis de supposer que ces règles constituent l'un des points où la compétence linguistique des divers locuteurs - ou groupes de locuteurs - est la plus divergente et que, ainsi, ce qui est régulier, 'naturel', pour un locuteur donné apparaisse parfois comme violant les règles de cohérence de son interlocuteur. Par conséquent, comme l'a montré Lüdi (1983) en ce qui concerne la néologie, l'opacité d'un élément linguistique reste toujours, dans une certaine mesure, relative à l'expérience linguistique, à la compétence des interlocuteurs présents.[1] Si nos remarques s'avèrent exactes, cela signifie que le code-switching ne renvoie pas nécessairement à la volonté du locuteur de violer des règles et d'impliciter une inférence conversationnelle, mais qu'il peut aussi découler de la mise en oeuvre "normale" d'une compétence originale que nous appellerons *compétence bilingue*[2]. Pour clarifier notre propos, prenons un autre exemple:

>   (3) *(...) erano persino al porto DANS DES CONTAINERS*

Si l'on considère, comme cela ressort du contexte, que le discours se déroule à ce moment en italien, nous devons nous demander si le fragment 'switché' (*dans des containers*) introduit effectivement une rupture, une opacité qui provoque une inférence

---

[1] Cela nous montre également que le statut des diverses marques ne peut jamais être défini de manière absolue, hors de l'interaction où elles sont utilisées. Nous y reviendrons.
[2] Remarquons cependant qu'il ne s'agit pas ici d'une véritable alternative, l'existence d'une compétence bilingue n'excluant en aucune sorte l'utilisation des code-switchings également pour effectuer des inférences conversationnelles.

conversationnelle, ou s'il n'est pas simplement une manifestation de la compétence linguistique de ce migrant.[1] Bien qu'il soit difficile de répondre sur la base d'un exemple unique, la thèse de Gumperz - selon laquelle il y aurait inférence déclenchée par le code-switching et définie par la valeur symbolique attribuée par les locuteurs aux deux codes en présence ('we code' and 'they code') - nous paraît ici peu acceptable. En effet, d'une part il n'est pas évident de déterminer quels sont effectivement le statut et la valeur symbolique attribués, dans cet énoncé, à chacun des deux codes - cela surtout lorsque nous sommes confrontés non à des situations de diglossie relativement stables mais à des migrants partagés entre deux cultures.[2] D'autre part, l'effet obtenu ici par l'alternance codique ne nous paraît pas correspondre à ce que l'on entend habituellement par inférence conversationnelle mais bien plutôt à une focalisation, c'est-à-dire à la mise en oeuvre d'une stratégie dans laquelle le passage au français permet de mettre en évidence, de rendre saillante la fin de l'énoncé.

C'est pourquoi nous postulerons quant à nous l'existence d'une *compétence communicative bilingue* - reliée d'ailleurs à un autre phénomène, ethnologique, le biculturalisme (Grosjean 1982) - qui régit aussi bien les aspects syntaxiques, discursifs et psycholinguistiques que pragmatiques de la communication. Ainsi, le problème consiste à décrire cette compétence et, surtout, à expliquer pour quelles raisons s'y génèrent les marques transcodiques que nous avons prises comme objet de cette étude.

3. Approche formelle du code-switching

Depuis les travaux de Gumperz (1976) et Pfaff (1976), les études concernant les aspects grammaticaux du code-switching et qui visent, à partir de données empiriques, la reconstitution des règles syntaxiques régissant les possibilités d'occurrence du frag-

---

1 Cette seconde interprétation n'implique nullement que l'alternance codique soit un phénomène idiosyncrasique, sans raison d'être ni justification.
2 Sans parler de l'existence de dialectes qui complexifie encore la situation respective des idiomes en présence.

ment switché à l'intérieur de l'énoncé, prennent de plus en plus de place (Poplack 1980, 1982; Sankoff et Poplack 1981; Gumperz 1982; etc.). On remarque cependant qu'à chaque règle postulée répondent de nombreuses exceptions, si bien qu'il paraît inopportun non seulement de poser des règles trop restrictives, mais aussi de considérer la question des contraintes syntaxiques de manière identique pour chaque communauté bilingue.[1]

Dans notre corpus, nous avons également observé des faits 'déviants'. Par exemple, si nous considérone la contrainte selon laquelle le code-switching ne peut apparaître "à l'intérieur d'unités idiomatiques ou considérées comme telles" (Gumperz 1982: 89), nous voyons qu'elle est contredite par (4):

(4) *ma se vanno a lavora' non puoi pretendere perché* far bollire LA CASSEROLE *pe' otto persone non è facile*

De même, l'affirmation selon laquelle "la conjonction va avec la phrase qu'elle conjoint" (Gumperz 1982: 88) peut être mise en doute par (5):

(5) *(...)* METTIAMO che/que *pour apprendre si tu sais (...)*

En effet, à cause de la neutralisation qu'opèrent régulièrement les migrants italiens entre le /kə/ français et le /kɛ/ italien, il est difficile de déterminer l'appartenance de ce segment à l'une ou l'autre langue et, par conséquent, si la conjonction va ou non avec la phrase qu'elle conjoint ...

Par ailleurs, nous avons rencontré dans notre corpus un phénomène qui n'est pas mentionné dans les travaux sur le code-switching, à savoir des 'zones' discursives à forte concentration de marques transcodiques (calques, emprunts, code-switchings, etc.):

(6) *io ho sempre pensato se vado in un altro posto anche se ha per dire non c'è il burro da mettere sulle tartine* LE MATIN

(7) *ah si* ALORS! *quelle sono delle vere* mitragliette *quando parlano oh il parisien* ALORS ÇA VA VITE!

---

[1] Cf. Bentahila et Davies (1983) qui citent de nombreuses exceptions et qui montrent, par exemple, que les caractéristiques des langues en présence jouent un rôle important dans la détermination des contraintes syntaxiques.

L'existence de telles 'zones' pourrait expliquer certaines occurrences syntaxiquement a-typiques de code-switchings, comme si celles-ci étaient induites par l'utilisation préalable d'autres marques:

>(8) *ah ma lui è quelle che la sorella* fanno lo stesso cammino (...) lo stesso cammino *quella li si* butta nel lago L'AUTRE fa LA MÊME CHOSE

Au vu de ces quelques exemples, des nombreux autres relevés dans notre corpus et des exceptions présentées par différents auteurs, il nous est difficile d'attribuer une valeur opératoire à des contraintes syntaxiques qui apparaissent à ce point ad hoc. Nous nous accordons donc avec Bentahila et Davies (1983: 329) pour conclure - du moins provisoirement - que la distribution des code-switchings est presque libre et que, si certaines constructions ne se rencontrent jamais, c'est avant tout parce qu'elles ne sont pas justifiées par les besoins communicatifs du locuteur.

Nous poserons de notre côté l'hypothèse que *les tendances syntaxiques que l'on observe sont subordonnées aux fonctions remplies par les marques transcodiques dans la communication bilingue.*

Par exemple, si un code-switching a comme fonction de rapporter le discours d'un autre locuteur

>(9) *en el atelier donde estamos son todos suizos todos y algunas veces dicen* AH CES CHAROGNES D'ÉTRANGERS ON VAS LES METTRE À LA PORTE *así riéndose pero yo les contesto y no me callo*

il serait étonnant que l'alternance dépasse les limites de ce discours rapporté et que, par exemple, *así riéndose* soit également exprimé en français ... Nous postulons donc ici que le code-switching, répondant à des exigences d'organisation du discours, apparaît là où le locuteur en a l'utilité pour assurer l'efficacité du procès communicatif.

C'est pourquoi nous laissons de côté l'analyse formelle pour une approche fonctionnelle, qui visera à décrire les diverses fonctions que les code-switchings peuvent remplir, fonctions qui devraient permettre, par la suite, d'expliquer les caractéristiques syntaxiques du phénomène.

4. Approche fonctionnelle du code-switching

Plutôt que d'établir une liste qui énumère l'ensemble des fonctions repérées dans notre corpus, nous envisageons cette approche d'une façon plus globale. Nous partons de l'hypothèse que, dans le procès communicatif, le code-switching apparaît, de par la rupture qu'il introduit dans le cours 'normal' de la communication, comme un élément *marqué* de l'énoncé. Mais ce caractère marqué du fragment switché ne découle pas nécessairement d'une intention du locuteur et n'est que rarement signifiant de manière univoque. Avant tout il s'agit d'un observable dans le discours. Observable dont la raison d'être et la fonction - qui peut être reconstituée par l'interlocuteur et/ou le linguiste - renvoient à des *niveaux de signifiance* distincts: niveau des propriétés des systèmes linguistiques, des processus psycholinguistiques du locuteur, de la pragmatique de la communication, etc.[1]

Nous avons essayé de systématiser la présentation de nos données selon ces niveaux, bien que nous sachions que, dans la communication, ceux-ci s'interpénètrent constamment et forment un continuum. Aux premiers niveaux, le code-switching nous paraît moins utilisé comme moyen spécifique, pour lui-même, que pour répondre à un problème résultant des propriétés des différents systèmes (cf. 4.1), de l'accès à ceux-ci (cf. 4.2), alors que, à l'autre extrêmité du continuum, nous aurons des occurrences de code-switchings intrinsèquement signifiants, le code-switching étant utilisé en tant que moyen linguistique en soi, afin d'organiser ou d'influencer le cours de la communication.

4.1 - Tout d'abord, la raison d'être de certaines marques ne peut être recherchée que dans les *propriétés des systèmes* en présence. Nous remarquons, par exemple, que nos locuteurs espa-

---

[1] Cette pluralité des niveaux de signifiance existe déjà dans la communication monolingue: nous pensons ici aux distinctions dénotation/connotation, signification littérale/indirecte, ... Quel statut faut-il, par exemple, accorder à l'occurrence d'un /r/ roulé, ou à l'utilisation d'un registre 'familier'? S'agit-il de moyens utilisés intentionnellement afin de communiquer une identité sociale, géographique, etc., ou, simplement, d'un phénomène concomitant à l'énonciation, d'un épiphénomène?

gnols remplacent le terme espagnol normal *correos* par le terme *posta*, analogue au français *poste*.

> (10) A: *o sea que es la malformación típica esa que se hace después de muchos años que hay palabras ya estas hablando en español y nunca oirás a un español decir que vas a correos si lo has observao eso no lo dice nadie*
> B: *voy a la posta*
> A: *voy a la posta sí es verdad sí*

Or, il s'avère que le terme *correos* est, de par sa forme 'pluriel' pour un référent singulier et son utilisation sans article, mal intégré au système espagnol. C'est pourquoi les locuteurs bilingues, qui ont à disposition le système français, préfèrent utiliser le terme *posta*, en tout cas lorsqu'ils savent que leur interlocuteur, bilingue également, le comprendra. D'autres exemples montreraient également cette faculté qu'a le locuteur bilingue de jouer avec sa connaissance des deux systèmes, provoquant ainsi une restructuration partielle de ceux-ci et l'apparition, dans son discours, d'éléments transcodiques caractéristiques de sa communauté migrante.

4.2 - La signifiance des marques découle, dans d'autres cas, d'*aspects psycholinguistiques* liés à l'encodage: facilité ou difficulté d'accès lexical, syntaxique, ..., plus ou moins durable, à l'un ou l'autre des systèmes en présence. La marque transcodique est la manifestation et la résolution de ces problèmes d'encodage.

> (11) *y depende tambien porque hay la juventud en España sabe chistes que nosotros no comprendemos nada .. hay hay DES TOURNURES en español que no conocemos*
>
> (12) *datosi che io c'ho l'abitudine di lavorare nei BÂTIMENTS eh .. fabbricati (...)*

Dans (11), la locutrice, dont on sait qu'elle est plus compétente en français qu'en espagnol, utilise cette langue pour résoudre un problème d'accès lexical, problème qui nous est révélé par l'hésitation et la répétition de *hay*. Dans (12), le terme *costruzione* fait défaut au locuteur, qui profite de ses connaissances en français pour y remédier mais semble, ensuite, chercher un retour à l'italien. Il utilise alors une traduction littérale du terme français, qui ne correspond pas à la formule italienne habituelle, ce qui prouve, a posteriori, ses difficultés d'accès au terme *costruzione*. Nous avons ici une stratégie discursive qui est caractéristique des situations de communication bilingue car, confronté au même problème, le locuteur monolingue ne pourra lui, recourrir qu'à la paraphrase ou à la synonymie.

4.3 - D'autres code-switchings renvoient, eux, à l'un des multiples *aspects sociolinguistiques* de l'utilisation du langage. On peut en effet supposer que tout locuteur tend à choisir la forme qui représente le mieux possible la réalité culturelle de ce qu'il veut communiquer. A cette fin, le locuteur bilingue introduira, profitant des deux systèmes à sa disposition, des marques transcodiques pour améliorer l'adéquation référentielle et sociale de son discours. Pour parler de certains aspects de la réalité vécue dans l'une ou l'autre culture, il utilisera ainsi les termes, les expressions dans la langue qui correspond à celle-ci:

(13) *nos mandaron un contrato (te voy a decir yo) trabajar de SAISONNIER psh no me iba tenía que ir (...)*

(14) *tú sí porque fuiste a la PETITE ÉCOLE pero ella no fue a la PETITE ÉCOLE ella fue directamente al colegio*

Le fait que les locuteurs utilisent les termes *saisonnier* et *petite école* en français leur permet de désigner de manière univoque une réalité liée aux expériences vécues dans la région d'accueil. L'élément switché, par la rupture qu'il provoque dans le discours, accroît ainsi ses forces dénotatives.

D'autres éléments assurent quant à eux la continuité du discours dans la langue de base en n'étant pas, pour diverses raisons, switchés. C'est le cas par exemple ici de *colegio*. Nos observations sont très intuitives, mais d'une part, il nous semble que l'école est davantage perçue comme une réalité transculturelle, et d'autre part, le terme *colegio*, contrairement à *petite école*, est bien intégré dans le système espagnol.[1]

---

1 En effet, *párvulos*, terme (pluriel) qui correspond le mieux au français

Par ailleurs, les termes switchés de nos exemples ne sont pas sans rappeler les 'domaines' de Fishman (1971). Celui-ci montre que le choix d'une langue au détriment d'une autre est conditionné par des variables extralinguistiques, dont le thème de l'échange, qui concourent à définir différents domaines: travail, école, famille, ... Or, on remarque que nos termes renvoient souvent à ces domaines. Nous aurions donc ici quelque chose comme l'application de ce principe non plus à des choix de langue globaux mais à ces micro-unités que sont les code-switchings.

4.4 - La caractéristique peut-être la plus saillante des marques apparaissant dans le parler bilingue est qu'elles contribuent à l'*organisation du discours*. Le locuteur bilingue utilise en effet les deux systèmes distincts pour structurer ses énoncés. Par exemple, il existe dans toute langue divers moyens (morphologiques, syntaxiques, intonatifs, ...) qui permettent d'opérer une distinction entre discours actuel et rapporté. Pour faire cette distinction, le bilingue utilise souvent les deux systèmes à sa disposition:

(15) *de verdad los niños son muy malos es verdad muchas veces jugando o así pues nos decían TU ES UN ÉTRANGER RETOURNE DANS TON PAYS bueno pero bueno no creo que haya (...)*

(16) *cosí dicevo MAIS DITES À PAPA MAIS voi alla scuola dei ragazzi svizzeri diranno OH VOUS ÊTES ÉTRANGER VOUS ÊTES eh mai hanno detto BON allora andiamo avanti cosí*

(17) *y había una chica que dijo que a ella su hija cuando nació le habían dicho QU'ELLE ÉTAIT CONDAMNÉE*

Nous voyons que les code-switchings permettent aux locuteurs d'introduire dans leur discours les paroles d'autrui, quelles soient réelles ou potentielles (cf. (16)), rapportées de manière directe ou indirecte (cf. (17)). L'introduction de l'autre langue, la rupture évidente ainsi créée, permet de manifester, de manière plus claire qu'à l'intérieur d'un seul système, le caractère polyphonique de tels énoncés.[1]

---

petite école - il n'existe pas pour cette expression de traduction littérale -, est pour les mêmes raisons que *correos*, mal intégré au système espagnol, et de plus, concurrencé en Espagne par *Kindergarten*. Ceci nous montre d'ailleurs concrètement l'interpénétration des divers niveaux de significance.
1 Pour la notion de polyphonie, cf. Anscombre et Ducrot (1983).

Dans les deux premiers exemples, la situation est assez simple: nous avons un locuteur espagnol ou italien dont le discours est dans sa langue et un énonciateur francophone dont les paroles sont rapportées en français. Le troisième exemple est plus complexe: il comprend trois niveaux de discours, un actuel et deux rapportés; or, l'alternance codique ne permet ici de clarifier qu'en partie cette polyphonie puisque seul un des discours rapportés est switché.

Le code-switching permet également de renforcer l'organisation argumentative du message. Nous avons en effet remarqué que les connecteurs argumentatifs et/ou l'élément focus étaient fréquemment switchés.

(18) *si vede sempre 'e stesse cose ... si ferma là a vedere un po' di lago ET PUIS ... finita eh!*

(3) *(...) erano persino al porto DANS DES CONTAINERS*

Comme nous l'avons vu dans (3), le locuteur focalise, par son alternance, un des éléments de l'énoncé, alors que dans (18), la forme switchée permet de démarquer la conclusion du reste de l'énoncé.

Puisque le code-switching est utilisé pour structurer l'argumentation et la polyphonie du discours, nous supposons qu'il devrait également servir à faire des commentaires métalinguistiques ou métacommunicatifs, plus généralement à illustrer un type de structuration très important: la métatisation. Toutefois, nos données ne nous ont pas, pour l'instant, permis de confirmer cette hypothèse de manière satisfaisante.

4.5 - Finalement, nous avons observé dans notre corpus quelques alternances codiques dont le niveau de signifiance, de nature pragmatique, nous paraît renvoyer aux *inférences conversationnelles* décrites par Gumperz (1982). Notons cependant que, pour ces code-switchings, le déduction du sens inféré reste dans une forte mesure intuitive - et problématique - aussi longtemps que nous ne la vérifions pas par des expériences testant l'interprétation de divers locuteurs (voir à ce propos Gumperz 1982: 48).

Dans (19),

> (19) A: *cosa le manca?*
> B: *'o sole*
> C: *eh! gli manca giustamente che laggiù*
> B: *'o sole nun c'è*
> C: *so' più socialo* VOILÀ
> B: *qui abbiamo l'estate una volt'al mese su dodici mesi* (rire) *'a 'a* NEIGE *non si cammina*

nous remarquons que la locutrice B oppose *sole* à *neige*, dont la formulation en français contraste avec tout le reste de l'échange. Au delà des connotations évidemment rattachées à ces deux termes, il nous semble que l'utilisation d'un 'they code' pour l'expression *neige* crée une distance supplémentaire entre la locutrice et toutes les implications du terme en question, comme si elle voulait inférer, par l'alternance codique, la non-appartenance de la neige à son monde.

Ainsi, pour mettre en oeuvre ce mécanisme linguistique très général qu'est l'implicitation, c'est avant tout la forme qui est, pour le bilingue, la source d'inférence et non seulement le contenu, comme c'est le cas pour un locuteur monolingue. C'est pourquoi, au niveau pragmatique également, le code-switching apparaît comme un moyen spécifique à la disposition du locuteur bilingue pour augmenter ses potentialités discursives.

Pour Gumperz, tout code-switching implique une inférence conversationnelle. Dans une certaine mesure, cela est vrai puisque le code-switching implicite toujours l'appartenance des participants à la communication à une même communauté bilingue, à un même réseau social. Cependant, il nous semble quant à nous surtout important de distinguer entre les cas où l'inférence liée au code-switching est constitutive de l'énonciation et ceux où elle n'est qu'un effet concomitant à celle-ci. Si tous les code-switchings manifestent l'appartenance à un groupe donné, seuls certains ont cette manifestation comme visée principale ...

4.6 - Cette discussion sur les différentes fonctions soulève ainsi l'importante question de l'*intentionnalité* sous-jacente à l'énonciation des diverses marques. En effet, nous avons vu que certains code-switchings se révèlent être au centre de l'énonciation, alors que d'autres servent essentiellement à resoudre un problème résultant de propriétés des systèmes, d'accès à ceux-ci. On peut considérer que ces derniers ne sont pas intentionnels ou plutôt, pas intentionnels au même titre que les premiers. C'est pourquoi nous avons parlé de marques intrinsèquement signifiantes lorsque celles-ci avaient comme visée d'influer le cours de la communication.

Cependant, si l'intentionnalité relative des marques joue un rôle central dans leur interprétation[1], cette intentionnalité, et par là la fonction de l'alternance, n'est jamais décidable de manière absolue. *C'est toujours dans l'interaction que se négocie la valeur des éléments linguistiqes.*

En effet, il est par exemple possible qu'un locuteur utilise un code-switching pour résoudre un problème d'encodage mais que son interlocuteur le perçoive plutôt comme la source d'une inférence conversationnelle intentionnellement introduite dans l'énoncé. Comme c'est finalement l'interlocuteur qui décide du statut des traces que lui fournit le locuteur dans son énonciation, il faudrait, afin de mieux cerner les multiples fonctions des marques transcodiques, étendre notre étude aux diverses réactions qu'elles suscitent, aux modifications qu'elles provoquent dans le cours de la communication.

5. Les conditions sociales de la mise en oeuvre de la compétence bilingue

Nous allons à présent nous interroger sur les conditions sociales et linguistiques de la mise en oeuvre de la compétence bilingue des migrants - compétence dont nous avons postulé l'existence dans la première partie de l'article et décrit ensuite certaines manifestations.

En principe, le locuteur bilingue possède toujours la capacité de communiquer en utilisant un seul des systèmes linguistiques en présence. Il peut donc choisir entre activer l'une des

---

[1] Les nombreuses définitions de l'interférence comme l'influence involontaire d'une langue sur l'autre montrent bien que l'intentionnalité joue un rôle central dans l'interprétation.

compétences monolingues qu'il a, à des degrés divers, à disposition ou sa *compétence bilingue*, en profitant alors simultanément de l'apport des deux codes. Ce choix dépend de plusieurs facteurs, facteurs qui permettent, en particulier, au locuteur de catégoriser la situation de communication dans laquelle il se trouve. Par exemple, s'il perçoit son interlocuteur comme bilingue mais ressent la situation comme plutôt formelle, il pourra décider, en fonction - notamment - de ces deux paramètres peut-être conflictuels, de mettre en oeuvre l'une ou l'autre de ses compétences. Le choix résultera finalement des diverses catégorisations faites par les participants à l'interaction et négociées - plus ou moins implicitement - entre eux. Dans un premier temps, nous dirons donc que le type de compétence mis en oeuvre dépend de la *catégorisation de la situation* par les interlocuteurs.[1]

Dans notre enquête, constituée, rappelons-le, de 15 entretiens avec des familles migrantes, nous avons toujours tenté de créer un climat favorable à une communication bilingue[2] en utilisant aussi souvent que possible des enquêteurs eux-mêmes bilingues et dont l'un au moins appartenait à la même communauté d'origine que la famille. Nous considérions donc notre corpus comme formé d'*interviews bilingues*, en nous référant à une dichotomie - apparue dans les travaux récents sur le bilinguisme (Grosjean 1982) - qui oppose communications bilingue et monolin-

---

1 Dans certains cas, l'un des paramètres de la situation s'avère déterminant et nous pouvons par conséquent en déduire la catégorisation faite par le locuteur, le type de compétence mis en oeuvre et le statut des marques transcodiques qui peuvent apparaître dans le discours. Dans une interview menée après coup par en enquêteur monolingue français, la situation de communication étant nécessairement monolingue, nous aurions dû obtenir un discours monolingue. Pourtant, nous avons tout de même relevé des marques transcodiques. Par exemple:
j'ai été payer l'autre jour les impôts ... et pi j'ai vu qu'i z'ont tout modernisé tout transformé .. mais ça fait mal au coeur ça alors franchement je vous dis que j'ai senti quand je suis rentré c'est comme si i m'avaient mis un PUÑAL sous l'coeur quand j'ai vu étrangers et suisses
Ceci nous montre la nécessité d'établir une typologie plus précise des marques transcodiques en fonction des situations de communication.

2 Nous avons laissé à la famille le choix de la langue de l'interview, à chacun des participants la possibilité de s'exprimer dans son 'code privilégié' et de modifier son choix à tout moment.

gue. Cependant, il s'agit de nuancer car l'étude plus attentive de notre corpus montre que "les deux termes de la dichotomie sont en fait les deux pôles d'un continuum où s'interpénètrent des types de communication très variés" (Py 1983). Nous expliquons cela d'une part par les décalages entre les catégorisations des divers participants à la communication et d'autre part par le fait que celles-ci ne sont jamais aussi tranchées que ne le laisserait entendre une opposition à deux termes. Nos interviews se trouvent donc placées chacune différemment sur un continuum 'communication bilingue/communication monolingue'.

La catégorisation de la situation sur ce continuum est basée sur divers paramètres de nature linguistique et sociale:

1. la compétence respective des différents interlocuteurs;
2. le degré de formalisme de la situation;
3. diverses données sociales plus difficiles à cerner: attitude plus ou moins normative face à la communication, jugements des autres à l'égard des codes en présence, revendications identitaires des migrants, ...
etc.

En particulier par rapport à ces données sociales, les migrants rencontrent généralement un certain nombre de 'difficultés'. Leur identité biculturelle - et par conséquent la mise en oeuvre de leur compétence bilingue - n'est pas reconnue, pas valorisée, peu soutenue institutionnellement ou revendiquée par les migrants eux-mêmes. C'est pourquoi une véritable communication bilingue, où se manifeste la compétence bilingue telle que nous avons essayé de la décrire jusqu'ici, n'apparaît ouvertement que dans des situations où les contraintes normatives sont peu importantes, avant tout dans la famille.[1] Voici, à ce propos, le discours tenu par une famille espagnole:

(20) la mère: *(...) por ejemplo muchas veces en la mesa estamos hablando y si no te sale como hablas deprisa si no te sale lo dices en francés y como sabemos que los cuatro nos comprendemos aunque digamos pues lo dices y no tiene importancia*[2]

---

[1] Ceci différencie notre étude d'autres travaux menés, eux, dans des communautés où l'existence d'un parler bilingue est défendue, supportée par diverses institutions et, même, affirmée à travers des textes littéraires. Grosjean (1982) cite à ce propos la communauté des Chicanos.

[2] Comme c'est le contenu du discours qui nous intéresse ici, nous traduisons les passages en espagnol:

> un fils: *Ce qui est dramatique c'est que des fois on est à table on discute pi j'sais pas on arrive on est tout excité on se retrouve en famille on va manger pi i sort un charabia assez fantastique parce qu'on veut vite s'exprimer tout de suite le sortir alors on sort la moitié en espagnol un mot en français et des fois on invente des mots c'est entre les deux ça devient mais dramatique*
> 1er enquêteur: *Mais vous vous comprenez entre vous*
> la mère: *Nous on se comprend très bien mais ...*
> 2ème enquêteur: *Y si estáis inventando una palabra ¿os dais cuenta de que la habéis inventao?*
> un fils: *Despuès MAIS SUR LE MOMENT ...*

Le fait que la famille migrante soit le lieu privilégié où peut se vivre et se développer le plus naturellement une identité biculturelle originale et une compétence bilingue s'explique aisément car la famille remplit les conditions mentionnées plus haut: 1) tous les membres de la famille, à des degrés divers, sont bilingues, mais plus encore, le bilinguisme est un élément constitutif des relations familiales car il s'instaure, dans la famille, une double médiation entre d'une part les parents qui assurent le lien avec la région, la culture et la langue d'origine et, d'autre part, les enfants qui assurent cette fonction par rapport à la culture et à la langue d'accueil; 2) les interactions familiales sont généralement de type informel; 3) par sa tendance à constituer une entité autonome, la famille est, moins que d'autres institutions, soumise aux pressions normatives de l'extérieur. C'est pourquoi, la famille migrante constitue le lieu privilégié où s'actualise une compétence bilingue qui ressort clairement de l'analyse formelle de nos interviews[1]

- *par exemple souvent à table nous parlons et si ça ne vient pas parce que tu parles vite si ça ne te vient pas tu le dis en français et comme nous savons que nous comprenons le français les quatre même si nous le disons alors tu le dis et ça n'a pas d'importance.*
- *et si vous inventez un mot vous vous rendez compte que vous l'avez inventé?*
- *après mais sur le moment ...*

[1] Il est quelque peu paradoxal que nous analysions des marques transcodiques dans des discours tenus en situation - formelle - d'interview. Mais la présence d'enquêteurs eux-mêmes bilingues et biculturels a contribué à rendre les entrevues plus détendues à mesure qu'elles se déroulaient: celles-ci manifestent en effet de nombreux changements de langue et comportent des marques semblables à celles relevées dans l'enregistrement 'pirate' d'une discussion entre amies migrantes.

mais qui ne s'affirme que difficilement dans le discours que tiennent les migrants sur leur comportement linguistique.

6. La compétence de communication bilingue

Les divers points que nous avons abordés jusqu'ici doivent être intégrés dans un modèle de compétence, modèle qui tienne compte des relations entre le continuum 'communication monolingue/communication bilingue' et les systèmes en présence. L'enjeu concerne le statut que l'on octroie au parler bilingue: s'agit-il d'un phénomène de performance, de mise en oeuvre de la double compétence du locuteur, ou alors d'un phénomène déjà inscrit et prévu dans la compétence même du locuteur bilingue? Nous penchons évidemment pour cette dernière solution. En effet, selon nous, il ne faut pas considérer le parler bilingue comme résultant de la sélection préalable d'un des systèmes et du recours occasionnel à l'autre lorsque cela s'avère nécessaire, utile, mais, tirant les conséquences de nos hypothèses antérieures, il faut introduire dans notre modèle une compétence bilingue 'idéale' définie comme l'*appropriation simultanée* des deux systèmes par un ensemble spécifique de règles. Ces règles doivent, d'une manière ou d'une autre, indiquer au locuteur les modalités sociales (catégorisation de la situation) et linguistiques (forme et signification des alternances) de l'utilisation de sa compétence et lui permettre de produire ainsi des marques transcodiques appropriées.

7. Perspectives

L'étude de la compétence bilingue nous semble ouvrir des perspectives intéressantes sur différents domaines de la linguistique.

Le discours bilingue se présente à nos yeux comme un cas extrême du phénomène de variation que, pour diverses raisons, l'on rencontre dans toute langue: indétermination au niveau du système, problèmes psycholinguistiques d'encodage, expression de l'identité sociale ... Ainsi l'étude de la compétence bilingue pourrait élargir et enrichir les approches de la variation linguistique. De plus, si l'on compare le discours bilingue à des parlers plus stabilisés et reconnus institutionnellement tels que, par exemple, les créoles ou le langage *chicano*, les différences observées nous permettraient peut-être de mieux cerner chacun d'eux ainsi que le fondement même du fonctionnement variationnel.

Par ailleurs, si, comme nous l'avons vu, la situation détermine de nombreuses caractéristiques du parler bilingue, il est toujours possible, en retour, de modifier le cadre situationnel en utilisant des marques qui lui donnent une nouvelle détermination, comme le montre par exemple la possibilité de code-switchings métaphoriques (Gumperz 1982). Plus généralement, les marques transcodiques sont un reflet des relations entre les participants à la communication. Nous avons observé, dans une de nos interviews, une évolution qui manifeste bien cette correspondance: Au début de l'enquête, les membres de la famille passaient régulièrement au français lorsqu'ils s'adressaient à l'une des enquêtrices, ce qui sous-entend qu'ils la catégorisaient probablement comme plutôt monolingue, ou comme n'appartenant pas à leur communauté.[1]

Voici un fragment du début de l'entrevue:

(21) *pero yo lo que quiero es que los chicos que terminan el colegio la lengua española oficial que han hecho su graduado escolar y tal .. aquellos que quieran que puedan seguir clases de lengua y cultura española puesto que había una posibilidad a nivel de la escuela secundaria y la van a quitar desgraciadamente .. VOUS SAVEZ QUELQUE CHOSE ON EST EN TRAIN DE LUTTER POUR ÇA NOUS ASSEZ FORT MAIS PEUT-ÊTRE ÇA VA DISPARAÎTRE ... entonces yo creo que esa posibilidad se les debe dar*

Par la suite, la relation va progressivement se modifier. Et l'on va passer de changements de langue, indiquant le changement d'interlocuteur, à des marques dont le but sera d'assurer les fonctions étudiées plus haut et qui refléteront l'intégration progressive de l'enquêtrice. Cette interprétation est provisoire

---

1 Ceci était probablement dû au fait qu'elle persistait à s'exprimer en français alors que l'interview s'était amorcée et se déroulait principalement en espagnol avec l'autre enquêtrice, elle-même migrante.

mais l'exemple nous montre que les marques transcodiques constituent un des aspects discursifs de la *dynamique des relations*. L'étude du parler bilingue pourrait donc également contribuer à mieux cerner ce phénomène.

Finalement, et c'est peut-être le plus important, la manière dont nous avons abordé la compétence bilingue devrait contribuer à modifier l'orientation des *études sur le bilinguisme*. Par exemple, les appréciations négatives dont sont habituellement affublées les notions de calque, d'interférence, etc., ne tiennent pas suffisamment compte des situations de communication où se trouve impliqué le locuteur bilingue. Dans les conversations entre bilingues partageant les mêmes langues, les marques transcodiques représentent un enrichissement du répertoire verbal disponible et, de plus, elles provoquent des restructurations plus ou moins localisées des systèmes linguistiques impliqués, restructurations qui relèvent d'une activité créatrice digne d'intérêt. C'est pourquoi nous sommes arrivés à la conclusion qu'avant de confronter la compétence du bilingue avec celle des unilingues en termes de "dégénérescence" ou d"acquisition", il était fondamental de dégager les propriétés constitutives de la compétence bilingue pour elle-même.

Nous ne voudrions pas clore cet article sans remercier Peter Auer des remarques qu'il nous a adressées à la suite de la lecture du texte.
Nous sommes conscients de la pertinence de sa critique à propos de l'utilisation très large que nous faisons du terme *fonction* et des problèmes que soulève - chez nous comme chez tant d'autres - la notion d'*intentionnalité*. Nous avons néanmoins préféré conserver la mouture originale de notre texte, en nous réservant la possibilité d'étudier ultérieurement si une marque découlant des propriétés des systèmes en présence ou provoquant une inférence conversationnelle se ramène à un seul type de *fonction*.

Bibliographie

Anscombre, J.-C., O. Ducrot, 1983. *L'argumentation dans la langue*, Bruxelles.

Auer, P.J.C., A. di Luzio, 1982. *On Structure and Meaning of Variation in the Speech of Italian Migrant Children in Germany*, Universität Konstanz.

Bentahila, A., E. Davies, 1983. "The Syntax of Arabic-French Code-Switching", in: *Lingua* 59, 301 - 332.

Blom, J.-P., J.J. Gumperz, 1972. "Social Meaning in Linguistic Structures", in: J.J. Gumperz, D.H. Hymes (Hg.), *Directions in Sociolinguistics: the Ethnography of Communication*, New York, 407 - 434.

Ducrot, O. et al., 1980. *Les mots du discours*, Paris.

Ervin-Tripp, S., 1972. "On Sociolinguistic Rules: Alternation and Cooccurrence", in: J.J. Gumperz, D.H. Hymes (Hg.), *Directions in Sociolinguistics: the Ethnography of Communication*, New York, 213 - 250.

Fishman, J., 1971. *Sociolinguistique*, Bruxelles/Paris.

Grice, P.H., 1979. "Logique et conversation", in: *Communications* 30, Paris, 57 - 72.

Grosjean, F., 1982. *Life with two Languages*, London.

Gumperz, J.J., 1976. "The Sociolinguistic Signifiance of Conversational Code-Switching", in: Cook-Gumperz, H., J.J. Gumperz (Hg.), *Papers on Language and Context, Workingpaper* 46, Berkeley.

Gumperz, J.J., 1982. *Discourse Strategies*, Cambridge.

Lüdi, G., 1983. "Aspects énonciatifs et fonctionnels de la néologie lexicale", in: *TRANEL* 5 (*Travaux neuchâtelois de linguistique*), Neuchâtel, 105 - 130.

Lüdi, G., B. Py, 1983 a. "Propositions pour un modèle heuristique du bilinguisme d'un ensemble de communautés migrantes. Comment peut-on être italien, espagnol ou suisse alémanique à Neuchâtel?" in: Nelde, P.H. (Hg.), *Theorie, Methoden und Modelle der Kontaktlinguistik*, Bonn, 145 - 162.

Lüdi, G., B. Py, 1983 b. *Zweisprachig durch Migration*, Tübingen.

Oesch-Serra, C., A. Mapelli, I. Montavon, 1981. "Enquête préalable à l'étude de l'intégration linguistique dans le canton de Neuchâtel", in: *TRANEL* 2 (*Travaux neuchâtelois de linguistique*), Neuchâtel, 91 - 110.

Pfaff, C.W., 1976. *Functional and Structural Constraints on Syntactic Variation in Code-Switching. Papers from the Parasession on Diachronic Syntax*, Chicago, 248 - 259.

Poplack, S. 1980. "Sometimes I'll start a sentence in Spanish y termino en espanol: toward a typology of code-switching", in: *Linguistics* 18, 581 - 618.

Poplack, S., 1982. "Bilingualism and the Vernacular", in: Hartford, B., A. Valdman, C.R. Forster (Hg.), *Issues in International Bilingual Education*, New York/London.

Py, B., 1983. *Approche de la compétence communicative de travailleurs migrants espagnols établis en Suisse romande*. Beitrag zum Romanistentag 1983, West-Berlin.

Sankoff, D., S. Poplack, 1981. "A formal Grammar for Code-Switching", In: *Papers in Linguistics: International Journal of Human Communication* 14 (1).

TRANEL 4, 1982. *Travaux neuchâtelois de linguistique*, Neuchâtel.

Widdowson, H. G., 1981. *Une approche communicative de l'enseignement des langues*, Paris.